फाउंडेशन
सीरीज

भारतीय संविधान
सरकार और शासन

Indian Constitution • Governance and Polity

संघ तथा राज्य लोक सेवा आयोगों की प्रारंभिक एवं
मुख्य परीक्षाओं के लिये सम्मान रूप से उपयोगी

अजातशत्रु सिंह
एम.ए., एलएल. बी.
सचिव
जस्टिस ऑफ पीस मेमोरियल फाउंडेशन
एण्ड रिसर्च सेंटर, नई दिल्ली

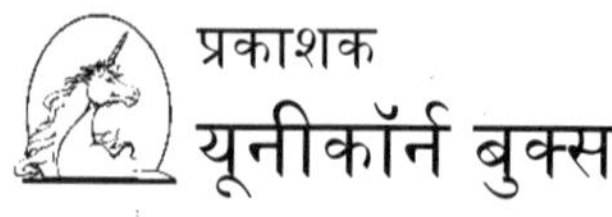

प्रकाशक
यूनीकॉर्न बुक्स

F-2/16, अंसारी रोड़, दरियागंज, नई दिल्ली-110002
011-23262683, 23250704, 45644782
ई-मेल: info@unicornbooks.in • वेबसाइट: www.unicornbooks.in

ISBN: 978-81-7806-585-4
भारतीय संविधान, सरकार और शासन

संशोधित संस्करण
प्रथम संस्करण – 2016
पुर्नमुद्रण – 2017
द्वितीय संस्करण – 2020
तृतीय संस्करण – 2024

मुद्रक: परम ऑफसेटर्स, ओखला, नई दिल्ली-110020

प्रस्तावना

संविधान हमारे देश की सर्वोच्च विधि है। यह हमारी राजनीतिक व्यवस्था, सरकार एवं शासन का प्रारूप और ढांचा निर्धारित करता है। हमारी लोकतांत्रिक व्यवस्था हमारे संविधान की अमूल्य निधि है। इसकी हिफाजत जनता को करनी है, सरकार को और न्यायपालिका को भी। लोकतंत्र में शासन जनता अपने प्रतिनिधियों के माध्यम से करती है। अन्य शब्दों में कहें तो लोकतंत्र में प्रभुसत्ता जनता के हाथों में निहित होती है।

हमारा संविधान भी देश की जनता द्वारा निर्मित है... ***हम, भारत के लोग..... दृढ़ संकल्प होकर अपनी इस संविधान सभा में आज तारीख 25 नवम्बर, 1949 ई. को एतद् द्वारा इस संविधान को अंगीकृत, अधिनियमित और आत्मार्पित करते हैं —*** इस बात की पुष्टि करता है। इसमें यह सार तत्व निहित है कि शासन का लक्ष्य अंतत: जनता का हित एवं उसकी समुन्नति होना चाहिए। लोक कल्याणकारी राज्य की अवधारणा भी यही है।

संविधान ने भारत के लिए एक आदर्श संघीय राज्य की परिकल्पना की है। इसमें संघ एवं इसके संघटक इकाइयों के बीच शक्तियों का निरूपण एवं वितरण किया गया है। इससे संघ एवं राज्यों के बीच टकराव कम-से-कम हों। संविधान यह भी सुनिश्चित करता है कि संघ एवं राज्य अपने-अपने क्षेत्रों में शासन करते हुए परस्पर सहयोग बनाए रखें।

हमारा संविधान न सिर्फ शासन का स्वरूप निर्धारित करता है बल्कि शासन के विभिन्न अंगों— कार्यपालिका, विधायिका एवं न्यायपालिका के बीच शक्तियों का बंटवारा भी करता है। इसकी एक खास विशेषता है— सरकार के विभिन्न अंगों के बीच शक्तियों के बंटवारे के साथ उनके बीच संतुलन को बनाए रखना। इसमें न्यायपालिका को एक विशेष स्थिति प्रदान की गई है। हमारी न्यायपालिका हमारे संविधान का संरक्षक है। देश में कानून के राज्य की स्थापना का गुरुतर दायित्व भी न्यायपालिका के ऊपर ही है।

हमारे संविधान ने जिस लोकतंत्र की स्थापना की उसमें मूल मानव अधिकारों और नागरिकों तथा राज्य के बीच परस्पर संबंधों पर सर्वाधिक बल दिया गया है। संविधान यह सुनिश्चित करता है कि नागरिक के अधिकारों की रक्षा हर हाल में की जानी चाहिए। कुछ विशेष स्थितियों को

छोड़कर इसमें न तो कटौती की जा सकती है और न ही इसे समाप्त किया जा सकता है। इसे कार्यपालिका एवं विधायिका के हस्तक्षेप से भी दूर रखा गया है।

हमारा संविधान दुनिया का सबसे बड़ा और लिखित संविधान है। इसमें संघ के शासन एवं कार्यप्रणाली का उल्लेख तो है ही, संघ के विभिन्न घटक इकाइयों की प्रमुख संस्थाओं का भी वर्णन है। कई अन्य स्वायत एवं प्रभावी संस्थाएं संविधान से ही अपना प्राधिकार ग्रहण करती हैं, यथा— चुनाव आयोग, लोक सेवा आयोग, नियंत्रक एवं महालेखा परीक्षक, महान्यायवादी आदि।

लोकतंत्र की सफलता इसमें जनता की सक्रिय भागीदारी पर निर्भर करती है। जनता चुनावों के माध्यम से अपनी भागीदारी सुनिश्चित करती है। वह मतदान के द्वारा अपने प्रतिनिधियों का चयन करती है। यही प्रतिनिधि उसके लिए कानून बनाते हैं एवं उसपर शासन करते हैं। अत: प्रतिनिधियों के चयन के लिए स्वच्छ मतदान आवश्यक है। यह बिना किसी भय, दबाव एवं घृणा के होना चाहिए।

पिछले 60 सालों में लोकतंत्र का सफल संचालन हमारी विशेष उपलब्धि हो सकती है, पर इस दौरान कई चुनौतियां भी उभर कर सामने आयी हैं। चुनावों में धनबल एवं बाहुबल का प्रभाव बढ़ा है। अपराधी किस्म के लोग हमारी संसद एवं विधानपालिकाओं में चुन कर आ रहे हैं। जातिवाद, भाषावाद, क्षेत्रवाद एवं संप्रदायवाद जैसी चुनौतियां आज सिर उठा रही हैं। जनता राष्ट्रवाद की महान धारणा से विचलित होकर इनके झांसे में आने लगी है। हमसब को मिलकर इन चुनौतियों का हल ढूंढना है।

समय-समय पर हमारी संसदीय व्यवस्था पर भी सवाल उठते रहे हैं। संसद में होने वाली निरर्थक बहसें, उसकी बैठकों का बहिष्कार एवं संसद के काम-काज में गतिरोध से संसदीय मर्यादा को ठेस पहुंचती है। सरकार और विपक्ष दोनों को मिलकर इसका हल ढूंढना होगा। संसदीय कार्य एवं परंपरा का सफल संचालन सरकार एवं विपक्ष की सकारात्मक भूमिका पर निर्भर है। लोकतंत्र की सफलता इस बात में नहीं कि हमारी सरकारों को कितना जन समर्थन प्राप्त है बल्कि इस बात में है कि विपक्ष कितना जिम्मेवार है और कितनी सकारात्मक भूमिकाएं निभाता है।

संविधान सभा में सत्ता के विकेन्द्रीकरण पर गंभीर चर्चा हुई थी। अधिकांश सदस्य पंचायती राज व्यवस्था को पुनर्जीवित करने के पक्ष में थे। गांधीजी

ने भी ग्राम स्वराज की वकालत की थी। प्रमुख नेताओं की यह राय थी कि अगर भारतीय लोकतंत्र को मजबूत बनाना है तो पंचायतों को सशक्त बनाना होगा। फलत: राज्य के नीति निदेशक सिद्धांतों में पंचायती राज व्यवस्था की स्थापना का प्रावधान किया गया। परन्तु कुछ विशेष कारणों से यह व्यवस्था बीच में ही ठप्प होकर रह गई। विगत कुछ वर्षों में यह फिर चर्चा का विषय रही है। राष्ट्र के बहुमुखी विकास हेतु अनेक कार्य पंचायतों को सुपुर्द भी किए गए हैं। संविधान के 73वें और 74वें संशोधन द्वारा इसे संवैधानिक संस्था का रूप दिया गया है। हर्ष का विषय है कि आज पंचायतें पहले की तुलना में अधिक सक्रिय हुई हैं। इनमें युवकों एवं महिलाओं की भूमिका बढ़ी है। आज ग्रामीण विकास के कई कार्यक्रम इन पंचायतों के माध्यम से संपादित किए जा रहे हैं। पंचायतों के पुनर्गठन से गांवों में नई ऊर्जा का संचार हुआ है। देश में लोकतंत्र की मजबूती के लिए पंचायतों का सुदृढ़ होना आवश्यक है।

इस पुस्तक में ऐसे सभी मूलभूत प्रश्नों पर गंभीरता से विचार किया गया है। तथ्यों का विश्लेषण वैधानिक एवं व्यावहारिक दोनों स्तरों पर किया गया है। इसका उद्देश्य विश्लेषण को समग्रता प्रदान करना है।

इस पुस्तक को लिखने की प्रेरणा परोक्ष-अपरोक्ष रूप से मुझे अपने शिक्षाविद् पिता श्री जनार्दन प्रसाद सिंह से मिली। उनके निजी पुस्तकालय की कई सारी पुस्तकें मैं बार-बार पढ़ता और दोहराता रहा हूँ। कुछ अच्छा लिखने के लिए अच्छी चीजों को पढ़ने की प्रेरणा मुझे उनसे ही मिली। माँ जनकराज सिंह हमेशा ही मेरा मजबूत आधार और संबल रही हैं।

समय प्रबंधन में सहयोग के लिए मैं अपनी पत्नी रश्मि, दोनों बेटियों अंशुप्रिया एवं सृष्टि तथा बेटा अनमय के प्रति कृतज्ञ हूँ। मैं अपने प्रकाशक डॉ. अशोक गुप्ता जी के प्रति विशेष आभारी हूँ, जिन्होंने काफी कम समय में यह पांडुलिपि मुझसे तैयार करवायी। मिथिलेश कुमार झा ने सम्पूर्ण पांडुलिपि को पढ़कर महत्वपूर्ण सुझाव दिए। उन्हें यथास्थान पुस्तक में शामिल किया गया है। संजीव कुमार एवं नवीन कुमार ने पांडुलिपि को पुस्तकाकार रूप देने एवं इसकी साज-सज्जा में मुख्य भूमिका निभाई। इन सबके प्रति मेरा आभार।

नई दिल्ली, 2016

अजातशत्रु सिंह

तृतीय संस्करण की भूमिका

पाठकों के बीच अपार सफलता और उनसे मिले स्नेह के बीच इस पुस्तक का तृतीय संस्करण आपको सौंपते हुए मुझे अपार हर्ष हो रहा है। पुस्तक का दूसरा संशोधित संस्करण वर्ष 2020 में प्रकाशित हुआ था। इसके पूर्व इसके कई पुनर्मुद्रित संस्करण प्रकाशित हुए थे। वर्ष 2020 के बाद भी इसके कई पुनर्मुद्रित संस्करण प्रकाशित हो चुके हैं।

यह इस बात का प्रमाण है कि पाठकों ने इस पुस्तक को हाथों-हाथ लिया और मेरा हौसला बढ़ाया। अपने पाठकों से मिलनेवाली प्रतिक्रियाएं मुझे निरंतर क्रियाशील रखती हैं। समय के साथ होनेवाले परिवर्तनों, आर्थिक-राजनीतिक बदलावों एवं सामाजिक रूपांतरणों के कारण संविधान की व्यवस्था एवं उसकी व्याख्या भी बदलती रहती है। समाज की यह गतिशीलता संविधान, राजनीतिक व्यवस्था और सरकार की गतिशीलता के रूप में प्रकट होती है। इस कारण संवैधानिक प्रावधानों को इस नवीन एवं रूपांतरित व्यवस्था के संदर्भ में समझना आवश्यक हो जाता है।

संविधान केवल एक लिखित दस्तावेज नहीं है। यह एक जीवंत और गतिशील व्यवस्था है। भारतीय समाज में बदलाव की प्रक्रिया इतनी तीव्र है कि हमें खुद उन पर यकीन नहीं होता। हमारी प्रगतिशील न्यायपालिका प्रबुद्ध न्यायाधीश संविधान और शासन की नित नई व्याख्याएं करते रहते हैं। हमारे जीवन, कानून एवं शासन के संदर्भ में यही व्याख्याएं हमारा मार्गदर्शन करती हैं। विधायिका भी इन्हें ध्यान में रखकर नए-नए कानून बनाती है। इन सारी चीजों को ध्यान में रखते हुए इस पुस्तक में संशोधन एवं परिवर्द्धन किए गए हैं। जम्मू–कश्मीर को लेकर संविधान में संशोधन और उसकी वर्तमान स्थिति, केंद्रीय विधान मंडल में महिलाओं के आरक्षण से संबंधित विधेयक, उच्च वर्ग के गरीब लोगों के लिए आरक्षण की व्यवस्था और से जुड़े विषय इस नवीन संस्करण में जोड़े गए हैं।

हाल ही में नया संसद भवन बनकर तैयार हुआ है। यह नए भारत की नवीन प्रतिबद्धताओं का प्रतिबिंब है। यह दुनिया की कई महत्वपूर्ण संसदीय इमारतों में से एक है। यह भारत की सांस्कृतिक परंपरा और हमारी आधुनिक लोकतांत्रिक यात्रा की खूबसूरत मिसाल है। साथ ही यह हमारे ऐश्वर्य एवं कला प्रतिभा का जीता-जागता उदाहरण है। इस नए संसद भवन के बारे में विस्तृत जानकारी पुस्तक के परिशिष्ट में दी गई है ताकि

आप अपनी गौरवशाली परंपरा और लोकतांत्रिक यात्रा का अवलोकन कर सकें।

प्रतियोगिता परीक्षाओं की नवीनतम प्रवृत्ति के अनुसार पुस्तक को अद्यतन बनाने का प्रयास किया गया है। इस बार पुस्तक में मैंने कई जानकारियों को रेखाचित्र, आरेख आदि के द्वारा स्पष्ट करने का प्रयास किया है। कभी-कभी हम तथ्यों को पढ़कर उतनी आसानी से नहीं समझ पाते जितना रेखाचित्र और मानचित्रों की मदद से। उम्मीद है यह प्रयास आप सबको पसंद आएगा।

इस पुस्तक को पढ़ने के बाद आप संविधान और शासन व्यवस्था के विशेषज्ञ बनें, न बनें पर अपने-आप को एक प्रबुद्ध और जागरूक नागरिक के रूप में अवश्य पाएंगे। मेरी हमेशा से यह कोशिश रही है कि हम पुस्तक पढ़ते समय सरकार, न्यायपालिका एवं विधि के दायित्वों के साथ सरकार और कानून के प्रति अपने दायित्व को भी समझें। लोकतांत्रिक व्यवस्था व्यक्ति के मूलभूत अधिकारों को सर्वोच्च प्राथमिकता देती है। पर क्या दायित्वों के बिना अधिकार पूरे हो सकते हैं? संविधान हमें केवल अपने अधिकारों का ही नहीं बल्कि अपने कर्त्तव्यों का भी ज्ञान कराता है। आज दायित्वहीन अधिकारों की गूंज चारों ओर सुनाई दे रही है। हमारे कर्त्तव्य बोध के बिना संविधान, सरकार और शासन व्यवस्था मूल्यहीन साबित होंगे।

आइए, हम अपनी सरकार और शासन व्यवस्था को मूल्यवान बनाएं तथा संविधान के सार्थक क्रियान्वयन में सहयोग करें।

आपकी सफलता की कामना के साथ ....।

नई दिल्ली
अगस्त 2024 — **अजातशत्रु सिंह**

विषय-सूची

1. भारत का संवैधानिक इतिहास 1
2. भारतीय संविधान का निर्माण 14
3. भारतीय संविधान की विशेषताएं 20
4. भारतीय संघीय प्रणाली 26
5. संविधान की प्रस्तावना 33
6. संघ और इसके राज्य-क्षेत्र 37
7. भारतीय नागरिकता 46
8. मूल अधिकार 55
9. राज्य के नीति निदेशक तत्व 88
10. मूल कर्त्तव्य 99
11. संघ की कार्यपालिका 103
12. भारतीय संसद 124
13. भारत में न्यायिक प्रणाली 152
14. राज्य की कार्यपालिका 174
15. राज्य विधान मंडल 184
16. प्रमुख पदाधिकारी, आयोग एवं अभिकरण 191
17. भारत में सिविल सेवा 197
18. आपातकालीन उपबंध 202
19. संविधान संशोधन 209
20. चुनाव एवं चुनाव प्रणाली 231
21. भारत में राजनीतिक दल 240
22. पंचायती राज 247
23. भारतीय लोकतंत्र की चुनौतियां 253
24. भारत की विदेश नीति 285
25. परिशिष्ट 291

1

भारत का संवैधानिक इतिहास

भारत का संविधान ब्रिटिश कालीन भारत के विभिन्न संवैधानिक सुधारों के क्रमिक विकास का नतीजा है। इसकी शुरूआत 1773 के रेगुलेटिंग एक्ट से हुई। इसके द्वारा पहली बार भारत में आधुनिक न्यायिक प्रणाली की स्थापना की कोशिश की गई। इस क्रम में अंतिम महत्वपूर्ण सुधार 1935 का भारत शासन अधिनियम था। यह भारतीय संविधान का महत्वपूर्ण आधार है। भारतीय संविधान कमोबेश भारत शासन अधिनियम 1935 पर ही आधारित है। पर इसके साथ ही भारतीय संविधान निर्माताओं ने दुनिया के अन्य संविधानों से कई महत्वपूर्ण तत्वों को अपनाया। इस प्रकार भारतीय संविधान दुनिया का सबसे बड़ा, लिखित और प्रभावी संविधान बना।

1773 का रेगुलेटिंग एक्ट

(i) रेगुलेटिंग एक्ट के द्वारा बंगाल प्रेसीडेन्सी के प्रशासन के लिए एक गवर्नर-जनरल की नियुक्ति की गई।

(ii) प्रशासन का कार्य गवर्नर-जनरल और उसकी परिषद् करती थी। गवर्नर-जनरल की परिषद् में चार सदस्य होते थे।

(iii) बंगाल, बिहार और उड़ीसा के नागरिक क्षेत्रों के प्रशासन का अधिकार भी गवर्नर-जनरल और उसकी परिषद् को ही प्राप्त था।

(iv) इस एक्ट के द्वारा मद्रास और बम्बई प्रेसीडेन्सियों को कलकत्ता प्रेसीडेन्सी के अधीन कर दिया गया।

(v) कलकत्ते की सरकार को बम्बई और मद्रास प्रेसीडेन्सी की सरकारों को शान्ति एवं युद्ध-सम्बन्धी मामलों में आदेश देने का प्राधिकार भी प्रदान किया गया।

(vi) गवर्नर-जनरल की परिषद् को कम्पनी के फोर्ट विलियम के प्रशासन एवं न्याय-व्यवस्था के लिए विधि बनाने की शक्ति प्राप्त थी।

(vii) रेगुलेटिंग एक्ट के द्वारा कलकत्ता में एक सुप्रीम कोर्ट की स्थापना की गई। सुप्रीम कोर्ट को सिविल, आपराधिक, नौसेना तथा धार्मिक मामलों में अधिकारिता प्राप्त थी। सुप्रीम कोर्ट के निर्णय के विरुद्ध अपील प्रिवी कौंसिल में की जा सकती थी।

पिट्स इण्डिया एक्ट, 1784

ब्रिटिश संसद ने कम्पनी के ऊपर अपने नियन्त्रण को बढ़ाने के उद्देश्य से 1784 में पिट्स इण्डिया एक्ट पारित किया।

(i) इस एक्ट के द्वारा कम्पनी के व्यापारिक और राजनीतिक कार्य-कलापों को एक-दूसरे से पृथक कर दिया गया।

(ii) इस एक्ट के द्वारा कम्पनी के व्यापारिक कार्यों का प्रबन्ध कम्पनी के निदेशकों के हाथ में ही रहने दिया गया, किन्तु इसके ऊपर राजनीतिक नियन्त्रण एवं निरीक्षण के लिए एक बोर्ड ऑफ कन्ट्रोल की स्थापना की गई।

(iii) बोर्ड ऑफ कन्ट्रोल के सदस्यों की नियुक्ति इंग्लैण्ड के सम्राट द्वारा की जाती थी।

इसके परिणामस्वरूप कम्पनी के निदेशकों की शक्ति काफी घट गई और कम्पनी के ऊपर ब्रिटिश संसद का नियन्त्रण बढ़ गया। किन्तु अभी भी निदेशकों को पर्याप्त अधिकार प्राप्त थे।

1813 का चार्टर एक्ट

(i) इस एक्ट के द्वारा कम्पनी का भारत में व्यापारिक एकाधिकार समाप्त कर दिया गया और सभी ब्रिटिश निवासियों को भारत से व्यापार करने की छूट दे दी गई।

(ii) इस एक्ट ने कलकत्ता, बम्बई और मद्रास की सरकारों द्वारा बनायी गई विधियों का ब्रिटिश संसद द्वारा अनुमोदन अनिवार्य बना दिया।

1833 का चार्टर एक्ट

(i) इस एक्ट द्वारा ईस्ट इण्डिया कम्पनी के शासन का अन्त कर देश में एक केन्द्रीय शासन-प्रणाली प्रारम्भ की गई।

(ii) इसके द्वारा बंगाल के गवर्नर-जनरल को सम्पूर्ण भारत का गवर्नर-जनरल बना दिया गया। इस प्रकार देश के शासन का केन्द्रीकरण कर दिया गया।

(iii) इस एक्ट के द्वारा गवर्नर-जनरल को कम्पनी के क्षेत्र में स्थित सभी व्यक्तियों, न्यायालयों, स्थानों तथा वस्तुओं के विषय में विधि बनाने की शक्ति प्रदान की गई।

(iv) गवर्नर-जनरल की परिषद् में एक और सदस्य शामिल किया गया जिसे 'विधि-सदस्य' कहा जाता था। विधि-सदस्य विधिक मामलों में परामर्श देने का कार्य करता था।

(v) गवर्नर-जनरल की परिषद् द्वारा निर्मित विधियों को संसद अस्वीकृत कर सकती थी और भारत के लिए स्वयं विधि बना सकती थी। इस प्रकार रेगुलेटिंग एक्ट ने प्रशासन के केन्द्रीकरण की जिस प्रक्रिया का प्रारम्भ किया था, इस एक्ट ने गवर्नर के अधिकार को सम्पूर्ण ब्रिटिश भारत पर स्थापित करके उसे पूरा कर दिया।

(vi) इस एक्ट के द्वारा दास-प्रथा समाप्त कर दी गई। गवर्नर-जनरल को एक 'विधि-आयोग' नियुक्त करने का भी प्राधिकार दिया गया। भारतीय विधियों के संहिताकरण के लिए प्रथम विधि-आयोग की स्थापना इसी अधिनियम का परिणाम थी।

(vii) इस एक्ट द्वारा सरकारी सेवा के लिए अर्हता का उपबन्ध भी किया गया। अब कोई भी भारतीय केवल धर्म, जन्म-स्थान, वंश और वर्ण के आधार पर सरकारी सेवा के लिए निरर्ह नहीं माना जा सकता था।

1853 का चार्टर एक्ट

(i) इस एक्ट के द्वारा गवर्नर-जनरल की कौंसिल की कार्यपालिका तथा विधायी शक्तियों को पृथक कर दिया गया।

(ii) इस एक्ट द्वारा भारतवर्ष के लिए एक पृथक विधान-परिषद् की स्थापना की गई।

(iii) भारतीय विधान परिषद् में क्षेत्रीय प्रतिनिधित्व का सिद्धान्त प्रारम्भ किया गया। विधान परिषद् का मुख्य कार्य देश के लिए विधि बनाना था।

(iv) विधान परिषद् द्वारा पारित कोई भी विधेयक बिना गवर्नर-जनरल की अनुमति के अधिनियम नहीं बन सकता था। विधान परिषद् द्वारा पारित विधेयकों को गवर्नर-जनरल वीटो कर सकता था।

(v) बंगाल के लिए एक नया लेफ्टिनेन्ट गवर्नर नियुक्त किया गया, जो प्रशासन का कार्य सँभालता था।

भारत शासन अधिनियम, 1858

(i) 1858 के अधिनियम द्वारा भारत के शासन को कम्पनी के हाथों से सम्राट को हस्तान्तरित कर दिया गया। अब भारत का शासन इंग्लैण्ड की साम्राज्ञी के नाम से किया जाने लगा।

(ii) इस अधिनियम द्वारा कोर्ट ऑफ डायरेक्टर्स तथा बोर्ड ऑफ कन्ट्रोल को समाप्त कर दिया गया और समस्त अधिकार भारत के राज्य सचिव को सौंप दिए गए जो 15 सदस्यों की एक परिषद् (भारतीय परिषद्) की सहायता से भारत का प्रशासन चलाता था।

(iii) राज्य-सचिव को भारत से प्राप्त मालगुजारी का लेखा प्रतिवर्ष संसद के सामने प्रस्तुत करना पड़ता था।

(iv) गवर्नर जनरल तथा प्रेसिडेंसियों के गवर्नरों की नियुक्ति ताज के द्वारा की जानी थी तथा उनकी परिषदों की नियुक्ति सपरिषद् भारत मंत्री द्वारा की जानी थी।

(v) लेफ्टिनेंट गवर्नरों की नियुक्ति गवर्नर जनरल द्वारा की जानी थी, किंतु उस पर महारानी की स्वीकृति आवश्यक थी।

(vi) सिविल सेवा में नियुक्ति खुली प्रतियोगिता के द्वारा की जानी थी।

इस अधिनियम की कई कमियाँ थी, जैसे—

(i) भारत के प्रशासन की सारी शक्ति राज्य-सचिव के हाथों में केंद्रित हो जाना।

(ii) विधि-निर्माण की प्रणाली भी त्रुटिपूर्ण थी। भारतीयों को विधायी परिषद् में कोई प्रतिनिधित्व प्राप्त नहीं था।

(iii) गवर्नर-जनरल की विधायी परिषद् ही अन्य प्रान्तों के लिए विधि बनाती थी। इसे न तो प्रान्तों की क्षेत्रीय परिस्थितियों का पूरा-पूरा ज्ञान था और न इसे इनके लिए विधि बनाने का समय ही मिल पाता था। इस पर कोई नियन्त्रण भी नहीं रह गया था।

(iv) प्रान्तीय विधान मंडल द्वारा पारित कोई भी विधेयक गवर्नर-जनरल की अनुमति के बिना अधिनियम नहीं बन सकता था।

नोट: रेखाचित्र, आरेख— भारत शासन अधिनियम 1858 (पेज न. 327 देखें)

भारतीय परिषद् अधिनियम, 1861

(i) 1861 के अधिनियम द्वारा भारत में प्रतिनिधि संस्थाओं का प्रारम्भ हुआ। सर्वप्रथम, इस अधिनियम ने बिधि बनाने के कार्य में भारतीयों के सहयोग का प्रारम्भ किया।

(ii) इस एक्ट द्वारा गवर्नर-जनरल को विधान सभा में भारतीयों को नाम निर्दिष्ट करने की शक्ति भी प्रदान की गई।

(iii) इस एक्ट द्वारा केन्द्रीय विधान मंडल की सदस्य-संख्या को भी बढ़ा दिया गया। ऐसे सदस्यों की संख्या कम-से-कम 6 और अधिक-से-अधिक 12 तक हो सकती थी। इन्हें 'अपर सदस्य' कहा जाता था। इनका नामांकन किया जाता था। नामांकित सदस्यों में से आधे

सदस्य गैर-सरकारी सदस्य होते थे। इनका कार्यकाल दो वर्ष का होता था।

(iv) गवर्नर-जनरल को विधान सभा द्वारा पारित विधियों को वीटो करने की शक्ति भी प्राप्त थी। वह अध्यादेश भी जारी कर सकता था। ब्रिटिश संसद किसी भी विधि को अस्वीकृत कर सकती थी।

(v) विधान परिषद् की शक्ति अत्यन्त सीमित थी, सार्वजनिक कर्ज या राजस्व, धर्म तथा सैनिक मामलों से सम्बधित विधेयक गवर्नर-जनरल की अनुमति से ही प्रस्तुत किए जा सकते थे।

(vi) प्रान्तीय विधान सभाओं को विधि बनाने का अधिकार दिया गया। इस प्रकार प्रान्तीय स्वायतता की नींव डाली गई, जिसकी परिणति 1919 में हुई।

इस अधिनियम की कई कमियां थीं—

(i) परिषद् के सदस्यों को कोई महत्वपूर्ण अधिकार प्राप्त नहीं थे। वे विधेयकों पर प्रश्न नहीं पूछ सकते थे।

(ii) परिषद् के गैर-सरकारी सदस्य देशी रजवाड़े तथा जमींदार होते थे। उन्हें विधि का कोई ज्ञान नहीं होता था और न ही वे भारत के लिए बनायी जाने वाली विधियों में कोई दिलचस्पी ही लेते थे। इस प्रकार भारतीयों को इस अधिनियम से कोई लाभ नहीं हुआ।

भारतीय परिषद् अधिनियम, 1892

(i) इस अधिनियम ने भारत में प्रतिनिधि प्रणाली की नींव डाली। पर इसके अंतर्गत निर्वाचन की पद्धति संतोषजनक नहीं थी। निर्वाचित सदस्य वास्तव में जनता का प्रतिनिधित्व नहीं करते थे।

(ii) इस अधिनियम द्वारा केन्द्रीय तथा प्रान्तीय विधान परिषदों की सदस्य-संख्या को बढ़ा दिया गया। केन्द्रीय विधान परिषद् में कम-से-कम 10 और अधिक-से-अधिक 16 अतिरिक्त सदस्य होते थे।

(iii) परिषद् के भारतीय सदस्यों को वार्षिक बजट पर बहस करने और सरकार से प्रश्न पूछने का अधिकार भी दिया गया। लेकिन परिषद् के अध्यक्ष को भारतीय सदस्यों द्वारा पूछे गए किसी भी प्रश्न को स्वीकृत या अस्वीकृत करने का अधिकार प्राप्त था।

(iv) विधान परिषद् की विधायी शक्ति अत्यन्त सीमित थी।

तत्कालीन परिस्थितियों में निर्वाचन की पद्धति स्वीकार करके और विधान परिषदों का कार्यपालिका के ऊपर कुछ नियन्त्रण स्वीकार करके इस दिशा में होने वाले विकास को अधिक गति प्रदान करने में यह अधिनियम पर्याप्त सहायक सिद्ध हुआ।

भारतीय परिषद् अधिनियम, 1909

(i) 1909 के अधिनियम द्वारा भारतीयों को प्रशासन तथा विधि-निर्माण दोनों कार्यों में प्रतिनिधित्व प्रदान किया गया।

(ii) इस अधिनियम द्वारा केन्द्रीय विधान सभा में अतिरिक्त सदस्यों की संख्या 16 से बढ़ाकर 60 कर दी गई। इनमें से आधे गैर-सरकारी सदस्य होते थे। 32 गैर-सरकारी सदस्यों में से 27 सदस्य निर्वाचित होते थे और 5 नामजद। इसके लिये निर्वाचक-मंडल तीन श्रेणियों में बाँट दिया गया था—सामान्य निर्वाचक वर्ग, वर्गीय निर्वाचक वर्ग और विशिष्ट निर्वाचक वर्ग।

(iii) इस अधिनियम द्वारा विधान परिषद् के सदस्यों को बजट की विवेचना करने और उस पर प्रश्न पूछने का अधिकार दिया गया, किन्तु उनको बजट पर मत देने का अधिकार प्राप्त नहीं था। सदस्यों को लोकहित के विषयों पर चर्चा करने का भी अधिकार था।

नोट: रेखाचित्र, आरेख– भारतीय परिषद् अधिनियम 1909 (पेज न. 328 देखें)

आलोचना

(i) यह अधिनियम भारतीयों की आकांक्षाओं को पूरा करने में असफल रहा। भारतीयों की मांग थी—एक उत्तरदायित्वपूर्ण सरकार की स्थापना। उनकी यह माँग पूरी न हो सकी।

(ii) निर्वाचित सदस्यों की संख्या बहुत कम थी। मताधिकार की पद्धति भी दोषपूर्ण थी।

(iii) इस अधिनियम द्वारा एक संकुचित तथा विभेदकारी मताधिकार प्रदान किया गया, जिससे आगे चलकर देश का विभाजन हुआ। साम्प्रदायिक प्रतिनिधित्व प्रदान करके अधिनियम ने मुसलमानों का पक्ष लिया। मुस्लिम तथा हिन्दू-मतदाताओं की अर्हताएं भिन्न-भिन्न थीं। ऐसा मुसलमानों को खुश करने के लिये किया गया था। स्त्रियों को मताधिकार प्राप्त नहीं था।

भारत शासन अधिनियम, 1919

(i) इस अधिनियम द्वारा प्रान्तों में एक उत्तरदायी सरकार की स्थापना की गई। पर केन्द्रीय सरकार यथावत् ब्रिटिश-संसद के प्रति उत्तरदायी बनी रही।

(ii) इस अधिनियम द्वारा समस्त कार्यपालिका-शक्ति गवर्नर-जनरल में निहित कर दी गई। कार्यकारिणी परिषद् भारत राज्य-सचिव के प्रति उत्तरदायी थी न कि केन्द्रीय विधान परिषद् के प्रति।

(iii) इस अधिनियम द्वारा गवर्नर-जनरल की परिषद् के सदस्यों की अधिकतम सीमा का प्रतिबन्ध हटा दिया गया। भारतीय सदस्यों की संख्या बढ़ाकर 3 कर दी गई। इनका कार्य-काल 5 वर्ष का होता था।

(iv) इसके अंतर्गत केन्द्रीय विधान-मंडल में दो सदन बनाए गए— 'विधान सभा' और 'राज्य परिषद्'। विधान सभा में कुल 144 सदस्य होने थे। इनमें से 104 निर्वाचित होने थे, शेष नामांकित किए जाने थे। राज्य परिषद् की अधिकतम सदस्य-संख्या 60 थी। इनमें से 34 निर्वाचित तथा 26 नामांकित होने थे।

(v) केन्द्रीय विधान मंडल की विधायी शक्ति गवर्नर-जनरल के अधीन थी। कुछ मामलों से सम्बन्धित विधेयक बिना उसकी अनुमति के विधान मंडल में नहीं लाये जा सकते थे।

(vi) गवर्नर-जनरल को आपात स्थिति में अध्यादेश जारी करने का अधिकार भी प्राप्त था।

(vii) इस अधिनियम ने प्रांतों में एक आंशिक उत्तरदायी सरकार की स्थापना की।

(viii) कानून बनाने की दृष्टि से विषयों को केन्द्रीय और प्रान्तीय दो वर्गों में विभाजित कर दिया गया था। केन्द्रीय विषयों पर केन्द्रीय सरकार विधि बनाती थी और प्रान्तीय विषयों पर प्रान्तीय सरकारें।

(ix) प्रान्तीय विषयों को पुन: दो वर्गों में बाँट दिया गया था— (क) आरक्षित और (ख) हस्तान्तरित। जेल, पुलिस, न्याय, वित्त, सिंचाई आदि अधिक महत्व के विषय 'आरक्षित' की श्रेणी में आते थे। इन विषयों का प्रशासन गवर्नर-जनरल अपनी कार्यपालिका की सहायता से करता था। शिक्षा, कृषि, स्थानीय स्वायत्त शासन आदि कम महत्व के विषय 'हस्तान्तरित' की श्रेणी में आते थे। हस्तान्तरित विषयों का प्रशासन गवर्नर अपने भारतीय मंत्रियों की सलाह से करता था जो प्रान्तीय विधान परिषद् के प्रति उत्तरदायी होते थे।

(x) गवर्नर-जनरल आरक्षित विषयों पर बिना विधान परिषद् की सहमति के भी विधि बना सकता था। उसे विधेयकों को वीटो करने का भी अधिकार प्राप्त था।

नोट: रेखाचित्र, आरेख— भारतीय शासन अधिनियम 1919 (पेज न. 328 देखें)

आलोचना

(i) इस अधिनियम के द्वारा प्रान्तों में आंशिक उत्तरदायी सरकार की स्थापना की गई थी, किन्तु केन्द्रीय सरकार का स्वरूप एकात्मक ही बना रहा। केन्द्रीय सरकार सेक्रेटरी ऑफ स्टेट के माध्यम से ब्रिटिश संसद के प्रति उत्तरदायी बनी रही।

(ii) कई विषय ऐसे भी थे जिन पर विचार करने से पहले प्रान्तीय विधान परिषदों को गवर्नर-जनरल की अनुमति प्राप्त करना आवश्यक था।

(iii) गवर्नर-जनरल प्रान्तीय विधान सभाओं द्वारा पारित विधेयक को अनुमति न देकर उसे रद्द भी कर सकता था। इस प्रकार सारी शक्ति केन्द्र में निहित थी और प्रान्तों में उत्तरदायी एवं स्वशासित सरकारों की स्थापना एक दिखावा मात्र ही थी।

(iv) इस अधिनियम द्वारा प्रान्तों में स्थापित द्वैध शासन पद्धति पूर्ण रूप से असफल रही।

भारत शासन अधिनियम, 1935

(i) 1935 के अधिनियम द्वारा भारत में संघीय सरकार की नींव रखी गई। यह संघ ब्रिटिश भारतीय प्रान्तों तथा भारतीय रियासतों से मिलकर बनना था। संघ की सदस्यता राज्यों की इच्छा पर निर्भर थी और जब तक राज्यों ने इस संघ में शामिल होने की सहमति न दे दी हो, उक्त संघ की स्थापना सम्भव नहीं थी।

(ii) इस अधिनियम द्वारा प्रान्तों के दोहरे शासन को समाप्त करके उसे केन्द्र में लागू किया गया। केन्द्रीय सरकार की कार्यकारिणी शक्ति गवर्नर-जनरल में निहित थी। संघ के अन्तर्गत प्रशासन के विषय दो भागों में विभक्त थे (क) आरक्षित, और (ख) हस्तान्तरित। आरक्षित विषयों के अन्तर्गत प्रतिरक्षा, विदेशी मामले, धार्मिक विषय और जनजाति-क्षेत्र आदि सम्मिलित थे। इन विषयों का प्रशासन गवर्नर-जनरल अपनी परिषद् की सहायता से करता था। अपनी परिषद् की सलाह मानने के लिए वह बाध्य नहीं था और अधिकतर वह अपनी शक्तियों का प्रयोग विवेकानुसार करता था।

(iii) गवर्नर-जनरल की अनुमति के बिना कोई भी विधेयक अधिनियम नहीं बन सकता था। उसे विधेयकों को वीटो करने का भी अधिकार प्राप्त था। उसे अध्यादेश जारी करने का अधिकार भी प्राप्त था। इस प्रकार केन्द्रीय विधान मंडल पूर्णरूप से गवर्नर-जनरल के अधीन कार्य करता था।

(iv) केन्द्रीय विधान मंडल में दो सदन होने थे—विधान सभा और राज्य परिषद्। विधान सभा की अधिकतम कालावधि 5 वर्ष थी। इस अवधि के पहले भी गवर्नर-जनरल विधान सभा को विघटित कर सकता था। राज्य परिषद् एक स्थायी संस्था थी जिसके एक-तिहाई सदस्य प्रति दूसरे वर्ष की समाप्ति पर सेवा निवृत्त होने थे।

(v) इस अधिनियम की सबसे महत्वपूर्ण विशेषता थी—प्रान्तों में स्वायत्त शासन की स्थापना। कानून बनाने की दृष्टि से विषयों को दो भागों में विभाजित किया गया था—(क) प्रान्तीय, और (ख) केन्द्रीय। प्रान्तीय विषयों पर कानून बनाने का आत्यन्तिक अधिकार प्रान्तों को दिया गया था। इन विषयों पर से केन्द्र का नियन्त्रण समाप्त कर दिया गया।

(vi) इस अधिनियम द्वारा प्रान्तों की कार्यपालिका शक्ति गवर्नर में निहित कर दी गई। वह इसका प्रयोग ब्रिटिश सरकार की ओर से करता था न कि गवर्नर-जनरल के अधीन रहकर। गवर्नर सभी कार्य अपनी मंत्रिपरिषद् की सलाह से करता था, जिनके लिए वह विधान मंडल के प्रति उत्तरदायी होता था।

(vii) इस अधिनियम द्वारा प्रान्तों में उत्तरदायी सरकार की स्थापना की गई और शासन की शक्ति जनता द्वारा निर्वाचित प्रतिनिधियों के हाथों में आ गई। प्रान्तों की कार्यपालिका गवर्नर और मंत्रिपरिषद् द्वारा गठित होती थी।

(viii) इस अधिनियम द्वारा कुछ प्रान्तों में द्वि-सदनीय विधान मंडल की स्थापना की गई। उच्च सदन विधान परिषद् और निम्न सदन विधान सभा कहलाता था। विधान सभा का जीवन-काल पाँच वर्ष का होता था। विधान परिषद् एक स्थायी सभा थी, जिसके एक-तिहाई सदस्य प्रति दूसरे वर्ष की समाप्ति पर निवर्तमान हो जाते थे।

(ix) प्रान्तीय सूची के सभी विषयों पर प्रान्तीय विधान-मंडलों को विधि बनाने की आत्यन्तिक शक्ति प्राप्त थी। वे समवर्ती-सूची के विषयों पर भी विधि बना सकते थे। कई विषयों पर विधेयक पेश करने के

पूर्व गवर्नर का पूर्वानुमोदन प्राप्त करना आवश्यक होता था। वित्तीय विधेयक केवल गवर्नर की पूर्वानुमति से ही पेश किए जा सकते थे।

(x) कोई भी विधेयक गवर्नर की अनुमति प्राप्त किए बिना अधिनियम नहीं बन सकता था। वह किसी भी विधेयक को पुनर्विचार के लिए प्रान्तीय विधान-मंडल को लौटा सकता था। वह किसी विधेयक को गवर्नर-जनरल के विचारार्थ भी आरक्षित कर सकता था।

(xi) प्रशासन की सुविधा के लिए इस अधिनियम द्वारा विषयों को तीन श्रेणियों में विभाजित कर दिया गया—(क) संघ-सूची, (ख) प्रान्तीय-सूची और (ग) समवर्ती-सूची।

(xii) संघ और इसमें शामिल होने वाली इकाइयों के बीच उठे सांविधानिक विवादों को निपटाने के लिए भारत में एक संघीय न्यायालय की स्थापना की गई। यह दिल्ली में स्थित था।

संघीय न्यायालय भारत का उच्चतम न्यायालय नहीं था। इसकी सबसे बड़ी त्रुटि यह थी कि इस न्यायालय के निर्णयों के विरुद्ध प्रिवी कौंसिल में अपील की जा सकती थी। दूसरे यह कि न्यायालय केवल संविधान के उपबन्धों के निर्वचन से सम्बन्धित विवादों का निपटारा करता था, जबकि सिविल और आपराधिक मामलों की अपीलें प्रिवी कौंसिल में ही की जाती थीं।

नोट: रेखाचित्र, आरेख— भारतीय शासन अधिनियम 1935 (पेज न. 329 देखें)

भारतीय स्वतंत्रता अधिनियम, 1947

(i) 15 अगस्त 1947 को भारत और पाकिस्तान को दो स्वतंत्र अधिराज्य घोषित किया गया।

(ii) नये संविधान के निर्माण होने तक दोनों राज्यों का प्रशासन भारत सरकार अधिनियम, 1935 के अनुसार चलाया जाता रहेगा।

(iii) सेक्रेटरी ऑफ स्टेट का पद समाप्त कर दिया गया एवं उसके स्थान पर राष्ट्रमंडल के सचिव की नियुक्ति की गई।

(iv) दोनों राज्यों की संविधान सभाओं को उनके लिए संविधान बनाने का अधिकार सौंपा गया।

(v) दोनों अधिराज्यों के लिए अलग-अलग गवर्नर-जनरल नियुक्त किए गए, जिनकी नियुक्ति इंग्लैण्ड के सम्राट द्वारा की गई थी।

(vi) 14 अगस्त, 1947 के बाद ब्रिटिश सरकार का इन दोनों राज्यों पर नियंत्रण समाप्त कर दिया गया।

(vii) इस अधिनियम द्वारा पंजाब एवं बंगाल के विभाजन की व्यवस्था की गई तथा उनके बीच सीमा निर्धारित करने के लिए अलग-अलग सीमा आयोग बनाए गए।

(viii) देशी रियासतों पर से ब्रिटिश ताज की अधिपति सत्ता समाप्त हो गई और उन्हें भारत या पाकिस्तान में से किसी भी अधिराज्य में सम्मिलित होने की छूट दे दी गई।

(ix) जनजातीय क्षेत्रों पर ब्रिटिश शासन का नियंत्रण समाप्त कर दिया गया तथा जो भी संधियां एवं समझौते ब्रिटिश सरकार तथा जनजातियों के बीच, अधिनियम लागू होने के दिन विद्यमान थे, वे समाप्त कर दिए गए।

(x) स्वतंत्रता के बाद अधिराज्यों, प्रांतों अथवा उनके किसी भी भाग पर ब्रिटिश सरकार का नियंत्रण नहीं रहेगा।

(xi) गवर्नर जनरल संवैधानिक प्रमुखों के रूप में कार्य करेंगे तथा विधान मंडलों द्वारा पारित किसी भी विधेयक को, ताज की ओर से स्वीकृति प्रदान कर सकेंगे।

■■■

2

भारतीय संविधान का निर्माण

भारत का संविधान भारत की जनता की आकांक्षा, उम्मीदों, सपनों एवं संघर्षों का जीवंत दस्तावेज है। इसका निर्माण भारत की संविधान सभा द्वारा हुआ। औपचारिक रूप से संविधान सभा अधिक लोकतांत्रिक संस्था नहीं थी क्योंकि इसके सदस्यों का निर्वाचन वयस्क मताधिकार के आधार पर नहीं बल्कि प्रांतीय विधान मंडलों द्वारा हुआ था। ये विधान मंडल भी जनता के सीमित प्रतिनिधियों द्वारा चुने गए थे। इसी प्रकार देशी रियासतों के प्रतिनिधि वहां के शासकों द्वारा मनोनीत किए गए थे। पर इसका एक दूसरा पहलू यह है कि इसमें देश के सबसे लोकप्रिय एवं महत्वपूर्ण नेता शामिल थे। प्रमुख गैर-कांग्रेसी नेताओं को भी संविधान सभा से जोड़ा गया था। जीवन के सभी क्षेत्रों—राजनीति, समाज सेवा, कला, साहित्य, विज्ञान, विधि आदि से जुड़े शीर्ष व्यक्ति इस सभा के सम्मानित सदस्यों में शामिल थे। इस प्रकार कहा जा सकता है कि संविधान सभा का गठन लोकतांत्रिक नहीं था, इसके बावजूद इसे व्यापक जन समर्थन प्राप्त था। यह सही अर्थों में देश की जनता की आकांक्षाओं का प्रतिनिधित्व करती थी।

भारत के संविधान का निर्माण संविधान सभा द्वारा किया गया जिसकी स्थापना 1946 के कैबिनेट मिशन योजना के अन्तर्गत की गई थी। संविधान सभा के कुल 389 सदस्य थे जिनमें से 292 प्रान्तों के प्रतिनिधि, 93 भारतीय रियासतों के प्रतिनिधि, 4 चीफ कमीश्नरीय प्रांतों के प्रतिनिधि थे। कैबिनेट मिशन योजना के अनुसार जुलाई, 1946 में संविधान सभा के चुनाव हुए। संविधान सभा के लिये कुल 389 सदस्यों में से, प्रांतों के लिये निर्धारित 296 सदस्यों के लिए ही चुनाव हुए। चुनाव में कांग्रेस को 208 सीटें मिली और मुस्लिम लीग को 73। संविधान सभा में ब्रिटिश प्रान्तों के 296 प्रतिनिधियों का विभाजन साम्प्रदायिक आधार पर

किया गया था—इनमें 213 सामान्य, 79 मुसलमान तथा 4 सिक्ख थे। संविधान सभा के सदस्यों में अनुसूचित जनजाति के सदस्यों की संख्या 33 थी। संविधान सभा में महिला सदस्यों की संख्या 15 थी।

नोट: रेखाचित्र, आरेख— संविधान सभा का चुनाव (पेज न. 329 देखें)

संविधान सभा की प्रथम बैठक 9 दिसम्बर, 1946 को हुई तथा इसने अपने सबसे वरिष्ठ सदस्य डा. सच्चिदानन्द सिन्हा को अस्थायी अध्यक्ष चुना। 11 दिसम्बर, 1946 को संविधान सभा ने डा. राजेन्द्र प्रसाद को अपना स्थायी अध्यक्ष तथा एस. सी. मुखर्जी को उप-सभापति नियुक्त किया तथा सर बी. एन. राव को संविधान सभा का परामर्शदाता नियुक्त किया। देश के विभाजन के उपरान्त मुस्लिम लीग ने संविधान सभा से अपने सदस्यों को वापस बुला लिया। इसके फलस्वरूप संविधान सभा के सदस्यों की संख्या घटकर 299 रह गई। इनमें से 229 प्रान्तों के प्रतिनिधि तथा 70 रियासतों के प्रतिनिधि थे। संविधान के निर्माण हेतु संविधान सभा ने 22 समितियों का गठन किया। इनमें से 10 समितियां कार्यविधि से सम्बन्धित थीं तथा 12 समितियां मूल मामलों से सम्बन्धित थीं। इन समितियों द्वारा प्रस्तुत की गई रिपोर्टों के आधार पर डा. भीम राव अम्बेडकर की अध्यक्षता में गठित एक सात-सदस्यीय प्रारूप समिति ने संविधान का मसौदा तैयार किया, जिसे फरवरी 1948 में प्रकाशित कर दिया गया।

जनता को इस मसौदे पर विचार करने तथा संशोधन सुझाने के लिए आठ महीने का समय मिला। सदन में कुल 7635 संशोधन प्रस्तुत किए गए, जिनमें से 2473 पर बहस हुई। संविधान के मसौदे पर जनता, प्रेस तथा प्रान्तीय सभाओं के साथ विचार-विमर्श हुआ। 26 नवम्बर, 1949 को अन्ततः इसे अपना लिया गया। संविधान के निर्माण में 2 वर्ष, 11 महीने तथा 18 दिन लगे। संविधान के अधिकतर भाग 26 जनवरी, 1950 को लागू हुए परन्तु नागरिकता, चुनाव, अस्थायी संसद तथा कुछ अन्य प्रावधान 26 नवम्बर, 1949 से ही लागू हो गए।

संविधान सभा में प्रमुख दलों के नेता

(i) अध्यक्ष, भारतीय राष्ट्रीय कांग्रेस - पं जवाहर लाल नेहरू

(ii) अध्यक्ष, आँग्ल-भारतीय संघ - फ्रैंक रेजिनाल्ड एन्टोनी

(iii) अध्यक्ष, अखिल भारतीय हिन्दू महासभा - श्यामा प्रसाद मुखर्जी

(iv) अध्यक्ष, अखिल भारतीय अनुसूचित जाति संघ - भीमराव अम्बेडकर

(v) अध्यक्ष, अखिल भारतीय दलित वर्ग संघ - जगजीवन राम

(vi) अध्यक्षा, अखिल भारतीय महिला सभा - श्रीमती हन्सा मेहता

(vii) अध्यक्ष, अखिल भारतीय जमींदार संघ - कामेश्वर सिंह (महाराजाधिराज दरभंगा)

संविधान के स्रोत

- भारत के संविधान के निर्माण में भारत शासन अधिनियम, 1935 ने आधार स्तंभ का कार्य किया। भारत के संविधान के अधिकांश उपबंध उसी स्वरूप में 1935 के शासन अधिनियम से लिए गए हैं।
- **ब्रिटेनः** संसदीय शासन व्यवस्था, विधि निर्माण की प्रक्रिया, एकल नागरिकता, संसदीय विशेषाधिकार, मंत्रिमंडल का लोक सभा के प्रति सामूहिक उत्तरदायित्व तथा देश के संवैधानिक प्रधान के रूप में राष्ट्रपति की नियुक्ति।
- **संयुक्त राज्य अमेरिकाः** मूल अधिकार, स्वतंत्र एवं निष्पक्ष न्यायपालिका, न्यायिक पुनर्विलोकन का सिद्धांत तथा उप-राष्ट्रपति के पद का प्रावधान तथा राष्ट्रपति पर महाभियोग की प्रक्रिया।
- **फ्रांसः** गणतंत्रात्मक शासन व्यवस्था, स्वतंत्रता, समानता एवं बंधुत्व का आदर्श।

- **कनाडाः** संघात्मक (संघ व राज्यों के बीच शक्तियों का विभाजन) शासन, अवशिष्ट शक्तियों का केन्द्र के पास होना।
- **आयरलैण्डः** राज्य के नीति निदेशक सिद्धांत, राज्य सभा में सदस्यों का मनोनयन, राष्ट्रपति के निर्वाचन की पद्धति।
- **जर्मनी (वीमर संविधान):** आपात उपबंध।
- **सोवियत संघः** मूल कर्तव्य।
- **ऑस्ट्रेलियाः** समवर्ती सूची, संसद का संयुक्त अधिवेशन।
- **दक्षिण अफ्रीकाः** संविधान संशोधन की प्रक्रिया, राज्य सभा के सदस्यों का निर्वाचन।
- **जापानः** विधि द्वारा स्थापित प्रक्रिया।

प्रमुख अनुसूचियाँ

- **अनुसूची 1:** यह भारतीय संघ के 28 राज्यों तथा 8 संघ-शासित प्रदेशों के क्षेत्र-विस्तार से संबंधित है।
- **अनुसूची 2:** यह भारत के राष्ट्रपति, राज्यों के राज्यपाल, उच्चतम न्यायालय के मुख्य न्यायाधीश तथा अन्य न्यायाधीश, उच्च न्यायालय के न्यायाधीशों, नियंत्रक एवं महालेखा परीक्षक के वेतन, भत्ते एवं पेंशन से संबंधित है।
- **अनुसूची 3:** इसमें उन शपथ एवं प्रतिज्ञाओं का उल्लेख है, जो पदभार ग्रहण करने के पूर्व पदाधिकारी को लेने पड़ते हैं।
- **अनुसूची 4:** यह राज्यों तथा संघ शासित प्रदेशों के लिए राज्य सभा में स्थानों के आवंटन से संबंधित है।
- **अनुसूची 5:** यह अनुसूचित क्षेत्र एवं अनसूचित जनजाति क्षेत्र के प्रशासन तथा नियंत्रण से संबंधित है।

- **अनुसूची 6:** यह असम, मेघालय, मिजोरम राज्य के जनजातीय क्षेत्र के प्रशासनिक उपबंधों से संबंधित है। 1988 में 67वें संविधान संशोधन अधिनियम द्वारा इस अनुसूची में संशोधन किया गया तथा 16 दिसम्बर 1988 से इसे त्रिपुरा राज्य पर भी लागू किया गया।
- **अनुसूची 7:** इसमें तीन सूचियों—संघ सूची, राज्य सूची तथा समवर्ती सूची का उल्लेख है। संघ सूची—इसमें अखिल भारतीय महत्त्व के विषयों, यथा—रक्षा, अंतर्राष्ट्रीय मामले, रेलवे, डाकसेवा, आयकर आदि शामिल हैं। इन विषयों पर संसद को विधान बनाने की अनन्य शक्ति है। इसमें कुल 97 विषय हैं। राज्य सूची—इसमें क्षेत्रीय महत्त्व/स्थानीय महत्त्व के विषयों का उल्लेख है। इन विषयों पर आमतौर पर केवल राज्यों की विधायिकाएं विधि निर्माण कर सकती हैं। इसमें 66 विषय हैं। समवर्ती सूची—इन विषयों पर राज्यों की विधायिकाएं तथा संसद, दोनों ही विधान बना सकती हैं। इसमें 47 विषय हैं।
- **अनुसूची 8:** इसमें संविधान द्वारा मान्यता प्राप्त 22 भाषाओं का उल्लेख है। मूलरूप से इस अनुसूची में केवल 14 भाषाएं थीं। संविधान (21वां) संशोधन अधिनियम, 1967 द्वारा इसमें सिन्धी भाषा को शामिल किया गया। संविधान (71वां) संशोधन अधिनियम, 1992 द्वारा इसमें कोंकणी, मणिपुरी तथा नेपाली भाषा को शामिल किया गया। संविधान (92वां) संशोधन अधिनियम 2003 द्वारा इसमें बोडो, डोगरी, मैथिली और संथाली को जोड़ा गया। इसमें शामिल 22 भाषाएं निम्न हैं- (1) असमिया (2) बंगाली (3) गुजराती (4) हिन्दी (5) कन्नड (6) कश्मीरी (7) मलयालम (8) मराठी (9) उड़िया (10) पंजाबी (11) संस्कृत (12) सिन्धी (13) तमिल (14) तेलुगू (15) उर्दू (16) कोंकणी (17) मणिपुरी (18) नेपाली (19) बोडो (20) मैथिली (21) संथाली (22) डोगरी।

- **अनुसूची 9:** यह राज्य विधायिकाओं के जमींदारी उन्मूलन एवं भूमि सुधार से सम्बन्धित अधिनियमों से सम्बन्धित है। इसमें 284 अधिनियम हैं। यह अनुसूची 1951 में प्रथम संविधान संशोधन द्वारा जोड़ी गई थी।
- **अनुसूची 10:** यह दल-बदल के आधार पर अयोग्यता के प्रावधानों से संबंधित है।
- **अनुसूची 11:** इसमें उन 29 विषयों का उल्लेख है, जिस पर पंचायतों को प्रशासनिक नियंत्रण दिया गया है। यह अनुसूची 20 अप्रैल, 1992 को संविधान संशोधन द्वारा जोड़ी गई।
- **अनुसूची 12:** इसमें उन 18 विषयों का उल्लेख है, जिस पर नगरपालिकाओं को प्रशासनिक नियंत्रण दिया गया है। इसे 20 अप्रैल, 1992 को 74वें संविधान संशोधन द्वारा जोड़ा गया।

■■■

3

भारतीय संविधान की विशेषताएं

भारतीय संविधान का एक प्रमुख पहलू है— संविधान के स्वरूप का निर्धारण, विभिन्न संस्थाओं का निर्माण एवं गठन, उनकी शक्तियों एवं जिम्मेवारियों का निर्धारण तथा उनके बीच अंतर्संबंधों का रेखांकन। इनमें प्रमुख हैं— कार्यपालिका, विधायिका, न्यायपालिका एवं केंद्र-राज्य संबंध। इसका दूसरा प्रमुख पहलू है— नागरिकों के अधिकारों की गारंटी। मूल अधिकारों को इसी उद्देश्य से रखा गया है। भारतीय संविधान सरकार की विभिन्न संस्थाओं की स्थापना एवं नागरिक अधिकारों के साथ-साथ सामाजिक-आर्थिक क्रांति का दस्तावेज भी है। राजनीतिक स्वतंत्रता इसका अंतिम लक्ष्य नहीं है। अंतिम लक्ष्य है— भारत की सामाजिक-आर्थिक जड़ता को दूर करना तथा समानता एवं न्याय की स्थापना। इसी कारण यह माना गया कि संविधान राजनीतिक व्यवस्था की स्थापना के साथ-साथ सामाजिक-आर्थिक पुनर्गठन में भी महत्वपूर्ण भूमिका निभाएगा। भारतीय संविधान की मुख्य विशेषताएं इस प्रकार हैं—

विशाल संविधान: भारत का संविधान दुनिया का सबसे बड़ा और लिखित संविधान है। मूल संविधान में कुल 395 अनुच्छेद थे जो 22 भागों में विभाजित थे। इसमें 8 अनुसूचियाँ थीं। संविधान में अब 470 से अधिक अनुच्छेद हो गए हैं जो 25 भागों में विभाजित हैं। इसमें 12 अनुसूचियाँ शामिल हैं। इसकी विशालता का सबसे बड़ा कारण यह है कि इसमें दुनिया के सभी संविधानों की अच्छी बातों को समाविष्ट किया गया है जिससे भविष्य में संविधान के संचालन में कठिनाइयाँ उत्पन्न न हों। इसमें अमेरिका के संविधान से मूल अधिकार, ब्रिटेन के संविधान से संसदीय प्रणाली, आयरलैंड के संविधान से राज्य के नीति निदेशक तत्व और जर्मनी के संविधान तथा भारत सरकार अधिनियम, 1935 से आपात-उपबन्धों को शामिल किया गया है।

भारत में प्रान्तों का गठन और उनकी शक्तियों आदि से सम्बन्धित उपबन्ध संघीय संविधान में ही दिए गए हैं। इस प्रकार केन्द्रीय तथा प्रान्तीय दोनों सरकारों के गठन एवं उनकी शक्तियों का विवरण एक ही संविधान में होने के कारण भी संविधान बड़ा हो गया है। मूल अधिकारों के अतिरिक्त संविधान में राज्य के नीति-निदेशक तत्वों का विशद् वर्णन भी है। इसके अतिरिक्त इसमें न्यायपालिका, लोक सेवा आयोग, निर्वाचन आयोग, राष्ट्र भाषा आयोग आदि अनेक स्वाधीन संस्थाओं के गठन एवं कार्य-पद्धति से सम्बन्धित विस्तृत एवं स्पष्ट उपबंध दिए गए हैं।

प्रभुत्व सम्पन्न: भारत का संविधान भारत को एक प्रभुत्व सम्पन्न राज्य के रूप में स्थापित करता है। भारत पूर्णतया स्वतंत्र राज्य है। भारत की सरकार आन्तरिक तथा बाहय मामलों में अपनी इच्छानुसार आचरण करने के लिए पूर्ण स्वतंत्र है। यह सम्प्रभुता किसी विदेशी सत्ता में नहीं अपितु भारत की जनता में निहित है।

लोकतन्त्रात्मक: भारतीय शासन का मूल आधार है—लोकतंत्र। लोकतंत्रीय शासन में सता का संपूर्ण प्राधिकार जनता में निहित होता है। देश का प्रशासन सीधे जनता द्वारा निर्वाचित प्रतिनिधियों द्वारा किया जाता है और ये प्रतिनिधि अपने प्रशासकीय कार्यों के लिए जनता के प्रति ही उत्तरदायी होते हैं। प्रत्येक पाँच वर्ष के बाद जनता नये प्रतिनिधियों को निर्वाचित करती है। इसी उद्देश्य के लिए संविधान प्रत्येक वयस्क नागरिक को मताधिकार प्रदान करता है।

पंथ-निरपेक्ष: पंथ-निरपेक्षता भारतीय संविधान एवं शासन का मूल आधार है। पंथ निरपेक्ष शब्द को संविधान के 42वें संशोधन द्वारा जोड़ा गया । 'पंथ-निरपेक्ष' का तात्पर्य ऐसे राष्ट्र से है जो किसी विशेष धर्म को राजधर्म के रूप में मान्यता प्रदान नहीं करता वरन् सभी धर्मों के साथ समान व्यवहार करता है। भारत में धर्मनिरपेक्षता सर्व धर्म समभाव को व्यक्त करता है। सर्व धर्म समभाव भारतीय संस्कृति का मूल आधार है।

समाजवाद: समाजवाद शब्द को 42वें संविधान संशोधन द्वारा संविधान में समाविष्ट किया गया। समाजवाद की उपधारणा प्रस्तावना की 'आर्थिक

न्याय' शब्दावली में निहित है। उक्त संशोधन द्वारा इस उपधारणा को एक निश्चित दिशा प्रदान की गई है जिसके लिए हमारी सरकार कटिबद्ध है। संविधान-निर्माताओं ने 'आर्थिक न्याय' पदावली का प्रयोग कर इस बात की पूरी स्वतंत्रता दी है जिससे सरकार किसी भी तरह की आर्थिक व्यवस्था की स्थापना कर सके। पंडित नेहरू ने भारतीय समाजवाद की नवीन परिकल्पना की, जो मिश्रित अर्थव्यवस्था पर आधारित है।

संसदीय सरकार: भारतीय संविधान में संसदीय प्रणाली को अपनाया गया है। यह व्यवस्था केन्द्र तथा राज्य दोनों सरकारों में एक-सी है। सरकार का यह स्वरूप इंग्लैण्ड की सरकार के समान है। सरकार के इस स्वरूप को अपनाने का मुख्य कारण यह था कि भारत में इसकी नींव वर्तमान संविधान के लागू होने के पहले ही पड़ चुकी थी और हम इसके अभ्यस्त हो चुके थे। संसदीय प्रणाली में राष्ट्रपति का स्थान इंग्लैण्ड के सम्राट के समान ही है। वह कार्यपालिका का नाममात्र का प्रधान होता है, वास्तविक कार्यपालिका-शक्ति जनता के निर्वाचित प्रतिनिधियों में, जिसे मंत्रिपरिषद् कहते हैं, निहित होती है। मंत्रिपरिषद् का 'प्रधान' प्रधानमंत्री होता है। मंत्रिपरिषद् सामूहिक रूप से संसद के प्रति उत्तरदायी होती है। यद्यपि संविधान के अनुसार समस्त कार्यपालिका-शक्ति राष्ट्रपति के हाथों में निहित होती है, किन्तु वह उसका प्रयोग मंत्रिपरिषद् की सलाह से ही करता है।

मूल अधिकार: भारतीय संविधान नागरिकों के लिए मूल अधिकारों का प्रावधान करता है। ये अधिकार ही व्यक्ति के विकास और उसकी स्वतंत्रता की आधारशिला हैं। प्राय: संसार के सभी संविधानों में इन अधिकारों के लिए उपबन्ध हैं। ये अधिकार राज्य की विधायी और कार्यपालिका शक्ति पर निर्बन्धन स्वरूप हैं। संविधान राज्य को ऐसी विधियों को बनाने का निषेध करता है जिनसे नागरिकों के मूल अधिकारों का उल्लंघन होता हो। यदि राज्य ऐसी विधि बनाता है तो उन्हें न्यायपालिका असंवैधानिक घोषित कर सकती है। मूल अधिकार आत्यन्तिक अधिकार नहीं हैं। इन

अधिकारों पर आवश्यकता पड़ने पर सार्वजनिक हित में निर्बन्धन लगाये जा सकते हैं।

राज्य के नीति-निदेशक तत्व: भारतीय संविधान में कुछ ऐसे निदेशों का उल्लेख है जिन्हें पूरा करना राज्य का पवित्र कर्त्तव्य माना गया है। उन्हें राज्य के नीति-निदेशक तत्व कहा जाता है। ये सिद्धान्त निदेशकों के रूप में हैं जो विधान-मंडल तथा कार्यकारिणी के पथ-प्रदर्शन के लिए संविधान में उपबन्धित किए गए हैं। इसके अन्तर्गत मुख्य रूप से धन तथा उत्पादन के साधनों का न्यायोचित वितरण, बालकों के लिए नि:शुल्क और अनिवार्य प्राथमिक शिक्षा, देश के लोगों के जीवन-स्तर को ऊंचा उठाना, कार्यपालिका तथा न्यायपालिका का पृथक्करण, अन्तर्राष्ट्रीय शान्ति और सुरक्षा का प्रयास तथा ग्राम पंचायतों का संगठन आदि शामिल हैं। ग्लेनविन ऑस्टिन ने इन सिद्धान्तों को 'राज्य की आत्मा' कहा है।

नम्यता तथा अनम्यता का मिश्रण: समय एवं परिस्थितियों में बदलाव के साथ संविधान में संशोधन की आवश्यकता पड़ती है। भारतीय संविधान एक लिखित संविधान होते हुए भी काफी परिवर्तनशील संविधान है। संविधान में केवल कुछ ही उपबन्ध ऐसे हैं जिनमें परिवर्तन करने के लिए एक विशेष प्रक्रिया का अनुसरण किया जाता है जबकि अधिकतर उपबंधों में संसद द्वारा साधारण विधि पारित करके ही परिवर्तन किया जा सकता है। यहाँ तक कि संशोधन की विशेष प्रक्रिया भी विश्व के अन्य संघात्मक संविधानों की अपेक्षा अधिक सरल है। भारतीय संविधान में नम्यता (लचीलापन) और अनम्यता (कठोरता) दोनों गुणों का अनोखा मिलन है।

केन्द्रोन्मुख संविधान: भारतीय संविधान संघात्मक होते हुए भी केंद्रोन्मुख है। आपातकालीन परिस्थितियों में संविधान पूर्णतया एकात्मक संविधान का रूप धारण कर लेता है। यही नहीं, संविधान में कुछ ऐसे उपबन्ध भी हैं जो शान्तिकाल में केन्द्रीय सरकार को अधिक शक्ति प्रदान करते हैं। अमेरिका, ऑस्ट्रेलिया तथा कनाडा के संघात्मक संविधानों में यद्यपि संघात्मक सिद्धान्तों को बड़ी कठोरता से लागू किया गया था किन्तु आज इन सभी संविधानों में भी केन्द्रीयकरण की सबल प्रवृत्ति स्पष्ट रूप से

परिलक्षित होती है। संविधान में ऐसे उपबंधों को समाविष्ट किया गया है जिनके फलस्वरूप केन्द्र राज्यों से अधिक शक्तिशाली है। आजादी के समय विविध एवं विघटनकारी प्रवृत्तियों को ध्यान में रखते हुए यह माना गया कि विभिन्न राज्यों के हितों की अपेक्षा समस्त देश का हित सर्वोपरि है। देश की सुरक्षा तभी हो सकती है जब देश की सारी शक्ति विभिन्न राज्य-सरकारों में निहित न होकर केन्द्रीय सरकार में निहित हो।

वयस्क मताधिकार: अंग्रेजों के समय में प्रचलित साम्प्रदायिक मताधिकार की प्रणाली को समाप्त करके हमारा संविधान बिना किसी भेदभाव के सभी को समान मत देने का अधिकार प्रदान करता है। भारत का प्रत्येक वयस्क नागरिक, वह चाहे स्त्री हो अथवा पुरुष, यदि 18 वर्ष की आयु का हो चुका है तो उसे निर्वाचन में मतदान करने का अधिकार प्राप्त है। यद्यपि संविधान सभा के कुछ सदस्यों ने इस मताधिकार की कड़ी आलोचना की थी। उनका कहना था कि भारत की जनसंख्या का बहुत बड़ा हिस्सा निरक्षर है जो इस अधिकार का सही-सही प्रयोग नहीं कर पाएगा। उसका मानसिक स्तर भी इतना परिपक्व नहीं है कि वह शासन के गठन में पूर्ण विवेक से कार्य कर सके। फिर भी संविधान सभा ने बहुमत से इसे स्वीकार किया।

इकहरी एवं स्वतंत्र न्यायपालिका: स्वतंत्र एवं इकहरी न्यायपालिका की स्थापना भारतीय संविधान की एक महत्वपूर्ण विशेषता है। संघात्मक संविधानों में प्राय: दोहरी न्याय-पद्धति होती है। संयुक्त राज्य अमेरिका में संघात्मक संविधान के सिद्धान्तों को कठोरता से लागू किया गया है। फलत: वहाँ दोहरी न्याय' व्यवस्था की स्थापना की गई है—एक संघ की, दूसरी राज्यों की। इसके विपरीत भारतीय संविधान संघात्मक होते हुए भी सारे देश के लिए न्याय-प्रशासन की एक ही व्यवस्था करता है जिसके शिखर पर उच्चतम न्यायालय विद्यमान है। उच्चतम न्यायालय के निर्णय देश के समस्त न्यायालयों के ऊपर बाध्यकारी होते हैं। देश की विधियों में एकरूपता, स्पष्टता तथा स्थिरता की दृष्टि से इकहरी न्याय-व्यवस्था के लाभों से इनकार नहीं किया जा सकता है।

भारत में न्यायपालिका को केन्द्र तथा राज्य किसी के अधीन नहीं रखा गया है। इस दृष्टि से भारत की न्यायपालिका, संसार की सभी न्यायपालिकाओं की अपेक्षा सुदृढ़ एवं शक्तिशाली है और यह प्रजातान्त्रिक व्यवस्था के सर्वथा अनुकूल है। स्वतंत्र न्यायपालिका के रूप में यह संघ एवं राज्यों के बीच विवादों का निपटारा करता है। यह विधान मंडल द्वारा बनाए गए कानून की न्यायिक समीक्षा करता है तथा असंगत पाए जाने पर उसे असंवैधानिक घोषित करता है। न्यायालय नागरिकों के मूल अधिकारों का संरक्षण भी करता है। देश में न्याय एवं कानून के शासन को लागू कराना न्यायपालिका का मुख्य दायित्व है।

एकल नागरिकता: संयुक्त राज्य अमेरिका में दोहरी नागरिकता का प्रावधान है—एक संयुक्त राज्य की और दूसरी उस प्रान्त की जिसमें कोई नागरिक स्थायी रूप से निवास करता है। दोनों प्रकार के नागरिकों के भिन्न-भिन्न अधिकार और कर्त्तव्य होते हैं। भारतीय संविधान संघात्मक होते हुए भी केवल एक नागरिकता को मान्यता प्रदान करता है। भारत का प्रत्येक नागरिक केवल भारत का नागरिक है न कि किसी प्रान्त का। ऐसा राष्ट्रीय एकता को सुनिश्चित करने के उद्देश्य से किया गया है।

नागरिकों के मूल कर्त्तव्य: संविधान में नागरिकों के लिए मूल कर्त्तव्यों को भी समाविष्ट किया गया है। इसके अनुसार भारत के प्रत्येक नागरिक का यह कर्त्तव्य होगा कि वह संविधान का पालन करे तथा राष्ट्रध्वज और राष्ट्रगान का आदर करे, स्वतंत्रता-आन्दोलन के आदर्शों को हृदय में सँजोए रखे और उसका पालन करे, भारत की प्रभुता, एकता एवं अखंडता की रक्षा करे, भारत के सभी लोगों में समरसता और भ्रातृत्व की भावना का विकास करे, भारत की संस्कृति का परिरक्षण करे, प्राकृतिक पर्यावरण की रक्षा और संवर्द्धन तथा प्राणि-मात्र के प्रति दयाभाव रखे, वैज्ञानिक दृष्टिकोण, मानववाद, ज्ञानार्जन तथा सुधार की भावना का विकास करे। इस प्रकार मूल कर्त्तव्य भारतीय नागरिकों की समाज, शासन एवं न्याय व्यवस्था में सक्रिय भूमिका सुनिश्चित करते हैं।

■■■

4

भारतीय संघीय प्रणाली

भारतीय संविधान एक परिसंघीय संविधान है। परिसंघीय सिद्धान्त के अन्तर्गत संघ और इकाइयों में शक्तियों का विभाजन होता है और यह विभाजन ऐसी रीति से किया जाता है जिससे प्रत्येक अपने क्षेत्र में पूर्णतया 'स्वतंत्र' हों और साथ ही साथ एक-दूसरे के सहयोगी भी हों, न कि एक-दूसरे के अधीन हों। इस प्रकार परिसंघीय सिद्धान्त का सार है— स्वतंत्रता एवं समन्वयकारिता।

संघीय संविधान के आवश्यक तत्व: एक संघीय संविधान में सामान्यतया निम्नलिखित आवश्यक तत्व पाये जाते हैं—

(i) शक्तियों का विभाजन।

(ii) संविधान की सर्वोच्चता।

(iii) लिखित संविधान।

(iv) संविधान की कठोरता।

(v) स्वतंत्र न्यायपालिका।

शक्तियों का विभाजन: संघीय संविधान का एक आवश्यक तत्व है—केन्द्रीय और प्रान्तीय सरकारों के बीच शक्तियों का विभाजन। यह विभाजन संविधान के द्वारा ही किया जाता है। प्रत्येक सरकारें अपने-अपने क्षेत्र में सार्वभौम होती हैं और दूसरे के अधिकारों एवं शक्तियों का अतिक्रमण नहीं करतीं। संघीय शासन में राज्य की शक्तियों का अनेक सहयोगी संस्थाओं में विकेन्द्रीकरण होता है। सरकार के सभी अंगों का स्रोत स्वयं संविधान होता है जो उनकी शक्तियों के प्रयोग पर नियंत्रण रखता है।

संविधान की सर्वोच्चता: संविधान सरकार के सभी अंगों—कार्यपालिका, विधायिका और न्यायपालिका का स्रोत होता है। उनके स्वरूप, संगठन और शक्तियों से सम्बन्धित सभी उपबन्ध संविधान में ही निहित होते हैं।

संविधान उनके अधिकार-क्षेत्र की सीमा निर्धारित करता है जिनके भीतर वे कार्य करते हैं। सभी संस्थाएँ संविधान के अधीन और उसके नियन्त्रण में कार्य करती हैं। संघीय व्यवस्था में संविधान देश की सर्वोच्च विधि माना जाता है।

लिखित संविधान: संघीय संविधान की मुख्य विशेषता है—इसका लिखित होना। संघ-राज्य की स्थापना एक जटिल संविदा द्वारा होती है जिसमें संघ में शामिल होने वाली इकाइयाँ कुछ शर्तों पर ही संघ में शामिल होती हैं। इन शर्तों का लिखित होना आवश्यक होता है अन्यथा संविधान की सर्वोच्चता को अक्षुण्ण रखना असम्भव हो जाएगा।

संविधान की कठोरता: किसी भी देश का संविधान एक स्थायी दस्तावेज होता है। यह देश की सर्वोच्च विधि कहा जाता है। संविधान की सर्वोच्चता को बनाए रखने के लिए संशोधन की प्रक्रिया का कठिन होना आवश्यक है। इसका यह अर्थ नहीं कि संविधान अपरिवर्तनशील हो वरन् केवल यह है कि संविधान में वही परिवर्तन किए जा सकें जो समय और परिस्थितियों के अनुसार आवश्यक हों।

स्वतंत्र न्यायपालिका: संघीय शासन में संविधान के उपबन्धों के निर्वाचन के सम्बन्ध में अन्तिम निर्णय देने का प्राधिकार न्यायपालिका को ही प्राप्त है। न्यायपालिका सरकार के तीसरे अंग के रूप में एक पूर्ण स्वतंत्र एवं निष्पक्ष संस्था के रूप में अपने कार्यों का सम्पादन करती है। संघीय व्यवस्था में संविधान की सर्वोच्चता को सुरक्षित रखने का कार्य न्यायपालिका के ऊपर ही रहता है। न्यायपालिका द्वारा किया गया संविधान का निर्वचन सभी प्राधिकारियों पर आबद्धकर होता है।

संघीय संविधान के सभी आवश्यक तत्व भारतीय संविधान में विद्यमान हैं। यह दोहरी राज्य-पद्धति की स्थापना करता है—केन्द्रीय सरकार और राज्य सरकार। केन्द्रीय एवं राज्य सरकारों के बीच शक्तियों का विभाजन है। प्रत्येक सरकार अपने-अपने क्षेत्र में सर्वोपरि है और एक-दूसरे की सहयोगी भी है। भारतीय संविधान एक लिखित संविधान है और देश की सर्वोच्च विधि है। संविधान के वे उपबन्ध जो संघीय व्यवस्था से

सम्बन्ध रखते हैं, उनमें राज्य सरकारों की सहमति के बिना परिवर्तन नहीं किया जा सकता है। संविधान के निर्वचन और उसके संरक्षण के लिए एक स्वतंत्र और निष्पक्ष न्यायपालिका की भी स्थापना की गई है। परन्तु कुछ संविधानवेत्ताओं ने इन पर आपत्ति प्रकट की है और उनका कहना है कि भारतीय संविधान सही रूप में एक संघीय संविधान नहीं है। प्रोफेसर ह्विलर के अनुसार भारतीय संविधान एक अर्द्ध-संघीय संविधान है।

भारतीय संघ के एकात्मक लक्षण

(i) साधारणतया संघीय शासन व्यवस्था में इकाइयों का अपना एक अलग अस्तित्व होता है तथा उनका अपना एक अलग संविधान भी होता है, जिसमें वे अपनी आवश्यकता के अनुसार संशोधन कर सकते हैं किंतु भारत में ऐसा नहीं है।

(ii) भारतीय संसद को साधारण कानून द्वारा न केवल किसी भी राज्य की सीमा में परिवर्तन करने का अधिकार प्राप्त है वरन् वह उसके नाम में भी परिवर्तन कर सकती है।

(iii) संघ और राज्यों के बीच शक्तियों का जो बँटवारा किया गया है वह भी संघ की ओर अधिक झुका हुआ है। भारत में समवर्ती सूची से संबद्ध विषयों में केंद्र को वरीयता प्राप्त है। साधारणतया संघ-राज्यों में अवशिष्ट विषय राज्यों के अधीन होते हैं किंतु भारत में ये संघ सरकार के अधीन हैं। राज्य सूची से संबंधित विषयों में भी संविधान संसद को कानून बनाने का अधिकार देता है। यदि संसद का उच्च सदन अर्थात् राज्य सभा उपस्थित एवं मतदान करने वाले सदस्यों के दो-तिहाई बहुमत से ऐसा प्रस्ताव पारित करे कि यह राष्ट्रीय हित में उचित होगा कि संसद उक्त विषय पर कानून बनाए, तो संसद उस विषय पर कानून बना सकती है। उक्त कानून प्रस्ताव में निर्दिष्ट अवधि तक लागू होगा किंतु यह अवधि एक वर्ष से अधिक नहीं हो सकती। यदि राज्य सभा उपर्युक्त पद्धति द्वारा पुन: प्रस्ताव पारित करे तो इस अवधि को पुन: एक वर्ष के लिए बढ़ाया जा सकता है। राज्य सभा ऐसा प्रस्ताव पारित कर इस अवधि को

बार-बार बढ़ा सकती है किंतु एक बार में यह अवधि एक वर्ष से अधिक नहीं बढ़ाई जा सकती।

इतना ही नहीं, राज्यपाल राज्य सूची से संबंधित किसी भी विषय पर राज्य विधान मंडल द्वारा निर्मित किसी भी कानून को राष्ट्रपति के विचारार्थ सुरक्षित रख सकता है। कुछ विषयों से संबंधित विधेयकों को राज्य विधान मंडल में राष्ट्रपति की पूर्वानुमति से ही प्रस्तुत किया जा सकता।

(iv) राज्यों के राज्यपालों की नियुक्ति राष्ट्रपति द्वारा की जाती है तथा वे उसके प्रसादपर्यंत ही पद पर बने रहते हैं। जब कभी राज्यपाल स्वविवेक संबंधी अपने अधिकारों का उपयोग करता है तो वह राष्ट्रपति के प्रति उत्तरदायी होता है।

(v) भारत में संघीय सरकार को कुछ विषयों में राज्य सरकारों को निर्देश देने का अधिकार प्राप्त है। जिन विषयों में ये निर्देश दिए जा सकते हैं, वे इस प्रकार हैं— संसद द्वारा निर्मित विधि का पालन करना अथवा संघीय कार्यपालिका शक्ति के उपयोग के विरुद्ध आचरण न करना। ऐसे निर्देश राज्यों के लिए बाध्यकारी होते हैं।

(vi) संविधान के द्वारा वित्तीय साधनों का इस प्रकार वितरण किया गया है कि राज्य सरकारों को सदैव अनुदान के लिए संघ सरकार पर निर्भर रहना पड़ता है।

(vii) साधारणतया संघ-राज्यों में दोहरी नागरिकता— संघीय नागरिकता तथा राज्य की नागरिकता की व्यवस्था होती है, किंतु भारत में ऐसी कोई व्यवस्था नहीं है। भारत में इकहरी नागरिकता की व्यवस्था है।

(viii) साधारणतया संघ-राज्यों में दोहरे न्यायालय होते हैं। संघीय न्यायालय राज्य के न्यायालयों से भिन्न होते हैं। राज्यों के अपने उच्चतम न्यायालय होते हैं, जिनके निर्णयों के विरुद्ध किसी अन्य न्यायालय में अपील नहीं हो सकती। किंतु भारत में इकहरी न्याय-

व्यवस्था है। यहाँ का उच्चतम न्यायालय अपील का उच्चतम न्यायालय है, जिसे राज्य सूची से संबंधित विषयों में भी अपील सुनने का अधिकार प्राप्त है।

(ix) साधारणतया संघ तथा राज्यों की सरकारी सेवाओं में पृथक्करण होता है। संघ की अपनी सेवाएं होती हैं तथा राज्यों की अपनी सेवाएं। किंतु भारत वर्ष में अखिल भारतीय सेवाओं की व्यवस्था भी की गई है।

(x) आपातकाल में देश का सम्पूर्ण शासन केन्द्र में निहित हो जाता है तथा संसद पूरे देश के लिए विधि बनाने के लिए सक्षम हो जाती है। राज्यों को केन्द्र के निर्देशानुसार अपना प्रशासन चलाना होता है। इन उपबन्धों के परिणामस्वरूप हमारा संविधान एकात्मक रूप धारण कर लेता है।

उपर्युक्त परिस्थितियों में राज्यों की शक्तियों में केन्द्र द्वारा हस्तक्षेप किया जाना हमारे संविधान का सामान्य लक्षण नहीं है। वे अपवादस्वरूप हैं, जिनका प्रयोग केवल उन्हीं विशेष अवसरों पर किया जाता है, जब विशिष्ट परिस्थितियों का सामना करना पड़ता है। संक्षेप में यह कहा जा सकता है कि भारत का संविधान न तो विशुद्ध रूप से परिसंघीय ही है, और न ही विशुद्ध रूप से एकात्मक, बल्कि यह दोनों का सम्मिश्रण है। यह अपने ढंग का एक अनोखा परिसंघ है। यह इस सिद्धान्त को मान्यता प्रदान करता है कि परिसंघीय सिद्धान्त की अपेक्षा देश का हित सर्वोपरि है।

भारतीय संघवाद की उभरती प्रवृत्तियाँ

संविधान के कार्यकरण के विगत् साठ वर्षों के दौरान भारतीय संघवाद में कई नवीन प्रवृत्तियां उभर कर सामने आई हैं। आजादी के बाद दो दशक तक केन्द्र एवं राज्यों में लगभग एक ही दल की सरकार थी। ऐसी स्थिति में केन्द्र मजबूत था एवं राज्य केन्द्र के अभिकरण मात्र थे। शक्ति का स्वरूप केन्द्रोन्मुखी था। राज्यपालों की नियुक्ति, अनुच्छेद-356 का प्रयोग और आर्थिक विषयों पर केन्द्र हावी रहता था। लेकिन 1967 में जब विभिन्न

राज्यों में संविद सरकार का गठन हुआ तो स्थितियों में बदलाव आया और राज्य अपनी स्थिति के प्रति विशेष रूप से सजग हुए। यहीं से प्रतियोगी संघवाद की भावना पनपनी शुरू हुई। 1983 में गठित सरकारिया आयोग की रिपोर्ट ने भी राज्यों की भावनाओं को उभारने में महत्वपूर्ण उत्प्रेरक का कार्य किया। विगत कुछ वर्षों में भारतीय संघवाद में जहां एक ओर कई पुरानी प्रवृत्तियां मजबूत हुई हैं, वहीं दूसरी ओर कई नई प्रवृत्तियां भी उभरी हैं। इन्हें निम्नवत् देखा जा सकता है—

(i) संघीय सरकार में क्षेत्रीय दलों की बढ़ती भूमिका। विगत् वर्षों में क्षेत्रीय दलों के उभार में काफी तेजी आई है। राज्यों में तो ये सतासीन हैं ही केन्द्र में भी महत्वपूर्ण साझेदारी निभा रहे हैं।

(ii) वैसे सांविधानिक उपबंध जो केन्द्रोन्मुखी थे अब उनमें लचीलापन आया है और राज्यों को भी महत्व दिया जाने लगा है। सरकारिया आयोग की अनुशंसा के आलोक में राज्यपालों की नियुक्ति में राज्यों की सलाह ली जाने लगी है। साथ ही अनुच्छेद 356 का प्रयोग भी काफी कम हो गया है। इसका बेहतर उदाहरण पिछले वर्षों में बिहार में केन्द्र द्वारा राष्ट्रपति शासन लगाने के दो बार के असफल प्रयास में देखा जा सकता है। अंतर्राज्यीय परिषद् का गठन 1990 में हुआ, जिसका उद्देश्य केन्द्र एवं राज्य तथा राज्यों के मध्य विवादित मुद्दों को सुलझाना है।

(iii) वित्तीय क्षेत्र में भी राज्यों की स्थिति पहले की तुलना में अधिक बेहतर होती जा रही है। अब योजनाओं के निर्माण में राज्यों की भागीदारी को भी महत्व दिया जाने लगा है। आर्थिक रूप से राज्यों की आत्म–निर्भरता पर बल दिया गया है और इसके तहत राज्यों को स्वयं ऋण उगाही की स्वतंत्रता दी गई है। राज्य प्रत्यक्ष विदेशी निवेश को बढ़ावा देने हेतु बहुराष्ट्रीय कंपनियों से सीधा संपर्क कर सकते हैं। केन्द्र प्रायोजित योजनाएं राज्यों को हस्तांतरित की जा रही हैं। अब राज्य अपने वित्तीय अधिकार के प्रति इस हद तक सजग हो गए हैं कि इनमें कोई भी कटौती होने पर वे लामबंदी का

रास्ता अख्तियार कर सकते हैं। इसका बेहतर उदाहरण 11वें वित्त आयोग की सिफारिशों के संदर्भ में राज्यों में उपजा असंतोष एवं उसकी अभिव्यक्ति है।

(iv) पूर्व की तुलना में भारतीय संघवाद ज्यादा मजबूत हो रहा है। इसका बेहतर उदाहरण नित्य नए-नए राज्यों की उठने वाली मांगें हैं। वस्तुत: यह परिसंघीय संबंधों का ही विस्तार है।

निष्कर्षत: यह कहा जा सकता है कि हाल में उत्पन्न परिस्थितियों ने प्रतियोगी संघवाद की जगह सहकारी संघवाद की भावना को तेजी से आगे बढ़ाया है।

■■■

5

संविधान की प्रस्तावना

प्रस्तावना का सामान्य अर्थ है—भूमिका या परिचय। भारतीय संविधान की प्रस्तावना का संबंध उसके उद्देश्यों, लक्ष्यों, आदर्शों एवं उसके आधारभूत सिद्धांतों से है। संविधान सभा ने इसे 22 जनवरी 1947 को पारित किया। भारतीय संविधान की प्रस्तावना इस प्रकार है--

हम, भारत के लोग, भारत को एक संपूर्ण प्रभुत्व-संपन्न समाजवादी, पंथनिरपेक्ष लोकतंत्रात्मक गणराज्य बनाने के लिए, तथा उसके समस्त नागरिकों को: सामाजिक, आर्थिक और राजनैतिक न्याय, विचार अभिव्यक्ति, विश्वास, धर्म और उपासना की स्वतंत्रता, प्रतिष्ठा और अवसर की समानता प्राप्त कराने के लिए, तथा उन सब में व्यक्ति की गरिमा और राष्ट्र की एकता और अखंडता सुनिश्चित करने वाली बंधुता बढ़ाने के लिए दृढ़ संकल्प होकर अपनी इस संविधान सभा में आज तारीख 26 नवंबर, 1949 ई. (मिति मार्गशीर्ष शुक्ल सप्तमी, संवत् दो हजार छह विक्रमी) को एतद्-द्वारा इस संविधान को अंगीकृत, अधिनियमित और आत्मार्पित करते हैं।

यदि हम इस प्रस्तावना का विश्लेषण करें तो पहली बात जो इसमें आती है वह है 'हम भारत के लोग'। इसका अर्थ यह है कि यह प्रस्तावना भारत वर्ष के लोगों को एक संप्रभु शक्ति के रूप में घोषित करती है। हमारे राष्ट्रीय आंदोलन के नेताओं ने भारतीय जनता की संप्रभुता पर सदैव बल दिया था।

प्रस्तावना की दूसरी महत्वपूर्ण विशेषता यह है कि यह भारत में एक संपूर्ण प्रभुत्व-संपन्न, समाजवादी, पंथनिरपेक्ष, लोकतंत्रात्मक गणराज्य की स्थापना की बात करती है। संपूर्ण प्रभुत्व-संपन्न से अभिप्राय एक ऐसी व्यवस्था से है जहाँ भारत किसी भी आंतरिक अथवा बाहय सत्ता से पूर्णतया स्वतंत्र हो। कुछ आलोचकों का यह मत है कि कॉमनवेल्थ की

सदस्यता के कारण भारत की संप्रभुता प्रभावित हुई है, किंतु यह सच नहीं है। कॉमनवेल्थ की मूल स्थिति में अब काफी परिवर्तन आ चुका है। यह विशुद्ध रूप से एक ऐच्छिक संगठन है जिसके सदस्य स्वतंत्र एवं संप्रभु राज्य हैं।

समाजवादी एवं पंथ निरपेक्ष शब्द संविधान के 42वें संशोधन द्वारा प्रस्तावना में सम्मिलित किए गए। समाजवादी शब्द का प्रयोग संविधान में समाजवादी दर्शन को सम्मिलित करने के लिए किया गया है। पंथ निरपेक्षता का अर्थ धर्म के आधार पर भेदभाव का अभाव है। भारत में पंथ निरपेक्षता का आशय सर्व धर्म समभाव से है। लोकतंत्र से अभिप्राय एक ऐसी व्यवस्था से है जहाँ सरकार जनता द्वारा निर्वाचित होती है तथा जो अपने कार्यों के लिए जनता के प्रति उत्तरदायी होती है। इसके अनुसार एक निश्चित अंतराल के बाद निर्वाचन होते हैं तथा जनता को स्वतंत्रता पूर्वक तथा न्यायपूर्ण तरीके से मतदान का अधिकार प्राप्त है। इसका एक अर्थ यह भी है कि यहाँ विधि का शासन होगा। गणराज्य से अभिप्राय ऐसी व्यवस्था से है जहाँ राज्य के प्रमुख को निर्वाचन द्वारा पद प्राप्त होगा आनुवंशिक आधार पर नहीं।

प्रस्तावना का एक उद्देश्य यह भी है कि सभी नागरिकों को सामाजिक, आर्थिक और राजनैतिक न्याय प्राप्त हो। न्याय का सामान्य अर्थ यह है कि जहाँ किसी प्रकार का भेदभाव न हो तथा सबको उचित अधिकार प्राप्त हों। सामाजिक न्याय से अभिप्राय ऐसी व्यवस्था से है जहाँ जाति, मत, लिंग, जन्म स्थान, धर्म या भाषा आदि में से किसी आधार पर किसी के साथ भेदभाव न किया जाए तथा समाज में सभी को समान स्थान/अवसर प्राप्त हों। इसी प्रकार, राजनैतिक न्याय से अभिप्राय एक ऐसी व्यवस्था से है जहाँ सभी नागरिकों को समान रूप से मतदान का, चुनाव लड़ने का तथा सार्वजनिक पद प्राप्त करने का अधिकार प्राप्त हो।

प्रस्तावना में विचार अभिव्यक्ति, विश्वास और उपासना की स्वतंत्रता को भी आदर्श रूप में शामिल किया गया है। इसका अभिप्राय यह है कि सभी नागरिकों को समान रूप से अपने धर्म का पालन करने तथा

अपने विचारों को स्वतंत्रता पूर्वक व्यक्त करने की छूट होगी और राज्य इन विषयों में तब तक हस्तक्षेप नहीं करेगा जब तक दूसरों की स्वतंत्रता अथवा अधिकार बाधित न हों।

प्रस्तावना में प्रतिष्ठा और अवसर की समानता का भी उल्लेख किया गया है। इससे अभिप्राय यह है कि सभी नागरिकों को अपनी प्रतिभा का पूर्ण उपयोग करने तथा बिना किसी बाधा के अपने व्यक्तित्व के विकास का समुचित अवसर प्राप्त होगा।

प्रस्तावना में व्यक्ति की गरिमा, राष्ट्र की एकता और अखंडता सुनिश्चित करने वाली बंधुता बढ़ाने का भी उल्लेख किया गया है। इसका अर्थ यह है कि भारत में बंधुता की भावना का आधार व्यक्ति की गरिमा होनी चाहिए न कि समाज में उसकी स्थिति। इसी प्रकार, राष्ट्र की एकता और अखंडता का आधार भी बंधुता की भावना होनी चाहिए।

प्रस्तावना का लक्ष्य एक ऐसी सामाजिक व्यवस्था की स्थापना करना है जहाँ जनता संप्रभु हो, शासन निर्वाचित और जनता के प्रति उत्तरदायी हो, शासन की सत्ता जनता के मूल अधिकारों से सीमित हो तथा जनता को अपने विकास का समुचित अवसर प्राप्त हो। यद्यपि वैधानिक रूप से प्रस्तावना न्यायालयों द्वारा लागू नहीं की जा सकती तथापि यह संविधान के विभिन्न प्रावधानों की व्याख्या करने में उपयोगी सिद्ध हो सकती है तथा किंकर्त्तव्यविमूढ़ता की स्थिति में यह पथ प्रदर्शक के रूप में कार्य करती है।

प्रस्तावना में संशोधन

केशवानन्द भारती बनाम केरल राज्य के मामले में सरकार की ओर से यह तर्क दिया गया कि चूँकि प्रस्तावना भी संविधान का एक भाग है, अत: अनुच्छेद 368 के अन्तर्गत इसमें संशोधन किया जा सकता है। अपीलार्थी की ओर से कहा गया कि अनुच्छेद 368 द्वारा प्रदत्त संशोधन की शक्ति सीमित है और प्रस्तावना स्वयं संशोधन की शक्ति पर परिसीमा आरोपित करती है। प्रस्तावना में संविधान का आधारभूत ढाँचा निहित है, जिसको

संशोधन करके नष्ट नहीं किया जा सकता है। यदि उनमें से कोई भी निकाल दिया जाय तो सांविधानिक ढांचा बिखर जाएगा। इस मामले में उच्चतम न्यायालय ने बहुमत से यह निर्णय दिया कि प्रस्तावना संविधान का भाग है। अत: इसमें संशोधन किया जा सकता है। किन्तु न्यायालय ने यह भी स्पष्ट किया कि प्रस्तावना के उस भाग में संशोधन नहीं किया जा सकता जो 'आधारभूत ढाँचे' से सम्बन्धित है।

प्रस्तावना का महत्व

1. इससे यह ज्ञात होता है कि भारत का संविधान किस तिथि को लागू हुआ।
2. प्रस्तावना इस बात की घोषणा करती है कि भारत में सत्ता एवं शक्ति का अंतिम स्रोत आम जनता है।
3. यह देश के शासन का स्वरूप एवं उद्देश्य का निर्धारण करती है।
4. उस स्थिति में जब संविधान की भाषा अस्पष्ट हो तब यह संविधान की व्याख्या करने में सहायता करती है।
5. यह शासन के सामने कुछ आदर्श प्राप्त करने का लक्ष्य रखती है।

■■■

6

संघ और इसके राज्य-क्षेत्र

संविधान में भारत को 'राज्यों का संघ' घोषित किया गया है। संविधान का प्रारूप प्रस्तुत करते हुए प्रारूप-समिति के अध्यक्ष डा. अम्बेडकर ने कहा था कि यद्यपि यह संविधान संरचना की दृष्टि से फेडरल हो सकता है, किन्तु कुछ निश्चित उद्देश्यों से समिति ने इसे 'संघ' कहा है। भारतीय संघ अमेरिकी संघ की भाँति संघ की इकाइयों के बीच परस्पर करार का परिणाम नहीं है। साथ ही राज्यों को स्वेच्छानुसार परिसंघ से पृथक होने का अधिकार भी नहीं है।

नये राज्यों की स्थापना: संविधान के अनुच्छेद 2 में कहा गया है कि संसद विधि बनाकर, संघ में नये राज्यों का प्रवेश या स्थापना कर सकती है। इस प्रकार अनुच्छेद 2 के अधीन संसद को दो प्रकार की शक्ति प्राप्त है—प्रथम, नये राज्यों को संघ में शामिल करने की शक्ति, द्वितीय, नये राज्यों को स्थापित करने की शक्ति।

नये राज्यों का गठन और वर्तमान राज्यों के क्षेत्रों, सीमाओं या नामों में परिवर्तन: भारतीय संविधान राज्यों के क्षेत्रों और सीमाओं को, बिना उनकी सहमति एवं सम्मति के परिवर्तित करने का अधिकार संसद को प्रदान करता है। संसद सामान्य बहुमत से कानून बनाकर नये राज्यों की स्थापना कर सकती है और वर्तमान राज्यों के क्षेत्रों, सीमाओं और नामों में परिवर्तन कर सकती है। ऐसी विधि बनाने की निम्नलिखित शर्तें हैं—प्रथम, किसी नये राज्य के निर्माण या वर्तमान राज्यों की सीमाओं में परिवर्तन के लिए कोई भी विधेयक बिना राष्ट्रपति की सिफारिश के संसद के किसी सदन में प्रस्तुत नहीं किया जा सकता है। द्वितीय, यदि विधेयक द्वारा किसी राज्य के क्षेत्र, सीमा और नाम में परिवर्तन प्रस्तावित है तो राष्ट्रपति उक्त

राज्य के विधान मंडल को विधेयक विचारार्थ भेजेगा। विधान मंडल राष्ट्रपति द्वारा निर्धारित समय के अन्दर अपने विचार व्यक्त करते हुए विधेयक को वापस कर देगा। किन्तु जम्मू-कश्मीर राज्य-क्षेत्र को घटाने-बढ़ाने या उसके नाम या सीमा में परिवर्तन करने वाला विधेयक उस राज्य के विधान मंडल की सम्मति के बिना संसद में पेश नहीं किया जा सकता। पर अनुच्छेद 370 संविधान से हटा दिए जाने के बाद जम्मू-कश्मीर की यह विशेष स्थिति समाप्त हो गई है।

क्या संसद किसी भारतीय भू-भाग को एक विदेशी राज्य को दे सकती है?: संविधान के अनुच्छेद 2 और 3 के उपबन्धों का निर्वचन करते हुए न्यायालय ने यह निर्णय दिया कि अनुच्छेद 3 राज्यों के क्षेत्रों के आन्तरिक पुनर्योजन की व्यवस्था करता है। अतएव किसी ऐसे करार को जिसके अन्तर्गत किसी भारतीय भू-भाग को विदेशी सरकार को अध्यर्पित किया जाना प्रस्तावित है, केवल अनुच्छेद 3 के अन्तर्गत एक साधारण विधि बनाकर क्रियान्वित नहीं किया जा सकता। इसके लिए संविधान में संशोधन करना आवश्यक है। नये भू-भाग को अर्जित करने और अपने भू-भाग का अध्यर्पण करने की शक्ति सम्प्रभुता का आवश्यक अंग है। भारत एक सम्प्रभुता सम्पन्न राष्ट्र है, इसलिए अन्तर्राष्ट्रीय विधि के अधीन उसे अपने भू-भाग अर्पित करने और अर्जित करने की शक्ति प्राप्त है।

स्वतंत्रता प्राति के उपरांत राज्यों का पुनर्गठन: स्वतंत्रता प्राप्ति के उपरांत ब्रिटिश भारत के प्रांतों के साथ 216 देशी रियासतों को सम्मिलित कर 'ए श्रेणी' के राज्यों का गठन किया गया था। ऐसे राज्यों की कुल संख्या 9 थी-असम, बिहार, बंबई, मध्य प्रदेश, मद्रास, उड़ीसा, पंजाब, संयुक्त प्रांत एवं पश्चिम बंगाल। कुल 275 देशी रियासतों को नई प्रशासनिक इकाई में गठित कर 'बी श्रेणी' प्रदान किया गया। इनकी कुल संख्या 9 थी, यथा— हैदराबाद, जम्मू-कश्मीर, मध्य भारत, मैसूर, पेप्सू, राजस्थान, सौराष्ट्र, ट्रावनकोर-कोचीन तथा विन्ध्य प्रदेश। 'सी श्रेणी' के अन्तर्गत 61 देशी रियासतों को एकीकृत किया गया तथा 10 राज्य बनाये गए, यथा—

अजमेर, बिलासपुर, भोपाल, कुर्ग, कूच बिहार, दिल्ली, हिमाचल प्रदेश, कच्छ, मणिपुर, त्रिपुरा। 'डी श्रेणी' के राज्य के अंतर्गत अंडमान एवं निकोबार द्वीप समूह को शामिल किया गया।

भाषायी राज्य

भाषा के आधार पर राज्य का गठन सर्वप्रथम 1953 में आंध्र प्रदेश के रूप में किया गया। इस राज्य का गठन तेलुगू भाषा बोलने वाली जनता को सन्तुष्ट करने के उद्देश्य से किया गया था। इससे पूर्व तेलुगू भाषी लोगों ने लम्बा संघर्ष किया। इस संघर्ष में उनके नेता पोटी श्री रामुल्लू का 56 दिवसीय भूख हड़ताल के उपरान्त निधन हो गया और सरकार ने विवश होकर उनकी मांग को स्वीकार कर लिया। भाषा के आधार पर आन्ध्र प्रदेश के गठन के फलस्वरूप देश के अन्य भागों में भी भाषा के आधार पर राज्यों के गठन की मांग जोर पकड़ने लगी। अतः 22 दिसम्बर 1953 को प्रधानमन्त्री जवाहरलाल नेहरू ने फजल अली के नेतृत्व में एक आयोग गठित करने की घोषणा की। इसके दो अन्य सदस्य थे—के.एम. पणिक्कर तथा हृदयनाथ कुंजरू। आयोग ने सम्पूर्ण देश को 16 राज्यों तथा तीन केन्द्र प्रशासित क्षेत्रों में बांटने की सिफारिश की। सरकार ने इन सिफारिशों को स्वीकार नहीं किया।

1956 में सरकार ने राज्य पुनर्गठन अधिनियम पारित किया। इसके अन्तर्गत 14 राज्यों का गठन किया गया। ये राज्य थे—आन्ध्र प्रदेश, अराम, बिहार, बम्बई, जम्मू-कश्मीर, केरल, मध्य प्रदेश, मद्रास, मैसूर, उड़ीसा, पंजाब, राजस्थान, उत्तर प्रदेश तथा पश्चिम बंगाल। 1960 में बम्बई राज्य को दो राज्यों—महाराष्ट्र तथा गुजरात—में बांट दिया गया। इस विभाजन के फलस्वरूप राज्यों की संख्या 15 हो गई। 1963 में नागालैण्ड राज्य का गठन किया गया। पंजाबी सूबे के लिए आन्दोलन के फलस्वरूप अप्रैल 1966 में सरकार ने शाह आयोग का गठन किया, जिसकी सिफारिशों के आधार पर पंजाब पुनर्गठन अधिनियम 1966 पारित किया गया। पंजाबी बोलने वाले क्षेत्रों को मिलाकर एक-भाषायी राज्य पंजाब का गठन किया

गया, जबकि हिन्दी बोलने वाले क्षेत्रों को मिलाकर हरियाणा राज्य बनाया गया। पंजाब के सभी पहाड़ी क्षेत्र, उनके साथ लगने वाले संघीय क्षेत्र हिमाचल प्रदेश में मिला दिए गए। 1969 में असम के कुछ क्षेत्रों को अलग कर एक नये राज्य मेघालय का गठन किया गया। इसे 1972 में पूर्ण राज्य का दर्जा मिला। 1971 में केन्द्रीय क्षेत्र हिमाचल प्रदेश को एक पूर्ण राज्य का दर्जा प्रदान कर दिया गया।

1972 में त्रिपुरा तथा मणिपुर के केन्द्र प्रशासित क्षेत्रों को राज्य का दर्जा देने के फलस्वरूप राज्यों की कुल संख्या 21 हो गई। 1975 में सिक्किम को राज्य का दर्जा दिया गया और यह भारत का 22वां राज्य बना। इससे पूर्व सिक्किम को सह-राज्य के रूप में मान्यता दी गई थी। 1986 में मिजोरम को राज्य के रूप में मान्यता देने का निर्णय लिया गया परन्तु इसे राज्य का दर्जा फरवरी, 1987 में दिया गया। यह भारत का 23वां राज्य बना। उसी वर्ष अरुणाचल प्रदेश को भी राज्य का दर्जा दिया गया। यह देश का 24वां राज्य बना। मई 1987 में गोवा को केन्द्र प्रशासित क्षेत्र गोवा, दमन तथा दीव से अलग कर पूर्ण राज्य का दर्जा प्रदान किया गया-जबकि दमन व दीव केन्द्र प्रशासित क्षेत्र बने रहे। गोवा भारत का 25वां राज्य बना। सन 2000 में तीन नए राज्यों—छत्तीसगढ़, झारखंड तथा उत्तरांचल (अब उत्तराखंड) का गठन किया गया। इसके फलस्वरूप भारत में राज्यों की संख्या 28 हो गई। इसी प्रकार 2014 में आंध्र प्रदेश का विभाजन कर तेलंगाना राज्य का गठन किया गया। 2019 में जम्मू-कश्मीर पुनर्गठन विधेयक पारित किया गया। इसके द्वारा जम्मू-कश्मीर एवं लद्दाख दो केंद्र शासित प्रदेश बनाए गए। इस समय भारत में कुल 28 राज्य तथा 8 केन्द्र प्रशासित क्षेत्र हैं।

जम्मू और कश्मीर पुनर्गठन अधिनियम, 2019

अगस्त 2019 में भारतीय संसद ने जम्मू और कश्मीर पुनर्गठन अधिनियम पारित किया। यह अधिनियम जम्मू और कश्मीर राज्य को जम्मू और कश्मीर केंद्र शासित प्रदेश और लद्दाख केंद्र शासित प्रदेश में पुनर्गठित करने का प्रावधान करता है।

जम्मू और कश्मीर का पुनर्गठन: अधिनियम जम्मू और कश्मीर राज्य को निम्नलिखित में पुनर्गठित करता है: (i) विधानसभा के साथ जम्मू और कश्मीर केंद्र शासित प्रदेश, और (ii) विधानसभा के बिना लद्दाख केंद्र शासित प्रदेश। लद्दाख केंद्र शासित प्रदेश में कारगिल और लेह जिले होंगे और जम्मू और कश्मीर केंद्र शासित प्रदेश में मौजूदा जम्मू और कश्मीर राज्य का शेष प्रदेश आएगा।

लेफ्टिनेंट गवर्नर: जम्मू और कश्मीर केंद्र शासित प्रदेश को राष्ट्रपति द्वारा प्रशासित किया जाएगा। इसके लिए राष्ट्रपति लेफ्टिनेंट गवर्नर नामक एक प्रशासक की नियुक्ति करेंगे। लद्दाख केंद्र शासित प्रदेश को राष्ट्रपति द्वारा प्रशासित किया जाएगा। इसके लिए भी राष्ट्रपति लेफ्टिनेंट गवर्नर नामक एक प्रशासक की नियुक्ति करेंगे।

जम्मू और कश्मीर की विधान सभा: अधिनियम जम्मू और कश्मीर केंद्र शासित प्रदेश के लिए एक विधान सभा का प्रावधान करता है। विधान सभा में कुल 107 सीटें होंगी। इनमें जम्मू और कश्मीर के पाकिस्तानी कब्जे वाले कुछ क्षेत्रों की 24 सीटें रिक्त होंगी। इसके अतिरिक्त जम्मू और कश्मीर केंद्र शासित प्रदेश की विधान सभा में अनुसूचित जातियों और अनुसूचित जनजातियों के लिए सीटें आरक्षित होंगी जोकि वहां उनकी जनसंख्या पर आधारित होगी। साथ ही, लेफ्टिनेंट गवर्नर विधान सभा में महिलाओं को प्रतिनिधित्व देने के लिए दो सदस्यों को नामित कर सकता है, अगर उन्हें उचित रूप से प्रतिनिधित्व नहीं मिलता।

विधान सभा की अवधि पांच वर्ष होगी और लेफ्टिनेंट गवर्नर को छह महीने में कम-से-कम एक बार विधान सभा की बैठक बुलानी होगी। विधान सभा जम्मू और कश्मीर केंद्र शासित प्रदेश के किसी भी हिस्से के लिए निम्नलिखित के संबंध में कानून बना सकती है: (i) संविधान की राज्य सूची में विनिर्दिष्ट कोई भी मामला (पुलिस और पब्लिक ऑर्डर को छोड़कर), और (ii) केंद्र शासित प्रदेशों पर लागू होने वाली समवर्ती सूची में विनिर्दिष्ट कोई भी मामला। इसके अतिरिक्त संसद के पास यह शक्ति होगी

कि वह जम्मू और कश्मीर केंद्र शासित प्रदेश के किसी भी मामले के संबंध में कानून बनाए।

मंत्रिपरिषद्: जम्मू और कश्मीर केंद्र शासित प्रदेश की विधान सभा में मंत्रिपरिषद् की संख्या कुल सदस्य संख्या के दस प्रतिशत से अधिक नहीं होगी। मंत्रिपरिषद् उन मामलों में लेफ्टिनेंट गवर्नर को सहायता और सलाह देगी जिन मामलों में विधान सभा को कानून बनाने की शक्ति प्राप्त है। मुख्यमंत्री द्वारा मंत्रिपरिषद् के सभी फैसलों की जानकारी लेफ्टिनेंट गवर्नर को दी जाएगी।

उच्च न्यायालय: जम्मू और कश्मीर उच्च न्यायालय लद्दाख तथा जम्मू और कश्मीर केंद्र शासित प्रदेशों का साझा उच्च न्यायालय होगा। इसके अतिरिक्त जम्मू और कश्मीर केंद्र शासित प्रदेश में एक एडवोकेट जनरल होगा जोकि केंद्र शासित प्रदेश की सरकार को कानूनी सलाह प्रदान करेगा।

विधान परिषद्: जम्मू और कश्मीर राज्य की विधान परिषद् समाप्त हो जाएगी। विधान परिषद् के भंग होने के साथ सभी लंबित बिल लैप्स हो जाएंगे।

एडवाइजरी कमिटीज़: केंद्र सरकार निम्नलिखित उद्देश्यों से एक एडवाइजरी कमिटी का गठन करेगी जो: (i) जम्मू और कश्मीर राज्य के निगमों के एसेट्स और देनदारियों को दो केंद्र शासित प्रदेशों में बांटना, (ii) बिजली और जल उत्पादन तथा आपूर्ति से संबंधित मुद्दे, और (iii) जम्मू और कश्मीर राज्य वित्तीय निगम से संबंधित मामले पर अपनी राय देगी। यह कमिटी छह महीने के अंदर अपनी रिपोर्ट लेफ्टिनेंट गवर्नर को सौंपेगी जिसे 30 दिनों के अंदर उन सुझावों पर अमल करना होगा।

कानून का विस्तार: अनुसूची में 106 केंद्रीय कानून हैं जिन्हें केंद्र सरकार द्वारा अधिसूचित तिथि से जम्मू और कश्मीर केंद्र शासित प्रदेश तथा लद्दाख केंद्र शासित प्रदेश पर लागू किया जाएगा। इनमें आधार एक्ट, 2016, भारतीय दंड संहिता, 1860 और शिक्षा का अधिकार कानून, 2009 शामिल हैं। इसके अतिरिक्त यह अधिनियम जम्मू और कश्मीर राज्य के

153 कानूनों को रद्द करता है। अधिनियम कहता है कि 166 राज्य कानून प्रभावी बने रहेंगे और सात कानूनों को संशोधनों के साथ लागू किया जाएगा। पहले सिर्फ जम्मू और कश्मीर के स्थायी निवासियों को लैंड लीज की जा सकती थी। अब संशोधन के द्वारा यह पाबंदी हटा दी गई है।

जम्मू-कश्मीर परिसीमन आयोग

मार्च, 2020 में भारत सरकार ने सर्वोच्च न्यायालय की सेवा निवृत्त न्यायाधीश रंजना प्रकाश देसाई की अध्यक्षता में एक परिसीमन आयोग का गठन किया। आयोग ने अपने सर्वेक्षण के बाद विधान सभा की सीटें 83 से बढ़ाकर 90 करने की सिफारिश की। इस प्रकार आयोग ने विधान सभा की सीटों में कुल 7 सीट की वृद्धि की अनुशंसा की। इनमें 6 सीट जम्मू में तथा 1 सीट कश्मीर में बढ़ाए जाने हैं। जम्मू के लोगों की यह शिकायत रही थी कि विधान सभा में सीटों का निर्धारण भेदभावपूर्ण है तथा इसमें कश्मीर घाटी को वरीयता दी गई है। जम्मू-कश्मीर परिसीमन आयोग ने किसी हद तक जम्मू तथा कश्मीर घाटी के बीच सीटों के निर्धारण में सामंजस्य स्थापित करने की कोशिश की है। विधान सभा में 7 सीट अनुसूचित जाति के लिए तथा 9 सीट अनुसूचित जनजाति के लिए आरक्षित करने का प्रस्ताव भी है। परिसीमन आयोग ने इसके अतिरिक्त विस्थापित कश्मीरी पंडितों के लिए 2 तथा पीओके के विस्थापितों के लिए कुछ सीटों का प्रावधान करने के लिए केंद्र सरकार से अनुशंसा की है।

कश्मीरी पंडितों के लिए सिफारिश की गई सीटों में से एक सीट महिला के लिए आरक्षित रखी जाएगी। गृह मंत्री अमित शाह ने संसद में जम्मू-कश्मीर पुनर्गठन एवं आरक्षण विधेयक 2023 पेश करते हुए जम्मू-कश्मीर विधान सभा में कश्मीरी पंडितों के लिए दो तथा पीओके के विस्थापितों के लिए एक सीट आरक्षित रखने की घोषणा की। इन सदस्यों का मनोनयन उप-राज्यपाल द्वारा किया जाएगा। इन सीटों पर मनोनयन का प्रावधान किया गया है। इन प्रावधानों के लागू होने के बाद जम्मू-कश्मीर विधान सभा की कुल सदस्य संख्या बढ़कर 93 हो जाएगी। इसमें पाक अधिकृत कश्मीर की सीटों की संख्या शामिल नहीं है।

अलग राज्यों की मांग एवं राज्यों का पुनर्गठन

स्वतंत्रता के बाद से ही भारत में समय-समय पर पृथक राज्यों की मांग उठती रही है। इन मांगों को देखते हुए कई नए राज्यों का गठन भी किया गया। वर्तमान में बोडोलैंड, पूर्वांचल, मिथिलांचल, गोरखालैंड, हरित प्रदेश एवं विदर्भ आदि राज्यों के गठन की मांग की जा रही है। इन राज्यों की मांग के पीछे कई कारण उत्तरदायी हैं।

(i) सबसे पहले तो भारत में भौगोलिक दृष्टि से काफी विविधता पायी जाती है। यहां विभिन्न भौगोलिक इकाइयों में अलग-अलग सामाजिक एवं सांस्कृतिक समूहों का विकास हुआ है। विशिष्ट सामाजिक-सांस्कृतिक स्थिति के कारण आरंभ से ही यहां उप-राष्ट्रीयता के विकास की प्रवृत्ति रही है। अत: सामाजिक-सांस्कृतिक अस्मिता की अभिव्यक्ति के लिए अलग राज्यों की मांग की जाती रही है।

(ii) भारत में सामाजिक-आर्थिक विकास की दृष्टि से भी काफी विषमता रही है। यह विषमता राज्य स्तर पर भी देखी जा सकती है। उदाहरणस्वरूप हम महाराष्ट्र को देखें— यहां पश्चिमी महाराष्ट्र की तुलना में विदर्भ काफी पिछड़ा हुआ है। अत: क्षेत्रीय हितों की सुरक्षा एवं सामाजिक आर्थिक विकास के लिए नए राज्यों की मांग उठती रही है।

(iii) भारत के कुछ क्षेत्रों में बाहरी लोगों के प्रवेश के कारण स्थानीय जनसंख्या के न केवल आर्थिक हित प्रभावित हुए हैं, बल्कि सामाजिक-सांस्कृतिक हितों पर भी प्रतिकूल प्रभाव पड़ा है। बोडोलैंड की मांग के पीछे यह एक प्रमुख कारण है।

(iv) भारत में हाल के वर्षों में कई क्षेत्रीय राजनीतिक दलों का उदय हुआ है। ये क्षेत्रीय दल अपने राजनीतिक स्वार्थों की पूर्ति के लिए जनता की भावनाओं को उभारते हैं। हरित प्रदेश की मांग विशुद्ध रूप से राजनीतिक है।

बड़े राज्य बनाम छोटे राज्य

(i) छोटे राज्य प्रशासनिक दृष्टि से अधिक कुशल एवं प्रभावी माने जाते हैं, जबकि बड़े राज्य प्रशासनिक ताम-झाम के कारण लालफिताशाही के शिकार हो जाते हैं।

(ii) छोटे राज्यों के गठन से आर्थिक संसाधनों का उचित विदोहन संभव है, जबकि बड़े राज्यों में यह संभव नहीं हो पाता।

(iii) छोटे राज्यों के गठन से क्षेत्रीय आवश्यकताओं के अनुसार योजना एवं कार्यक्रम का निर्धारण किया जा सकता है। साथ ही विकास प्रक्रिया में स्थानीय लोगों की भागीदारी सुनिश्चित की जा सकती है।

छोटे राज्य के गठन के विरूद्ध तर्क

(i) छोटे राज्यों के गठन के कारण प्रशासनिक व्यय में वृद्धि होती है। आर्थिक दृष्टि से आत्मनिर्भर न होने पर ये राज्य केंद्र पर बोझ बन जाते हैं।

(ii) छोटे राज्यों के गठन से विखंडनकारी शक्तियों को बढ़ावा मिल सकता है। इससे क्षेत्रवाद की भावना को बढ़ावा मिलता है एवं राज्यों के बीच आपसी संबंध भी प्रभावित होते हैं।

(iii) छोटे राज्यों को विकास के पर्याय के रूप में देखना भी उचित प्रतीत नहीं होता। नि:संदेह पंजाब एवं हरियाणा ने छोटे राज्य होने के कारण काफी विकास किया है। पर हिमाचल प्रदेश, उतराखंड, झारखंड एवं छत्तीसगढ़ छोटे राज्य होने के बावजूद पर्याप्त प्रगति नहीं कर पाए हैं।

■■■

7

भारतीय नागरिकता

संघीय राज्य की भांति भारत में दोहरी नागरिकता का प्रावधान नहीं है। भारत का नागरिक सिर्फ और सिर्फ भारतीय संघ का नागरिक है, उसे अमेरिका की भांति संघ एवं राज्य दोनों की नागरिकता प्राप्त नहीं है। ऐसा विविधता के बीच एकता बनाए रखने के उद्देश्य से किया गया है। नागरिकता संविधान द्वारा प्रदत्त वह अधिकार है जो सिर्फ नागरिकों को ही प्रदान किया जाता है। नागरिकता द्वारा प्राप्त अधिकारों का उपयोग विदेशी व्यक्ति नहीं कर सकता। निम्न मूल अधिकार संविधान में केवल नागरिकों को ही प्रदान किए गए हैं—

(i) राज्य नागरिकों के बीच केवल मूलवंश, जाति, लिंग, जन्म-स्थान के आधार पर कोई भेदभाव नहीं करेगा—अनु. 15।

(ii) नौकरियों में अवसर की समानता का अधिकार—अनु. 16।

(iii) भाषण एवं अभिव्यक्ति की स्वतंत्रता, सभा, संघ, भ्रमण, आवास तथा पेशे की स्वतंत्रता—अनु. 19।

(iv) अनुच्छेद 29 और 30 द्वारा प्रदत्त सांस्कृतिक एवं शैक्षिक अधिकार।

(v) कुछ सार्वजनिक पदों, जैसे—राष्ट्रपति, उप-राष्ट्रपति, उच्च न्यायालयों और उच्चतम न्यायालयों के न्यायाधीश, राज्यपाल, महान्यायवादी, महाधिवक्ता आदि केवल नागरिकों के द्वारा ही धारित किए जा सकते हैं।

(vi) केन्द्रीय विधान-मंडल और राज्य–विधान मण्डलों के प्रतिनिधियों के चुनने का अधिकार और इन संस्थाओं के सदस्य बनने के अधिकार केवल नागरिकों को ही प्रदान किए गए हैं।

भारतीय संसद ने 1955 में भारतीय नागरिकता अधिनियम पारित किया। इस अधिनियम में संविधान लागू होने के पश्चात् नागरिकता की प्राप्ति और समाप्ति से सम्बन्धित उपबन्ध दिए गए हैं।

संविधान के प्रारम्भ पर नागरिकता

अधिवास द्वारा नागरिकता: संविधान के अनुच्छेद 5 में यह प्रावधान है कि इस संविधान के आरम्भ पर प्रत्येक व्यक्ति जिसका भारत में अधिवास है, भारत का नागरिक माना जाएगा, यदि—(i) वह भारत में जन्मा हो अथवा (ii) उसके माता-पिता में से कोई भी भारत में जन्मा हो, अथवा (iii) जो संविधान के प्रारम्भ होने से ठीक पहले कम-से-कम पाँच वर्षों तक भारत का साधारण तौर पर निवासी रहा हो।

पाकिस्तान से प्रव्रजन करके आए व्यक्तियों की नागरिकता: संविधान का अनुच्छेद 6 ऐसे लोगों को नागरिकता के प्रयोजनों के लिए दो श्रेणी में विभाजित करता है—(i) वे जो 19 जुलाई, 1948 से पहले भारत में आए, और (ii) वे जो 19 जुलाई, 1948 के बाद भारत में आए। 19 जुलाई, 1948 ही वह तारीख है जबकि पाकिस्तान से भारत आने वालों और भारत से पाकिस्तान जाने वाले लोगों के लिए परमिट प्रणाली लागू की गई।

19 जुलाई, 1948 के पहले भारत आने वाले प्रवासियों को संविधान लागू होने पर भारत का नागरिक माना गया यदि वे निम्नलिखित दो शर्तें पूरी करते हों—(i) वह या उनके माता-पिता में से कोई या पितामहों में से कोई भारत सरकार अधिनियम, 1935 द्वारा परिभाषित भारत में जन्मा हो, तथा (ii) यदि वह जुलाई 1948 के पूर्व भारत में प्रव्रजन कर आया हो और तब से भारत में आमतौर से रह रहा हो।

19 जुलाई, 1948 के पश्चात् आने वाले प्रवासियों को संविधान लागू होने पर भारत का नागरिक माना गया यदि वे निम्न शर्तों में से कोई शर्तें पूरी करते हों—

(i) वह या उनके माता-पिता में से कोई या पितामह में से कोई भारत सरकार अधिनियम, 1935 द्वारा परिभाषित भारत में जन्मा हो।

(ii) उन्होंने नागरिकता-प्राप्ति के लिए आवेदन-पत्र दे दिया हो।

(iii) आवेदन तिथि के 6 महीने पूर्व से ही वे भारत में रह रहे हों।

(iv) उनका नाम भारत सरकार द्वारा नियुक्त पदाधिकारी द्वारा नागरिक के रूप में पंजीकृत कर लिया गया हो।

पाकिस्तान को प्रव्रजन करने वाले लोगों की नागरिकता: 1 मार्च, 1947 के पश्चात् भारत से पाकिस्तान को प्रव्रजन करने वाला व्यक्ति भारत का नागरिक नहीं समझा जाएगा। किन्तु यह नियम उस व्यक्ति पर लागू नहीं होगा जो पाकिस्तान को प्रव्रजन करने के पश्चात् एक ऐसी अनुज्ञा के अधीन भारत लौट आया है। प्रत्येक ऐसा व्यक्ति अनुच्छेद 9 के खण्ड (ख) के प्रयोजनों के लिए 19 जुलाई, 1948 के पश्चात् भारत-क्षेत्र में प्रव्रजन करने वाला समझा जाएगा और यदि वह अनुच्छेद 6 के अन्तर्गत दी गई उन सभी शर्तों को पूरी करता है, जो 1948 के बाद पाकिस्तान से भारत आने वाले प्रवासियों के लिए आवश्यक है तो वह भारत का नागरिक बनने का हकदार है।

भारत के बाहर भारतीय उत्पत्ति वाले व्यक्तियों की नागरिकता: संविधान का अनुच्छेद 8 भारत में जन्मे किन्तु विदेशों में रहने वाले व्यक्तियों को कुछ शर्तों को पूरा करने पर नागरिकता के अधिकार प्रदान करता है। इसके अन्तर्गत पाकिस्तान जानेवाले लोग सम्मिलित नहीं हैं। अनुच्छेद 8 के अनुसार कोई भी व्यक्ति या उसके माता-पिता में से कोई अथवा पितामहों में से कोई जो भारत सरकार अधिनियम, 1935 में परिभाषित भारत के बाहर किसी देश में रह रहा है, यदि वह निम्नलिखित शर्तें पूरी कर ले तो भारत का नागरिक समझा जाएगा—

(i) यदि वह भारत का नागरिक पंजीकृत कर लिया गया हो;

(ii) वह पंजीकरण भारत के राजनयिक या कौंसलर प्रतिनिधि, जहाँ वह उस समय निवास कर रहा हो, द्वारा किया गया हो;

(iii) इस आशय का आवेदन-पत्र उपर्युक्त राजनयिक अथवा कौंसलर प्रतिनिधि के समक्ष पेश किया गया हो;

(iv) यह आवेदन-पत्र संविधान के लागू होने के पहले या बाद में दिया गया हो;

(v) आवेदन-पत्र भारत डोमिनियम सरकार द्वारा या भारत सरकार द्वारा विहित प्रपत्र पर और रीति से पेश किया गया हो;

अनुच्छेद 8 केवल संविधान लागू होने के समय प्राप्त होने वाली नागरिकता के बारे में ही नहीं वरन् उसके पश्चात् विदेशों में रहने वाले लोगों की नागरिकता के अधिकार के सम्बन्ध की भी व्याख्या करता है।

संसद द्वारा नागरिकता के अधिकार के विनियमन: संविधान के अनुच्छेद 10 में यह प्रावधान है कि प्रत्येक व्यक्ति जो पूर्ववर्ती उपबन्धों के अनुसार भारत का नागरिक है या समझा जाता है, वह भारत का नागरिक बना रहेगा; किन्तु उसका यह अधिकार संसद द्वारा बनाई गई विधि के अधीन होगा। अनुच्छेद 11 संसद को नागरिकता के अर्जन और समाप्ति तथा उससे सम्बन्धित अन्य विषयों के सम्बन्ध में विधि बनाने की शक्ति प्रदान करता है। इस प्रकार प्रदत्त अपने अधिकारों का प्रयोग करके संसद किसी व्यक्ति को पूर्ववर्ती उपबन्धों के अनुसार प्राप्त नागरिकता के अधिकार से वंचित कर सकती है। संसद ने इस अधिकार का प्रयोग करते हुए नागरिकता अधिनियम 1955 पारित किया। इसे 1986, 1992, 2003 एवं 2005 में संशोधित किया गया।

नागरिकता प्राप्ति की रीतियाँ

संविधान लागू होने के पश्चात् निम्नलिखित 'पाँच' प्रकार से नागरिकता प्राप्त की जा सकती है—

जन्म से नागरिकता: (क) प्रत्येक व्यक्ति जिसका जन्म 26 जनवरी, 1950 को किन्तु पहली जुलाई, 1987 के पूर्व हुआ हो, (ख) 1 जुलाई, 1987 को किन्तु नागरिकता संशोधन अधिनियम, 2003 के पूर्व जिनके माता-पिता उसके जन्म के समय भारत के नागरिक थे, (ग) दिसम्बर 2004 को या उसके पश्चात् जहाँ (i) उसके माता-पिता दोनों भारतीय नागरिक हैं, या (ii) उसके माता-पिता में से कोई एक भारत का नागरिक है, भारत का नागरिक माना जाएगा।

वंशक्रम द्वारा नागरिकता: ऐसा कोई व्यक्ति जो 26 जनवरी 1950 को या उसके पश्चात् भारत के बाहर पैदा हुआ हो, वंशक्रम द्वारा भारत का नागरिक माना जाएगा, यदि उसके जन्म के समय उसका पिता भारत का नागरिक था।

पंजीकरण द्वारा नागरिकता: ऐसा कोई व्यक्ति जो संविधान या नागरिकता अधिनियम के उपबन्धों के अनुसार नागरिक नहीं है, पंजीकरण द्वारा भारत की नागरिकता अर्जित कर सकता है। पंजीकरण द्वारा निम्नलिखित व्यक्ति नागरिकता प्राप्त कर सकते हैं—(क) भारत में रहने वाला व्यक्ति जो पंजीकरण के लिए आवेदन-पत्र देने के 5 वर्ष पहले से भारत में आमतौर से निवास कर रहा हो। (ख) भारत में जन्मा व्यक्ति भारत के बाहर किसी अन्य देश में आमतौर से निवास कर रहा हो; (ग) भारतीय नागरिकों की पत्नियाँ; (घ) भारतीय नागरिकों के नाबालिग बच्चे; (ङ.) प्रथम अनुसूची में वर्णित देशों के नागरिक।

देशीयकरण द्वारा नागरिकता: कोई भी विदेशी व्यक्ति, जो वयस्क हो और प्रथम अनुसूची में वर्णित देशों का नागरिक न हो, भारत सरकार से निर्धारित प्रपत्र पर देशीयकरण के लिए आवेदन-पत्र दे सकता है। कुछ निर्धारित शर्तों के आधार पर यदि केन्द्र सरकार सन्तुष्ट है तो वह आवेदनकर्ता को देशीयकरण का प्रमाण-पत्र दे सकती है।

भूमि विस्तार द्वारा नागरिकता: यदि कोई नया भू-भाग भारतीय क्षेत्र में शामिल कर लिया जाता है तो भारत सरकार विज्ञप्ति द्वारा उन व्यक्तियों का उल्लेख करेगी जो उस भूमि के शामिल किए जाने पर भारत के नागरिक माने जाएंगे।

नागरिकता की समाप्ति

भारतीय नागरिकता अधिनियम, 1955 नागरिकता की समाप्ति के विषय में भी उपबन्ध करता है, चाहे वह भारतीय नागरिकता अधिनियम, 1955 के अन्तर्गत प्राप्त की गई हो या संविधान के उपबन्धों के अनुसार। इस अधिनियम के अनुसार नागरिकता की समाप्ति निम्न प्रकार से हो सकती है—

नागरिकता का परित्याग: भारत का कोई भी वयस्क नागरिक, जो किसी दूसरे देश का भी नागरिक है, भारतीय नागरिकता को त्याग सकता है। इसके लिए उसे एक घोषणा करनी होगी। इस घोषणा के पंजीकरण हो जाने पर वह भारत का नागरिक नहीं रह जाएगा। जब कोई पुरुष भारतीय नागरिकता का त्याग करता है तो उसके साथ-साथ उसके अवयस्क बच्चे भी भारतीय नागरिकता खो देते हैं। ऐसा कोई भी अवयस्क बच्चा भारतीय नागरिकता पुन: प्राप्त कर सकता है, यदि वह वयस्क होने के एक वर्ष की अवधि के भीतर भारतीय नागरिक होने की इच्छा प्रकट करे।

दूसरे देश की नागरिकता ग्रहण करने पर: यदि भारत का कोई नागरिक अपनी इच्छा से किसी अन्य देश की नागरिकता ग्रहण कर लेता है तो उसकी भारतीय नागरिकता स्वत: समाप्त हो जाती है।

नागरिकता से वंचित किया जाना: किसी भी नागरिक को भारत सरकार एक आदेश जारी करके उसको नागरिकता से वंचित कर सकती है, बशर्ते उसे यह समाधान हो जाए कि लोकहित में ऐसा करना अनिवार्य है।

नागरिकता (संशोधन) अधिनियम, 2019

2019 का नागरिकता संशोधन अधिनियम अफगानिस्तान, बांग्लादेश और पाकिस्तान के हिंदू, सिख, बौद्ध, जैन, पारसी और ईसाई अवैध प्रवासियों को नागरिकता की पात्रता प्रदान करने का प्रयास करता है। यह पूर्वोत्तर के कुछ क्षेत्रों को इस प्रावधान से छूट देता है। यह ओसीआई कार्ड होल्डर्स से संबंधित प्रावधानों में भी संशोधन करता है। एक विदेशी 1955 के एक्ट के अंतर्गत ओसीआई के रूप में पंजीकरण करा सकता है, अगर वह भारतीय मूल का है (जैसे भारत के पूर्व नागरिक या उनके वंशज) या भारतीय मूल के किसी व्यक्ति का (पति या पत्नी) । इससे वे भारत आने और यहां काम करने एवं अध्ययन करने जैसे लाभों को प्राप्त करने के लिए अधिकृत हो जाएंगे। इस कानून के अंतर्गत अगर ओसीआई कार्ड होल्डर केंद्र सरकार द्वारा अधिसूचित किसी कानून का उल्लंघन करता है तो उसका पंजीकरण रद्द किया जा सकता है।

नागरिकता (संशोधन) अधिनियम, 2019 की मुख्य बातें

नागरिकता हासिल करने के परिणाम: अधिनियम कहता है कि नागरिकता हासिल करने पर: (i) इन लोगों को उस तिथि से भारत का नागरिक माना जाना चाहिए जब उन्होंने भारत में प्रवेश किया था, और (ii) उनके खिलाफ गैर कानूनी प्रवास या नागरिकता से संबंधित कानूनी कार्रवाई को बंद कर दिया जाएगा।

अपवाद: इसके अतिरिक्त अधिनियम कहता है कि अवैध प्रवासियों के लिए नागरिकता के प्रावधान संविधान की छठी अनुसूची में शामिल असम, मेघालय, मिजोरम या त्रिपुरा के आदिवासी क्षेत्रों पर लागू नहीं होंगे। इन आदिवासी क्षेत्रों में कर्बी आंगलोंग (असम), गारो हिल्स (मेघालय), चकमा जिला (मिजोरम) और त्रिपुरा आदिवासी क्षेत्र जिला शामिल हैं। यह बंगाल ईस्टर्न फ्रंटियर रेगुलेशन, 1873 के अंतर्गत 'इनर लाइन' में आने वाले क्षेत्रों में भी लागू नहीं होगा। इनर लाइन परमिट अरुणाचल प्रदेश, मिजोरम और नागालैंड में भारतीयों की यात्रा को रेगुलेट करता है।

इसके अतिरिक्त यह अधिनियम इस समूह के लोगों के लिए देशीयकरण की अवधि को छह वर्ष से पांच वर्ष करता है।

राष्ट्रीय नागरिक रजिस्टर

भारत के राष्ट्रीय नागरिक रजिस्टर भारत सरकार द्वारा निर्मित एक रजिस्टर है जिसमें उन भारतीय नागरिकों के नाम हैं, जो भारत के वास्तविक (वैध) नागरिक हैं। यह रजिस्टर विशेष रूप से असम के लिए ही निर्मित की गयी थी। किन्तु 20 नवम्बर 2019 को भारत के गृहमन्त्री अमित शाह ने संसद में वक्तव्य दिया था कि इस रजिस्टर का पूरे भारत में विस्तार किया जाएगा। इसे भारत की जनगणना 1951 के बाद तैयार किया गया था। इसे जनगणना के दौरान वर्णित सभी व्यक्तियों के विवरणों के आधार पर तैयार किया गया था। इस डाटा को बाद में अपडेट किया गया। इसके अनुसार जो लोग असम में बांग्लादेश बनने के पहले (25 मार्च 1971 के पहले) आए थे, केवल उन्हें ही भारत का नागरिक माना गया।

असम भारत का पहला ऐसा राज्य है जिसके पास राष्ट्रीय नागरिक रजिस्टर (NRC) को अपडेट किया। नागरिकता हेतु प्रस्तुत लगभग दो करोड़ से अधिक दावों (इनमें लगभग 38 लाख लोग ऐसे भी थे जिनके द्वारा प्रस्तुत दस्तावजों पर संदेह था) की जाँच पूरी होने के बाद न्यायालय द्वारा एन.आर.सी. के पहले मसौदे को 31 दिसंबर 2017 तक प्रकाशित करने का आदेश दिया गया था। 31 दिसंबर 2017 को बहु-प्रतीक्षित राष्ट्रीय नागरिक रजिस्टर (NRC) का पहला ड्राफ्ट प्रकाशित किया गया। कानूनी तौर पर भारत के नागरिक के रूप में पहचान प्राप्त करने हेतु असम में लगभग 3.29 करोड आवेदन प्रस्तुत किये गए थे, जिनमें से कुल 1.9 करोड़ लोगों के नाम को ही इसमें शामिल किया गया है।

असम में नागरिक रजिस्टर को आखिरी बार 1951 में अद्यतन किया गया था। उस समय असम में कुल 80 लाख नागरिकों के नाम पंजीकृत किए गये थे।

1979 में अखिल असम छात्र संघ (AASU) द्वारा अवैध अप्रवासियों की पहचान और निर्वासन की मांग करते हुए एक 6 वर्षीय आन्दोलन चलाया गया था। यह आन्दोलन 15 अगस्त, 1985 को असम समझौते पर हस्ताक्षर के बाद शान्त हुआ था।

राष्ट्रीय नागरिक रजिस्टर तैयार करने का उद्देश्य अवैध अप्रवासन को रोकना एवं राष्ट्रीय सुरक्षा को बढ़ावा देना है।

राष्ट्रीय जनसंख्या रजिस्टर

नरेंद्र मोदी सरकार ने राष्ट्रीय जनसंख्या रजिस्टर (NPR) को मंजूरी दे दी है। इसके तहत भारतीय नागरिकों के बायोमेट्रिक और वंशावली को दर्ज किया जाएगा। असम के अलावा पूरे देश में NPR पर काम शुरू किया जाएगा।

राष्ट्रीय जनसंख्या रजिस्टर में प्रत्येक नागरिकों की जानकारी रखी जाएगी। यह नागरिकता अधिनियम 1955 के प्रावधानों के तहत स्थानीय, उप-जिला, जिला, राज्य और राष्ट्रीय स्तर पर तैयार किया जाएगा। कोई

भी निवासी जो 6 महीने या उससे अधिक समय से स्थानीय क्षेत्र में निवास कर रहा है तो उसे NPR में अनिवार्य रूप से पंजीकरण करना होगा।

भारत सरकार ने अप्रैल 2010 से सितंबर 2010 के दौरान जनगणना 2011 के लिए घर-घर जाकर सूची तैयार करने तथा प्रत्येक घर की जनगणना के चरण में देश के सभी सामान्य निवासियों के संबंध में विशिष्ट सूचना जमा करके इस डेटाबेस को तैयार करने का कार्य शुरू किया था।

आजादी के बाद 1951 में पहली जनगणना हुई थी। 10 साल में होने वाली जनगणना अब तक 7 बार हो चुकी है। अभी 2011 में की गई जनगणना के आंकड़े उपलब्ध हैं और 2021 की जनगणना पर काम जारी है। बायोमेट्रिक डाटा में नागरिक का अंगूठे का निशान और अन्य जानकारी शामिल होगी।

उद्देश्य

1. सरकारी योजनाओं के अन्तर्गत दिया जाने वाला लाभ सही व्यक्ति तक पहुंचे और उस व्यक्ति की पहचान की जा सके।
2. राष्ट्रीय जनसंख्या रजिस्टर (एनपीआर) के द्वारा देश की सुरक्षा में सुधार किया जा सके और आतंकवादी गतिविधियों को रोकने में सहायता प्राप्त हो सके।
3. देश के सभी नागरिकों को एक साथ जोड़ा जा सके।
4. नागरिकों के मूलभूत डाटा को सुव्यवस्थित करना।
5. अवैध अप्रवासियों पर रोक लगाना।

■■■

8

मूल अधिकार

भारतीय संविधान की एक मुख्य विशेषता जनता के मूल अधिकारों की घोषणा है। संविधान के भाग 3 में इन अधिकारों का विशद् रूप से उल्लेख किया गया है। संविधान में इन अधिकारों के शामिल किए जाने का उद्देश्य उन मूल्यों का संरक्षण करना है जो एक स्वतंत्र समाज के लिए अपरिहार्य हैं। जहाँ जनता ने राज्य-सरकारों को अपने ऊपर शासन करने की शक्ति प्रदान की वहीं उसने कतिपय अधिकारों को उसकी शक्ति से परे रखा ताकि उनका उल्लंघन किसी भी दशा में न किया जा सके। विधान मंडल में बहुमत प्राप्त होने पर भी सरकार उन मूल अधिकारों का अतिक्रमण नहीं कर सकती है। संविधान में मूल अधिकारों से सम्बन्धित उपबन्धों को शामिल करने का मुख्य उद्देश्य यही है। संविधान में मूल अधिकारों से सम्बन्धित उपबन्धों को शामिल करने का एक अन्य उद्देश्य 'विधि के शासन' की स्थापना करना है।

भारतीय संविधान व्यक्तिगत हित और सामाजिक हित में सामंजस्य स्थापित करने का भरसक प्रयास करता है। संविधान जहाँ मूल अधिकारों का उल्लेख करता है वहीं उसने इन अधिकारों के प्रयोग की सीमाएँ भी निर्धारित कर दी है! संविधान में उन परिस्थितियों का स्पष्ट रूप से उल्लेख किया गया है जब राज्य को यह अधिकार होगा कि वह सार्वजनिक हित में नागरिकों के मूल अधिकारों को निलम्बित कर सके या उनके प्रयोग पर निर्बन्धन लगा सके। निम्नलिखित दशाओं में नागरिकों के मूल अधिकारों को निर्बन्धित अथवा निलम्बित किया जा सकता है—

(i) आपात्-उद्घोषणा के अधीन

(ii) संविधान में संशोधन द्वारा

(iii) जब सैन्य-विधि लागू हो

(iv) प्रतिरक्षा सेना के सदस्यों के सम्बन्ध में

भारतीय संविधान द्वारा प्रदत मूल अधिकार इस प्रकार हैं—

नोट: रेखाचित्र, आरेख— मूल अधिकार (पेज न. 330 देखें)

1. समानता का अधिकार

संविधान के अनुच्छेद 14 में यह प्रावधान है कि भारतीय राज्य-क्षेत्र में किसी व्यक्ति को विधि के समक्ष समानता से अथवा विधियों के समान संरक्षण से राज्य द्वारा वंचित नहीं किया जाएगा। इस अनु. में नागरिकों को दो प्रकार के अधिकार प्रदान किए गए हैं—

(i) विधि के समक्ष समानता एवं

(ii) विधि का समान संरक्षण।

विधि के समक्ष समानता: इसका तात्पर्य यह है कि समाज के सभी व्यक्ति एवं वर्ग सामान्य विधि के अधीन हैं और यह उन पर सामान्य न्यायालय द्वारा लाग़ू किया जाएगा। इसका तात्पर्य यह है कि कोई भी व्यक्ति विधि से ऊपर नहीं हैं।

विधि का समान संरक्षण: विधि के समान संरक्षण का अधिकार अमेरिकी संविधान के 14वें संशोधन द्वारा दिए गए अधिकार के समान है। इसका अर्थ है समान परिस्थिति वाले व्यक्तियों को समान विधियों के अधीन रखना तथा समान रूप से लागू करना—चाहे वे विशेषाधिकार हों या दायित्व। इसका निर्देश यह है कि समान परिस्थिति वाले व्यक्तियों में कोई विभेद नहीं किया जाएगा और उन पर एक ही विधि लागू होगी।

अनु. 14 में निहित विधि का शासन संविधान का आधारभूत ढाँचा है। अत: इसे अनु. 368 के अधीन संशोधन करके नष्ट नहीं किया जा सकता। अनु. 14 में 'नैसर्गिक न्याय' का सिद्धान्त निहित है। यह अनुच्छेद भारत के भू-भाग में रहने वाले सभी व्यक्तियों को, चाहे वह भारत का नागरिक हो या विदेशी विधि के समक्ष समानता का अधिकार प्रदान करता है। इसके विपरीत अनुच्छेद 15, 16, 17, 18 आदि के उपबन्धों का लाभ केवल नागरिकों को ही प्राप्त है।

समानता के नियम के अपवाद: अनुच्छेद 14 में निहित समानता का नियम आत्यन्तिक नियम नहीं है। इसके अनेक अपवाद भी हैं। उदाहरण के लिए, विदेशी कूटनीतिज्ञों को न्यायालय की अधिकारिता से विमुक्ति प्राप्त है। इसी प्रकार भारतीय संविधान कुछ अधिकारियों को भी साधारण नागरिकों से अधिक विशेषाधिकार प्रदान करता है और दायित्वों से विमुक्ति प्रदान करता है। अनुच्छेद 361 के अन्तर्गत भारत के राष्ट्रपति, प्रान्तों के राज्यपालों, लोक-अधिकारियों, न्यायालयों के न्यायाधीशों और भूतपूर्व राज्यों के नरेशों को ऐसी विमुक्तियाँ प्रदान की गई हैं। ऐसा उनकी विशेष स्थिति, विशेष पद और विशेष जिम्मेदारियों के कारण किया गया है, ताकि वे देश के प्रति अपने कर्त्तव्य का समुचित रूप से पालन कर सकें।

समानता का नया आयाम—नैसर्गिक न्याय

उच्चतम न्यायालय ने इ.पी. रोयप्पा बनाम तमिलनाडु राज्य के मामले में 'समानता की पारम्परिक धारणा, को, जो युक्तियुक्त वर्गीकरण के सिद्धान्त पर आधारित है, मानने से अस्वीकार कर दिया और एक नया दृष्टिकोण अपनाया। न्यायाधीश श्री भगवती ने बहुमत का निर्णय सुनाते हुए यह कहा कि—समानता एक गतिशील अवधारणा है जिसके अनेक रूप और आयाम हैं और इसे परम्परागत और सिद्धान्तवाद की सीमाओं से नहीं बाँधा जा सकता। अनु. 14 राज्य की कार्यवाहियों में मनमानेपन को वर्जित करता है और समान व्यवहार की अपेक्षा करता है। युक्तियुक्तता का सिद्धान्त समानता के सिद्धान्त का एक आवश्यक तत्व है जो अनु. 14 में सर्वदा विद्यमान रहता है। वस्तुत: समानता और मनमानापन एक-दूसरे के शत्रु हैं। जहाँ कोई कार्य मनमाना किया जाएगा वहाँ असमानता अवश्य होगी और अनु. 14 का अतिक्रमण होगा।

नैसर्गिक न्याय के इसी उच्च आदर्श को ध्यान में रखते हुए न्यायालय ने कई महत्वपूर्ण निर्णय दिए। इनमें से कुछ का उल्लेख यहां आवश्यक है—

बन्द का आयोजन अवैध एवं असंवैधानिक है: भारतीय कम्युनिस्ट पार्टी (मार्क्सवादी) बनाम भरत कुमार और अन्य के मामले में उच्चतम

न्यायालय की 3 सदस्यीय पीठ ने केरल उच्च न्यायालय के निर्णय की पुष्टि करते हुए यह निर्णय दिया कि राजनीतिक दलों द्वारा बन्द का आयोजन करना असंवैधानिक और अवैध है। न्यायालय ने माना कि बंद द्वारा जहाँ एक नागरिक को बलपूर्वक काम पर जाने से या कारोबार या पेशा करने से रोका जाता है वहीं दूसरे व्यक्ति द्वारा उसके मूल अधिकारों का उल्लंघन होता है।

समान कार्य के लिए समान वेतन: उच्चतम न्यायालय ने रनधीर सिंह बनाम भारत संघ के मामले में यह निर्णय दिया कि यद्यपि समान कार्य के लिए समान वेतन एक मूल अधिकार नहीं है किन्तु अनु. 14, 16 और 39(ग) के अधीन निश्चित ही यह एक सांविधानिक लक्ष्य है और यदि दो व्यक्तियों के बीच इस मामले में विभेद किया जाता है जिसका कोई ठोस आधार नहीं है तो इससे अनु. 14 का अतिक्रमण होता है।

दो से अधिक बच्चों वाले व्यक्ति के लिए सरपंच बनने की निरर्हता: उच्चतम न्यायालय ने जावेद बनाम हरियाणा राज्य के मामले में देश में परिवार नियोजन कार्यक्रम को बढ़ावा देने के उद्देश्य से यह निर्णय दिया कि हरियाणा राज्य द्वारा पंचायती राज अधिनियम में किए गए उपबन्ध के अन्तर्गत सरपंच या उप-सरपंच के पद धारण करने के लिए दो से अधिक बच्चों वाले व्यक्तियों को निरर्ह घोषित करने वाला प्रावधान विधिमान्य है और संवैधानिक है।

शिक्षा के आधार पर विभेद: उच्चतम न्यायालय ने बिहार राज्य बनाम बिहार राज्य प्रवक्ता संघ के मामले में यह निर्णय दिया कि शिक्षा भी विभेद का आधार हो सकती है। प्रवक्ता और अप्रशिक्षित प्रवक्ता में स्पष्ट विभेद है। यह विभेद विधिमान्य और युक्तियुक्त है और अनु. 14 का उल्लंघन नहीं करता है। प्रवक्ता और अप्रशिक्षित प्रवक्ता का विभेद बोधगम्य अन्तरक पर आधारित है। अत: उनमें वेतन का भी विभेद किया जा सकता है। अत: उनके लिये विभिन्न वेतन का निर्धारण विधिमान्य और युक्तियुक्त है और इससे अनु. 14 का उल्लंघन नहीं होता है।

सुशासन की अवधारणा

संविधान का अनुच्छेद 14 न सिर्फ समानता के अधिकार की गारंटी देता है बल्कि इसमें कानून के शासन की अवधारणा भी अंतर्निहित है। कानून के शासन का अर्थ—ऐसे कानून के शासन से है जो युक्तियुक्त हो, मानवीय हो और समावेशी हो। कानून का शासन किसी भी प्रकार के दिखने वाले विभेद का विरोधी है। अगर कोई विभेद हो भी तो उसका आधार युक्तियुक्त होना चाहिए। यह किसी भी प्रकार के विशेषाधिकार का अंत कर कानून की सर्वोच्चता स्थापित करता है। यह व्यक्ति की गरिमा एवं सम्मान को सुनिश्चित करता है। अन्य शब्दों में इसे ही सुशासन कहा जाता है।

सुशासन, लोकतंत्र को ज्यादा प्रभावी, मजबूत एवं सार्थक बनाने वाली अवधारणा है, जिसका अन्तिम लक्ष्य मानव कल्याण एवं मानव विकास है। वस्तुत: शासन में अच्छे शासन की अवधारणा निहित होती है, किंतु परंपरागत शासन व्यवस्था में, (विशेषकर विकासशील देशों में) व्यवहार में असंवेदनशीलता, भ्रष्टाचार एवं लाल-फीताशाही इत्यादि की समस्याएँ पायी जाती हैं। इससे विकास से संबंधित लक्ष्यों को प्राप्त करना मुश्किल हो जाता है, इसी परिप्रेक्ष्य में गुड गवर्नेन्स एवं समावेशी विकास परस्पर पूरक बन जाते हैं। गुड गवर्नेन्स के अंतर्गत निम्न तत्वों पर बल दिया जाता है:—

सरल नियम एवं कानून

- कर की दरों में कमी एवं सरलता लाना

कानून का शासन

- पुलिस सुधार
- न्यायिक सुधार
- चुनाव सुधार

सामाजिक न्याय

- राष्ट्रीय ग्रामीण रोजगार गारंटी योजना

- अंत्योदय अन्न योजना
- राष्ट्रीय मानवाधिकार आयोग का गठन
- राष्ट्रीय महिला आयोग का गठन
- राष्ट्रीय बाल आयोग का गठन

प्रशासन की पारदर्शिता

- सूचना का अधिकार
- ई-गवर्नेंस को बढ़ावा देना
- सामाजिक लेखा परीक्षण

उत्तरदायी शासन

- आउटकम बजट
- सामाजिक अंकेक्षण
- नागरिक अधिकार

विकेन्द्रीकरण एवं सहयोग

- पंचायती राज व्यवस्था को कठोरता से लागू करना
- गैर-सरकारी संगठनों को स्वायतता
- कॉरपोरेट शासन की पद्धति का विकास

सुशासन का महत्व

(i) भ्रष्टाचार में कमी। इससे विकास से संबंधित योजनाओं एवं कार्यक्रमों का प्रभावी क्रियान्वयन संभव हो सकेगा।

(ii) जन-सहभागिता के कारण स्थानीय संसाधनों का बेहतर उपयोग एवं ज्यादा व्यवहारिक नीति-निर्माण संभव।

(iii) इसके माध्यम से नागरिकों का राजनीतिक के साथ-साथ सामाजिक एवं आर्थिक सशक्तीकरण भी होगा।

(iv) समावेशी विकास के लिए वर्तमान में अनेक योजनाएं एवं कार्यक्रम चलाए जा रहे हैं। इनका समुचित क्रियान्वयन, गुड गवर्नेन्स के माध्यम से ही संभव है।

(v) धारणीय विकास के लक्ष्य को प्राप्त करने के लिए नीतियों के निर्माण एवं क्रियान्वयन में जन-सहभागिता बढ़ेगी।

(vi) मानवाधिकारों के संरक्षण एवं उपयुक्त समाज की स्थापना के उद्देश्य से भी गुड गवर्नेन्स आवश्यक है।

(vii) इसके माध्यम से नक्सलवाद, अलगाववाद एवं क्षेत्रीयतावाद जैसी समस्याओं का समाधान संभव है।

सुशासन की चुनौतियां

(i) नौकरशाही का रूढिवादी दृष्टिकोण, जिसके अंतर्गत वह गोपनीयता से कार्य करने की अभ्यस्त है।

(ii) राज्य सरकारों द्वारा अभी भी पंचायती राज संस्थाओं को वांछित शक्तियां प्रदान नहीं की गई हैं।

(iii) विधिक ढांचा भी काफी पुराना है, जैसे- भारतीय पुलिस एक्ट एवं IPC, CPC, CrPC इत्यादि।

(iv) समाज में जन-जागरुकता की कमी।

धर्म, मूलवंश, जाति, लिंग, जन्म-स्थान के आधार पर विभेद का प्रतिषेध

संविधान के अनुच्छेद 15(1) में यह प्रावधान है कि केवल धर्म, जाति, वर्ण, लिंग, जन्म-स्थान अथवा इनमें से किसी भी आधार पर नागरिकों के विरुद्ध कोई विभेद नहीं किया जाएगा। यदि कोई कानून उपर्युक्त किसी भी आधार पर असमानता बरतता है तो वह शून्य होगा। लेकिन राज्य निवास स्थान के आधार पर कोई भेद कर सकता है। इस बारे में एक महत्वपूर्ण वाद का उल्लेख आवश्यक है। डी. पी. जोशी बनाम मध्य प्रदेश के मामले में मध्य प्रदेश मेडिकल कॉलेज के एक नियम के अनुसार मध्य प्रदेश से बाहर रहने वाले छात्रों को अतिरिक्त प्रवेश-शुल्क देना पड़ता था, किन्तु मध्य प्रदेश में रहने वाले छात्रों को ऐसा कोई प्रवेश-शुल्क नहीं देना पड़ता था। आवेदक ने इस नियम की वैधता को चुनौती दी। न्यायालय ने निर्णय दिया कि उक्त

नियम वैध था, क्योंकि विभेद 'जन्म-स्थान' के आधार पर नहीं वरन आवास के आधार पर किया गया था, जो उचित था।

संविधान के अनुच्छेद 15 (2) में यह प्रावधान है कि कोई भी नागरिक केवल धर्म, मूलवंश, जाति, लिंग, जन्म-स्थान के आधार पर दुकानों, सार्वजनिक भोजनालयों, होटलों और सार्वजनिक मनोरंजन के स्थानों में प्रवेश या पूर्णत: या अंशत: राज्य निधि से पोषित या साधारण जनता के प्रयोग के लिए समर्पित कुँओं, तालाबों, स्नान घाटों, सड़कों और सार्वजनिक समागम के स्थानों के उपयोग करने के लिए निर्योग्य नहीं समझा जाएगा। अनुच्छेद 15 (2) का मुख्य उद्देश्य हिन्दू-समाज में व्याप्त कुरीतियों को समाप्त करके भारत में एक नये समाज की स्थापना करना है।

संविधान के अनुच्छेद 15 (3) में यह प्रावधान है कि अनुच्छेद 15 की कोई बात राज्य को स्त्रियों और बालकों के लिए कोई विशेष उपबन्ध करने से नहीं रोकेगी। स्त्रियों और बालकों की स्वाभाविक प्रकृति ही ऐसी होती है जिसके कारण उन्हें विशेष संरक्षण की आवश्यकता होती है। भारत में स्त्रियों की दशा बड़ी शोचनीय है। वे अनेक सामाजिक कुरीतियों; जैसे-बाल-विवाह, बहु-विवाह आदि की शिकार हैं और पूर्णरूप से पुरुषों पर आश्रित हैं, इसी कारण राज्य को उनके लिए विशेष कानून बनाने का अधिकार प्रदान करना उचित है। इसी प्रकार बच्चों के लिए भी विशेष उपबन्ध किए जा सकते हैं। बालकों के लिये नि:शुल्क और अनिवार्य शिक्षा एवं उनको शोषण से बचाने के उद्देश्य से बनाये गए प्रावधान अनुच्छेद 15 (3) के अधीन संवैधानिक होंगे।

राज्य किन्हीं सामाजिक तथा शैक्षिक दृष्टि से पिछड़े हुए वर्गों या अनुसूचित जातियों एवं जनजातियों की उन्नति के लिए संविधान के अनुच्छेद 15 (4) के अन्तर्गत विशेष प्रावधान कर सकता है। ध्यातव्य है कि खण्ड (4) केवल राज्य को उक्त वर्गों के लिए उपबन्ध करने के लिए सक्षम बनाता है न कि उसपर विशेष कार्यों को करने के लिए कोई दायित्व आरोपित करता है। यह राज्य को केवल विवेकीय शक्ति प्रदान करता है।

अर्थात् यदि राज्य उचित समझे तो पिछड़े वर्गों के नागरिकों के लिए विशेष प्रावधान कर सकता है—बशर्ते कि वह विशेष वर्ग सामाजिक और शैक्षिक दृष्टि से पिछड़ा हो। अनुच्छेद 15 (5) में यह प्रावधान है कि शैक्षिक या सामाजिक रूप से पिछड़े वर्गों या अनुसूचित जाति या जनजाति की प्रगति के लिए सरकारी या गैर-सरकारी शिक्षण संस्थाओं में प्रवेश के लिए आरक्षण की व्यवस्था की जा सकती है और ऐसा करना संविधान-सम्मत होगा।

महिला आरक्षण विधेयक

लोकसभा, राज्य की विधान सभाओं तथा केंद्र शासित प्रदेश दिल्ली की विधान सभा में महिलाओं के लिए 33 प्रतिशत सीट आरक्षित किए जाने को लेकर केंद्र सरकार द्वारा सितंबर, 2023 में संसद का विशेष सत्र आयोजित किया गया। सरकार ने संसद में 128वां संविधान संशोधन विधेयक पेश किया। इस विधेयक को *नारी शक्ति वंदन अधिनियम* नाम दिया गया है। संसद के दोनों सदनों ने इस विधेयक को बहुमत से पारित किया। महिलाओं को 33 प्रतिशत आरक्षण दिए जाने पर लगभग सभी दलों ने सहमति प्रकट की तथा इस विधेयक के पक्ष में मतदान किया। राष्ट्रपति द्रौपदी मुर्मू ने भी इस विधेयक को अपनी स्वीकृति दे दी। चूंकि यह एक संविधान संशोधन विधेयक है जो देश के संघीय ढांचे से जुड़ा है, अत: इस विधेयक को आधे से अधिक राज्यों द्वारा स्वीकृत किया जाना आवश्यक है। इसके बाद ही इस अधिनियम को लागू किया जा सकेगा। इस विधेयक पर सभी दलों की सहमति होने के कारण राज्य विधान मंडलों द्वारा इसे पारित करवाना महज एक औपचारिकता ही है।

इस अधिनियम के लागू होने पर लोकसभा में 181 तथा राज्यों की विधान सभाओं में 1374 सीटें महिलाओं के लिए आरक्षित हो जाएंगी। यह आरक्षण 15 वर्षों के लिए होगा, जिसे बढ़ाने का अधिकार संसद के पास होगा। इस विधेयक में सभी जाति, वर्ग एवं धर्म की महिलाओं के लिए 33 प्रतिशत आरक्षण का समान रूप से प्रावधान किया गया है। इसके अलावा सामान्य सीटों पर पुरुषों की तरह महिलाएं भी चुनाव लड़ सकती हैं।

अनुसूचित जाति एवं जनजातियों के लिए आरक्षित सीटों में से भी 33 प्रतिशत सीटें उस जाति की महिलाओं के लिए आरक्षित होंगी। महिला आरक्षण संबंधी यह कानून नई जनगणना और उसके अनुसार सीटों के परिसीमन के बाद ही लागू होगा। नया परिसीमन 2026 में होना है। अत: यह कानून 2029 के चुनाव में ही लागू हो सकेगा। सीटों के आरक्षण के लिए रोटेशन पद्धति को अपनाया जाएगा। रोटेशन की प्रक्रिया एवं उसके लिए समय सीमा का निर्धारण परिसीमन आयोग द्वारा ही किया जाएगा।

महिला आरक्षण विधेयक के दोनों सदनों द्वारा लगभग एकमत से पारित किए जाने को मोदी सरकार की ऐतिहासिक उपलब्धि माना जा रहा है। यह विधेयक इस कारण भी महत्वपूर्ण है कि इसे नए संसद भवन के पहले विशेष सत्र में पारित किया गया है। वर्तमान में लोकसभा में 74 सदस्य महिला सांसद हैं जो लोकसभा की कुल 18वीं लोक सभा संख्या का मात्र 14 प्रतिशत है जबकि संसद में महिलाओं का वैश्विक औसत 26 प्रतिशत है। सर्वाधिक महिला सांसद न्यूजीलैंड तथा यूएई की संसद में हैं, जहां इनका प्रतिनिधित्व 50 प्रतिशत के लगभग है। भारत के पड़ोसी देश नेपाल में महिला सांसदों की संख्या 33 प्रतिशत तथा पाकिस्तान में 20 प्रतिशत है। राज्य विधान सभाओं में महिलाओं की सर्वाधिक संख्या (41) उत्तर प्रदेश में है, उसके बाद पश्चिम बंगाल में 40 तथा बिहार में 26 महिलाएं विधान सभा की सदस्य हैं। सीट प्रतिशत की दृष्टि से सर्वाधिक महिलाएं पश्चिम बंगाल विधान सभा (14%) तथा उसके बाद बिहार विधान सभा (11%) में हैं।

महिलाओं को विधायिका में आरक्षण देने का यह पहला प्रयास नहीं है। 1996 में एच. डी. देवगौड़ा सरकार द्वारा महिला आरक्षण विधेयक पहली बार सदन में पेश किया गया था। पर कई दलों के विरोध के कारण यह विधेयक पारित नहीं हो सका। 2010 में मनमोहन सिंह सरकार ने इसे एक बार फिर संसद के पटल पर रखा। तब इसे राज्य सभा में पारित कर दिया गया था। पर सत्ताधारी गठबंधन में ही इस पर सहमति न बन पाने के कारण यह लोकसभा में पारित नहीं हो सका था।

यूं तो नारी शक्ति वंदन विधेयक संसद में पारित हो गया, पर इस विधेयक के कई प्रस्तावों पर विभिन्न दलों की असहमति थी। कुछ दल चाहते थे कि आरक्षित सीटों में पिछड़े वर्ग की महिलाओं के लिए भी सीटें आरक्षित कर दी जाएं। कई अन्य दल यह मांग कर रहे थे कि महिलाओं के लिए उनकी जनसंख्या के अनुपात में 50 प्रतिशत सीटें आरक्षित हों। कई सदस्यों ने यह आशंका भी जताई कि वर्तमान आरक्षण व्यवस्था का लाभ शहरी एवं पढ़ी-लिखी महिलाएं ही उठा पाएंगी। इससे अशिक्षित एवं ग्रामीण महिलाओं को पर्याप्त प्रतिनिधित्व नहीं मिल पाएगा। उनकी आशंकाएं निर्मूल नहीं हैं। अत: महिलाओं को आरक्षण देने के क्रम में इस बात का ध्यान रखा जाना चाहिए कि सभी वर्ग एवं समूह की महिलाओं को पर्याप्त प्रतिनिधित्व मिल सके।

महिला आरक्षण के लाभ

(i) महिला आरक्षण के कारण महिलाओं की राजनीतिक भागीदारी बढ़ेगी जो उनकी सामाजिक-आर्थिक भागीदारी के मार्ग को भी प्रशस्त करेगी।

(ii) इसका असर सरकार द्वारा बनाई जा रही नीतियों और कार्यक्रमों पर भी पड़ेगा। इसके परिणामस्वरूप सरकारी नीतियाँ और कार्यक्रम अधिक संवेदनशील होंगे।

(iii) महिलाओं की बढ़ती सामाजिक-आर्थिक भागीदारी प्रशासन को भी महिलाओं के प्रति संवेदनशील बनाने का काम करेगा।

(iv) इन सबके परिणामस्वरूप महिला सशक्तीकरण को बल मिलेगा। घर के भीतर एवं बाहर उनके साथ भेदभाव कम होगा।

महिला सशक्तीकरण और महिलाओं की व्यापक भागीदारी के कारण भ्रष्टाचार और अपराधीकरण जैसी प्रवृत्तियां हतोत्साहित होंगी। इससे बेहतर कार्य संस्कृति का विकास संभव है।

लोक-सेवाओं में अवसर की समानता का अधिकार

संविधान के अनुच्छेद 16 में यह प्रावधान है कि राज्य के अधीन किसी पद पर नियोजन या नियुक्ति से सम्बन्धित विषयों में सभी नागरिकों के लिए अवसर की समानता होगी। अनु. 16 (2) में यह कहा गया है कि राज्य के अधीन किसी नियोजन या पद के सम्बन्ध में केवल धर्म, मूलवंश, जाति, लिंग, उद्भव, जन्म स्थान, निवास या इनमें से किसी के आधार पर कोई भी नागरिक अपात्र नहीं होगा और न उससे विभेद किया जायेगा। इस प्रकार अनु. 16 के खण्ड (1) और (2) में राज्य की नौकरियों में समानता का सामान्य नियम निहित है। अनु. 16 केवल राज्य के अधीन नौकरियों में अवसर की समानता का अधिकार प्रदान करता है। गैर-सरकारी नौकरियों में यह अधिकार प्राप्त नहीं है। यह संविदा-सम्बन्धी सेवाओं के मामले में भी लागू नहीं होता है। पर अवसर की समानता का अभिप्राय अर्हताओं या मानदण्डों का उन्मूलन नहीं है। अनु. 16 राज्य को पूर्ण अधिकार देता है कि वह लोक-सेवाओं के लिए आवश्यक अर्हताओं एवं मानदण्डों को निर्धारित कर सके। राज्य द्वारा निर्धारित अर्हताओं में मानसिक योग्यता के अतिरिक्त शारीरिक क्षमता, अनुशासन, नैतिक स्तर और जनहित आदि भी सम्मिलित हैं। जिन नौकरियों में तकनीकी ज्ञान आवश्यक है उनके लिए तकनीकी अर्हताएँ निर्धारित की जा सकती हैं।

संविधान का अनुच्छेद 16 (3) अनुच्छेद 16 (2) का एक अपवाद है। अनुच्छेद 16 (2) 'निवास-स्थान' के आधार पर असमानता को वर्जित करता है, किन्तु सरकार कुछ सेवाओं को केवल राज्य के निवासियों के लिए आरक्षित कर सकती है, बशर्ते कि इसके लिए उचित कारण हो। यह अनुच्छेद संसद को यह शक्ति प्रदान करता है कि वह विधि बनाकर उस सीमा को निर्धारित करे जहाँ तक राज्य को उक्त नियम के पालन करने की छूट है।

पिछड़े वर्गों के लिए आरक्षण

संविधान के अनुच्छेद 16 (4) में यह प्रावधान है कि राज्य पिछड़े नागरिकों के किसी वर्ग के पक्ष में जिनका प्रतिनिधित्व राज्य की राय में राज्याधीन

सेवाओं में पर्याप्त नहीं है, नियुक्तियों या पदों के आरक्षण की व्यवस्था कर सकता है।

पिछड़ेपन का आधार जाति हो या वर्ग: इस सम्बन्ध में न्यायालय ने बहुमत से निर्णय दिया कि 'जाति' एक 'सामाजिक वर्ग' है और यदि वह सामाजिक रूप से पिछड़ी है तो उसे अनु. 16 (3) के प्रयोजन के लिए पिछड़ा वर्ग माना जाएगा। आर्थिक आधार या निर्धनता पिछड़ेपन की कसौटी नहीं है। न्यायालय ने यह भी माना कि गैर-हिन्दुओं, जैसे—ईसाइयों, मुसलमानों और सिक्खों में भी जातियाँ होती हैं और अनु. 16 (4) के अधीन वे भी आरक्षण की हकदार हैं।

पिछड़ों में किन्हें आरक्षण दिया जाए?: न्यायालय ने इस बारे में बहुमत से यह निर्णय दिया कि पिछड़े वर्गों का निर्धारण करते समय उनमें से 'सम्पन्न लोगों' को निकाल कर सूची बनायी जाए। ऐसे लोगों को आरक्षण का लाभ नहीं मिलना चाहिए। पिछड़े वर्गों में सबसे पिछड़ों को ही इसका लाभ मिलना चाहिए। इस सम्बन्ध में न्यायालय ने देवदासन के मामले में दिए निर्णय को उलट दिया जिसमें पिछड़े और अधिक पिछड़े वर्गों के किए गए वर्गीकरण को असंवैधानिक घोषित कर दिया गया था। न्यायालय ने यह भी माना कि पिछड़े वर्गों की पहचान केवल आर्थिक आधार पर नहीं की जा सकती। सर्वेक्षण वर्ग का किया जाना चाहिए व्यक्तियों का नहीं, जाति के अतिरिक्त अन्य समुदाय, समूह, वर्ग भी पिछड़े वर्ग में आ सकते हैं, जैसे—राज्य में मुस्लिम समुदाय के लोग यदि वे सामाजिक रूप से पिछड़े हैं। कर्नाटक और केरल राज्य में उन्हें ऐसी श्रेणी में रखा गया है।

आरक्षण की अधिकतम सीमा कितनी हो?: इस बारे में न्यायालय ने बहुमत से यह निर्णय दिया कि आरक्षण की अधिकतम सीमा 50% से अधिक नहीं होनी चाहिए। विशेष परिस्थितियों में आरक्षण कुछ अधिक हो सकता है वह भी दूर-दराज के राज्यों में जहाँ विशिष्ट परिस्थितियाँ मौजूद हैं। इस सम्बन्ध में न्यायालय ने बालाजी के मामले में दिए गए निर्णय को सही माना और थॉमस तथा अखिल कर्मचारी शोषित संघ के मामले को उलट दिया जिसमें 50% के नियम पर सन्देह व्यक्त किया गया था।

प्रोन्नति में आरक्षण: इस बारे में न्यायालय ने यह निर्णय दिया कि आरक्षण केवल प्रारम्भिक नियुक्तियों तक ही सीमित होनी चाहिए। प्रोन्नति में आरक्षण नहीं किया जाना चाहिए। न्यायालय ने स्टेट ऑफ पंजाब बनाम हीरालाल वाद मामले में यह स्पष्ट किया कि प्रोन्नति में आरक्षण अनु. 355 के अनुसार प्रशासन में कार्यकुशलता के हित में नहीं है। नौकरी पाने के पश्चात् पिछड़े वर्गों को अन्य वर्गों के साथ प्रोन्नति परीक्षण पास करना चाहिए। ऐसा न होने से आपस में कटुता उत्पन्न होगी और इससे प्रशासन की कार्यकुशलता पर प्रतिकूल प्रभाव पड़ेगा।

77वाँ संविधान संशोधन अधिनियम, 1995: 1995 में यह संशोधन अधिनियम उच्चतम न्यायालय द्वारा मंडल आयोग के मामले में दिए निर्णय के प्रभाव को दूर करने के लिए पारित किया गया। मंडल आयोग के मामले में न्यायालय ने निर्णय दिया था कि सरकारी सेवाओं में प्रोन्नति में आरक्षण नहीं दिया जाना चाहिए। इसके द्वारा अनु. 16 में एक नया खण्ड-4 (क) जोड़ा गया, जिसमें यह प्रावधान है कि अनु. 16 में की गई कोई बात राज्य के अनुसूचित जाति और अनुसूचित जनजातियों के किसी वर्ग या वर्गों के लिए जिनका प्रतिनिधित्व राज्य की राय में राज्य के अधीन सेवाओं में पर्याप्त नहीं है प्रोन्नति के लिए आरक्षण के लिए कोई उपबन्ध करने से निवारित (वर्जित) नहीं करेगी।

सामान्य वर्ग के आर्थिक रूप से पिछड़े लोगों के लिए आरक्षण का प्रावधान

सामान्य वर्ग के गरीब अभ्यर्थियों को सरकारी नौकरियों और शिक्षण संस्थाओं में 10 प्रतिशत आरक्षण देने का कानून 14 जनवरी 2019 से लागू हुआ। इस कानून के जरिये संविधान के अनुच्छेद 15 और 16 में संशोधन कर राज्यों को आर्थिक रूप से पिछड़े नागरिकों के लिए विशेष प्रावधान करने का अधिकार दिया गया है। यह विशेष प्रावधान निजी शिक्षण संस्थानों (अनुदान प्राप्त या गैर अनुदान प्राप्त) और सरकारी शिक्षा संस्थानों में प्रवेश का अधिकार देता है। हालांकि, अल्पसंख्यक शिक्षण संस्थानों में यह प्रावधान लागू नहीं होगा। यह प्रावधान मौजूदा आरक्षण के

अतिरिक्त होगा और प्रत्येक श्रेणी की सीटों का अधिकतम 10 प्रतिशत होगा। आर्थिक रूप से पिछड़े वे लोग होंगे, जिन्हें परिवार की आय व अन्य संकेतों का आधार पर राज्य समय-समय पर अधिसूचित करेंगे। सामान्य वर्ग के गरीब अभ्यर्थियों को दिया जाने वाला यह आरक्षण अनुसूचित जातियों (एससी), अनुसूचित जनजातियों (एसटी) और अन्य पिछड़े वर्गों (ओबीसी) को मिल रहे आरक्षण की 50 प्रतिशत की सीमा के अतिरिक्त होगा। इस कानून का लाभ ब्राह्मण, राजपूत, जाट, मराठा, भूमिहार, कई व्यापारिक जातियों, कापू और कम्मा सहित कई अगड़ी जातियों को मिलेगा।

इसका लाभ उन परिवारों को मिलेगा—

1. जिनकी वार्षिक आय 8 लाख रुपये से कम हो।
2. जिनके पास 5 एकड़ से कम कृषि योग्य भूमि हो।
3. एक हजार वर्ग फीट से कम जमीन में आवासीय घर हो।
4. अधिसूचित नगरपालिका में 100 गज से कम का आवासीय प्लॉट हो।
5. गैर-अधिसूचित नगरपालिका में 200 गज से कम का आवासीय प्लॉट हो।

सरकारी नौकरियों और उच्च शिक्षा में सामान्य श्रेणी के आर्थिक रूप से कमजोर वर्ग के लोगों के लिए 10 प्रतिशत आरक्षण लागू करनेवाला गुजरात पहला राज्य है।

अस्पृश्यता का अन्त

संविधान का अनुच्छेद 17 अस्पृश्यता का निषेध करता है और उसका किसी भी रूप में पालन करने की मनाही करता है। सदियों से चली आती हुई अस्पृश्यता के विरुद्ध यह एक क्रांतिकारी कदम है। संसद ने 1955 में अस्पृश्यता अपराध अधिनियम पारित किया। यह अधिनियम अस्पृश्यता के अपराध के लिए दण्ड की व्यवस्था करता है। इसके अनुसार अस्पृश्यता के

अपराध के लिए अधिकतम 500 रुपये जुर्माना या 6 माह की सजा या दोनों सजाएँ साथ-साथ हो सकती हैं। 1955 के अस्पृश्यता अधिनियम में अस्पृश्यता (अपराध) संशोधन अधिनियम, 1967 द्वारा संशोधन करके अस्पृश्यता के पालन करने के लिए विहित दण्ड को और भी कठोर बना दिया गया। इसके नाम को बदलकर सिविल अधिकार संरक्षण अधिनियम, 1955 कर दिया गया।

उपाधियों का अन्त

संविधान का अनुच्छेद 18 राज्य के किसी भी व्यक्ति को, चाहे वह नागरिक हो या विदेशी, को उपाधियाँ प्रदान करने से मना करता है। किन्तु अनु. 18 सेवा या विद्या-सम्बन्धी उपाधियों को प्रदान करने की अनुमति प्रदान करता है, क्योंकि उनसे व्यक्तियों में देश की सैनिक-शक्ति को मजबूत करने तथा देश की प्रगति के लिए आवश्यक वैज्ञानिक विकास को प्रोत्साहन मिलता है। इस अनुच्छेद का खण्ड (2) भारत के किसी नागरिक को किसी विदेशी सरकार से कोई उपाधि स्वीकार करने से मना करता है। खण्ड (3) के अनुसार, कोई विदेशी व्यक्ति, जो राज्य के अधीन किसी विश्वसनीय पद पर आरूढ़ है, बिना राष्ट्रपति की सम्मति के किसी विदेशी राज्य से कोई उपाधि स्वीकार नहीं करेगा। यह राज्य प्रशासन से सम्बन्धित मामलों पर से सभी प्रकार के विदेशी प्रभाव समाप्त करता है और व्यक्ति में भारत के प्रति निष्ठा की भावना का सृजन करता है। इस अनु. के खण्ड (4) में यह प्रावधान है कि कोई भी व्यक्ति, चाहे वह नागरिक हो या विदेशी, जो राज्य के अधीन किसी विश्वसनीय पद पर है, किसी विदेशी राज्य से बिना राष्ट्रपति की सम्मति के कोई उपहार, उपाधि, वृत्ति अथवा पद स्वीकार नहीं करेगा।

2. स्वतंत्रता का अधिकार

भारतीय संविधान के अनुच्छेद 19 से 22 भारत के नागरिकों को स्वतंत्रता सम्बन्धी विभिन्न अधिकार प्रदान करते हैं। ये स्वतंत्रताएँ मूल अधिकारों

की आधार-स्तम्भ हैं। अनु. 19 नागरिकों को निम्न स्वतंत्रताएं प्रदान करता है—

(i) अभिव्यक्ति की स्वतंत्रता

(ii) शांतिपूर्ण एवं नि:शस्त्र सम्मेलन की स्वतंत्रता

(iii) संगम या संघ बनाने की स्वतंत्रता

(iv) भारत के राज्य क्षेत्र में सर्वत्र अबाध संचरण की स्वतंत्रता

(v) भारत के राज्य क्षेत्र के किसी भाग में निवास की स्वतंत्रता

(vi) वृति, उपजीविका, व्यापार या कारोबार की स्वतंत्रता

अनु. 19 द्वारा प्रदत्त अधिकार केवल 'नागरिकों' को ही प्राप्त हैं।

अभिव्यक्ति की स्वतंत्रता

संविधान का अनु. 19 (1) (क) देश के सभी नागरिकों को भाषण एवं अभिव्यक्ति की स्वतंत्रता प्रदान करता है। यह अभिव्यक्ति मौखिक, लिखित, मुद्रित एवं चित्रित हो सकती है। हालांकि इसमें प्रेस की स्वतंत्रता का उल्लेख नहीं है, पर यह इसमें अनिवार्य रूप से अंतर्निहित है। अपने विभिन्न निर्णयों में न्यायालय ने अभिव्यक्ति की स्वतंत्रता को व्यापक स्वरूप प्रदान किया है।

प्रेस की स्वतंत्रता: लोकहित के महत्व की बातों का प्रकाशन करने का समाचार-पत्रों को पूर्ण अधिकार है और उस पर पूर्व अवरोध नहीं लगाया जा सकता।

राष्ट्रीय ध्वज फहराना: उच्चतम न्यायालय ने भारत संघ बनाम नवीन जिन्दल के मामले में यह निर्णय दिया कि अपने मकान पर राष्ट्रीय ध्वज फहराने का प्रत्येक नागरिक का अनु. 19(1)(क) के अधीन एक मूल अधिकार है। किन्तु यह अधिकार आत्यन्तिक नहीं है और इस पर युक्तियुक्त निर्बन्धन लगाए जा सकते हैं।

भाषण एवं अभिव्यक्ति की स्वतंत्रता को किसी भौगोलिक परिसीमा में बाँधा नहीं जा सकता। इस अधिकार का प्रयोग नागरिक के द्वारा भारत

की सीमा के भीतर ही नहीं वरन् विश्व के किसी देश की भूमि पर भी किया जा सकता है। पर संविधान के अनुच्छेद 19 के खण्ड (2) से (6) के अधीन राज्य को भारत की प्रभुता और अखण्डता की रक्षा, लोक-व्यवस्था, शिष्टाचार, न्यायालय की अवमानना, मानहानि आदि की रक्षा के लिए निर्बन्धन लगाने की शक्ति प्रदान की गई है, किन्तु यह निर्बन्धन युक्तियुक्त होना चाहिए। निर्बन्धनों की युक्तियुक्तता का निर्धारण करना न्यायालयों का कार्य है। इस प्रकार 'युक्तियुक्त' शब्दावली न्यायालयों के पुनर्विलोकन की शक्ति को अत्यन्त विस्तृत कर देती है। इस प्रश्न पर विधान मंडल का निर्णय अन्तिम नहीं माना जाएगा।

सूचना का अधिकार: लोकतंत्र की सफलता के लिए नागरिकों को सरकारी काम-काज की जानकारी आवश्यक है। इससे सरकारी काम-काज में पारदर्शिता एवं उत्तरदायित्व की भावना बढ़ती है, भ्रष्टाचार एवं निरंकुशता पर रोक लगती है। सूचना का अधिकार कानून के अंतर्गत नागरिकों को सरकार से सूचना मांगना एक अधिकार है एवं नागरिकों को सूचना उपलब्ध कराना सरकार का काम है। इस कानून के अंतर्गत जनता न केवल सरकारी रिपोर्ट एवं दस्तावेजों की जांच कर सकती है वरन् सरकारी कार्यों का निरीक्षण भी कर सकती है। ऐसी सूचना जिससे भारत की एकता व अखंडता, संप्रभुता, सुरक्षा आदि पर प्रतिकूल असर पड़ता हो, उन्हें इस अधिनियम से बाहर रखा गया है। इस कानून की अनुसूची-II के अनुसार 23 ऐसी संस्थाएं हैं जिनसे सूचना नहीं मांगी जा सकती। ये संस्थाएं गुप्तचर, रक्षा, विदेशी मामले एवं आर्थिक अपराध से संबंधित हैं। अपवादों के बावजूद यदि इन संस्थाओं पर मानवाधिकार उल्लंघन एवं भ्रष्टाचार का मामला बनता है तो सार्वजनिक हित में सूचना उपलब्ध कराने का आदेश दिया जा सकता है। सूचना का अधिकार अधिनियम के अंतर्गत केन्द्रीय सूचना आयोग एवं राज्य स्तर पर राज्य सूचना आयोग का गठन किया गया है। ये स्वायत्त संस्थाएं हैं जिन्हें दीवानी अदालत का अधिकार दिया गया है। सूचना उपलब्ध कराने के लिए सभी सरकारी कार्यालयों में लोक सूचना अधिकारी का प्रावधान किया गया है जो सूचना उपलब्ध कराने के लिए जिम्मेवार हैं। अधिनियम के अंतर्गत 30 दिन के अंदर जानकारी देने

का प्रावधान किया गया है। व्यक्तिगत स्वतंत्रता से संबंधित मामलों में मात्र 48 घंटे की समय सीमा निर्धारित की गई है। सूचना प्राप्त करने के लिए नाममात्र के शुल्क का प्रावधान किया गया है। गरीबी रेखा के नीचे की जनसंख्या के लिए सभी सूचना मुफ्त उपलब्ध करवाए जाएंगे। सूचना प्राप्त करने के लिए कारण बताना आवश्यक नहीं है।

सूचना के अधिकार का कार्यान्वयन 2005 के अंत में प्रारंभ हुआ। इसके प्रारंभिक चरण में ही कुछ सकारात्मक परिणाम सामने आए। वांछित सूचना उपलब्ध नहीं करवाए जाने के कारण अधिकारियों के खिलाफ कार्रवाई भी की गई। सरकारी कामकाज में पारदर्शिता बढ़ रही है, सरकारी पदाधिकारियों पर दबाव बढ़ा है, उनमें उत्तरदायित्व की भावना का विकास हो रहा है। परंतु मुख्य सूचना आयुक्त के पास हजारों की संख्या में मामले पड़े हुए हैं। जिनका शीघ्र निपटारा आवश्यक है। सूचना उपलब्ध कराने में विलंब सूचना की मनाही के समान है।

शांतिपूर्ण एवं नि:शस्त्र सम्मेलन की स्वतंत्रता

संविधान का अनुच्छेद 19(1) (ख) भारतीय नागरिकों को शान्तिपूर्वक बिना हथियार के सभा एवं सम्मेलन करने की स्वतंत्रता प्रदान करता है। इसमें सार्वजनिक सम्मेलनों, सभाओं एवं जुलूसों का अधिकार भी सम्मिलित है। अन्य अधिकारों की भाँति इस अधिकार पर भी प्रतिबन्ध लगाये जा सकते हैं। इस अधिकार पर निम्न आधार पर निर्बन्धन लगाये जा सकते हैं—

(i) सभा शान्तिपूर्ण न हो।

(ii) सभा में शस्त्र एवं हथियारों का प्रदर्शन किया जाए।

राज्य लोक व्यवस्था के हित में युक्तियुक्त प्रतिबन्ध लगा सकता है।

संगम या संघ बनाने की स्वतंत्रता

संविधान का अनुच्छेद 19(1) (ग) भारत के सभी नागरिकों को संस्था या संघ बनाने की स्वतंत्रता प्रदान करता है। किन्तु इस अनुच्छेद का खण्ड (4)

राज्य को इस अधिकार पर लोक व्यवस्था या नैतिकता के हित में युक्तियुक्त प्रतिबन्ध लगाने की शक्ति भी प्रदान करता है।

अबाध संचरण की स्वतंत्रता

संविधान का अनुच्छेद 19 (1) (घ) भारत के सभी नागरिकों को समस्त भारत में अबाध रूप से संचरण करने का अधिकार प्रदान करता है। वह बिना किसी निर्बन्धन के भारत संघ के एक राज्य से दूसरे राज्य में जा सकता है और राज्य की सीमा के भीतर संचरण कर सकता है। पर अनुच्छेद 19, खण्ड (5) के अन्तर्गत राज्य संचरण की स्वतंत्रता पर निम्नलिखित आधारों पर युक्तियुक्त निर्बन्धन लगा सकता है— (i) साधारण जनता के हित में, (ii) किसी अनुसूचित जनजाति के हित के संरक्षण के लिए।

उच्चतम न्यायालय ने उत्तर प्रदेश राज्य बनाम कौशल्या के मामले में यह निर्णय दिया कि वेश्या को एक विशेष स्थान से हटाना, बहिष्कृत करना और उसके भ्रमण के अधिकार पर निर्बन्धन लगाना सामान्य जनता के हित में है।

निवास की स्वतंत्रता

संविधान का अनुच्छेद 19 (1) (ड.) भारत के सभी नागरिकों को देश के किसी भी भाग में बसने या आवास की स्वतंत्रता प्रदान करता है। इस अधिकार पर राज्य साधारण जनता के हित में या अनुसूचित जनजातियों के संरक्षण के लिए युक्तियुक्त निर्बन्धन लगा सकता है। भ्रमण और निवास की स्वतंत्रता को आपातकाल में भी कम या निलम्बित किया जा सकता है। फॉरेनर्स एक्ट, 1964 और 1966 के अन्तर्गत किसी भी विदेशी व्यक्ति के भ्रमण एवं निवास के अधिकार पर भी निर्बन्धन लगाए जा सकते हैं और उन्हें भारत से निष्कासित किया जा सकता है।

वृत्ति, उपजीविका, व्यापार एवं कारोबार की स्वतंत्रता

संविधान का अनुच्छेद 19(1) (छ) भारत के सभी नागरिकों को कोई भी वृत्ति, व्यापार, उपजीविका या कारोबार करने की पूर्ण स्वतंत्रता प्रदान

करता है। पर इस अधिकार पर राज्य युक्तियुक्त निर्बन्धन लगा सकता है। अनुच्छेद 19 के खण्ड (6) के अधीन निम्नलिखित आधारों पर राज्य को निर्बन्धन लगाने की शक्ति प्राप्त है— (i) साधारण जनता के हित में; (ii) किसी वृत्ति या व्यापार के लिए आवश्यक वृत्तिक या तकनीकी अर्हताएँ निर्धारित करके; (iii) नागरिकों को पूर्णत: या अंशत: किसी व्यापार या कारोबार से बहिष्कृत करने की शक्ति प्रदान करके।

व्यापार करने के अधिकार में व्यापार को बन्द कर देने का अधिकार भी शामिल है। राज्य किसी व्यक्ति को व्यापार करने के लिए बाध्य नहीं कर सकता। अन्य अधिकारों की भाँति व्यापार को बन्द करने का अधिकार भी एक आत्यन्तिक अधिकार नहीं है और सार्वजनिक हित में इसे निर्बन्धित, विनियमित और नियन्त्रित किया जा सकता है। यहां ध्यातव्य है कि नागरिकों के व्यापार या व्यवसाय के अधिकार को कर से छूट नहीं दी गई है। सरकार विधिपूर्वक किसी भी पेशा, व्यवसाय या वाणिज्य पर कर लगा सकती है। कर-विधि इस अधिकार पर प्रतिबन्ध नहीं है। राज्य विशेष प्रकार के व्यवसायों या पेशों के लिए आवश्यक व्यावसायिक और तकनीकी अर्हताएँ निर्धारित कर सकता है; जैसे—इन्जीनियरों के लिये इन्जीनियरिंग डिग्री, डॉक्टरों के लिये डॉक्टरी डिग्री, वकीलों के लिए वकालत की डिग्री इत्यादि। अनुच्छेद 19 का खण्ड (6) राज्य को यह शक्ति प्रदान करता है कि वह नागरिकों को पूर्णत: या अंशत: अपवर्जित करके या अन्यथा कोई भी व्यापार, कारोबार, उद्योग या सेवा स्वयं कर सकता है।

अपराधों के लिए दोषसिद्धि के सम्बन्ध में संरक्षण

संविधान के अनुच्छेद 20 के खण्ड (1) में यह प्रावधान है कि कोई व्यक्ति केवल किसी प्रवृत्त विधि के अन्तर्गत विहित अपराध के लिए ही दोषी ठहराया जाएगा अन्य अपराध के लिए नहीं और न ही वह अधिक दण्ड का पात्र होगा, जो अपराध करने के समय प्रवृत्त विधि के अधीन दिया जा सकता था। अनुच्छेद 20 के खण्ड (2) में यह प्रावधान है कि कोई व्यक्ति एक ही अपराध के लिए एक बार से अधिक 'अभियोजित' और 'दण्डित' नहीं किया जाएगा। यह प्रावधान आंग्ल-विधि के सिद्धान्त पर आधारित है,

जिसके अनुसार किसी व्यक्ति को एक ही अपराध के लिए दो बार अभियोजित और दण्डित नहीं किया जा सकता। अनुच्छेद 20 के खण्ड (3) में यह प्रावधान है कि किसी भी व्यक्ति को, जिस पर किसी अपराध का आरोप लगाया गया है, स्वयं अपने विरुद्ध साक्ष्य देने के लिए बाध्य नहीं किया जाएगा। इस खण्ड में आंग्ल और अमेरिकी अपराध विधि के सामान्य नियम समाविष्ट हैं, जिसके अनुसार प्रत्येक व्यक्ति तब तक निर्दोष माना जाता है जब तक उसे अपराधी न सिद्ध कर दिया जाए। इस नियम के अंतर्गत अपराधी के अपराध को सिद्ध करने का भार अभियोजक पर होता है। यहां ध्यातव्य है कि अनुच्छेद 20(3) का संरक्षण अपराध के अभियुक्त को केवल आपराधिक मामले में ही प्राप्त है। यह सिविल-कार्यवाही में लागू नहीं होता भले ही आपराधिक दायित्व ऐसी कार्यवाही के फलस्वरूप उत्पन्न होने वाले हों। यह अनुच्छेद केवल दबावपूर्ण साक्ष्य देने के विरुद्ध है। किन्तु यदि अभियुक्त स्वेच्छा से खुद साक्ष्य देता है तो वह वर्जित नहीं है। स्वेच्छा से दिए गए साक्ष्य में दबाव का प्रश्न नहीं उठता और वह उसके विरुद्ध प्रयोग में लाया जा सकता है।

प्राण और दैहिक स्वतंत्रता

संविधान के अनुच्छेद 21 में यह प्रावधान है कि किसी व्यक्ति को उसके प्राण या दैहिक स्वतंत्रता से विधि द्वारा स्थापित प्रक्रिया के अनुसार ही वंचित किया जायेगा अन्यथा नहीं। अनुच्छेद 21 का संरक्षण नागरिक एवं विदेशी सभी व्यक्तियों को प्राप्त है। अनु. 21 में प्रयुक्त 'दैहिक स्वतंत्रता' का काफी व्यापक अर्थ है और इस रूप में इसके अन्तर्गत दैहिक स्वतंत्रता के सभी आवश्यक तत्व शामिल हैं जो व्यक्ति को पूर्ण बनाने में सहायक हैं। इस अर्थ में इसके अंतर्गत अनु. 19 द्वारा प्रदत्त स्वतंत्रता के सभी अधिकार भी आ जाते हैं।

उच्चतम न्यायालय के सामने जो विभिन्न वाद आए, उन सभी में उसने इसी उदार दृष्टिकोण एवं विचार को कायम रखा और कई महत्वपूर्ण निर्णय दिए–

(i) उच्चतम न्यायालय ने मेनका गाँधी बनाम भारत संघ के मामले में अनुच्छेद 21 को एक नया आयाम दिया और इसके क्षेत्र को अत्यन्त विशद् बना दिया। इसमें न्यायालय ने यह निर्णय दिया कि 'प्राण' का अधिकार केवल भौतिक अस्तित्व तक ही सीमित नहीं है बल्कि इसमें मानव-गरिमा को बनाये रखते हुए जीने का अधिकार भी शामिल है।

(ii) अनुच्छेद 21 के अधीन 'एकान्तता का अधिकार' भी शामिल है। उच्चतम न्यायालय ने यह निर्णय दिया कि एक चरित्रहीन महिला को भी एकान्तता का अधिकार प्राप्त है और उसमें कोई हस्तक्षेप नहीं किया जा सकता।

(iii) उच्चतम न्यायालय ने एक अन्य मामले में यह निर्णय दिया कि टेलीफोन टेप करना व्यक्ति के 'एकान्तता' के अधिकार में सीधा हस्तक्षेप है और इसका प्रयोग राज्य को तभी करना चाहिए जब सार्वजनिक आपात या लोक सुरक्षा के लिए ऐसा करना आवश्यक हो।

(iv) न्यायालय ने सतवन्त सिंह बनाम असिस्टेंट पासपोर्ट ऑफिसर नयी दिल्ली के मामले में यह निर्णय दिया कि अनुच्छेद 21 में विदेश भ्रमण का अधिकार एक मूल अधिकार है।

(v) उच्चतम न्यायालय ने ओलेगा तेलीस बनाम बाम्बे म्युनिसिपल कॉरपोरेशन के मामले में स्पष्ट रूप से यह माना कि 'जीविकोपार्जन का अधिकार' अनुच्छेद 21 के अन्तर्गत एक मूल अधिकार है।

(vi) न्यायालय ने ऑल इण्डिया इमाम संगठन बनाम भारत संघ के मामले में यह निर्णय दिया कि मस्जिदों के इमामों को भी पारिश्रमिक पाने का अधिकार है जिससे वे अनु. 21 द्वारा प्रदत्त मानव गरिमा से जीविकोपार्जन के अधिकार का प्रयोग कर सकें।

(vii) अनु. 21 में मानव गरिमा को बनाये रखते हुए जीने के अधिकार में लोक स्वास्थ्य को बनाये रखना एवं उसमें सुधार करने का अधिकार भी शामिल है।

(viii) उच्चतम न्यायालय के प्रबुद्ध न्यायाधीशों ने मोहिनी जैन बनाम कर्नाटक राज्य के मामले में यह निर्णय दिया कि शिक्षा पाने का अधिकार अनु 21 के अन्तर्गत प्रत्येक नागरिक का मूल अधिकार है।

(ix) उच्चतम न्यायालय ने पी.यू.सी.एन. बनाम भारत संघ के मामले में यह निर्णय दिया कि ऐसे लोग जो खाद्य-सामग्री खरीदने की असमर्थता के कारण भूख से पीड़ित हैं उन्हें अनु. 21 के अधीन राज्य द्वारा खाद्य सामग्री मुफ्त पाने का मूल अधिकार है।

(x) उच्चतम न्यायालय ने ग्यान कौर बनाम पंजाब राज्य के मामले में यह निर्णय दिया कि अनु. 21 के अन्तर्गत 'जीवन जीने के अधिकार' के अन्तर्गत 'मरने का अधिकार' शामिल नहीं है। अत: भारतीय दण्ड संहिता की धारा 309 और 306 संवैधानिक हैं और विधिमान्य हैं।

(xi) प्रदूषण मुक्त जल और वायु के उपयोग का अधिकार अनुच्छेद 21 में प्रदत्त प्राण का अधिकार के अन्तर्गत सम्मिलित है और प्रत्येक नागरिक को जल और वायु के प्रदूषण से बचाने के लिए अनुच्छेद 32 के अधीन लोकहित वाद संस्थित करने का अधिकार है।

(xii) उच्चतम न्यायालय ने यह निर्णय दिया कि सिद्धदोष व्यक्ति को उच्च न्यायालय में अपील फाइल करने का मूल अधिकार है तथा उसे निर्णय की प्रतिलिपि नि:शुल्क पाने तथा नि:शुल्क कानूनी सहायता पाने का भी अधिकार प्राप्त है। इन शर्तों के उल्लंघन से अनुच्छेद 21 में प्रदत्त दैहिक स्वतंत्रता के अधिकार का उल्लंघन होता है।

(xiii) उच्चतम न्यायालय ने परमानन्द कटारा बनाम भारत संघ के मामले में यह निर्णय दिया कि मानव जीवन की रक्षा करना सभी चिकित्सकों का सांविधानिक कर्त्तव्य है।

(xiv) आश्रय पाने का अधिकार अनु. 21 के अन्तर्गत एक मूल अधिकार है और राज्य का यह कर्त्तव्य है कि वह दलितों और आदिवासियों के लिए वास सुविधा उपलब्ध कराए।

(xv) एक अन्य मामले में न्यायालय ने यह निर्णय दिया कि नारको टेस्ट क्रूर, अमानवीय और अपमानजनक है और अनु. 21 द्वारा वर्जित है। यह संरक्षण साक्षियों को भी उपलब्ध है। यह अनुच्छेद 21 का भी उल्लंघन करता है क्योंकि पॉलीग्राफी और ब्रेन फिंगर प्रिण्ट जो बिना अभियुक्त की सहमति के किए जाते हैं व्यक्ति की एकान्तता के अधिकार का उल्लंघन करते हैं। इससे व्यक्ति के मस्तिष्क की प्रक्रिया में दबावपूर्ण हस्तक्षेप पड़ता है।

बन्दीकरण एवं निरोध के विरुद्ध संरक्षण

संविधान के अनुच्छेद 22 के खण्ड (1) और (2) किसी अपराध के सम्बन्ध में गिरफ्तार हुए व्यक्तियों को निम्न अधिकार प्रदान करते हैं— (i) गिरफ्तारी के कारणों को शीघ्रातिशीघ्र बताये जाने का अधिकार। (ii) अपनी रुचि के वकील से परामर्श करने और बचाव करने का अधिकार। (iii) गिरफ्तारी के बाद 24 घण्टों के भीतर किसी मजिस्ट्रेट के समक्ष पेश किए जाने का अधिकार।

उक्त संरक्षणों का उल्लंघन गिरफ्तारी को असंवैधानिक बना देता है। अनुच्छेद 22 के खण्ड (1) और (2) द्वारा प्रदत्त अधिकार (i) किसी विदेशी शत्रु को, और (ii) निवारक निरोध विधि के अधीन गिरफ्तार व्यक्तियों को प्राप्त नहीं हैं।

निवारक निरोध कानून

निवारक निरोध दण्डात्मक गिरफ्तारी से भिन्न है। दण्डात्मक गिरफ्तारी निरुद्ध व्यक्ति को दण्ड देने के उद्देश्य से की जाती है, किन्तु निवारक निरोध का उद्देश्य किसी व्यक्ति को दण्ड देना नहीं वरन् उसे अपराध करने से रोकना या उस व्यक्ति को किसी निश्चित उद्देश्य को पूरा करने से रोकना है। इसमें निरुद्ध किए गए व्यक्ति के ऊपर कोई अपराध का आरोप नहीं लगाया जाता। यह एक एहतियाती कार्यवाही है जो किसी व्यक्ति को अपराध करने से रोकने के लिए अपनायी जाती है। संसद ने सर्वप्रथम 1950 में एक निवारक निरोध अधिनियम बनाया। इस अधिनियम का उद्देश्य भारत की

सुरक्षा, सार्वजनिक व्यवस्था और समुदाय के लिए आवश्यक प्रदाय और सेवाएँ बनाए रखने के विरुद्ध प्रतिकूल कार्य करने वाले व्यक्तियों को निरुद्ध करने के लिए उपबन्ध करना था।

राष्ट्रीय सुरक्षा अधिनियम: सरकार ने 24 सितम्बर, 1983 को राष्ट्रीय सुरक्षा अध्यादेश जारी किया, इसका उद्देश्य साम्प्रदायिक और जातीय बलवों और देश की सुरक्षा के लिए खतरनाक अन्य गतिविधियों के लिये उत्तरदायी व्यक्तियों को निरुद्ध करना था। बाद में वह संसद द्वारा अनुमोदित होने पर अधिनियम बन गया। इसके अधीन निरोध की तिथि से 10 दिनों के भीतर निरोध के आधार बताए जाने का उपबन्ध है। निरुद्ध व्यक्ति निरोध की विधि मान्यता को न्यायालय में चुनौती दे सकता है।

आतंकवाद निवारक अधिनियम, 2002: श्री अटल बिहारी वाजपेयी की सरकार ने आतंकवाद से निपटने तथा उसे रोकने के लिए पोटा अधिनियम, 2002 पारित किया। इसका मुख्य उद्देश्य था पाकिस्तान द्वारा देश में भेजे गए आतंकवादियों से उत्पन्न देश की आन्तरिक और वाह्य खतरे से निपटना। देश के साधारण कानून इनसे निपटने में पर्याप्त नहीं थे।

निवारक निरोध की अधिकतम अवधि: संविधान के अनुच्छेद 22(4) में यह प्रावधान है कि निवारक विधि के अन्तर्गत किसी भी व्यक्ति की गिरफ्तारी 3 महीने से अधिक समय तक नहीं की जा सकती। 3 महीने से अधिक समय तक किसी व्यक्ति को तभी निरूद्ध किया जा सकता है जब ऐसे व्यक्तियों, जो उच्च न्यायालय के न्यायाधीश हैं, या रह चुके हैं या नियुक्त होने की अर्हता रखते हैं, से मिलकर गठित सलाहकार-बोर्ड उक्त कालावधि की समाप्ति के पूर्व यह रिपोर्ट दे दे कि निरोध के पर्याप्त कारण मौजूद हैं।

44वां संविधान संशोधन अधिनियम, 1978: 44वें संविधान संशोधन अधिनियम, 1978 द्वारा अनुच्छेद 22 के खण्ड (4) और (7) में संशोधन कर निवारक विधियों के क्षेत्र को सीमित कर दिया गया। नये खण्ड (4) द्वारा निरोध की अधिकतम अवधि को 3 माह से घटाकर 2 माह कर दिया गया। दो माह से अधिक अवधि के लिए किसी व्यक्ति को तभी निरुद्ध किया जा सकता है जब सलाहकार-बोर्ड यह राय दे कि ऐसा करना उचित है।

निवारक निरोध विधियों का न्यायिक पुनर्विलोकन: निवारक निरोध-आदेश की शक्ति कार्यपालिका प्राधिकारियों के आत्मनिष्ठ समाधान पर आधारित है और न्यायालय सामान्यतया इस बात की जाँच नहीं कर सकता कि निरोध-आदेश करने वाले प्राधिकारी के वैयक्तिक समाधान के लिए पर्याप्त कारण है या नहीं। किन्तु इसका तात्पर्य यह नहीं है कि निरोध प्राधिकारी का वैयक्तिक समाधान न्यायिक परीक्षण से बिलकुल परे है। न्यायालयों ने आगे चलकर यह स्वीकार किया कि उन्हें निवारक निरोध विधियों की विधि मान्यता की जाँच करने की कतिपय परिस्थितियों में शक्ति प्राप्त है।

3. शोषण के विरुद्ध अधिकार

संविधान का अनुच्छेद 23 मानव का दुर्व्यापार और बेगार तथा इसी प्रकार के अन्य बलात श्रम को प्रतिषिद्ध करता है। अनु. 23 व्यक्ति को न केवल राज्य के विरुद्ध संरक्षण प्रदान करता है वरन निजी व्यक्तियों के विरुद्ध भी संरक्षण प्रदान करता है। इसके खण्ड (2) में उक्त नियम का एक अपवाद दिया गया है, जिसके अंतर्गत राज्य को सार्वजनिक प्रयोजनों के लिए अनिवार्य सेवा लागू करने का अधिकार प्राप्त है, बशर्ते कि ऐसी सेवा लागू करते समय वह केवल धर्म, वंश, जाति या वर्ग या इनमें से किसी एक के आधार पर नागरिकों के बीच विभेद नहीं करेगा। यद्यपि दास-प्रथा का इसमें स्पष्ट उल्लेख नहीं है किन्तु 'मानव-दुर्व्यापार' शब्दावली में यह नि:सन्देह रूप से शामिल है।

संसद को इस अनुच्छेद द्वारा वर्जित कार्यों के करने के लिए कानून बनाकर दण्ड देने की व्यवस्था करने की शक्ति प्राप्त है। अपनी इस शक्ति के प्रयोग में संसद ने स्त्री तथा लड़की अनैतिक व्यापार दमन (संशोधन) अधिनियम, 1986 पारित किया। इस अधिनियम द्वारा मानव-दुर्व्यापार को एक दण्डनीय अपराध बना दिया गया। अनु. 23 का संरक्षण नागरिकों और अनागरिकों दोनों को प्राप्त है। उचित पारिश्रमिक दिए बिना कैदियों से काम कराना बलात श्रम है और इससे अनुच्छेद 23 का उल्लंघन होता है। अनुच्छेद 24 चौदह वर्ष से कम आयु के बालकों को किसी कारखाने या

खान अथवा किसी अन्य जोखिम भरे कार्यों में लगाने का प्रतिषेध करता है। इस अनुच्छेद का उद्देश्य कम आयु के बच्चों के स्वास्थ्य की रक्षा करना है। संविधान के अनु. 39 द्वारा राज्य पर यह कर्त्तव्य आरोपित किया गया है कि वह अपने देशवासियों के स्वास्थ्य एवं कार्य क्षमता को सुरक्षित रखे और इस बात का ध्यान रखे कि वे आर्थिक आवश्यकता से मजबूर होकर अपनी आयु एवं शारीरिक क्षमता को हानि पहुँचाने वाले पेशे को न अपनाएँ। राज्य ने अपने इस कर्त्तव्य के पालन में बालक श्रम (प्रतिषेध और विनियम) अधिनियम, 1986 पारित किया।

4. धार्मिक स्वतंत्रता का अधिकार

संविधान का अनुच्छेद 25(1) सभी व्यक्तियों को अन्त:करण की स्वतंत्रता तथा धर्म के अबाध रूप से मानने, आचरण करने और प्रचार करने का अधिकार प्रदान करता है। किन्तु धार्मिक स्वतंत्रता का यह अधिकार भी अन्य अधिकारों की भाँति आत्यन्तिक अधिकार नहीं है। सार्वजनिक व्यवस्था, सदाचार और स्वास्थ्य को बनाये रखने के लिए धार्मिक स्वतंत्रता पर राज्य विधि बना कर निर्बंधन लगा सकता है। बिजो बनाम इमैनुएल के मामले में उच्चतम न्यायालय की दो न्यायाधीशों की खण्डपीठ ने यह निर्णय दिया कि किसी व्यक्ति को, जिसका धार्मिक विश्वास इसकी अनुमति नहीं देता, राष्ट्रगान गाने के लिए बाध्य नहीं किया जा सकता। जावेद बनाम हरियाणा राज्य के मामले में उच्चतम न्यायालय ने यह निर्णय दिया कि पंचायत सदस्यों के पद के चुनाव के लिए हरियाणा पंचायती राज अधिनियम द्वारा विहित उपबन्ध जिसके द्वारा उन लोगों को निरर्ह किया गया था जिसके दो से अधिक बच्चे थे अनु. 25 का उल्लंघन नहीं करता। अत: यह व्यवस्था संवैधानिक है।

अनुच्छेद 26 सार्वजनिक व्यवस्था, सदाचार और स्वास्थ्य के अधीन रहते हुए प्रत्येक धार्मिक सम्प्रदाय या उसके किसी वर्ग को निम्न अधिकार प्रदान करता है—(क) धार्मिक और पूर्त प्रयोजनों के लिए संस्थाओं की स्थापना और पोषण का, (ख) अपने धार्मिक कार्यों सम्बन्धी विषयों का

प्रबन्ध करने का, (ग) जंगम और स्थावर सम्पत्ति के अर्जन और स्वामित्व का, (घ) ऐसी सम्पत्ति के विधि-अनुसार प्रशासन करने का।

अनु. 25 में प्रदत्त अधिकार व्यक्ति को प्रदान किए गए हैं जबकि अनु. 26 में प्रदत्त अधिकार का प्रयोग संगठित संस्था; जैसे—धार्मिक सम्प्रदाय या उसके किसी वर्ग को प्रदान किए गए हैं। अनु. 26 (ख) के अधीन किसी धार्मिक सम्प्रदाय या संस्था के धार्मिक मामलों में प्रबन्ध की स्वतंत्रता केवल धार्मिक विषयों तक ही सीमित है। राज्य इस अधिकार में कोई हस्तक्षेप नहीं कर सकता जब तक कि इसका प्रयोग सार्वजनिक व्यवस्था, सदाचार और जनता के स्वास्थ्य के हित के विरुद्ध न किया गया हो। अनुच्छेद 27 में यह प्रावधान है कि कोई भी व्यक्ति, किसी विशेष धर्म अथवा सम्प्रदाय की उन्नति के लिए कर देने के लिए बाध्य नहीं किया जाएगा। अनुच्छेद 28 यह में यह प्रावधान है कि राज्य निधि से पूरी तरह से पोषित किसी शिक्षण-संस्थान में कोई धार्मिक शिक्षा नहीं दी जाएगी। यह अनु. उन शिक्षण-संस्थाओं पर लागू नहीं होता जिनका प्रशासन राज्य करता है; किन्तु जो किसी ऐसी धर्मस्थ संस्था या न्यास के अधीन स्थापित हुई है, जिनके अनुसार उस संस्था में धार्मिक शिक्षा देना आवश्यक है। इस अनु. के अनुसार राज्य से मान्यता प्राप्त या राज्य निधि से पोषित होने वाली शिक्षण-संस्थान में उपस्थित होने वाले किसी व्यक्ति को धार्मिक शिक्षा या उपासना में भाग लेने के लिए बाध्य नहीं किया जाएगा।

5. संस्कृति और शिक्षा सम्बन्धी अधिकार

संविधान का अनुच्छेद 29(1) भारतीय भू-भाग में रहने वाले नागरिकों के किसी भी वर्ग को, जिनकी अपनी विशेष भाषा, लिपि या संस्कृति है, उसे बनाये रखने का अधिकार प्रदान करता है। इस अनुच्छेद का उद्देश्य अल्पसंख्यकों के हितों को सुरक्षित करना है। अनुच्छेद 29(2) में यह प्रावधान है कि राज्य द्वारा पोषित अथवा राज्य निधि से सहायता पाने वाली किसी शिक्षण- संस्थान में प्रवेश पाने से किसी भी नागरिक को केवल धर्म, मूलवंश, जाति, भाषा अथवा इनमें से किसी भी आधार पर वंचित

नहीं किया जाएगा। अनुच्छेद 30(1) में यह प्रावधान है कि धर्म या भाषा पर आधारित सभी अल्पसंख्यक वर्गों को अपनी रुचि की शिक्षण-संस्थाओं की 'स्थापना' और 'प्रबन्ध' का अधिकार होगा।

अल्पसंख्यक किसे माना जाए?: इस बारे में न्यायालय का स्पष्ट अभिमत है कि पंथ और भाषा के आधार पर कौन अल्पसंख्यक है इसका निर्धारण अलग-अलग राज्यों में उनकी जनसंख्या में विभिन्न समुदायों के अनुपात के आधार पर किया जाएगा क्योंकि राज्यों का पुनर्गठन भाषा के आधार पर किया गया था। इसका निर्धारण राष्ट्रीय स्तर पर नहीं किया जाएगा। राष्ट्रीय स्तर पर अल्पसंख्यक का दर्जा दिलाने के कारण राज्यों द्वारा उन्हें यह दर्जा देने की बाध्यता को न्यायालय ने समाप्त कर दिया है। फलत: अब कश्मीर और मिजोरम जैसे राज्यों में हिन्दुओं को अल्पसंख्यक माना जा सकेगा जिसकी लम्बे समय से माँग की जाती रही है।

6. सांविधानिक उपचारों का अधिकार

संविधान का अनुच्छेद 32(1) नागरिकों को संविधान के भाग 3 द्वारा प्रदत्त अधिकारों को प्रवर्तित कराने के लिए उच्चतम न्यायालय को समुचित कार्यवाहियों द्वारा प्रचालित करने के अधिकार की गारन्टी देता है। अनुच्छेद 32 के अधीन उच्चतम न्यायालय की अधिकारिता संविधान का "आधारभूत ढाँचा" है। अत: इसे अनुच्छेद 368 के अधीन संशोधन करके नष्ट नहीं किया जा सकता। पारम्परिक मत यह है कि अनु. 32 के अधीन अनुतोष पाने का हक उसी व्यक्ति को है जिसके मूल अधिकारों का अतिक्रमण हुआ है। किन्तु अब उच्चतम न्यायालय ने आंग्ल-विधि के उक्त नियम में परिवर्तन कर दिया है और अनु. 32 के क्षेत्र को अत्यन्त विस्तृत कर दिया है। न्यायालय ने यह निर्णय दिया है कि अनु. 32 के अधीन कोई संस्था या लोकहित से प्रेरित कोई नागरिक किसी ऐसे व्यक्ति के संवैधानिक या विधिक अधिकारों के प्रवर्तन के लिए रिट दायर कर सकता है जो निर्धनता अथवा किसी अन्य कारण से न्यायालय में रिट दायर करने में सक्षम नहीं है।

लोकहित वाद

लोकहित वाद का मुख्य उद्देश्य लोकहित का संरक्षण करना है। इसका उद्देश्य समाज के किसी वर्ग के मूल अधिकारों या अन्य अधिकारों का संरक्षण करना है जो अपनी निर्धनता या अन्य सामाजिक या आर्थिक कठिनाइयों के कारण अपने अधिकारों के संरक्षण के लिए न्यायालय में जाने में असमर्थ है। लोकहित वाद का प्रयोग मुख्य रूप से निर्बल एवं निर्धन व्यक्तियों के उन मूल अधिकारों का, जो अनु. 21 के अधीन प्रदत्त हैं, संरक्षण के लिए किया जाता रहा है। लोकतन्त्र में लोकहित-वाद विधि के शासन का एक आवश्यक तत्व है। विधि का शासन केवल धनी और सुविधा सम्पन्न वर्ग के अधिकारों की नहीं वरन निर्बलतम वर्ग के लोगों के अधिकारों की सुरक्षा करता है और उन्हें न्याय प्रदान करता है।

न्यायिक पुनर्विलोकन

संविधान का अनुच्छेद 32 उच्चतम न्यायालय और अनुच्छेद 226 उच्च न्यायालयों को न्यायिक पुनर्विलोकन की शक्ति प्रदान करता है। अपनी इस शक्ति के अधीन उच्चतम न्यायालय एवं उच्च न्यायालय विधान मंडल द्वारा पारित किए गए किसी भी अधिनियम को असंवैधानिक घोषित कर सकते हैं, जो संविधान के भाग तीन द्वारा प्रदत्त किसी मूल अधिकार के विरूद्ध हो। न्यायिक पुनर्विलोकन संविधान का आधारभूत ढांचा है। इस पर संविधान या किसी संसदीय विधि द्वारा निर्बन्धन नहीं लगाया जा सकता।

उपचारात्मक याचिका

उच्चतम न्यायालय की संविधान पीठ ने यह निर्णय दिया कि न्यायालय अनु. 32 के अधीन अपने अन्तिम निर्णय को जिसकी रिट याचिका द्वारा चुनौती नहीं दी जा सकती, गम्भीर अन्याय के निवारण हेतु पुनर्विलोकन कर सकता है। इस नए फार्मूले को न्यायालय ने उपचारात्मक याचिका का नाम दिया है। न्यायालय का यह निर्णय अत्यन्त महत्वपूर्ण है क्योंकि इससे गम्भीर अन्याय के मामलों में वास्तविक रूप से पीड़ित व्यक्तियों के लिए चुनौती देने का एक नया रास्ता खुल गया है।

मूल अधिकार निजी व्यक्ति और निकायों के विरुद्ध भी उपलब्ध हैं

उच्चतम न्यायालय ने अपने कई निर्णयों में यह माना है कि जहाँ किसी नागरिक के मूल अधिकारों का उल्लंघन कोई निजी व्यक्ति करता है तो न्यायालय उसके विरुद्ध भी मूल अधिकार को लागू करेंगे और पीड़ित व्यक्ति को प्रतिकर दिलाएंगे। अनु. 32 के अधीन न्यायालय की अधिकारिता अत्यन्त विस्तृत है। इसके अन्तर्गत मूल अधिकारों को लागू कराने के लिए दायर की गई याचिका पर विचार करते समय न्यायालय को किसी भी अधिनियम को असंवैधानिक घोषित करने की शक्ति प्राप्त है और उसके उल्लंघन होने पर प्रतिकर दिलाने की शक्ति भी प्राप्त है।

क्या न्यायालय मृत्यु दण्ड को आजीवन कारावास में बदल सकते हैं?

अनु. 32 के अधीन उच्चतम न्यायालय को मृत्यु दण्ड को आजीवन कारावास में बदलने की शक्ति प्राप्त है यदि मृत्यु दण्ड दिए जाने में अयुक्तियुक्त विलम्ब हुआ हो। इसके लिए कोई निश्चित अवधि निर्धारित नहीं की गई है। किसी मामले में मृत्यु दण्ड को कार्यान्वित करने में विलम्ब हुआ है या नहीं इसका अवधारण न्यायालय प्रत्येक वाद में तथ्यों के आधार पर करेगा।

अनुच्छेद 32 और अनुच्छेद 226 में अन्तर

अनुच्छेद 226 के अन्तर्गत उच्च न्यायालयों को विभिन्न प्रकार के रिट जारी करने का अधिकार प्राप्त है। इस मामले में उच्च न्यायालय की शक्ति उच्चतम न्यायालय की अपेक्षा विस्तृत है, क्योंकि उच्च न्यायालय को मूल अधिकारों को प्रवर्तित कराने के अतिरिक्त 'अन्य प्रयोजनों' के लिए भी रिट जारी करने की शक्ति प्राप्त है। ऐसी शक्ति उच्चतम न्यायालय को प्राप्त नहीं है। किन्तु संसद अनुच्छेद 139 के अन्तर्गत उच्चतम न्यायालय को यह अतिरिक्त अधिकारिता प्रदान कर सकती है। जहाँ तक मूल अधिकारों का सम्बन्ध है, उच्च न्यायालय का अधिकार उच्चतम न्यायालय के अधिकार का अपकर्षण (derogate) नहीं करता वरन् यह समवर्ती अधिकार है। अर्थात् आवेदक दोनों न्यायालयों में से किसी में भी आवेदन कर सकता है।

यह आवश्यक नहीं है कि उच्चतम न्यायालय में जाने के पहले उच्च न्यायालय में जाया जाए।

अनुच्छेद 32 का निलम्बन

संविधान में केवल एक परिस्थिति का उल्लेख है जब इस अनुच्छेद को निलम्बित किया जा सकता है। जब अनु. 352 के अधीन राष्ट्रीय आपात की उद्‌घोषणा कर दी गई हो तो अनु. 359 के अधीन राष्ट्रपति भाग 3 द्वारा प्रदत्त अधिकारों को प्रवर्तित करने के लिए किसी न्यायालय के प्रचालन अधिकार को उक्त कालावधि के लिए, जिसमें कि उद्‌घोषणा लागू हो, निलम्बित करने की घोषणा कर सकता है।

अनुच्छेद 32 के अपवाद

अनु. 33 संविधान के भाग 3 का एक अपवाद है। अनु. 33 संसद को विधि द्वारा यह शक्ति प्रदान करता है कि इस भाग द्वारा प्रदत्त अधिकारों में से किसी को सशस्त्र बलों अथवा सार्वजनिक व्यवस्था बनाए रखने वाले बलों के सदस्यों के प्रयोग के सम्बन्ध में किस मात्रा तक निर्बन्धन या निराकृत किया जाय, ताकि वे अपने कर्त्तव्यों का उचित ढंग से पालन कर सकें और उनमें अनुशासन बना रह सके।

■■■

9

राज्य के नीति निदेशक तत्व

भारतीय संविधान के भाग 4 में अनुच्छेद 36 से 51 तक राज्य के नीति निदेशक तत्वों का उल्लेख किया गया है। नीति-निदेशक तत्वों में वे आदर्श निहित हैं जिनको प्रत्येक सरकार अपनी नीतियों के निर्धारण और कानून बनाने में सदैव ध्यान में रखती है। इसमें वे आर्थिक, सामाजिक और प्रशासनिक सिद्धान्त अन्तर्निहित हैं जो भारत की विशिष्ट परिस्थितियों के अनुकूल हैं।

भारतीय संविधान में नीति-निदेशक तत्वों का विकास, मूल अधिकारों के विकास के साथ ही हो गया था। संविधान सभा के सदस्यों में इस बात पर सहमति बन गई थी कि स्वतंत्र भारत में प्रत्येक व्यक्ति को मूल अधिकार तो दिये ही जाने चाहिए साथ ही राज्य द्वारा ऐसे आदर्शों को साधने की कोशिश भी की जानी चाहिए जो सामाजिक न्याय के लिये वांछनीय हैं। इन सिद्धांतों को मूल अधिकारों के रूप में दिया जाना तत्कालीन परिस्थितियों में संभव नहीं था। ऐसे अधिकार जिन्हें तत्काल देना संभव नहीं था, उन अधिकारों को बी. एन. राव की सलाह पर नीति-निदेशक तत्वों की श्रेणी में रख दिया गया ताकि जब सरकारें सक्षम हो जाएंगी तब धीरे-धीरे इन उपबंधों को लागू करेंगी।

राज्य की नीति-निदेशक तत्वों की विशेषताएं

- राज्य की नीति-निदेशक तत्व से स्पष्ट होता है कि नीतियों एवं कानूनों को प्रभावशाली बनाते समय राज्य इनको ध्यान में रखेगा। ये संवैधानिक निदेश, कार्यपालिका और प्रशासनिक मामलों में राज्य के लिये सिफारिशें हैं।
- निदेशक तत्वों को न्यायालय द्वारा लागू नहीं कराया जा सकता। इनके हनन होने पर न्यायालय द्वारा इन्हें लागू नहीं कराया जा सकता। अत:

सरकार (केन्द्र, राज्य एवं स्थानीय) इन्हें लागू करने के लिये बाध्य नहीं है।

- राज्य के नीति-निदेशक तत्वों का उद्देश्य 'लोक-कल्याणकारी राज्य' की स्थापना करना है।
- ये संविधान की प्रस्तावना में उधृत सामाजिक, आर्थिक और राजनैतिक न्याय तथा स्वतंत्रता, समानता और बंधुता की भावना पर आधारित हैं।
- जनता के हित और आर्थिक लोकतंत्र की स्थापना के लिये नीति-निदेशक तत्वों को यथाशक्ति कार्यान्वित करना राज्य का कर्तव्य है।
- नीति-निदेशक सिद्धात पर गांधीवाद, समाजवाद तथा उदारवाद का प्रभाव है।

राज्य के नीति-निदेशक सिद्धांत

अनुच्छेद-38: राज्य लोक-कल्याण की अभिवृद्धि के लिये सामाजिक व्यवस्था स्थापित करेगा।

अनुच्छेद-38(1): राज्य लोक-कल्याण की अभिवृद्धि के लिये ऐसी सामाजिक व्यवस्था स्थापित करेगा जिसमें सामाजिक, आर्थिक और राजनीतिक न्याय हो सके।

अनुच्छेद-38(2): राज्य आय, प्रतिष्ठा, सुविधाओं तथा अवसरों की असमानताओं को समाप्त करने का प्रयास करेगा।

अनुच्छेद-39: राज्य द्वारा अनुसरणीय कुछ नीति-निदेशक तत्व

1. पुरुषों व स्त्रियों को आजीविका के पर्याप्त साधन उपलब्ध कराने का प्रावधान।
2. समाज में भौतिक संसाधनों के स्वामित्व का उचित वितरण।
3. अर्थव्यवस्था में धन तथा उत्पादन के साधनों के अहितकारी केन्द्रीकरण का निषेध।
4. पुरुषों व स्त्रियों के लिये समान कार्य के लिये समान वेतन।
5. पुरुषों व स्त्री श्रमिकों तथा बच्चों को मजबूरी में आयु या शक्ति की दृष्टि से प्रतिकूल रोज़गार में जाने से बचाना।

6. बच्चों को स्वतंत्र और गरिमा के साथ विकास का अवसर प्रदान करना और शोषण से बचाना।

अनुच्छेद-39क: समान न्याय और नि:शुल्क विधिक सहायता

राज्य यह सुनिश्चित करेगा कि विधि तंत्र इस प्रकार काम करे कि समान अवसर के आधार पर न्याय सुलभ हो तथा आर्थिक या किसी भी अन्य आधार पर नागरिक न्याय प्राप्त करने से वंचित न रह जाएं। यह विधिक सहायता नि:शुल्क होगी।

अनुच्छेद-40: ग्राम पंचायतों का गठन

राज्य ग्राम पंचायतों का गठन करने के लिये कदम उठाएगा और उनको ऐसी शक्तियाँ और प्राधिकार प्रदान करेगा जो उन्हें स्वायत्त शासन की इकाइयों के रूप में कार्य करने योग्य बनाने के लिये आवश्यक हों।

अनुच्छेद-41: कुछ दशाओं में काम, शिक्षा और लोक सहायता पाने का अधिकार

राज्य अपनी आर्थिक सामर्थ्य और विकास की सीमाओं के भीतर, काम पाने, शिक्षा पाने, बेकारी, बुढापा, बीमारी और नि:शक्तता तथा अन्य अनर्ह अभाव की दशाओं में लोक सहायता पाने के अधिकार को प्राप्त करने का प्रभावी उपबंध करेगा।

अनुच्छेद-42: काम की न्याय संगत और मानवोचित दशाओं का तथा प्रसूति सहायता का उपबंध।

अनुच्छेद-43: कर्मकारों के लिये निर्बाह मजदूरी , शिष्ट जीवन स्तर व अवकाश की व्यवस्था करना , और कुटीर उद्योगों को प्रोत्साहित करना !

अनुच्छेद-43क: उद्योगों के प्रबंधन में कर्मकारों के भाग लेने के लिये उपयुक्त विधान बनाना।

अनुच्छेद-43ख: सहकारी समितियों का उन्नयन

सहकारी समितियों के स्वैच्छिक गठन, स्वायत्त प्रचालन, लोकतांत्रिक नियंत्रण तथा पेशेवर प्रबंधन को प्रोत्साहित करना।

अनुच्छेद-44: नागरिकों के लिये एक समान सिविल संहिता लागू करने का प्रयास करना।

अनुच्छेद 45: शिशुओं की देखभाल तथा 6 वर्ष से कम उम्र के बच्चों को शिक्षा देने का प्रयास करना।

अनुच्छेद-46: अनुसूचित जातियों, अनुसूचित जनजातियों और अन्य दुर्बल वर्गों के शिक्षा और अर्थ संबंधी हितों की अभिवृद्धि करना और हर तरह के शोषण व सामाजिक अन्याय से उनकी रक्षा करना।

अनुच्छेद-47: लोगों के पोषाहार स्तर और जीवन स्तर को ऊँचा करने तथा लोक स्वास्थ्य में सुधार करने को प्राथमिक कर्तव्य मानना तथा मादक पेयों व हानिकारक नशीले पदार्थों के सेवन का प्रतिषेध करने का प्रयास करना।

अनुच्छेद-48: कृषि और पशुपालन का संगठन

कृषि तथा पशुपालन का संगठन आधुनिक-वैज्ञानिक प्रणालियों के अनुसार करना तथा गाय-बछड़ों व अन्य दुधारू या वाहक पशुओं की नस्लों का परिरक्षण और सुधार करना व उनके वध का प्रतिषेध करने के लिये कदम उठाना।

अनुच्छेद-48क: पर्यावरण के संरक्षण व संवर्द्धन तथा वन व वन्य जीवों की रक्षा का प्रयास करना।

अनुच्छेद-49: राष्ट्रीय महत्व के स्मारकों, स्थानों और वस्तुओं का संरक्षण करना।

अनुच्छेद-50: कार्यपालिका से न्यायपालिका का पृथक्करण

अनुच्छेद-51: अन्तर्राष्ट्रीय शांति एवं सुरक्षा की अभिवृद्धि ।

निदेशक तत्वों की आलोचना

- नीति-निदेशक तत्व अकसर विधायिका व न्यायपालिका के मध्य विवाद/संघर्ष का कारण बन जाते हैं।
- नीति-निदेशक तत्व न्यायालय द्वारा प्रर्वतनीय नहीं हैं।
- इनका महत्व राज्य के लिये नैतिक शिक्षा की तरह है, जिससे वह निदेशित तो हैं लेकिन बाधित नहीं।
- इनको भारतीय संविधान ने मूलभूत तो घोषित किया है, लेकिन इन्हें लागू करने के साधनों को स्पष्ट नहीं करता ।

- इनमें सम्मिलित कई प्रावधानों को आज भी लागू नहीं किया गया जैसे- समान नागरिक संहिता।

भारत में 'गोवा' एक अकेला राज्य है जहाँ समान नागरिक संहिता लागू है।

42वें संविधान संशोधन द्वारा जोड़े गए नीति निदेशक तत्व: 42वें संविधान संशोधन द्वारा राज्य के नीति निदेशक तत्वों में कुछ नये सिद्धांत जोड़े गए। ये इस प्रकार हैं—

(i) इस संशोधन द्वारा यह व्यवस्था की गई कि राज्य द्वारा विशेष रूप से कुछ ऐसी नीतियों का निर्माण किया जाएगा जिनका उद्देश्य बच्चों तथा नवयुवकों को शोषण से बचाना तथा उनके स्वास्थ्य के लिए अच्छी व्यवस्थाएँ प्रदान करना है।

(ii) अनुच्छेद 39 (क) के द्वारा यह व्यवस्था की गई कि राज्य द्वारा सभी को समान न्याय दिलाने तथा कानूनी सहायता उपलब्ध कराने की व्यवस्था की जाएगी।

(iii) एक अन्य अनुच्छेद 43 (क) अंत: स्थापित किया गया जिसके द्वारा यह व्यवस्था की गई कि राज्य उद्योगों के प्रबंध में कर्मचारियों की भागीदारी सुनिश्चित करेगा।

(iv) 42वें संविधान संशोधन द्वारा एक अन्य अनुच्छेद 48 (क) अंत: स्थापित किया गया जिसके अनुसार वनों तथा अन्य जीवों की सुरक्षा की व्यवस्था की गई।

नीति निदेशक तत्वों तथा मूल अधिकारों में अन्तर :

1. नीति निदेशक तत्व राज्य के सकारात्मक आदेश हैं, जिनके आधार पर हर सरकार को चलना पड़ता है। मौलिक अधिकारों का संबंध नागरिकों की स्वतन्त्रताओं से है और यह राज्य के लिए निषेधात्मक आदेश है।

2. मूल अधिकारों का अतिक्रमण होने पर न्यायालय की शरण ली जा सकती है किन्तु निदेशक तत्व न्यायालय द्वारा प्रवर्तनीय नहीं हैं अर्थात् इनके उल्लंघन या पालन न करने पर न्यायालय की शरण या सहायता नहीं ली जा सकती।

3. मौलिक अधिकार राजनीतिक लोकतन्त्र की स्थापना करते हैं, जबकि नीति निदेशक तत्वों द्वारा सामाजिक एवं आर्थिक लोकतंत्र की स्थापना होती है।

4. कुछ विशेष परिस्थितियों में मौलिक अधिकारों को प्रतिबंधित किया जा सकता है, परन्तु राज्य के नीति निदेशक तत्व प्रतिबन्धों से स्वतन्त्र हैं।

5. मौलिक अधिकारों को (अनुच्छेद 20 और 21 को छोड़कर) अनुच्छेद 352 के अन्तर्गत आपातकाल की स्थिति में स्थगित किया जा सकता है, किन्तु निदेशक तत्वों को किसी भी परिस्थिति में स्थगित नहीं किया जा सकता।

समान नागरिक संहिता

समान नागरिक संहिता का मुख्य उद्देश्य है— देश के सभी नगरिकों के लिए एक समान वैयक्तिक विधि का निर्माण। यहां वैयक्तिक विधि से आशय विवाह, तलाक और उत्तराधिकार से संबंधित विधि से है जो व्यक्ति के निजी जीवन से संबंधित हैं।

अब तक समान नागरिक संहिता का निर्माण क्यों नहीं?

(i) इस मुद्दे का राजनीतिकरण।

(ii) तथाकथित धर्मनिरपेक्ष तत्वों द्वारा मुस्लिम तुष्टीकरण।

(iii) मुस्लिम समाज में फैली यह भ्रामक धारणा कि इससे हिन्दू विधि लागू हो जाएगी। इसका कारण गरीबी एवं अशिक्षा के कारण उत्पन्न रूढ़िवादिता है।

(iv) राज्य में इच्छा शक्ति का अभाव।

सुझाव

(i) लोगों में जागरूकता पैदा करना तथा इसके लिए मुस्लिम समाज के प्रगतिशील तबके को विश्वास में लेकर उसे आगे करना।

(ii) मीडिया की सकारात्मक भूमिका के जरिए समान नागरिक संहिता के प्रति मुस्लिम समाज में विद्यमान भ्रांतियों को दूर करना।

(iii) इस ओर एकबारगी बढ़ने की बजाय चरमबद्ध तरीके से बढ़ना। आरंभ में ऐच्छिक रूप दिया जाए तथा परवर्ती चरण में सभी के लिए अनिवार्य बनाया जाए। इस दिशा में पहल राजनीतिक दलों से अपेक्षित है।

मुस्लिम महिला (अधिकार संरक्षण) अधिनियम, 2019

- यह अधिनियम मुस्लिम पुरुष द्वारा महिला को एक ही बार में तीन तलाक कहने को, जिसमें मौखिक, लिखित तथा इलेक्ट्रॉनिक रूप शामिल हैं, कानूनी रूप से अमान्य और गैरकानूनी बनाता है। इस अधिनियम के अनुसार तलाक से अभिप्राय है, तलाक-ए-बिद्दत या किसी भी दूसरी तरह का तलाक, जिसके परिणामस्वरूप मुस्लिम पुरुष अपनी पत्नी को एक ही बार में तीन तलाक कहकर तलाक दे देता है। तलाक-ए-बिद्दत मुस्लिम पर्सनल कानूनों के अंतर्गत ऐसी प्रथा है जिसमें मुस्लिम पुरुष द्वारा अपनी पत्नी को एक सिटिंग में तीन बार 'तलाक' कहने से तलाक हो जाता है।
- **अपराध और दंड**: यह अधिनियम तलाक कहने को संज्ञेय अपराध बनाता है जिसके परिणामस्वरूप तीन साल की कैद और जुर्माने की सजा हो सकती है (एक संज्ञेय अपराध ऐसा अपराध होता है जिसमें पुलिस अधिकारी बिना वारंट के आरोपी को गिरफ्तार कर सकता है)। अपराध संज्ञेय होगा, अगर अपराध से संबंधित सूचना: (i) विवाहित महिला (जिसे तीन तलाक कहा गया है), या (ii) उससे रक्त या वैवाहिक संबंध से जुड़े किसी व्यक्ति ने दी हो।
- इस अधिनियम में प्रावधान है कि मजिस्ट्रेट आरोपी को जमानत दे सकता है। महिला (जिसे तीन तलाक कहा गया है) की सुनवाई के बाद या अगर मजिस्ट्रेट इस बात से संतुष्ट है कि जमानत देने के पर्याप्त आधार हैं, तभी आरोपी को जमानत दी जा सकती है।

- महिला (जिसे तीन तलाक कहा गया है) के अनुरोध पर मजिस्ट्रेट द्वारा अपराध को शमनीय माना जा सकता है। शमनीय या कम्पाउंडिंग का अर्थ वह प्रक्रिया है जिसमें दोनों पक्ष कानूनी कार्यवाहियों को रोकने और विवाद को निपटाने के लिए सहमत हो जाते हैं। कम्पाउंडिंग के नियम और शर्तों को मजिस्ट्रेट द्वारा निर्धारित किया जाएगा।
- **भत्ता:** जिस मुस्लिम महिला को तलाक दिया गया है, वह अपने पति से अपने और खुद पर निर्भर बच्चों के लिए गुजारा भत्ता हासिल करने के लिए अधिकृत है। भत्ते की राशि मजिस्ट्रेट द्वारा निर्धारित की जाएगी।
- **अवयस्क बच्चों की कस्टडी:** जिस मुस्लिम महिला को इस प्रकार तलाक दिया गया है, वह अपने अवयस्क बच्चों की कस्टडी हासिल करने के लिए अधिकृत है। कस्टडी का निर्धारण मजिस्ट्रेट द्वारा किया जाएगा।

कितने देशों में प्रतिबंधित है तीन तलाक: इस समय कुल 22 मुस्लिम देश तीन तलाक को ख़त्म कर चुके हैं। मिस्र दुनिया का पहला ऐसा देश है, जहां तीन तलाक पर प्रतिबन्ध लगाया गया था। इसके अलावा हमारे पड़ोसी देश पाकिस्तान में भी 1956 से ही तीन तलाक पर बैन है। इस सूची में सूडान, साइप्रस, जार्डन, अल्जीरिया, ईरान, ब्रुनेई, मोरक्को, कतर और यूएई जैसे देश भी शामिल हैं, जहां तीन तलाक़ पर प्रतिबन्ध है।

अधिनियम का मूल्यांकन : मुस्लिम महिला विवाह अधिकार संरक्षण अधिनियम 2019 का मुस्लिम परसनल बोर्ड ने विरोध किया है। इसके अलावा अधिनियम में प्रस्तावित प्रावधानों में सज़ा के नियमों को लेकर सवाल उठाए जा रहे हैं। एक पक्ष का कहना है कि तीन तलाक को ग़ैरकानूनी बनाना ठीक था लेकिन इसे अपराध की श्रेणी में रखना ग़लत है। तीन तलाक से लैंगिक समानता नहीं आएगी। शिक्षा, आर्थिक स्थिति, स्वास्थ्य, सुरक्षा जैसे मुद्दे लैंगिक समानता के लिए ज़रूरी हैं। दूसरे पक्ष का कहना है कि इस क़ानून के आने के बाद मुस्लिम महिलाओं को लैंगिक

समानता का अधिकार मिलेगा। साथ ही उनके मौलिक अधिकार भी सुनिश्चित होंगे।

नीति-निदेशक सिद्धांतों का महत्व

नीति निदेशक सिद्धांतों की काफी आलोचना की जाती है फिर भी ये देश के शासन में आधारभूत महत्व रखते हैं। कोई भी सरकार इनकी उपेक्षा नहीं कर सकती।

(i) नीति निदेशक तत्व भारतीय जनता के पास सरकार की सफलताओं को आंकने की कसौटी हैं। मतदाता इन आदर्शों को सम्मुख रखकर अनुमान लगाते हैं कि शासन चलाने वाली पार्टी ने अपनी शासन संबंधी नीतियों के निर्माण में किस सीमा तक इन सिद्धांतों को अपनाया है।

(ii) नीति निदेशक तत्व भारतीय संविधान की प्रस्तावना की व्याख्या करते हैं। इसके अनुसार देश में सामाजिक, आर्थिक तथा राजनीतिक न्याय स्थापित करने का वचन दिया गया है।

(iii) मूल अधिकारों को अपने उद्देश्य में तब तक सफलता नहीं मिल सकती, जब तक निदेशक सिद्धांतों को लागू न किया जाए। मूल अधिकारों ने नागरिकों को राजनीतिक स्वतंत्रता तथा समानता प्रदान की है जिसका उस समय तक कोई लाभ नहीं हो सकता जब तक सामाजिक और आर्थिक समानता की स्थापना न की जाए। यह बिना निदेशक सिद्धांतों को लागू किए स्थापित नहीं हो सकता।

(iv) नीति निदेशक तत्व भारतीय न्यायालयों के लिए पथ-प्रदर्शक का कार्य भी करते हैं। न्यायालयों ने कई वादों में निर्णय देते हुए इनको उचित महत्व दिया है जिससे यह अनुमान लगाया जा सकता है कि ये वास्तव में भारतीय शासन के मूल आधार हैं।

(v) नीति निदेशक सिद्धांतों द्वारा कल्याणकारी राज्य के आदर्श की घोषणा की गई है। कल्याणकारी राज्य की स्थापना के लिए जिन

बातों की आवश्यकता होती है उन सभी को निदेशक सिद्धांतों में निहित किया गया है।

नीति निदेशक सिद्धांतों का क्रियान्वयन

(i) सामाजिक और आर्थिक न्याय की स्थापना के उद्देश्य को प्राय: सभी सरकारें स्वीकार करती रही हैं और राष्ट्र ने इस दिशा में पर्याप्त प्रगति भी की है। सबसे अधिक प्रगति अनुच्छेद 39 (ख) के बारे में हुई है। ये निदेशक तत्व आर्थिक तथा सामाजिक न्याय से संबंधित हैं।

(ii) राज्य स्तर पर बिचौलियों और जमींदारी व्यवस्था को समाप्त करने के लिए प्रभावी कानून बनाए गए।

(iii) भूमि चकबंदी कानून लागू किया गया। इसके परिणामस्वरूप अतिरिक्त भूमि भूमिहीनों में विभाजित की जा सकी है।

(iv) राज्यों में पंचायती राज व्यवस्था स्थापित की गई तथा उन्हें काफी शक्तियाँ भी प्रदान की गई हैं। केवल यही नहीं पंचायती राज व्यवस्था को सुदृढ़ बनाने और वास्तविक सत्ता लोगों को सौंपने के लिए 1992 में 73 वां और 74 वां संविधान संशोधन पारित किए गए।

(v) कुटीर उद्योगों को प्रोत्साहन देना राज्य का विषय है। इसके लिए केन्द्रीय सरकार ने राज्य सरकारों को वित पोषण, विपणन आदि में सहायता करने के लिए कई संस्थाएं स्थापित की, जैसे- अखिल भारतीय हथकरघा बोर्ड, लघु उद्योग बोर्ड आदि।

(vi) अनिवार्य प्राथमिक शिक्षा के लिए अधिकांश राज्यों में कानून का निर्माण किया गया है।

(vii) जीवन स्तर में सुधार लाने, विशेषकर गांवों का विकास करने के लिए, 1952 में सामुदायिक विकास योजना की शुरूआत की गई।

(viii) अनुच्छेद 47 में मादक द्रव्यों और औषधियों पर प्रतिबंध से संबंधित विधान हैं, जिसका पालन करते हुए नशीली वस्तुओं पर रोक तथा नशाबंदी के लिए प्रयास किए गए हैं।

(ix) अनुसूचित जाति और जनजाति एवं समाज के अन्य पिछड़े वर्गों को शैक्षणिक एवं आर्थिक सुविधाएँ उपलब्ध कराने की दिशा में निरंतर प्रयास हो रहे हैं। सरकारी नौकरियों में इनके लिए स्थान आरक्षित किए गए हैं। संसद और राज्य विधान मंडलों में भी इनके लिए स्थान आरक्षित हैं।

(x) स्त्रियों को पुरुषों के समान अधिकार दिए गए हैं। वेश्यावृत्ति को कानून द्वारा समाप्त कर दिया गया है।

(xi) कुछ राज्यों में अन्त्योदय कार्यक्रम आरंभ किया गया है। इसके अंतर्गत गरीब परिवारों को विशेष सहायता देकर ऊपर उठाने का प्रयास किया जा रहा है।

इनके अतिरिक्त अनेक ऐसे निदेशक सिद्धांत हैं जिनको समय-समय पर सरकार द्वारा लागू करने का प्रयास किया गया है, जैसे- उद्योगों का राष्ट्रीयकरण, गो-हत्या के विरूद्ध कानून, मजदूरों को बीमारी, बेकारी तथा दुर्घटना की दशा में आर्थिक सहायता देने की योजना, रोजगार सृजन के लिए प्रधानमंत्री रोजगार योजना, राष्ट्रीय स्मारकों की रक्षा आदि।

नीति निदेशक सिद्धांतों को मूल अधिकारों का दर्जा

विगत कुछ वर्षों में अपने अनेक निर्णयों में उच्चतम न्यायालय ने अनेक नीति निदेशक तत्वों को मूल अधिकारों का दर्जा दिया है। अर्थात् वे अब न्यायालयों द्वारा लागू किए जा सकते हैं। उनीकृष्णन के मामले में अनु. 45 में विहित नीति निदेशक तत्व को मूल अधिकार का दर्जा दिया गया। इस वाद में यह निर्णय दिया गया कि 14 वर्ष के बालकों को नि:शुल्क एवं अनिवार्य शिक्षा प्राप्त करने का मूल अधिकार है। इसी प्रकार रनधीर सिंह बनाम भारत संघ के मामले में समान कार्य के लिए समान वेतन, हुस्नआरा खातून के मामले में विधिक सहायता तथा कन्ज्यूमर एजूकेशन एण्ड रिसर्च सेन्टर बनाम भारत संघ वाद में कर्मकारों को चिकित्सा सुविधा पाने का अधिकार आदि नीति निदेशक तत्वों को मूल अधिकारों का दर्जा प्रदान किया गया है। अब इन्हें न्यायालयों द्वारा प्रवर्तित किया जा सकता है।

■■■

10

मूल कर्त्तव्य

मूल संविधान में मूल कर्त्तव्यों का उल्लेख नहीं था। संविधान के पुनरीक्षण के लिए गठित स्वर्ण सिंह समिति की रिपोर्ट के आधार पर 1976 में 42वें संशोधन के द्वारा संविधान में भाग 4(क) तथा अनुच्छेद 51(क) को अंत: स्थापित किया गया। इसके द्वारा मूल कर्त्तव्य जोड़ दिए गए। ऐसा सोवियत संघ के संविधान की प्रेरणा से किया गया। वर्तमान में मूल कर्त्तव्यों की संख्या 11 है।

संविधान, राष्ट्रीय झंडे तथा राष्ट्रीय गीत का सम्मान: संविधान देश का सर्वोच्च कानून है जिसका पालन करना सरकार के तीनों अंगों का ही नहीं बल्कि नागरिकों का भी परम कर्त्तव्य है। राष्ट्रीय झंडा और राष्ट्रीय गान प्रत्येक राष्ट्र के लिए जरूरी होते हैं और उनका सम्मान करना प्रत्येक नागरिक का परम कर्त्तव्य होता है।

राष्ट्रीय स्वतंत्रता आंदोलन के उद्देश्यों को हृदय में संजोए रखना एवं पालन करना: भारत का राष्ट्रीय आंदोलन कुछ आदर्शों पर आधारित था जैसे – अहिंसा में विश्वास, संवैधानिक साधनों का इस्तेमाल, धर्मनिरपेक्षता, सामान्य भ्रातृत्व, राष्ट्रीय एकता इत्यादि। इन आदर्शों को आधार मानकर ही भारतीय राष्ट्र का पुनर्निर्माण किया जा सकता है। अत: यह आवश्यक है कि प्रत्येक भारतीय इन आदर्शों का पालन करें।

भारतीय प्रभुसत्ता, एकता तथा अखंडता का समर्थन और उसकी रक्षा : भारतीय संविधान की प्रस्तावना में भारत को प्रभुसत्ता संपन्न, समाजवादी, धर्मनिरपेक्ष, प्रजातांत्रिक गणराज्य घोषित किया गया है। परंतु भारत के कुछ क्षेत्र भारतीय प्रभुसत्ता को स्वीकार नहीं करते। ये समय-समय पर भारत से अलग होने की बात करते रहे हैं। इससे भारत की एकता को खतरा बना रहा है।

देश की रक्षा करना: प्रत्येक नागरिक का यह कर्त्तव्य है कि वह देश की रक्षा करे तथा राष्ट्रीय सेवाओं में आवश्यकता के समय भाग ले। देश पर किसी भी प्रकार के संकट आने पर नागरिकों से राष्ट्रीय सेवा ली जा सकती है।

वैज्ञानिक दृष्टिकोण और ज्ञानार्जन की भावना का विकास : भारतीय समाज में प्राचीन काल से ही अंधविश्वासों का बोलबाला रहा है। भारत का विकास तभी हो सकता है जब भारतीय प्रत्येक वस्तु को तर्क की दृष्टि से देखने लगें।

भारत के सभी नागरिकों में समरसता और भ्रातृत्व की भावना का निर्माण करना: भारत में विभिन्न धर्मों के लोग रहते हैं जिनकी भाषा, रीति-रिवाज अलग-अलग हैं। उनमें क्षेत्रीय भावनाएँ भी पाई जाती हैं। ऐसे में उनके बीच भाईचारा आवश्यक है।

सामासिक संस्कृति की गौरवशाली परम्परा का महत्व समझना और उसका परिरक्षण करना : वर्तमान समय में पश्चिमी सभ्यता का प्रभाव भारतीय युवकों पर दिन-प्रतिदिन बढ़ता जा रहा है। आज आवश्यकता इस बात की है कि युवकों को भारतीय संस्कृति की महानता के बारे में बताया जाए ताकि युवक अपनी संस्कृति पर गौरव अनुभव कर सकें।

प्राकृतिक पर्यावरण की रक्षा और उसका संवर्धन करना: प्राकृतिक स्रोत तथा प्राकृतिक वातावरण देश की उन्नति में महत्वपूर्ण भूमिका निभाते हैं। प्राकृतिक वातावरण एवं वन्य जीवन की रक्षा तभी हो सकती है, जब व्यक्ति जीव-जन्तुओं के प्रति दया की भावना रखें।

व्यक्तिगत तथा सामूहिक यत्नों के द्वारा उच्च राष्ट्रीय लक्ष्यों की प्राप्ति के लिए सतत प्रयास करना: प्रत्येक नागरिक का राष्ट्र के निर्माण में योगदान होता है। अत: प्रत्येक नागरिक का यह कर्त्तव्य है कि वह जीवन के सभी क्षेत्रों में एक-दूसरे से आगे बढ़ने का प्रयत्न करे। सभी नागरिकों का यह कर्त्तव्य है कि वे अपने-अपने कार्य क्षेत्रों में ईमानदारी से काम करें तथा उच्च स्तर की कुशलता दिखाएँ। इससे देश की प्रगति होगी और राष्ट्र उन्नति के शिखर पर पहुंच सकेगा।

राष्ट्रीय संपत्ति की रक्षा करना: सार्वजनिक संपत्ति किसी एक की संपत्ति न होकर समस्त देश की संपत्ति होती है। उसकी रक्षा करना प्रत्येक नागरिक का कर्त्तव्य है।

प्राथमिक एवं अनिवार्य शिक्षा: अभिभावकों का यह कर्त्तव्य है कि वे अपने 6-14 वर्ष के बच्चों की शिक्षा के लिए उपयुक्त माहौल तैयार करें। (86वां संविधान संशोधन द्वारा जोड़ा गया।)

मूल कर्त्तव्यों की आलोचना

मूल कर्त्तव्यों की आलोचना निम्न आधार पर की जाती है—

(i) मूल अधिकारों की भांति मूल कर्त्तव्यों को उच्चतम न्यायालय या उच्च न्यायालय द्वारा लागू नहीं कराया जा सकता। इन कर्त्तव्यों को न्यायालय के अधिकार क्षेत्र से बाहर रखा गया है।

(ii) यदि नागरिक इन कर्त्तव्यों का पालन नहीं करते तो क्या होना चाहिए। इस संबंध में कोई उपबंध निश्चित नहीं किया गया है।

(iii) कुछ कर्त्तव्यों की भाषा अत्यंत जटिल है। इसके अर्थ आम लोगों की समझ से परे हैं। उदाहरण के लिए स्वतंत्रता आंदोलन को प्रेरित करने वाले उच्च आदर्श, सामासिक संस्कृति की गौरवशाली परंपरा, वैज्ञानिक दृष्टिकोण का विकास इत्यादि।

(iv) इनमें कुछ आवश्यक कर्त्तव्यों का अभाव है। जैसे सभी नागरिकों के लिए अनिवार्य मतदान, करों का ईमानदारी से भुगतान, परिवार नियोजन आदि।

मूल कर्त्तव्यों का महत्व

हालांकि आलोचकों द्वारा मूल कर्त्तव्यों की आलोचना की जाती है लेकिन इससे मूल कर्त्तव्यों का महत्व कम नहीं होता। ये मात्र पवित्र आशाएं नहीं हैं बल्कि इनका विशेष महत्व है।

(i) मूल कर्त्तव्यों के पीछे कोई कानूनी शक्ति नहीं है, इनका स्वरूप नैतिक है। इन कर्त्तव्यों के नैतिक स्वरूप को समाज में सम्मान की दृष्टि से देखा जाता है।

(ii) मूल कर्त्तव्य वास्तव में एक मार्गदर्शक का कार्य करते हैं। इनमें उन उच्च आदर्शों का समावेश है जिनका प्रयोग भारतीय स्वतंत्रता संग्राम में किया गया। अत: इन कर्त्तव्यों का पालन भारत के राष्ट्रीय एवं सामाजिक विकास के लिए आवश्यक है।

(iii) कर्त्तव्य वास्तव में अधिकार प्रयोग करने की शर्त हैं। कर्त्तव्यों के अभाव में अधिकारों का प्रयोग असंभव है क्योंकि जो एक के अधिकार हैं वे दूसरे के कर्त्तव्य हैं। अत: कर्त्तव्यों को अधिकारों से अलग नहीं किया जा सकता।

(iv) राष्ट्रीय एकीकरण और राष्ट्र निर्माण में मूल कर्त्तव्यों का अपना विशेष महत्व है।

मूल कर्त्तव्यों का प्रवर्तन

42वाँ संविधान संशोधन अधिनियम संसद को यह शक्ति प्रदान करता है कि वह विधि बनाकर मूल कर्त्तव्यों के उल्लंघन की दशा में दोषी व्यक्तियों के लिए दण्ड की व्यवस्था करे। नागरिक द्वारा मूल कर्त्तव्यों का समुचित पालन किया जाय, इसके लिए यह आवश्यक है कि उसके विषय में उन्हें पूरी जानकारी हो। भारत की अधिकांश जनता निरक्षर है और उन्हें संविधान द्वारा प्रदत्त अधिकारों और कर्त्तव्यों का कोई ज्ञान नहीं है। इसके लिए जरूरी है कि उन्हें इसके विषय में जानकारी दी जाए। ऐसा तभी सम्भव हो सकेगा जब उन्हें शिक्षा देने की समुचित व्यवस्था की जाए।

■■■

11

संघ की कार्यपालिका

राष्ट्रपति

भारत में संघीय कार्यपालिका का प्रधान राष्ट्रपति होता है। संघ की कार्यपालिका की शक्ति राष्ट्रपति में निहित होती है और वह इसका प्रयोग संविधान के अनुसार स्वयं या अपने अधीनस्थ अधिकारियों के द्वारा करता है। अधीनस्थ अधिकारी से तात्पर्य मंत्रिमंडल से है। भारत में ब्रिटेन की तरह संसदीय प्रणाली की स्थापना की गयी है, अत: ब्रिटेन की साम्राज्ञी की तरह ही भारत का राष्ट्रपति राज्य का औपचारिक प्रमुख होता है और संघ की वास्तविक शक्ति मंत्रिमंडल में निहित होती है। ब्रिटेन की साम्राज्ञी और भारत के राष्ट्रपति के पद में मूलभूत अंतर यह है कि ब्रिटेन की साम्राज्ञी का पद वंशानुगत होता है, जबकि भारत का राष्ट्रपति एक निर्वाचक मंडल द्वारा निर्वाचित किया जाता है। इसी अन्तर के कारण भारत को प्रजातांत्रिक कहा जाता है। भारत में राष्ट्रपति का पद अनुच्छेद 52 द्वारा उपबंधित है।

राष्ट्रपति का निर्वाचन

भारत के राष्ट्रपति का चुनाव राष्ट्रपति तथा उप-राष्ट्रपति निर्वाचन अधिनियम, 1952 के अंतर्गत संविधान के अनुच्छेद 55(3) के अनुसार अप्रत्यक्ष रूप से आनुपातिक प्रतिनिधित्व प्रणाली के एकल संक्रमणीय मत पद्धति से गुप्त मतदान द्वारा होता है।

अनुच्छेद 54 के अनुसार राष्ट्रपति का निर्वाचन एक निर्वाचन मण्डल द्वारा होता है, जिसमें निम्न शामिल होते हैं

- संसद के दोनों सदनों के निर्वाचित सदस्य,
- राज्य विधान सभा के निर्वाचित सदस्य, तथा

- केंद्रशासित प्रदेशों दिल्ली व पुडुचेरी विधान सभाओं के निर्वाचित सदस्य।

इस प्रकार संसद के दोनों सदनों के मनोनीत सदस्य,राज्य विधान सभाओं के मनोनीत सदस्य, राज्य विधान परिषदों (द्विसदनीय विधायिका के मामलों में) के सदस्य (निर्वाचित व मनोनीत) और दिल्ली तथा पुडुचेरी विधान सभा के मनोनीत सदस्य राष्ट्रपति के निर्वाचन में भाग नहीं लेते हैं। जब कोई सभा विघटित हो गई हो तो उसके सदस्य राष्ट्रपति के निर्वाचन में मतदान नहीं कर सकते। उस स्थिति में भी जबकि विघटित सभा का चुनाव राष्ट्रपति के निर्वाचन से पूर्व न हुआ हो।

नोट: रेखाचित्र, आरेख— राष्ट्रपति का निर्वाचक मंडल (पेज न. 330 देखें)

निर्वाचन की रीति

अनुच्छेद 55 के अनुसार, राष्ट्रपति के निर्वाचन में अलग-अलग राज्यों का प्रतिनिधित्व समान रूप से होता है। साथ ही राज्यों तथा संघ के बीच भी समानता होती है। इसके लिए राज्य विधान सभाओं और संसद के प्रत्येक सदस्यों के मतों की संख्या निम्न प्रकार से निर्धारित होती है---

- **एक निर्वाचित विधायक के मत का मूल्य** = (राज्य की कुल जनसंख्या) / (राज्य विधान सभा के कुल निर्वाचित सदस्य) ÷ 1000
- **एक निर्वाचित सांसद के मत का मूल्य** = (सभी राज्यों के विधायकों के मतों का कुल मूल्य) / (संसद के कुल निर्वाचित सदस्यों की संख्या)

राष्ट्रपति के पद हेतु अर्हताएँ

कोई भी व्यक्ति राष्ट्रपति निर्वाचित होने का पात्र तभी होगा, जब वह---

- भारत का नागरिक हो।
- 35 वर्ष की आयु पूरी कर चुका हो।
- लोकसभा का सदस्य निर्वाचित होने के लिए अर्हित हो।
- भारत सरकार या राज्य सरकार के अधीन या नियंत्रण में किसी स्थानीय संस्था में लाभ का पद धारण न करता हो।

कोई भी व्यक्ति केवल इस कारण लाभ का पद धारण करने वाला नहीं समझा जाएगा कि वह संघ का राष्ट्रपति या उप-राष्ट्रपति या किसी राज्य का राज्यपाल है, अथवा संघ का या किसी राज्य का मंत्री है।

राष्ट्रपति शपथ ग्रहण, पदावधि एवं त्याग-पत्र

- राष्ट्रपति पद ग्रहण करते समय उच्चतम न्यायालय के मुख्य न्यायाधीश या उसकी अनुपस्थिति में ज्येष्ठतम न्यायाधीश के समक्ष शपथ लेता है। (अनुच्छेद 60)।
- राष्ट्रपति का कार्यकाल पद ग्रहण करने की तिथि से लेकर पाँच वर्षों तक होता है। (अनुच्छेद 56 (1)।
- एक व्यक्ति जितनी बार चाहे राष्ट्रपति पद पर निर्वाचित हो सकता है। संविधान में इस पर कोई सीमा निर्धारित नहीं की गई है। (अनुच्छेद 57)।
- कार्यकाल की समाप्ति से पहले राष्ट्रपति अपना त्याग-पत्र उप-राष्ट्रपति को दे सकता है। (अनुच्छेद 56(1)क)।

राष्ट्रपति के पद के लिए शर्तें

राष्ट्रपति के पद के लिए निम्नलिखित शर्तें हैं—

- वह संसद के किसी भी सदन या राज्य विधायिका का सदस्य नहीं होना चाहिए। यदि कोई ऐसा व्यक्ति निर्वाचित होता है, तो उसे पद ग्रहण करने से पहले उस सदन से त्याग पत्र देना होगा।
- राष्ट्रपति अन्य कोई लाभ का पद धारण नहीं करेगा।
- उसे बिना किराया दिए, शासकीय आवास आवंटित होगा।
- उसकी उपलब्धियाँ और भत्ते उसकी पदावधि के दौरान कम नहीं किए जाएंगे।

राष्ट्रपति पर महाभियोग

राष्ट्रपति पर संविधान का उल्लंघन करने पर महाभियोग चलाकर उसे पद से हटाया जा सकता है। हालांकि संविधान ने 'संविधान का उल्लंघन' वाक्य को परिभाषित नहीं किया है।

महाभियोग के आरोप संसद के किसी भी सदन में प्रारंभ किए जा सकते हैं। इन आरोपों पर सदन के एक-चौथाई सदस्यों (जिस सदन ने आरोप लगाए गए हैं) के हस्ताक्षर होने चाहिए और राष्ट्रपति को 14 दिन का नोटिस देना चाहिए। महाभियोग का प्रस्ताव दो-तिहाई बहुमत से पारित होने के पश्चात यह दूसरे सदन में भेजा जाता है जो इन आरोपों की जांच करता है। राष्ट्रपति को इसमें उपस्थित होने तथा अपना प्रतिनिधित्व कराने का अधिकार होगा। यदि दूसरा सदन इन आरोपों को सही पाता है और महाभियोग प्रस्ताव को दो-तिहाई बहुमत से पारित करता है तो राष्ट्रपति को प्रस्ताव पारित होने की तिथि से उसके पद से हटना होगा।

इस प्रकार महाभियोग संसद की एक अर्द्ध-न्यायिक प्रक्रिया है। इस संदर्भ में दो बातें ध्यान देने योग्य हैं—

- संसद के दोनों सदनों के नामांकित सदस्य जिन्होंने राष्ट्रपति के चुनाव में भाग नहीं लिया था, इस महाभियोग में भाग ले सकते हैं।
- राज्य विधान सभाओं के निर्वाचित सदस्य तथा दिल्ली व पुडुचेरी केंद्रशासित राज्य विधान सभाओं के सदस्य इस महाभियोग प्रस्ताव में भाग नहीं लेते हैं, जिन्होंने राष्ट्रपति के चुनाव में भाग लिया था।

अभी तक किसी भी राष्ट्रपति पर महाभियोग नहीं चलाया गया है।

निर्वाचन सम्बन्धी विवाद: संविधान का अनुच्छेद 71 यह उपबन्धित करता है कि राष्ट्रपति या उप-राष्ट्रपति के निर्वाचन से उत्पन्न या सम्बन्धित सभी शंकाओं और विवादों की 'जाँच' और 'विनिश्चय' उच्चतम न्यायालय द्वारा किया जाएगा और उसका निर्णय अन्तिम होगा। किन्तु यदि राष्ट्रपति या उप-राष्ट्रपति का निर्वाचन न्यायालय द्वारा शून्य घोषित कर दिया जाता है तो उसके द्वारा अपने पद की शक्तियों के प्रयोग में किए गए कार्य अमान्य नहीं होंगे। संविधान के अनुसार संसद को विधि द्वारा राष्ट्रपति या उप-राष्ट्रपति के निर्वाचन से सम्बन्धित किसी विषय का विनियमन करने का अधिकार प्राप्त है।

राष्ट्रपति या उप-राष्ट्रपति के निर्वाचन पर इस आधार पर आपत्ति नहीं की जा सकती कि उसके निर्वाचन करने वाले निर्वाचक-मंडल के

सदस्यों में किसी कारण से रिक्तता विद्यमान है। राष्ट्रपति या उप-राष्ट्रपति के निर्वाचन अधिनियम की धारा 14 के अन्तर्गत किसी चुनाव पर आपत्ति या तो ऐसे निर्वाचन के उम्मीदवार या दस या दस से अधिक मतदाता कर सकते हैं।

राष्ट्रपति की शक्तियाँ

राष्ट्रपति भारतीय संघ की कार्यपालिका का प्रधान होता है। अत: शासन की समस्त शक्तियों का समावेश राष्ट्रपति पद में निहित है। राष्ट्रपति इन शक्तियों का प्रयोग स्वयं न करके, मंत्रिपरिषद् की सलाह से करता है।

कार्यपालिका शक्ति: देश का शासन राष्ट्रपति के नाम पर ही चलाया जाता है तथा सरकार के सभी महत्वपूर्ण निर्णय राष्ट्रपति के निर्णय समझे जाते हैं। देश का सर्वोच्च शासक होने के नाते वह नियम तथा अधिनियम भी बनाता है। वह संघ के शासन के बारे में सूचना प्राप्त करने का अधिकार रखता है और प्रधानमंत्री से प्रशासन के संबंध में कोई भी सूचना मांग सकता है। संघ की सभी महत्वपूर्ण नियुक्तियाँ राष्ट्रपति द्वारा की जाती हैं। नियंत्रक एवं महालेखा परीक्षक, महान्यायवादी, उच्चतम न्यायालय तथा उच्च न्यायालयों के मुख्य न्यायाधीश तथा अन्य न्यायाधीश, संघीय लोक सेवा आयोग, चुनाव आयोग, वित्त आयोग, अंतर्राज्य परिषद, अनुसूचित जाति एवं जन-जाति आयोग एवं पिछड़ा वर्ग आयोग के अध्यक्ष तथा अन्य सदस्यों, केन्द्र शासित प्रदेशों के मुख्य आयुक्त तथा उप-राज्यपाल आदि की नियुक्ति राष्ट्रपति द्वारा ही की जाती है।

प्रधानमंत्री की नियुक्ति राष्ट्रपति द्वारा की जाती है। राष्ट्रपति उसकी सलाह पर ही अन्य मंत्रियों को नियुक्त करता है। परंतु व्यावहारिक रूप में राष्ट्रपति प्रधानमंत्री को नियुक्त करते समय अपनी इच्छा का प्रयोग नहीं करता। लोक सभा में जिस दल को बहुमत प्राप्त होता है, उस दल के नेता को ही राष्ट्रपति प्रधानमंत्री नियुक्त करता है। यदि किसी दल को लोक सभा में स्पष्ट बहुमत प्राप्त न हो तो ऐसी स्थिति में वह सबसे बड़े दल या गठबंधन को सरकार बनाने के लिए आमंत्रित करता है। ऐसी स्थिति में किसी विवाद से बचने के लिए वह लोक सभा से अपना नेता

चुनने के लिए भी कह सकता है। केन्द्र प्रशासित क्षेत्रों के प्रशासन पर राष्ट्रपति का पूर्ण नियंत्रण होता है।

राष्ट्र का अध्यक्ष होने के नाते राष्ट्रपति अंतर्राष्ट्रीय क्षेत्र में देश का प्रतिनिधित्व करता है। दूसरे देशों में भेजे जाने वाले राजदूतों की नियुक्ति करता है और दूसरे देशों के राजदूतों का देश में स्वागत करता है। वह दूसरे देशों के साथ संधि समझौता करने के लिए पत्र-व्यवहार करता है और संधि समझौते करने में महत्वपूर्ण योगदान देता है। युद्ध और शांति की घोषणा भी राष्ट्रपति के द्वारा ही की जाती है। राष्ट्रपति राज्यों में राज्यपालों की नियुक्ति करता है तथा उन्हें निर्देश दे सकता है। वह किसी राज्य के राज्यपाल को संघीय क्षेत्र का प्रशासक नियुक्त कर सकता है। राष्ट्रपति को राज्यों के आपसी संबंधों के बारे में निर्देश जारी करने और उन पर नियंत्रण के भी अधिकार हैं। वह राज्य सरकार को संघीय कानून के उचित पालन के लिए आदेश दे सकता है। राष्ट्रपति को राज्यों के आपसी झगड़ों को निपटाने तथा उनकी नीतियों में तालमेल बिठाने के लिए अंतर्राज्यीय परिषद् के गठन का भी अधिकार प्राप्त है।

विधायी शक्ति: राष्ट्रपति संसद का अनिवार्य अंग है। उसे संसद का अधिवेशन बुलाने, उसे स्थगित करने आदि की वैधानिक शक्तियाँ प्राप्त हैं। राष्ट्रपति प्रत्येक निर्वाचन के पश्चात् संसद के दोनों सदनों के सम्मिलित अधिवेशन को तथा प्रत्येक वर्ष के प्रथम अधिवेशन को संबोधित करता है जिसमें वह सरकार की नीतियों पर प्रकाश डालता है तथा सरकार के वैधानिक कार्यक्रमों को प्रस्तुत करता है। राष्ट्रपति राज्य सभा में ऐसे 12 सदस्यों को मनोनीत करता है, जिन्होंने कला, साहित्य, विज्ञान अथवा सामाजिक सेवा के क्षेत्र में विशेष प्रतिष्ठा प्राप्त की हो। व्यावहारिक रूप में राष्ट्रपति इन सदस्यों की नियुक्ति प्रधानमंत्री की सलाह के अनुसार करता है। राष्ट्रपति लोक सभा में आंग्ल-भारतीय समुदाय के दो प्रतिनिधियों को भी मनोनीत करता है। हाल ही में किए गए संविधान संशोधन द्वारा लोकसभा में आंग्ल-भारतीय समुदाय के लिए आरक्षण के प्रावधान को समाप्त कर दिया गया।

संसद द्वारा किसी विधेयक के पारित होने के पश्चात् उस पर राष्ट्रपति की स्वीकृति आवश्यक होती है। वह किसी विधेयक को स्वीकृति दे सकता है, उसे स्वीकृति देने से मना कर सकता है या उस पर पुनर्विचार के लिए संसद को वापस लौटा सकता है। यदि वह विधेयक संसद के दोनों सदनों द्वारा पारित होकर पुन: राष्ट्रपति के पास भेजा जाता है तो राष्ट्रपति को उस पर स्वीकृति देनी पड़ती है। कई विधेयक ऐसे होते हैं जो राष्ट्रपति की अनुमति के बिना संसद में पेश नहीं किए जा सकते। प्रान्तों की सीमाओं और क्षेत्रों का नाम बदलने वाले विधेयक और धन विधेयक तथा इसी प्रकार विधान मंडल में पेश होने वाले कई विधेयकों पर उसकी स्वीकृति आवश्यक है। अंतर्राज्यीय व्यापार पर प्रतिबंध लगाने वाला विधेयक इसी प्रकार का विधेयक है। राष्ट्रपति जब चाहे संसद के निम्न सदन लोक सभा को भंग कर सकता है परंतु व्यावहारिक रूप में इस शक्ति का प्रयोग राष्ट्रपति प्रधानमंत्री की सलाह पर ही करता है।

यदि संसद का अधिवेशन न चल रहा हो और कानून बनाना आवश्यक हो तो राष्ट्रपति अध्यादेश जारी कर सकता है। यह अध्यादेश भी कानून के समान लागू होता है। राष्ट्रपति किसी भी अध्यादेश को वापस ले सकता है।

वित्तीय शक्ति: राष्ट्रपति प्रत्येक वर्ष के आरंभ में वार्षिक आय-व्यय का ब्यौरा अथवा बजट संसद के सम्मुख रखवाता है। राष्ट्रपति की स्वीकृति के बिना कोई भी धन विधेयक संसद के समक्ष प्रस्तुत नहीं किया जा सकता तथा न ही कोई कर लगाने वाला विधेयक उसकी सिफारिश के बिना प्रस्तुत किया जा सकता है। राष्ट्रपति वित्त आयोग का भी गठन करता है जो करों से प्राप्त आय को राज्य सरकारों तथा केंद्र में विभाजन की सिफारिश करता है। राष्ट्रपति को भारत की संचित निधि पर भी पूर्ण अधिकार होता है।

न्यायिक शक्ति: राष्ट्रपति को संघीय कानून के अंतर्गत क्षमादान की शक्ति भी प्राप्त है। वह किसी दंड को स्थगित कर सकता है तथा दंड में कमी कर सकता है। उच्चतम न्यायालय ने यह अभिनिर्धारित किया है कि राष्ट्रपति और राज्यपाल के क्षमादान की शक्ति का न्यायिक पुनर्विलोकन किया जा

सकता है। क्षमादान की शक्ति का प्रयोग राजनीतिक, धर्म और जाति के आधार पर नहीं किया जा सकता है। राष्ट्रपति उच्चतम न्यायालय तथा उच्च न्यायालयों के मुख्य न्यायाधीशों एवं अन्य न्यायाधीशों की नियुक्ति भी करता है।

सैनिक शक्ति: राष्ट्रपति सेना का प्रधान सेनापति होता है। सेना के उच्च अधिकारियों की नियुक्ति भी राष्ट्रपति द्वारा ही की जाती है। वह राष्ट्रीय रक्षा समिति का अध्यक्ष होता है। राष्ट्रपति सेना के संगठन और प्रयोग के बारे में आदेश जारी कर सकता है। अमेरिकी राष्ट्रपति की सैनिक शक्तियाँ भारत के राष्ट्रपति की सैनिक शक्तियों से कहीं अधिक हैं। संविधान के अनुच्छेद 53(1) के अनुसार भारत का राष्ट्रपति इन शक्तियों का प्रयोग कानून के अनुसार ही कर सकता है। परंतु अमेरिकी राष्ट्रपति की सैनिक शक्तियों पर ऐसा प्रतिबंध नहीं है। वह संसद की स्वीकृति से दूसरे देशों से युद्ध तथा शांति की घोषणा कर सकता है।

आपातकालीन शक्ति: यदि राष्ट्रपति को यह समाधान हो जाए कि युद्ध, बाह्य आक्रमण या सशस्त्र विद्रोह के कारण या उसकी संभावना के कारण भारत अथवा उसके राज्य क्षेत्र के किसी भाग की सुरक्षा खतरे में है तो वह राष्ट्रीय आपात की घोषणा कर सकता है। राष्ट्रपति की राष्ट्रीय आपात की घोषणा एक महीने तक लागू रहती है। एक महीने बाद आपात की घोषणा समाप्त हो जाती है यदि इससे पहले संसद के दोनों सदनों ने इसको पारित न कर दिया हो। यदि राष्ट्रपति को राज्यपाल की रिपोर्ट पर अथवा अन्य किसी स्रोत के आधार पर विश्वास हो जाए कि राज्य का शासन संविधान के अनुसार नहीं चलाया जा रहा है तो वह राज्य में राष्ट्रपति शासन की घोषणा कर सकता है। संसद की स्वीकृति के बिना यह घोषणा दो महीने तक लागू रह सकती है। संसद की स्वीकृति मिलने पर यह घोषणा 6 महीने तक लागू रह सकती है और इस प्रकार की घोषणा अधिकतम तीन वर्ष तक लागू रह सकती है। यदि राष्ट्रपति को यह विश्वास हो जाए कि भारत या उसके राज्य क्षेत्र के किसी भाग का वित्तीय स्थायित्व संकट में है तो वह वित्तीय आपातकाल की घोषणा कर सकता है। इस प्रकार की घोषणा संसद

की स्वीकृति के बिना केवल दो महीने तक लागू रहती है और संसद की स्वीकृति के पश्चात् तब तक जारी रहेगी जब तक की राष्ट्रपति दूसरी घोषणा द्वारा इसे समाप्त न कर दे।

राष्ट्रपति के विशेषाधिकार: संविधान का अनुच्छेद 361 राष्ट्रपति को निम्नलिखित विशेषाधिकार प्रदान करता है—

राष्ट्रपति अपने पद की शक्तियों का प्रयोग और कर्त्तव्यों के पालन के लिए या उन शक्तियों का प्रयोग और कर्त्तव्यों का पालन करते हुए अपने द्वारा किए गए या किए जाने के लिए तात्पर्यित किसी कार्य के लिए किसी न्यायालय के प्रति उत्तरदायी नहीं होगा। राष्ट्रपति के विरुद्ध उसकी पदावधि के दौरान किसी न्यायालय में किसी भी प्रकार की दाण्डिक कार्यवाही न तो संस्थित की जा सकती है और न चालू रखी जा सकती है। राष्ट्रपति की पदावधि के दौरान किसी भी न्यायालय को उसे बन्दी बनाने या कारावासित करने के लिए कोई भी आदेश जारी करने की शक्ति नहीं है।

राष्ट्रपति द्वारा वैयक्तिक रूप में किए जाने के लिए तात्पर्यित किसी कार्य के सम्बन्ध में अनुतोष का दावा करने वाली कोई सिविल कार्यवाही उसके कार्य-काल में तब तक संस्थित नहीं की जाएगी जब तक कि (क) इसकी लिखित सूचना राष्ट्रपति को न दे दी गई हो, (ख) ऐसी सूचना के बाद 2 माह बीत न गए हों तथा (ग) इस सूचना में उस कार्यवाही की प्रकृति, वाद-कारण, पक्षकार का नाम, विवरण, निवास-स्थान तथा माँग किए जाने वाले अनुतोष का विवरण न दिया गया हो। जहाँ तक उसके पद की शक्तियों के प्रयोग में किए गए कार्यों का प्रश्न है, उसे पूर्ण स्वतंत्रता प्राप्त है। किन्तु जहाँ तक उसके वैयक्तिक कार्यों का सम्बन्ध है, स्वतंत्रता काफी सीमित है और उसके विरुद्ध केवल 2 महीने की नोटिस देकर कार्यवाही चलायी जा सकती है।

राष्ट्रपति की वास्तविक स्थिति: भारतीय संविधान के अनुसार राष्ट्रपति संघीय कार्यपालिका के शीर्ष पर स्थित है। लेकिन वह कार्यपालिका का वास्तविक प्रधान न होकर नाममात्र का प्रधान है। उसके पद में निहित सभी शक्तियों का प्रयोग मंत्रिपरिषद् द्वारा किया जाता है जिसका नेतृत्व

प्रधानमंत्री करता है। अत: इस दृष्टि से राष्ट्रपति की स्थिति एक औपचारिक संवैधानिक प्रमुख की तरह है। डा. अम्बेडकर के अनुसार, "हमारे राष्ट्रपति की स्थिति वही है जो ब्रिटिश संविधान के अंतर्गत सम्राट की है। वह राज्य का प्रधान है, किंतु कार्यपालिका का नहीं। वह राष्ट्र का प्रतिनिधित्व करता है किंतु राष्ट्र पर शासन नहीं करता....।"

हालांकि राष्ट्रपति मात्र औपचारिक प्रधान होता है लेकिन इसका तात्पर्य यह नहीं कि उसके पद का कोई महत्व नहीं है। औपचारिक प्रधान होते हुए भी प्रधानमंत्री और मंत्रिपरिषद् पर राष्ट्रपति का विशेष प्रभाव होता है। राष्ट्रपति की सलाह व आदेश को वे अनदेखा नहीं कर सकते। प्रधानमंत्री भी मंत्रिमंडल द्वारा लिए निर्णयों को राष्ट्रपति तक पहुंचाने के लिए बाध्य होता है। इस प्रकार स्पष्ट है कि औपचारिक संवैधानिक प्रधान होते हुए भी राष्ट्रपति का पद भारतीय शासन व्यवस्था में प्रतिष्ठा व सम्मान का पद है। यह ठीक है कि राष्ट्रपति मंत्रिपरिषद् की सलाह पर कार्य करता है लेकिन पिछले कुछ वर्षों में भारतीय राजनीतिक व्यवस्था में उभरते हुए अनिश्चितता के परिदृश्य में राष्ट्रपति की भूमिका महत्वपूर्ण एवं सक्रिय बनती जा रही है। राष्ट्रपति की यह सक्रियता प्रधानमंत्री पद की गरिमा में तेज गिरावट और गठजोड़ की राजनीति के युग के पदार्पण का ही नतीजा है।

उप-राष्ट्रपति

संविधान में एक उप-राष्ट्रपति पद का प्रावधान किया गया है। उप-राष्ट्रपति का निर्वाचन संसद के दोनों सदनों के सदस्य मिलकर आनुपातिक प्रतिनिधित्व-पद्धति के अनुसार एकल संक्रमणीय मत द्वारा करते हैं। उसके निर्वाचन से सम्बन्धित सभी शंकाओं और विवादों की जाँच और विनिश्चय उच्चतम न्यायालय द्वारा किया जाएगा एवं उसका विनिश्चय अन्तिम होगा।

उप-राष्ट्रपति पद की अर्हताएँ: उप-राष्ट्रपति की अर्हताएँ वही हैं जो राष्ट्रपति की हैं, सिवाय इसके कि उसमें राज्य सभा के लिए चुने जाने की

अर्हता होनी चाहिए। वह कोई लाभ का पद धारण नहीं कर सकता है। वह संसद के किसी सदन या राज्य के विधान-मंडल के किसी सदन का सदस्य नहीं हो सकता और यदि ऐसा व्यक्ति उप-राष्ट्रपति निर्वाचित होता है तो यह समझा जाएगा कि उसने उस सदन का अपना स्थान अपने पद-ग्रहण की तारीख से रिक्त कर दिया है। उप-राष्ट्रपति को अपना पद-ग्रहण करने से पूर्व राष्ट्रपति अथवा उसके द्वारा नियुक्त किसी व्यक्ति के समक्ष संविधान में विहित प्रक्रिया के अनुसार शपथ लेनी पड़ती है।

उप-राष्ट्रपति की पदावधि: उप-राष्ट्रपति की पदावधि सामान्यत: पाँच वर्ष की होती है। किन्तु इस अवधि के पहले—(क) वह अपने पद से राष्ट्रपति को सम्बोधित पत्र द्वारा अपना पद त्याग सकता है; (ख) उसे राज्य-सभा के संकल्प द्वारा, जिसे सदन के तत्कालीन समस्त सदस्यों के बहुमत ने पारित किया हो तथा जिसे लोक सभा के साधारण बहुमत ने स्वीकृत किया हो, उसके पद से हटाया जा सकता है। किन्तु ऐसे संकल्प को प्रस्तावित करने के 14 दिन पूर्व उसे इसकी नोटिस देना आवश्यक है (अनु. 67)। उप-राष्ट्रपति के हटाने की प्रक्रिया राष्ट्रपति के हटाने की प्रक्रिया की अपेक्षा सरल है। राष्ट्रपति के मामले में महाभियोग का आरोप लगाने वाले संकल्प को दोनों सदनों के 2/3 बहुमत से पारित किया जाना आवश्यक है, जबकि उप-राष्ट्रपति के लिए ऐसा केवल राज्य सभा में होता है। उप-राष्ट्रपति को हटाने के लिए लोक-सभा का साधारण बहुमत ही पर्याप्त है। संकल्प पहले राज्य-सभा में ही पेश किया जाता है, जबकि राष्ट्रपति के मामले में वह किसी सदन में किया जा सकता है। राष्ट्रपति केवल संविधान के अतिक्रमण के लिए हटाया जा सकता है, जबकि उप-राष्ट्रपति किसी भी आधार पर, जिसे राज्य-सभा उचित समझे, हटाया जा सकता है।

उप-राष्ट्रपति के कार्य एवं महत्व

उप-राष्ट्रपति राज्य सभा का पदेन सभापति होता है। वह राज्य सभा की बैठकों की अध्यक्षता करता तथा उसकी समस्त कार्यवाही का संचालन करता है। किंतु जब कभी उसे अपदस्थ करने से संबंधित प्रस्ताव विचाराधीन हो तो वह उक्त कार्यों से विरत रहता है। वह उच्च सदन में

आचरण के नियमों का पालन करवाता है। जब कभी किसी प्रश्न पर सदन में मत विभाजन होता है तो वह मतों की गिनती करता तथा परिणाम की घोषणा करता है। किसी भी प्रस्ताव अथवा प्रश्न पर यदि कोई विवाद उठ जाए कि उसे विचारार्थ स्वीकार किया जाए अथवा नहीं तो इसका निपटारा वह अपने निर्णय से करता है। साधारणतया वह सदन के किसी प्रस्ताव या विधेयक पर मतदान नहीं करता किंतु जब सदन में मतदान दोनों पक्षों में एक समान बंट जाए तो वह निर्णायक मत देता है। जब कभी कोई सदस्य कार्य स्थगन प्रस्ताव रखता है तो वह निर्णय देता है कि उसे विचारार्थ स्वीकार किया जाए अथवा नहीं। कभी-कभी कुछ केंद्रीय विश्वविद्यालयों का वह चांसलर भी होता है। राष्ट्रपति की मृत्यु, पदत्याग अथवा पद से हटाये जाने अथवा अन्य कारण से उसके पद से हुई रिक्तता की अवस्था में या अनुपस्थिति, बीमारी अथवा अन्य कारण से जब राष्ट्रपति अपने कृत्यों को करने में असमर्थ हो तब उप-राष्ट्रपति राष्ट्रपति के रूप में कार्य करेगा। जिस कालावधि में उप-राष्ट्रपति राष्ट्रपति के रूप में कार्य करता है, वह राज्य-सभा के सभापति के पद के कार्यों को नहीं करेगा। जब उप-राष्ट्रपति, राष्ट्रपति के रूप में कार्य करता है तो उसे राष्ट्रपति की सभी शक्तियों, उन्मुक्तियों, उपलब्धियों, भत्तों और विशेषाधिकार का अधिकार प्राप्त होगा।

राष्ट्रपति उत्तराधिकार अधिनियम, 1969 यह उपबन्धित करता है कि यदि उप-राष्ट्रपति भी किसी कारणवश उपलब्ध न हो तो उच्चतम न्यायालय का मुख्य न्यायाधीश या उसके न रहने पर उसी न्यायालय का कोई अन्य वरिष्ठ न्यायाधीश, राष्ट्रपति के कृत्यों को सम्पादित करेगा।

मंत्रिपरिषद्

संविधान एक मंत्रिपरिषद् की व्यवस्था करता है जिसका प्रमुख प्रधानमंत्री होता है। मंत्रिपरिषद् राष्ट्रपति की सहायता करती एवं उसको परामर्श देती है। राष्ट्रपति को उस परामर्श के अनुसार कार्य करना होता है।

राष्ट्रपति पहले प्रधानमंत्री को नियुक्त करता है तत्पश्चात उसके परामर्श से अन्य मंत्रियों को नियुक्त करता है। राष्ट्रपति किसी ऐसे व्यक्ति

को प्रधानमंत्री नियुक्त करता है जिसके बारे में उसकी यह धारणा हो कि वह लोक सभा के सदस्यों के बहुमत का समर्थन प्राप्त कर सकेगा। यदि लोक सभा में किसी एक दल को पूर्ण बहुमत प्राप्त है तथा वह अपना नेता निर्वाचित कर लेता है तो राष्ट्रपति को उस नेता को ही प्रधानमंत्री नियुक्त करना पड़ता है। यदि लोक सभा में किसी एक दल को पूर्ण बहुमत प्राप्त नहीं है तथा दो या दो से अधिक दल मिलकर समान कार्यक्रम के आधार पर एक संयुक्त विधायक दल बना लेते हैं तथा अपना एक नेता भी चुन लेते हैं तो राष्ट्रपति उस नेता को प्रधानमंत्री पद के लिए आमंत्रित करता है।

तत्पश्चात राष्ट्रपति प्रधानमंत्री से उन व्यक्तियों के नामों की सूची माँगता है जिन्हें वह मंत्री पद पर नियुक्त करना चाहता है। राष्ट्रपति को ऐसे व्यक्तियों को जिनकी संस्तुति प्रधानमंत्री ने की है, मंत्री पद पर नियुक्त करना पड़ता है।

नोट: रेखाचित्र, आरेख— मंत्रिपरिषद् (पेज न. 331 देखें)

मंत्री तीन प्रकार के होते हैं- 1. कैबिनेट मंत्री, 2. राज्य मंत्री तथा 3. उपमंत्री। कैबिनेट मंत्रियों की एक छोटी समिति होती है जिसमें वे मंत्री नियुक्त किए जाते हैं जिनका दल में महत्वपूर्ण स्थान है तथा जो महत्वपूर्ण विभागों के मंत्री होते हैं। इसकी बैठकें प्राय: होती रहती हैं तथा शासन के महत्वपूर्ण निर्णय इसी के द्वारा लिए जाते हैं। कैबिनेट मंत्री एक अथवा अधिक विभागों का अध्यक्ष होता है। राज्य मंत्री दो प्रकार के होते हैं। कुछ राज्य मंत्रियों को अपने मंत्रालय का स्वतंत्र कार्यभार दिया जाता है तथा कुछ राज्य मंत्री किसी कैबिनेट मंत्री के अधीन कार्य करते हैं। जब कभी उनके मंत्रालय से संबद्ध किसी विषय पर कैबिनेट में मंत्रणा होती है तो संबंद्ध राज्य मंत्री को कैबिनेट की उक्त बैठक में बुलाया जा सकता है। उपमंत्री या तो किसी कैबिनेट मंत्री अथवा किसी राज्य मंत्री की देखरेख में कार्य करते हैं। उनका प्रमुख कार्य कैबिनेट मंत्री अथवा राज्य मंत्री को, जैसी भी स्थिति हो, उनके कार्यों को निष्पादित करने में सहायता देनी होती है।

उपरोक्त मंत्रियों के अतिरिक्त संसदीय सचिवों की नियुक्ति भी संसद के सदस्यों में से की जाती है। यह एक ब्रिटिश प्रणाली है और भारत में ऐसा

कम ही होता है। हाल ही में दिल्ली, पश्चिम बंगाल एवं असम सरकार ने संसदीय सचिवों की नियुक्ति की थी। पर न्यायालय ने इसे युक्ति संगत नहीं माना।

सामूहिक उत्तरदायित्व: अनुच्छेद 75(3) के अनुसार मंत्रिपरिषद् लोक सभा के प्रति सामूहिक रूप से उत्तरदायी होती है। सामूहिक उत्तरदायित्व का अर्थ यह है कि सरकार के सभी मंत्री एक टीम के रूप में कार्य करते हैं और मंत्रिपरिषद् में लिए गए सभी निर्णय उसके सदस्यों के संयुक्त निर्णय होते हैं। यदि कोई मंत्री, प्रधानमंत्री अथवा मंत्रिपरिषद् की नीतियों से सहमत नहीं है तो उसे त्याग-पत्र देना पड़ता है।

मंत्रियों का वैयक्तिक उत्तरदायित्व: सामूहिक उत्तरदायित्व के साथ-साथ मंत्रियों के व्यक्तिगत दायित्व का सिद्धान्त भी होता है। प्रत्येक मंत्री अपने विभाग के कर्मचारियों द्वारा किए गए कार्यों के लिए स्वयं राष्ट्रपति के प्रति उत्तरदायी होता है और उसे अपने विभाग से सम्बन्धित प्रश्नों के बारे में संसद में उत्तर देना पड़ता है।

मंत्रिमंडल की शक्ति व कार्य

मंत्रिमंडल देश से संबंधित विभिन्न नीतियों का निर्धारण करता है। मंत्रिमंडल यह निर्धारित करता है कि देश की आंतरिक व बाह्य सुरक्षा तथा शांति व व्यवस्था बनाये रखने के लिए किन-किन नीतियों व योजनाओं को अपनाया जाए। विदेशों से संबंध स्थापित करना, संधियाँ करना व युद्ध संबंधी नीतियों का निर्धारण भी मंत्रिमंडल द्वारा ही किया जाता है।

मंत्रिमंडल देश के शासकीय प्रबंध के लिए उत्तरदायी है। उसके सदस्य अपने-अपने विभाग के प्रबंध के लिए तथा कार्यों के लिए संसद के सम्मुख उत्तरदायी होते हैं। मंत्री इन शक्तियों का प्रयोग सरकारी कर्मचारियों द्वारा करते हैं परंतु उस पर नियंत्रण मंत्रिमंडल का होता है। मंत्रिमंडल के सदस्य संसद के भी सदस्य होते हैं, इस कारण उन्हें संसद की कार्यवाही में भाग लेना होता है। अपने विभाग से संबंधित नये कानूनों का निर्धारण इन्हीं के द्वारा किया जाता है। मंत्रिमंडल आने वाले समय के लिए

बजट बनाकर संसद में प्रस्तुत करती है तथा व्यय को पूर्ण करने के लिए कर लगाती है।

अनुच्छेद 352 में निहित आपातकालीन शक्ति का प्रयोग राष्ट्रपति द्वारा किया जाता है। राष्ट्रपति इसका प्रयोग प्रधानमंत्री की सलाह पर करता है। 44वें संविधान संशोधन अधिनियम (1978) द्वारा यह व्यवस्था की गई कि राष्ट्रपति आपातकाल की घोषणा तभी करेगा जब मंत्रिमंडल राष्ट्रपति को आपातकाल घोषित करने की लिखित सलाह दे। संघ की सभी महत्वपूर्ण नियुक्तियाँ राष्ट्रपति द्वारा की जाती हैं लेकिन व्यवहार में इस शक्ति का प्रयोग भी मंत्रिमंडल द्वारा ही किया जाता है। इस प्रकार स्पष्ट है कि संसदीय प्रणाली में मंत्रिमंडल की विशेष भूमिका है। हालांकि मुख्य कार्यपालिका के पद पर राष्ट्रपति आसीन होता है, लेकिन वह नाममात्र का प्रधान होता है। उस पद में निहित शक्तियों व अधिकारों का व्यावहारिक प्रयोग मंत्रिमंडल द्वारा ही किया जाता है।

भारत में मंत्रीमंडलीय (कैबिनेट) प्रणाली

कैबिनेट प्रणाली भारत में ब्रिटिश शासन की देन है। भारत के संविधान में कहा गया है कि राष्ट्रपति को सलाह देने के लिए एक मंत्रिपरिषद् होगी। राष्ट्रपति इसकी सलाह पर ही कार्य करेगा। अगर राष्ट्रपति मंत्रिमंडल की सलाह नहीं मानता तो इसे संविधान का उल्लंघन माना जाएगा और इस आधार पर उसके खिलाफ महाभियोग का प्रस्ताव लाया जा सकता है। संविधान में यह भी संकेत है कि मंत्रिपरिषद् हमेशा ही अस्तित्व में रहेगी चाहे सरकार ने त्याग-पत्र दे दिया हो। भारत में मंत्रिमंडल प्रधानमंत्री के नेतृत्व में कार्य करता है। मंत्रियों का चयन एवं उनके बीच विभागों का बंटवारा प्रधानमंत्री द्वारा ही किया जाता है। इस प्रकार मंत्रिमंडल में प्रधानमंत्री की एक विशेष हैसियत होती है। मंत्रिमंडल में फैसले सामूहिक रूप से लिए जाते हैं। कोशिश यह की जाती है कि किसी फैसले पर पहुंचने से पहले सर्व सम्मति कायम की जाए। ऐसा न होने की स्थिति में फैसले बहुमत के आधार पर लिए जाते हैं। मंत्रिमंडल के फैसले से सभी सदस्य बंधे होते हैं। व्यक्तिगत असहमति होने पर भी कोई सदस्य उस फैसले का

विरोध नहीं कर सकता। ऐसा करने की स्थिति में उसे मंत्रिमंडल से त्याग-पत्र देना पड़ता है। इससे सामूहिक निर्णय प्रणाली मजबूत होती है। सामूहिक निर्णय प्रणाली का एक पहलू यह है कि लोक सभा में विश्वास या अविश्वास का प्रस्ताव पूरे मंत्रिपरिषद् के प्रति लाया जाता है न कि किसी मंत्री विशेष के प्रति। संविधान का यह प्रावधान पूरे मंत्रिमंडल को एक टीम वर्क के रूप में कार्य करने को बाध्य करता है।

कैबिनेट प्रणाली अपनाने का एक महत्वपूर्ण लाभ यह है कि इसमें निर्णय सामूहिक रूप से लिए जाते हैं। यह प्रणाली अपेक्षाकृत अधिक लोकतांत्रिक है। सामूहिक निर्णय प्रणाली में सभी पहलुओं पर चर्चा करने में समय लगता है, इससे निर्णय अधिक संतुलित होते हैं। पर इस प्रणाली की अपनी कमियां भी हैं। सभी पहलुओं पर चर्चा में अधिक समय लगता है। इससे निर्णय में देरी होती है। मंत्रियों की अलग-अलग राय होने के कारण कभी-कभी निर्णय लेना कठिन हो जाता है। इस कारण सरकार के सामने संकट भी पैदा हो जाती है— खासकर तब जब मंत्रिमंडल में कई दल शामिल हों। साझा सरकार की स्थिति में दलीय प्रतिबद्धता अधिक होती है। इस कारण सामूहिक उत्तरदायित्व की भावना कम देखने को मिलती है।

आजादी के शीघ्र बाद भारत में जो सरकार बनी उसमें कैबिनेट प्रणाली अधिक सशक्त थी। पंडित जवाहर लाल नेहरू एवं लाल बहादुर शास्त्री के प्रखर राजनीतिक व्यक्तित्व, लोकतांत्रिक मूल्यों में उनकी आस्था एवं सर्व सम्मति में उनके विश्वास एवं उनके व्यापक दृष्टिकोण का असर उस समय के कैबिनेट के निर्णयों में स्पष्ट रूप से दिखाई पड़ता है। प्रधानमंत्री इंदिरा गांधी एवं राजीव गांधी के काल में कैबिनेट प्रणाली का ह्रास हुआ। इंदिरा गांधी ने अपने खास समर्थकों की एक टोली बना ली। वे सभी मसले पर उनसे ही सलाह मशविरा किया करती थीं। राजीव गांधी के काल में उनके दून स्कूल के सहपाठियों की एक टीम थी। वे मंत्रिमंडल में फैसले लेने की बजाए अपने सहपाठियों की राय लेने में सहज महसूस करते थे। 90 के दशक में एकदलीय शासन प्रणाली के कमजोर पड़ने एवं साझा सरकार के गठन के कारण प्रधानमंत्री की शक्ति कमजोर हुई एवं मंत्रिमंडल

का प्रभाव एक बार फिर से स्थापित हुआ। पर इस काल में प्रधानमंत्री की शक्ति इतनी कमजोर हो गई कि वह अपने मंत्रिमंडल के गठन में भी स्वतंत्र नहीं रहा। मंत्रियों की नियुक्ति में उसे सहयोगी दलों के दबाव में फैसले लेने पड़े। यहां तक कि मंत्रियों के विभागों का बंटवारा भी उसे सहयोगी दलों की सलाह से करना पड़ा।

प्रधानमंत्री

संविधान के अनु. 74 में यह प्रावधान किया गया है कि राष्ट्रपति को सलाह देने के लिए एक मंत्रिपरिषद् होगी, जिसका मुखिया प्रधानमंत्री होगा। प्रधानमंत्री की नियुक्ति राष्ट्रपति द्वारा की जाएगी। परंतु इसका अर्थ यह नहीं है कि राष्ट्रपति अपनी इच्छानुसार किसी भी व्यक्ति को प्रधानमंत्री नियुक्त कर सकता है। वह केवल उसी व्यक्ति को प्रधानमंत्री नियुक्त कर सकता है, जो लोक सभा में बहुमत दल का नेता चुना गया हो। लेकिन कुछ परिस्थितियों में राष्ट्रपति अपने विवेक तथा सूझबुझ से काम लेते हुए अपनी इच्छानुसार किसी भी दल के नेता को, जिसे वह स्थायी सरकार बनाने योग्य समझता हो, सरकार बनाने के लिए आमंत्रित कर सकता है। ऐसी कुछ स्थितियाँ इस प्रकार हैं—

(i) जब लोक सभा में किसी भी राजनीतिक पार्टी को स्पष्ट बहुमत प्राप्त न हो।

(ii) जब लोक सभा में दो दलों को समान प्रतिनिधित्व प्राप्त हो।

प्रधानमंत्री की शक्तियां व अधिकार

मंत्रिपरिषद् में प्रधानमंत्री को महत्वपूर्ण स्थान प्राप्त है। वही अन्य मंत्रियों का चयन करता है। जब कभी प्रधानमंत्री तथा अन्य मंत्री में किसी विषय पर मतभेद उत्पन्न हो जाए तो उस मंत्री को प्रधानमंत्री की बात माननी पड़ती है। प्रधानमंत्री किसी भी मंत्री से त्याग-पत्र मांग सकता है। यदि वह त्याग-पत्र नहीं देता है तो प्रधानमंत्री के परामर्श पर राष्ट्रपति उसे मंत्रिपरिषद् से हटा सकता है।

प्रधानमंत्री मंत्रिपरिषद् की बैठकों की अध्यक्षता करता है। मंत्रिपरिषद् के निर्णयों को वही राष्ट्रपति तक पहुँचाता है। जब कभी राष्ट्रपति कोई बात मंत्रिपरिषद् तक पहुँचाना चाहता है तो वह प्रधानमंत्री द्वारा ही यह कार्य करता है। प्रधानमंत्री शासन का प्रमुख प्रवक्ता होता है।

इस प्रकार यह स्पष्ट है कि अन्य मंत्रियों की तुलना में प्रधानमंत्री अत्यधिक शक्तिशाली है। किंतु प्रधानमंत्री सर्वशक्तिमान नहीं है। अपनी मंत्रिपरिषद् का गठन करते समय उसे कई बातों पर ध्यान रखना पड़ता है। जैसे समाज के विभिन्न वर्गों, विभिन्न भौगोलिक क्षेत्रों तथा दल के विभिन्न विचार समूहों का प्रतिनिधित्व।

इन सब बातों के परिणामस्वरूप मंत्रियों के चयन में प्रधानमंत्री की पसंद अत्यंत सीमित हो जाती है। मोटे तौर पर यह कहा जा सकता है कि मंत्रिपरिषद् में लगभग आधे सदस्य ऐसे होते हैं जिन्हें प्रधानमंत्री चाहता है तथा लगभग आधे ऐसे होते हैं जिन्हें प्रधानमंत्री को लेना पड़ता है क्योंकि उसके पास कोई और विकल्प नहीं होता। यही कारण है कि प्रधानमंत्री को समकक्षों में प्रथम कहा जाता है। इसका अर्थ यह हुआ कि सभी मंत्री बराबर हैं, किंतु प्रधानमंत्री को उनमें प्रथम स्थान प्राप्त है। प्रधानमंत्री मंत्रिमंडल का अध्यक्ष होता है। वह कैबिनेट की बैठकों का सभापतित्व करता है। इंग्लैंड की तरह भारत में भी प्रधानमंत्री लोक सभा का नेतृत्व करता है। प्रधानमंत्री प्राय: लोक सभा के बहुमत दल का नेता होता है, जिसके कारण उसे समस्त सदन का नेता माना जाता है।

भारत में प्रधानमंत्री प्रणाली

भारत में प्रधानमंत्री प्रणाली ब्रिटिश शासन की देन है। प्रधानमंत्री प्रणाली का अभिप्राय है मंत्रिमंडल में प्रधानमंत्री की बढ़ती भूमिका एवं वर्चस्व तथा सरकार का प्रमुख निर्णय प्रधानमंत्री द्वारा लिया जाना। मंत्रिमंडल सिर्फ उन निर्णयों को औपचारिक समर्थन प्रदान करता है। ऐसी स्थिति मुख्यत: राजनीतिक कारणों से उत्पन्न होती है। प्रधानमंत्री सामान्यत: अपने दल का प्रमुख नेता होता है। आम चुनावों में उसकी प्रमुख भूमिका होती है। दल की सफलता का प्रमुख श्रेय उसे ही मिलता है। कई संसद

सदस्यों की निष्ठा प्रधानमंत्री के प्रति होती है। मंत्रिमंडल का गठन एवं मंत्रियों के विभाग का बंटवारा प्रधानमंत्री ही करता है। यहां तक कि उसके सलाह पर मंत्री हटाए भी जा सकते हैं।

वास्तव में प्रधानमंत्री की इन शक्तियों का प्रयोग प्रधानमंत्री कार्यालय द्वारा किया जाता है। प्रधानमंत्री नेहरू के काल में प्रधानमंत्री कार्यालय (पी.एम.ओ.) का आकार बहुत छोटा था और उसे निर्णयकारी भूमिका प्राप्त नहीं थी। शास्त्री जी के काल में इस कार्यालय का प्रभाव और महत्व बहुत अधिक बढ़ गया। इंदिरा गांधी के काल में इसने शीर्षस्थ निर्णय निर्धारण केन्द्र का स्थान प्राप्त कर लिया। इंदिरा गांधी का करिश्माई व्यक्तित्व, उनकी कार्यशैली, कांग्रेस पार्टी की लोकप्रियता तथा कांग्रेस पर इंदिरा गांधी की मजबूत पकड़, इस निर्णायक परिवर्तन के मूल कारण थे। संविधानेत्तर शक्ति के रूप में संजय गांधी के उदय ने भी पी.एम.ओ. की शक्ति में वृद्धि की। राजीव गांधी के काल में पी.एम.ओ. और अधिक शक्ति संपन्न व प्रभावशाली हो गया। साझा सरकारों के दौर में प्रधानमंत्री एवं पी.एम.ओ. की शक्ति कमजोर हो गई। प्रधानमंत्री को अब निर्णय लेने के लिए सहयोगी दलों पर निर्भर रहना पड़ा। प्रधानमंत्री मनमोहन सिंह के काल में एक संविधानेत्तर संस्था के रूप में 10 जनपथ का प्रभाव बढ़ने लगा। यहां तक कि सरकार के सारे निर्णय 10 जनपथ से ही होने लगे। इसने प्रधानमंत्री एवं पी.एम.ओ. जैसी संस्था दोनों को ही कमजोर बना दिया। प्रधानमंत्री नरेंद्र मोदी के कार्यकाल में प्रधानमंत्री पद की गरिमा एक बार फिर से स्थापित हुई तथा पी. एम. ओ. भी प्रभावशाली हो गया।

उप-प्रधानमंत्री

भारतीय संविधान में उप-प्रधानमंत्री पद की कोई व्यवस्था नहीं है किन्तु समय-समय पर इस पद पर लोगों की नियुक्ति की गई है। यदि संवैधानिक दृष्टि से देखा जाए, तो उप-प्रधानमंत्री और कैबिनेट के किसी अन्य सदस्य की स्थिति में कोई अंतर नहीं है। भारत में सन् 1947-50 के दौरान उप-प्रधानमंत्री पद पर सरदार बल्लभ भाई पटेल रहे तथा 1967-69 के मध्य श्री मोरारजी देसाई इस पद पर रहे। मोरारजी देसाई की सरकार में दो

उप-प्रधानमंत्री चौधरी चरण सिंह व बाबू जगजीवन राम थे। वाजपेयी सरकार में लालकृष्ण आडवाणी उप-प्रधानमंत्री बने थे।

गठबंधन सरकार

जब कई दल मिलकर सरकार का गठन करते हैं तो इसे साझा सरकार या गठबंधन सरकार कहा जाता है। भारत में पिछले दो दशकों में साझा सरकार का महत्व अधिक बढ़ा है। इसके कई कारण हैं—

(i) 1990 के दशक में सामाजिक रूपांतरण की प्रक्रिया का आरंभ, जिसके कारण राष्ट्रीय दल के रूप में कांग्रेस का अवसान हुआ।

(ii) जिस तेजी के साथ राष्ट्रीय दल के रूप में कांग्रेस का अवसान हुआ उस तेजी के साथ भाजपा एवं अन्य दलों का उत्थान नहीं हुआ। यही कारण है कि भाजपा के साथ अन्य क्षेत्रीय दल भी उभरकर सामने आए। बिहार, उत्तर प्रदेश, ओडिशा, पश्चिम बंगाल, आंध्र प्रदेश, तमिलनाडु आदि जैसे प्रमुख राज्यों में क्षेत्रीय दलों की सरकार बनी।

(iii) दलों एवं उम्मीदवारों की संख्या में वृद्धि से मतदाताओं में अधिक विभाजन हुआ है।

सकारात्मक पक्ष

(i) गठबंधन सरकार के कारण लोकतांत्रिक प्रक्रिया को बल मिला। इससे केंद्रीय मंत्रिमंडल में हाशिए पर के राज्यों का प्रतिनिधित्व बढ़ा। इसके साथ ही हाशिए पर के जातीय राजनीतिक समूह भी राजनीति की मुख्य धारा में शामिल हुए।

(ii) गठबंधन सरकार में निर्णय प्रक्रिया का भी लोकतांत्रीकरण हुआ। इसके कारण प्रधानमंत्री प्रणाली के स्थान पर कैबिनेट प्रणाली अधिक सशक्त हुई है।

(iii) गठबंधन सरकार ने संघवाद की भावना को मजबूती प्रदान की है। अब तक जहां क्षेत्रीय हित एवं विकास की कीमत पर राष्ट्रीय हित एवं प्राथमिकताओं को तरजीह दी जाती थी वहीं गठबंधन सरकार में क्षेत्रीय दलों की महत्वपूर्ण भूमिका के कारण क्षेत्रीय मुद्दों पर

आधारित विकास को बेहतर प्रतिनिधित्व मिला। इसके कारण राष्ट्रीय एवं क्षेत्रीय हितों के बीच बेहतर तालमेल संभव हो सका।

(iv) गठबंधन सरकार ने आर्थिक संवृद्धि में महत्वपूर्ण योगदान दिया। पिछले 20-25 सालों में आर्थिक विकास की गति इसका प्रमाण है।

नकारात्मक पक्ष

(i) राजनीतिक अस्थिरता।

(ii) नीतिगत अस्पष्टता।

(iii) सामूहिक उत्तरदायित्व की भावना का अभाव।

(iv) सहयोगी दलों के दबाव में निर्णयों से पीछे हटना। इससे सरकार की छवि खराब।

(v) सहयोगी दलों के साथ समन्वय का अभाव।

गठबंधन सरकार को सफल बनाने के लिए सुझाव

(i) गठबंधन का निर्माण अवसरवादिता के आधार पर नहीं बल्कि नीतिगत एवं कार्यक्रम के आधार पर किया जाए।

(ii) चुनाव-पूर्व गठबंधन को प्राथमिकता दी जाए।

(iii) सहयोग करने वाले दल सरकार में शामिल हों, बाहरी समर्थन की प्रणाली समाप्त की जाए।

(iv) सरकार चलाने के लिए सामान्य नीति एवं कार्यक्रम तय किए जाएं।

(v) विवादित मुद्दों को प्रारंभिक स्तर पर निपटाया जाए एवं आपसी सामंजस्य को बढ़ावा देने के लिए समन्वय समिति का गठन किया जाए।

■■■

12

भारतीय संसद

भारतीय संघ की विधायी शक्ति भारत की संसद में सन्निहित है। संसद राष्ट्रपति, राज्य सभा और लोक सभा तीनों से मिलकर बनती है। भारत का राष्ट्रपति संसद का अभिन्न अंग है। वह दोनों सदनों के सत्रों का आह्वान करता है तथा लोक सभा को विघटित कर सकता है। उसकी स्वीकृति के बिना दोनों सदनों द्वारा पारित कोई भी विधेयक अधिनियम नहीं बन सकता। जब कभी संसद के दोनों सदनों का सत्र न चल रहा हो और राष्ट्रपति को ऐसा आभास हो कि ऐसी परिस्थितियाँ उत्पन्न हो गई हैं कि तत्काल कार्यवाही की आवश्यकता है तो वह इस संबंध में अध्यादेश जारी कर सकता है। इस अध्यादेश को वही बल प्राप्त होता है जो संसद द्वारा पारित एक अधिनियम को प्राप्त है।

नोट: रेखाचित्र, आरेख— संसद (पेज न. 331 देखें)

संसदीय संप्रभुता

भारतीय संविधान में संसद को न तो प्रभुत्व सम्पन्न माना गया है और न ही गैर प्रभुत्व सम्पन्न। बल्कि यहां दोनों के बीच की स्थिति को अपनाया गया है।

संसद किन अर्थों में संप्रभु है—

(i) संविधान के आधारिक संरचना के भीतर संसद को किसी भी विषय पर कानून बनाने की शक्ति प्राप्त है। साथ ही, संविधान के किसी भी भाग में संशोधन करने की शक्ति संसद में निहित है।

(ii) संसद कार्यपालिका पर नियंत्रण भी रखती है। मंत्रिपरिषद् लोक सभा के प्रति उत्तरदायी होती है।

(iii) सभी वित्तीय मामलों पर संसद का नियंत्रण होता है। संसद बजट का अनुमोदन करती है तथा विभिन्न समितियों के माध्यम से वित्तीय व्यवस्था को सुनिश्चित करती है।

(iv) भारतीय संसद का न्यायपालिका पर भी नियंत्रण होता है। न्यायपालिका के कार्यक्षेत्र एवं न्यायाधीशों की संख्या का निर्धारण संसद के द्वारा किया जाता है। साथ ही, न्यायाधीशों पर महाभियोग चला कर उन्हें पदच्युत करने का अधिकार भी संसद को ही है।

संसद की सीमित प्रभुसत्ता—

(i) भारत में न्यायपालिका को न्यायिक पुनर्विलोकन का अधिकार प्राप्त है। वह संसद द्वारा बनाए गए कानूनों की विधि संगतता की जांच करती है और उसे अविधिमान्य भी घोषित कर सकती है।

(ii) संसद खासकर लोक सभा का गठन कार्यपालिका का प्रधान राष्ट्रपति करता है। साथ ही, उसका विघटन भी कार्यपालिका द्वारा ही किया जाता है।

(iii) प्रत्यायोजित विधायन के कारण संसद के कानून निर्माण की शक्ति क्षीण हो जाती है। इसके तहत विधि का निर्माण संसद द्वारा न होकर गैर-संसदीय निकायों द्वारा होने लगता है।

(iv) भारत में राष्ट्रपति को अनुच्छेद 123 के तहत अध्यादेश जारी करने की शक्ति प्राप्त है। राष्ट्रपति संसद द्वारा पारित विधेयकों पर वीटो खासकर "जेबी वीटो" का भी प्रयोग कर सकता है। जैसे— 1988 का डाक तार विधेयक तथा 1991 का सांसद भत्ता विधेयक।

(v) मजबूत कार्यपालिका की स्थिति में संसद के अधिकार सीमित हो जाते हैं और कार्यपालिका मनमाने ढंग से काम करने लगती है, जैसा कि 1975 में आपातकाल के दौरान हुआ।

इस प्रकार कहा जा सकता है कि भारत में संसदीय संप्रभुता और न्यायिक सर्वोच्चता के बीच संतुलन को अपनाया गया है।

लोक सभा

लोक सभा संसद का प्रथम अथवा निम्न सदन है। इसके 530 सदस्यों का निर्वाचन विभिन्न राज्यों की जनता द्वारा प्रत्यक्ष रूप से किया जाता है

तथा 20 सदस्यों का निर्वाचन संघीय क्षेत्रों द्वारा, संसद की विधि द्वारा निर्धारित प्रक्रिया के अनुरूप होता है। अनुसूचित जातियों तथा अनुसूचित जनजातियाँ के स्थान उनकी जनसंख्या के अनुपात में आरक्षित रखे जाते हैं। यदि आम चुनाव के बाद राष्ट्रपति को ऐसा लगे कि आंग्ल भारतीय समुदाय को लोक सभा में समुचित प्रतिनिधित्व प्राप्त नहीं हुआ है तो वह इस समुदाय के किन्हीं दो व्यक्तियों को लोक सभा में मनोनीत कर सकता है। पर अब यह व्यवस्था समाप्त कर दी गई है।

प्रत्येक राज्य के सदस्यों की संख्या प्राय: उसकी जनसंख्या के अनुपात में निर्धारित की जाती है। प्रत्येक राज्य को विभिन्न क्षेत्रीय निर्वाचन क्षेत्रों में इस प्रकार बांटा जाता है कि प्रत्येक निर्वाचन क्षेत्र के लिए निर्धारित सदस्य संख्या और उसकी जनसंख्या का अनुपात पूरे राज्य में लगभग एक समान हो।

लोक सभा के सदस्य वयस्क मताधिकार के आधार पर प्रत्यक्ष रूप से निर्वाचित किए जाते हैं। प्रत्येक व्यक्ति को जो भारतीय नागरिक है और जिसने 18 वर्ष की आयु प्राप्त कर ली है तथा जिसका नाम मतदाता सूची में सम्मिलित है लोक सभा के निर्वाचन में मतदान करने का अधिकार है।

लोक सभा का कार्यकाल पाँच वर्ष है किंतु राष्ट्रपति इससे पूर्व भी इसे विघटित कर सकता है। जब संविधान के अनुच्छेद 352 के अंतर्गत घोषित आपातकाल विद्यमान हो तो राष्ट्रपति एक बार में एक वर्ष के लिए लोक सभा का कार्य-काल बढ़ा सकता है।

सदन की बैठक की अध्यक्षता करने के लिए सदस्यों द्वारा एक सदस्य को अध्यक्ष चुना जाता है जो इसका कार्य संचालन करता है। उसकी अनुपस्थिति में उपाध्यक्ष जिसका चुनाव भी सदन करता है, अध्यक्ष का काम करता है।

सदस्यों की योग्यताएँ: लोक सभा के सदस्य बनने के लिए निम्नलिखित योग्यताएँ होनी जरूरी हैं—

(i) वह भारत का नागरिक हो।

(ii) वह 25 वर्ष की आयु पूरी कर चुका हो।

सदस्यों के लिए अयोग्यताएँ:

(i) भारत का नागरिक न हो।

(ii) यदि वह सरकार के अधीन किसी लाभ के पद पर आसीन हो।

(iii) यदि वह दिवालिया हो।

(iv) यदि वह पागल है।

लोक सभा अध्यक्ष

भारतीय संविधान के अनुच्छेद 93 में लोक सभा के अध्यक्ष पद का प्रावधान है। अध्यक्ष का चुनाव लोक सभा के सदस्यों द्वारा किया जाता है। अध्यक्ष लोक सभा की अध्यक्षता करता है। लोक सभा अध्यक्ष से यह आशा की जाती है कि वह दलगत राजनीति से ऊपर उठकर निष्पक्ष रूप से कार्य करे। लोक सभा के अध्यक्ष का कार्यकाल उसके निर्वाचन से लेकर लोक सभा के विघटन के पश्चात् नव-निर्वाचित लोक सभा की प्रथम बैठक के ठीक पूर्व तक होता है। लेकिन 14 दिन की पूर्व सूचना पर उसे एक संकल्प द्वारा लोक सभा के तत्कालीन सदस्यों के बहुमत द्वारा प्रस्ताव पारित करके पद से हटाया जा सकता है।

लोक सभा अध्यक्ष के कार्य व शक्तियाँ

(i) लोक सभा अध्यक्ष का सबसे महत्वपूर्ण कार्य सदन की बैठकों की अध्यक्षता करना व सदन में अनुशासन व व्यवस्था बनाए रखना है। उसके द्वारा ही बैठक के प्रारंभ और समापन का समय निश्चित किया जाता है।

(ii) कोई विधेयक धन विधेयक है या नहीं इसका निर्णय लोक सभा अध्यक्ष द्वारा ही किया जाता है। यदि अध्यक्ष किसी विधेयक के विषय में यह निर्णय देता है कि वह धन विधयेक है तो उसका निर्णय अंतिम होगा।

(iii) जब संसद में किसी विधेयक पर मतभेद उत्पन्न हो तो संयुक्त बैठक बुलाई जाती है। संयुक्त बैठक की अध्यक्षता लोक सभा अध्यक्ष ही करता है।

(iv) लोक सभा अध्यक्ष को सदन की बैठक स्थगित करने की शक्ति प्राप्त है। यदि सदन में गंभीर अव्यवस्था उत्पन्न हो जाए या फिर सदन के सदस्यों की गणपूर्ति न हो तो वह सदन की बैठक स्थगित कर सकता है।

(v) सदन में किसी विषय पर पक्ष तथा विपक्ष के मत समान होने पर लोक सभा अध्यक्ष निर्णायक मत देता है।

(vi) अध्यक्ष सदन में राजनीतिक दलों को मान्यता प्रदान करता है।

(vii) लोक सभा अध्यक्ष किसी भी सदस्य को अपने विवेक के आधार पर उसे अपनी मातृ-भाषा में बोलने का अधिकार प्रदान कर सकता है।

(viii) लोक सभा अध्यक्ष अंतर्संसदीय संघ का अध्यक्ष होता है। वही अंतर्संसदीय संघ की बैठकों की अध्यक्षता करता है।

(ix) दल बदल के संबंध में लोक सभाध्यक्ष का निर्णय अंतिम एवं आज्ञापक होता है।

(x) लोक सभा का अध्यक्ष संसद के सदस्यों के अधिकारों का रक्षक होता है।

(xi) किसी भी सार्वजनिक महत्व के विषय पर पेश होनेवाला कार्य स्थगन प्रस्ताव उसकी अनुमति मिलने पर ही पेश किया जा सकता है।

(xii) लोक सभा का अध्यक्ष प्रक्रिया संबंधी विवादास्पद प्रश्नों पर अपना निर्णय देता है, जो अंतिम होता है।

(xiii) लोक सभा का समस्त कार्यक्रम और कार्यवाही सदन के नेता के परामर्श से अध्यक्ष के द्वारा ही निश्चित की जाती है।

(xiv) सदन की विभिन्न समितियों की नियुक्ति अध्यक्ष द्वारा ही की जाती है। वह उसके अध्यक्षों की भी नियुक्ति करता है।

(xv) लोक सभा सचिवालय अध्यक्ष के नियंत्रण एवं निगरानी में ही कार्य करता है।

सदन का सुचारू काम-काज एवं संसदीय प्रणाली की सफलता काफी हद तक अध्यक्ष की भूमिका पर निर्भर करती है। अत: अध्यक्ष को अपनी जिम्मेवारियाँ बिना किसी भेदभाव के दलगत स्थिति से ऊपर उठकर निभानी चाहिए। दुर्भाग्य से भारत में ऐसी स्वस्थ परंपरा उभरकर सामने नहीं आई है। सदन के सुचारू काम-काज के लिए सरकार एवं विपक्ष के बीच संतुलन आवश्यक है। सरकार को जहाँ सदन में अपने काम-काज का ब्यौरा रखने का मौका मिलना चाहिए, वहीं विपक्ष को सरकार की आलोचना करने एवं उसकी विफलताओं को उजागर करने का अवसर भी मिलना चाहिए। ब्रिटेन में अध्यक्ष की निष्पक्षता की एक लम्बी स्थापित परंपरा है। वहां जो व्यक्ति अध्यक्ष चुना जाता है, वह दल की सदस्यता से त्याग-पत्र दे देता है और पुन: दल में वापस नहीं लौटता। वहां अध्यक्ष का निर्वाचन भी दलगत आधार पर नहीं होता। भारत में अभी इस तरह की परंपरा स्थापित नहीं हुई है। इस कारण अकसर अध्यक्ष के आचरण पर सवाल उठते रहे हैं।

लोक सभा उपाध्यक्ष

लोक सभा उपाध्यक्ष का चुनाव लोक सभा के सदस्यों द्वारा किया जाता है। अध्यक्ष की तरह वह भी लोक सभा का सदस्य होता है। अध्यक्ष की अनुपस्थिति में वह लोक सभा की बैठकों का संचालन करता है। अध्यक्ष के अनुपस्थित होने की स्थिति में वह दोनों सदनों की संयुक्त बैठक की भी अध्यक्षता करता है। अगर उसे किसी संसदीय समिति का सदस्य मनोनीत किया जाता है तो वह उस समिति का पदेन अध्यक्ष होता है। जब वह सदन की अध्यक्षता करता है तब वह अपने मत का प्रयोग नहीं करता। पर मत विभाजन पर समान मत की स्थिति में वह अपने निर्णायक मत का प्रयोग कर सकता है। यह ध्यातव्य है कि लोक सभा का उपाध्यक्ष अध्यक्ष का

सहायक नहीं होता। वह अपने कार्यों के लिए सीधे लोक सभा के प्रति उत्तरदायी होता है। वह लोक सभा के कार्यकाल तक अपने पद पर बना रहता है। पर वह निम्न स्थितियों में अपने पद पर बना नहीं रहता—

(i) यदि वह लोक सभा का सदस्य नहीं रहता।

(ii) यदि लोक सभा अध्यक्ष को संबोधित अपना त्याग-पत्र सौंपता है।

(iii) यदि वह लोक सभा के बहुमत से पारित प्रस्ताव द्वारा अपने पद से हटा दिया जाता है।

ऐसे किसी भी प्रस्ताव की सूचना उसे 14 दिन पूर्व दी जानी आवश्यक है।

10वीं लोक सभा तक सामान्यत: अध्यक्ष एवं उपाध्यक्ष सताधारी दल से ही चुने जाते थे। पर 11वीं लोक सभा के दौरान सभी राजनीतिक पार्टियों में यह सहमति बनी कि अध्यक्ष सताधारी दल से एवं उपाध्यक्ष विपक्षी दल से चुना जाए। तब से इसी परंपरा का पालन किया जाता है। अध्यक्ष एवं उपाध्यक्ष पद का प्रावधान पहली बार 1919 के मांटेग्यू-चेम्सफोर्ड सुधार द्वारा किया गया था। ये दोनों पद पहली बार 1921 में अस्तित्व में आए। आरंभ में इस पद को क्रमश: प्रेसिडेंट एवं डिप्टी प्रेसिडेंट कहा जाता था। 1921 में फ्रेडरिक हवाईट प्रेसिडेंट और सचिदानन्द सिन्हा डिप्टी प्रेसिडेंट नियुक्त किए गए थे। विठ्ठल भाई पटेल केंद्रीय विधान सभा के अध्यक्ष बनने वाले पहले भारतीय थे। वे इस पद पर 1925 में चुने गए थे।

नेता प्रतिपक्ष

भारत में नेता प्रतिपक्ष के पद का प्रावधान ब्रिटेन की संसदीय प्रणाली के आधार पर किया गया है। यद्यपि आरंभ में इस पद को वैधानिक दर्जा प्राप्त नहीं था। पर लोक सभा में दूसरे सबसे बडे दल के नेता को नेता प्रतिपक्ष माना जाता था। 1977 ई. में संसद ने इस बारे में एक प्रस्ताव पारित किया। इस प्रस्ताव के द्वारा नेता प्रतिपक्ष को मान्यता प्रदान की गई एवं उसे कैबिनेट मंत्री का दर्जा दिया गया। इस प्रस्ताव में यह प्रावधान किया गया कि लोक सभा में दूसरे सबसे बडे दल के नेता को, जिसकी सदस्य संख्या लोक सभा की सदस्य संख्या का कम-से-कम 1/10 हो, नेता प्रतिपक्ष

का दर्जा प्रदान किया जाएगा। इसका मतलब यह कि अगर किसी राजनीतिक दल को लोक सभा की कुल सदस्य संख्या के 1/10 भाग से कम सीटें प्राप्त होती हैं, तो उस पार्टी के नेता को नेता प्रतिपक्ष के रूप में मान्यता प्राप्त नहीं होगी। यही कारण है कि 16वीं तथा 17वीं लोक सभा में कांग्रेस को पर्याप्त सीटें प्राप्त न होने के कारण उसे लोक सभा में नेता प्रतिपक्ष का पद नहीं दिया गया।

राज्य सभा

संघीय राज्य की एक मुख्य विशेषता द्वितीय सदन की उपस्थिति है। अमेरिका में इसे सीनेट एवं भारत में इसे राज्य सभा के नाम से जाना जाता है। यह राज्यों की प्रतिनिधि सभा है। अमेरिकी सीनेट में सभी राज्यों को समान प्रतिनिधित्व दिया गया है। अमेरिकी सीनेट में सदस्यों की कुल संख्या 100 है। इसमें अमेरिका के सभी 50 राज्यों के दो-दो प्रतिनिधि शामिल होते हैं। भारत के ऊपरी सदन में राज्यों के प्रतिनिधित्व की समानता के सिद्धांत को नहीं अपनाया गया है। भारत में प्रतिनिधित्व का आधार राज्यों की जनसंख्या है। इसी कारण राज्य सभा में बड़े राज्यों के प्रतिनिधि अधिक और छोटे राज्यों के प्रतिनिधि कम हैं।

संविधान के अनुच्छेद 80 के अनुसार राज्य-सभा के सदस्यों की अधिकतम संख्या 250 होगी। इसमें से 12 सदस्य राष्ट्रपति द्वारा ऐसे लोगों में से मनोनीत किए जाएंगे, जिन्हें कला, साहित्य, विज्ञान और सामाजिक सेवा के संबंध में विशेष ज्ञान व अनुभव हो। शेष 238 सदस्य प्रत्येक राज्य की विधान सभा के निर्वाचित सदस्यों द्वारा आनुपातिक प्रतिनिधित्व पद्धति की एकल संक्रमणीय मत प्रणाली द्वारा चुने जाएंगे। संघ राज्य-क्षेत्रों के प्रतिनिधि उस विधि से निर्वाचित होंगे, जिसे संसद विधि द्वारा निर्धारित करे। राज्य सभा के प्रत्येक सदस्य की कार्यावधि 6 वर्ष है किंतु प्रति दूसरे वर्ष एक-तिहाई सदस्य अवकाश ग्रहण करते हैं तथा उनके स्थान पर नवीन सदस्यों का निर्वाचन होता है। यह एक स्थायी सदन है अर्थात इस सदन का कभी विघटन नहीं हो सकता।

भारत का उप-राष्ट्रपति राज्य सभा का पदेन सभापति होता है अर्थात् जब तक वह उप-राष्ट्रपति पद पर आरूढ़ रहता है तब तक ही वह राज्य सभा का सभापति रहता है। वह राज्य सभा की बैठकों की अध्यक्षता तथा उसका कार्य संचालन करता है। उसकी अनुपस्थिति में उप-सभापति, जिसका निर्वाचन सदन द्वारा होता है, सभापति के दायित्वों का निर्वाह करता है।

राज्य सभा की किसी भी सामान्य बैठक के लिए सदस्यों का दसवीं भाग गणपूर्ति माना जाता है।

राज्य सभा के सदस्यों के लिए योग्यताएँ

(i) वह भारत का नागरिक हो।

(ii) उसकी आयु 30 वर्ष से कम न हो।

(iii) वह संसद द्वारा निर्धारित योग्यताएँ रखता हो।

(iv) जिस राज्य से वह चुनाव लड़ रहा हो, उस राज्य की मतदाता सूची में उसका नाम शामिल हो।

(v) वह भारत या राज्य सरकार के अधीन किसी लाभ के पद पर न हो।

(vi) वह पागल या दिवालिया न हो।

(vii) वह संसद की किसी विधि द्वारा अयोग्य घोषित न किया गया हो।

भारत का उप-राष्ट्रपति राज्य सभा का पदेन सभापति होता है।

राज्य सभा का महत्व

भारत में राज्य सभा संघीय सदन के रूप में कार्य करती है। इसके सदस्य संघ के घटक राज्यों की विधान सभाओं द्वारा चुने जाते हैं। अत: इसके सदस्य राज्य के हितों का संरक्षण करते हैं। राज्य सभा को कुछ विशेष अधिकार भी दिए गए हैं, जैसे–राष्ट्रीय हित में राज्य सूची के विषय पर कानून बनाने के लिए संसद को अधिकृत करना एवं अखिल भारतीय सेवाओं का गठन। कभी-कभी लोक सभा के समय-पूर्व विघटित करने की

स्थिति पैदा हो सकती है, ऐसी स्थिति में राज्य सभा के माध्यम से राजनीतिक व्यवस्था में स्थायित्व एवं निरंतरता बनी रहती है। लोक सभा के भंग होने की स्थिति में राज्य सभा आपात प्रावधानों का अनुमोदन कर सकती है। लोक सभा में तत्कालीन जन भावना के आधार पर व्यापक परिवर्तन होते रहते हैं। पर राज्य सभा में ये परिवर्तन धीमी गति से होते हैं। उसके 1/3 सदस्य प्रति दो वर्ष बाद अवकाश ग्रहण करते हैं। इस प्रकार राज्य सभा के माध्यम से राजनीतिक संतुलन बना रहता है।

राजनीतिक दबाव में सरकार को ऐसे कदम उठाने पड़ सकते हैं जो राष्ट्र हित में न हों, जैसे–अनु. 356 का प्रयोग। ऐसी स्थिति में राज्य सभा में लोक सभा से भिन्न राजनीतिक संतुलन होने के कारण राज्य सभा इस कदम को रोकने में महत्वपूर्ण भूमिका निभा सकती है। राज्य सभा के मनोनीत एवं निर्वाचित सदस्यों में विभिन्न क्षेत्रों के प्रतिष्ठित व्यक्ति शामिल होते हैं। इसका लाभ राज्य सभा के माध्यम से देश को मिल सकता है। इसके साथ दीर्घकालीन मसलों पर भी अधिक ध्यान दिया जा सकता है।

संसद के कार्य

विधि निर्माण: संसद का प्रमुख कार्य विधि निर्माण करना है। इसे संघ सूची तथा अवशिष्ट विषयों (वे विषय जिनका उल्लेख तीनों सूचियों में से किसी में भी न हो) पर विधि निर्माण का अनन्य अधिकार है। इसे समवर्ती सूची के विषय पर भी विधि निर्माण का अधिकार प्राप्त है। यदि संसद द्वारा निर्मित विधि का राज्य की विधि से विरोध हो तो जिस सीमा तक राज्य की विधि संसदीय विधि के विरुद्ध होगी, संसदीय विधि को वरीयता मिलेगी।

नोट: रेखा-मानचित्र संसद के कार्य (पेज न. 332 देखें)

वित्तीय नियंत्रण: संसद संघ सरकार की वित्तीय व्यवस्था को पूर्णतया नियंत्रित करती है। प्रत्येक वित्तीय वर्ष के प्रारंभ में संसद के सम्मुख वार्षिक वित्तीय विवरण अथवा बजट प्रस्तुत किया जाता है, जिसमें शासन की आय और व्यय का विवरण रहता है। बजट की स्वीकृति के बाद ही सरकार

राजकोष से धन खर्च कर सकती है। सरकार की कर एवं अनुदान की मांगें तभी प्रभावी होती हैं जब संसद उन्हें स्वीकृति प्रदान कर देती है। संसद वितीय समितियों के माध्यम से सरकार द्वारा किए जाने वाले खर्च की जांच-पड़ताल भी करती है।

कार्यपालिका पर नियंत्रण: मंत्रिपरिषद् सामूहिक रूप से लोक सभा के प्रति उत्तरदायी होती है। लोक सभा को मंत्रिपरिषद् के विरुद्ध अविश्वास प्रस्ताव पारित करने का अधिकार प्राप्त है। जब कभी ऐसा प्रस्ताव पारित हो जाता है तो मंत्रिपरिषद् को त्यागपत्र देना पड़ता है।

संसद के दोनों सदन प्रश्न पूछकर, पूरक प्रश्न पूछकर, अत्यावश्यक लोक महत्व के विषय पर चर्चा करके, ध्यान आकर्षण प्रस्ताव प्रस्तुत करके, कार्य-स्थगन प्रस्ताव पेश करके, तथा लोक लेखा समिति, प्राक्कलन समिति, लोक उद्यम समिति, शासकीय आश्वासन समिति, विशेषाधिकार समिति, प्रदत्त विधान (subordinate legislation) समिति इत्यादि के माध्यम से कार्यपालिका को नियंत्रित करते हैं। इनके कारण कार्यपालिका सदैव सतर्क रहती है।

पर भारत में कार्यपालिका पर संसदीय नियंत्रण काफी कमजोर है। इसका कारण यह है कि संसद में अधिकतर काम-काज विशुद्ध रूप से दलीय आधार पर होते हैं। इसके फलस्वरूप सरकार अपने गलत कार्यों एवं विफलताओं के बावजूद संसद का समर्थन प्राप्त करने में सफल रहती है। इसके अलावा संसद का काम-काज अकसर हंगामे एवं नारेबाजी से प्रभावित होता है। इस कारण संसद सरकार के काम-काज की सूक्ष्मता से जांच करने में असफल रहती है। समितियों की जांच भी अकसर अप्रभावी रहती है क्योंकि बहुत से सदस्य इसके काम-काज में रूचि नहीं लेते। अकसर समिति की रिपोर्ट आंतरिक एवं औपचारिक होती है। पर संसदीय आलोचना का कुछ भय सरकार एवं मंत्रियों पर अवश्य बना रहता है।

संविधान संशोधन: संविधान में संशोधन के लिए संसद में विधेयक प्रस्तुत किया जाता है। ऐसे विधेयक को प्रत्येक सदन के कुल सदस्यों के पूर्ण बहुमत तथा उपस्थित एवं मतदान करने वाले सदस्यों के दो-तिहाई बहुमत से

पारित होना आवश्यक है। यदि ऐसा कोई संशोधन संविधान के संघीय स्वरूप को प्रभावित करने वाला हो तो उसकी पुष्टि कम से कम आधे राज्यों के विधान मंडलों से होनी आवश्यक है। संघीय स्वरूप को प्रभावित करने वाले तत्व निम्न हैं—राष्ट्रपति के निर्वाचन की प्रक्रिया, संघ या राज्य की कार्यपालिका शक्ति की सीमा, संघीय क्षेत्रों में उच्च न्यायालय स्थापित करने की संसदीय शक्ति, उच्चतम न्यायालय और उच्च न्यायालयों के संगठन और शक्तियाँ, संघ और राज्यों में वित्तीय शक्तियों का वितरण, संसद में राज्यों का प्रतिनिधित्व और संविधान में संशोधन करने की शक्ति तथा उसकी प्रक्रिया। संविधान में संशोधन करने की संसद की शक्ति काफी व्यापक है। वह संविधान के किसी भाग में संशोधन या परिवर्तन कर सकती है तथा उसे समाप्त भी कर सकती है। किंतु उच्चतम न्यायालय के एक निर्णय के अनुसार संसद संविधान की मूल संरचना में कोई संशोधन नहीं कर सकती।

अन्य कार्य: संसद के दोनों सदनों के निर्वाचित सदस्य, राज्यों की विधान सभाओं के निर्वाचित सदस्यों के साथ मिलकर एक निर्वाचक मंडल बनाते हैं जो राष्ट्रपति का निर्वाचन करता है। संसद के दोनों सदन महाभियोग के माध्यम से राष्ट्रपति को उसके पद से हटा सकते हैं। संसद सदस्य उप-राष्ट्रपति का भी निर्वाचन करते हैं। वे नियंत्रक एवं महालेखा परीक्षक, उच्चतम न्यायालय एवं उच्च न्यायालयों के मुख्य न्यायाधीशों तथा अन्य न्यायाधीशों को भी एक विशिष्ट प्रक्रिया द्वारा उनके पदों से हटा सकते हैं।

लोक सभा तथा राज्य सभा की शक्तियों का तुलनात्मक अध्ययन

साधारण विधेयकों के संबंध में लोक सभा तथा राज्य सभा की शक्तियाँ लगभग बराबर हैं। ये विधेयक किसी भी सदन में प्रस्तावित किए जा सकते हैं। राष्ट्रपति पर महाभियोग लगाने अथवा लोक सभा द्वारा लगाए गए महाभियोग की जांच करने की शक्ति राज्य सभा में निहित है। उप-राष्ट्रपति को अपदस्थ करने के संबंध में भी उसे लोक सभा के समान शक्ति प्राप्त है। इसके अतिरिक्त राज्य सभा को उच्चतम न्यायालय तथा उच्च न्यायालय के न्यायाधीशों को अपदस्थ करने की लोक सभा के समान शक्ति

प्राप्त है। लोक सभा एवं राज्य सभा दोनों संविधान में संशोधन करने की समान शक्ति रखते हैं। दोनों सदनों में से कोई भी संविधान संशोधन संबंधी प्रस्ताव प्रस्तुत कर सकता है। लोक सभा व राज्य सभा दोनों राष्ट्रपति तथा उप-राष्ट्रपति के निर्वाचन में भाग लेती हैं। राष्ट्रपति द्वारा जारी किए गए अध्यादेश का दोनों सदनों द्वारा अनुमोदन आवश्यक है अन्यथा निश्चित अवधि के पश्चात् वह अवैध हो जाता है।

धन विधेयक राज्य सभा में प्रस्तुत नहीं किए जा सकते। लोक सभा में पारित कर दिए जाने के पश्चात् जब ऐसा कोई विधेयक राज्य सभा में विचारार्थ भेजा जाता है तो राज्य सभा उसे केवल 14 दिन तक रोक रख सकती है। राज्य सभा द्वारा स्वीकृत, अस्वीकृत, संशोधित करने की स्थिति में अथवा उसे लोक सभा को वापस न भेजे जाने की स्थिति में धन विधेयक 14 दिन के पश्चात् राज्य सभा द्वारा स्वीकृत कर लिया गया है, ऐसा मान लिया जाता है। लोक सभा को राज्य सभा द्वारा सुझाए गए संशोधनों को स्वीकार अथवा अस्वीकार करने की पूर्ण शक्ति है। वैसे तो आपातकाल की घोषणा का लोक सभा व राज्य सभा दोनों द्वारा समर्थन आवश्यक है, लेकिन राज्य सभा का महत्व उस समय और अधिक बढ़ जाता है, जब आपातकाल की घोषणा के समय या घोषणा के पश्चात् लोक सभा भंग हो गई हो, ऐसी स्थिति में इस घोषणा का राज्य सभा द्वारा समर्थन आवश्यक होता है।

साधारणत: राज्य-सूची पर राज्य के विधान मंडल ही कानून बनाते हैं, किंतु यदि राज्य सभा यह प्रस्ताव दो-तिहाई बहुमत से पारित कर दे कि राज्य-सूची में वर्णित किसी एक या अधिक विषयों ने राष्ट्रीय महत्व प्राप्त कर लिया है और उस पर संसद को कानून बनाना चाहिए तो संसद को राज्य-सूची के उस विषय पर कानून बनाने का अधिकार प्राप्त हो जाता है। संसद द्वारा बनाए गए ऐसे कानून एक वर्ष तक प्रभावी रहते हैं, पर इन्हें अनन्त काल तक बढ़ाया जा सकता है। ऐसा कोई भी अधिकार लोक सभा को प्राप्त नहीं है। नई अखिल भारतीय सेवाओं के गठन का अधिकार केवल राज्य सभा को ही प्राप्त है। यदि राज्य सभा दो-तिहाई बहुमत से ऐसा

प्रस्ताव पारित कर दे कि राष्ट्रीय हित के लिए नई सेवाओं की आवश्यकता है, तब वह सेवा स्थापित हो जाती है।

भारत की कार्यपालिका लोक सभा के प्रति उत्तरदायी होती है, राज्य सभा के प्रति नहीं। लोक सभा मंत्रिपरिषद् के प्रति अविश्वास प्रस्ताव पारित करके अथवा अन्य उपायों से मंत्रिपरिषद् को अपदस्थ कर सकती है। इसके साथ ही वह मंत्रिमंडल के कार्यों की आलोचना करके उसके ऊपर नियंत्रण रखती है। जहां तक राज्य सभा का प्रश्न है, यद्यपि वह मंत्रिपरिषद् के विरुद्ध अविश्वास का प्रस्ताव पारित करके उसे अपदस्थ नहीं कर सकती, फिर भी राज्य सभा मंत्रियों से प्रश्न पूछकर, प्रस्ताव रखकर तथा अन्य महत्वपूर्ण विषयों पर वाद-विवाद करके कार्यपालिका पर नियंत्रण रखती है। इस प्रकार जहां लोक सभा का मंत्रिपरिषद् पर पूर्ण नियंत्रण है, वहीं राज्य सभा मंत्रिपरिषद् पर आंशिक रूप में नियंत्रण रखती है।

संयुक्त अधिवेशन

संविधान के अनु. 108 में संसद के संयुक्त अधिवेशन का प्रावधान है। संसद का संयुक्त अधिवेशन तब बुलाया जाता है जब किसी विधेयक को लेकर दोनों सदनों के बीच आम सहमति न बन पायी हो। पर ऐसा सामान्य विधेयक पर असहमति होने पर ही किया जा सकता है। धन विधेयक एवं संविधान संशोधन विधेयक पर असहमति होने पर संयुक्त अधिवेशन का प्रावधान नहीं है।

किन स्थितियों में संयुक्त अधिवेशन बुलाए जा सकते हैं—

(i) दूसरे सदन द्वारा विधेयक अस्वीकृत कर दिए जाने पर

(ii) विधेयक में किए गए संशोधन के बारे में दोनों सदनों के असहमत होने पर

(iii) दूसरे सदन को विधेयक प्राप्त होने की तारीख से उसके द्वारा विधेयक पारित किए बिना 6 मास से अधिक बीत जाने पर।

यदि विधेयक लोक सभा के विघटन होने के कारण व्यपगत हो गया हो तो राष्ट्रपति ऐसी अधिसूचना नहीं निकालेगा। किंतु यदि राष्ट्रपति संयुक्त बैठक की अधिसूचना निकाल चुका हो तो लोक सभा के पश्चातवर्त्ती विघटन से संयुक्त बैठक में कोई बाधा नहीं आएगी।

1950 से अब तक तीन बार संसद की संयुक्त बैठक बुलाई जा चुकी है—

(i) दहेज निरोधक विधेयक— 1960

(ii) बैंकिंग सेवा आयोग (निरसन) विधेयक— 1977

(iii) आतंकवाद निरोधक विधेयक— 2002

संसदीय समितियाँ

संसद की सामान्य बैठकों के अतिरिक्त संसद का अधिकांश कार्य संसदीय समितियों द्वारा किया जाता है। संसदीय समितियों का गठन सभापति या अध्यक्ष करता है। समिति की बैठक के लिए गणपूर्ति समिति के सदस्यों की समस्त संख्या की यथासंभव एक-तिहाई होनी चाहिए। यदि कोई सदस्य समिति की लगातार दो या अधिक बैठकों से अध्यक्ष की अनुज्ञा के बिना अनुपस्थित रहता है तो ऐसे सदस्य को समिति से हटाने के लिए समिति में प्रस्ताव प्रस्तुत किया जा सकता है। समिति की किसी बैठक में सभी प्रश्न उपस्थित तथा मतदान करने वाले सदस्यों के बहुमत से निर्धारित किए जाते हैं। किसी विषय पर समान मत होने पर सभापति का मत निर्णायक होगा।

संसदीय समितियाँ प्रमुख रूप से दो प्रकार की होती हैं— 1. स्थायी समिति, तथा 2. तदर्थ समिति।

तदर्थ समिति किसी विशेष कार्य के लिए बनाई जाती है। जब ये अपना कार्य समाप्त कर लेती हैं, तब इनका अस्तित्व समाप्त हो जाता है। इनके अतिरिक्त संसद के प्रत्येक सदन की स्थायी समितियाँ होती हैं जो लगातार कार्य करती रहती हैं, जैसे–कार्यमंत्रणा समिति, याचिका समिति, विशेषाधिकार समिति, अनुसूचित जाति एवं जनजाति कल्याण समिति, नियम समिति आदि। इसके अतिरिक्त कुछ विशेष महत्व की समितियाँ भी

होती हैं जो कार्यपालिका के ऊपर संसद के प्रहरी का कार्य करती हैं। प्राक्कलन समिति, लोक लेखा समिति, सरकारी आश्वासन समिति और सार्वजनिक संस्थानों की समिति इस श्रेणी में आती हैं।

नोट: रेखा-मानचित्र संसदीय समितियां (पेज न. 332 देखें)

प्राक्कलन समिति: प्राक्कलन समिति में 30 सदस्य होते हैं। इसके सदस्य लोक सभा द्वारा आनुपातिक प्रतिनिधित्व की एकल संक्रमणीय पद्धति द्वारा निर्वाचित होते हैं। समिति का अध्यक्ष इन चुने हुए सदस्यों में से लोक सभा अध्यक्ष द्वारा नियुक्त किया जाता है। कोई भी मंत्री इस समिति की सदस्यता के लिए निर्वाचित नहीं हो सकता। यदि लोक सभा का उपाध्यक्ष प्राक्कलन समिति का सदस्य है तो वह स्वत: ही समिति का अध्यक्ष नियुक्त हो जाता है। इस समिति के निम्नलिखित कार्य हैं—

(i) यह इस विषय पर अपना प्रतिवेदन प्रस्तुत करती है कि संगठनात्मक सुधारों, प्रशासनिक क्षमता अथवा सुधारों से नीतिगत आकलन पर क्या प्रभाव पड़ सकता है।

(ii) यह समिति यह परीक्षण भी करती है कि नीतिगत प्राक्कलन की सीमाओं के अंतर्गत ही धन निकाला गया है।

(iii) यह समिति प्रशासन में मितव्ययिता लाने के लिए तथा उसकी कार्यक्षमता बढ़ाने के लिए वैकल्पिक नीतियाँ सुझाती है।

लोक-लेखा समिति: लोक लेखा समिति में कुल 22 सदस्य होते हैं जिसमें से 15 सदस्य लोक सभा से तथा 7 सदस्य राज्य सभा से निर्वाचित होते हैं। राज्य सभा से निर्वाचित सदस्य सह-सदस्य होते हैं तथा उन्हें मताधिकार प्राप्त नहीं होता। कोई भी मंत्री इस समिति की सदस्यता के लिए निर्वाचित नहीं हो सकता। इसका कार्यकाल केवल एक वर्ष का होता है। 1967 से चली आ रही परम्परा के अनुसार विपक्ष के किसी सदस्य को इसका अध्यक्ष नियुक्त किया जाता है। लोक-लेखा समिति के निम्नलिखित कार्य हैं—

(i) यह भारत सरकार के लोक-लेखे तथा नियंत्रक एवं महालेखा परीक्षक के प्रतिवेदन का परीक्षण करती है।

(ii) यह सुनिश्चित करती है कि धन संसद के निर्णय के अनुसार ही विभिन्न मदों में खर्च किया जाए तथा व्यर्थ अथवा अपव्यय को रोका जाए।

सरकारी उपक्रम समिति: इस समिति में कुल 22 सदस्य होते हैं जिसमें 15 सदस्य लोक सभा से तथा 7 सदस्य राज्य सभा से आनुपातिक प्रतिनिधित्व की एकल संक्रमणीय पद्धति द्वारा निर्वाचित होते हैं। प्रत्येक वर्ष समिति के 1/5 (One-fifth) सदस्य अवकाश ग्रहण कर लेते हैं तथा उनके स्थान पर नए सदस्य निर्वाचित होते हैं। इस समिति का अध्यक्ष लोक सभा द्वारा निर्वाचित सदस्यों में से मनोनीत किया जाता है। इसके निम्न कार्य हैं—

(i) यह सरकारी उपक्रमों के लेखों का परीक्षण करती है।

(ii) यह सरकारी उपक्रमों की कार्य प्रणाली तथा अन्य वित्तीय मामलों और नियंत्रक तथा महालेखा परीक्षक के प्रतिवेदन का परीक्षण करती है।

प्रवर समिति: प्रवर समिति एक तदर्थ समिति होती है जिसका अस्तित्व उसे सौंपे गए विशेष विधेयक पर विचार करने के साथ ही समाप्त हो जाता है। प्रवर समिति सदन द्वारा निश्चित किए गए समय में शीघ्रातिशीघ्र सदन को अपना प्रतिवेदन प्रस्तुत करेगी यदि सदन ने समय निश्चित नहीं किया है तो प्रतिवेदन उस तिथि से तीन मास की समाप्ति से पूर्व प्रस्तुत कर दिया जाएगा जिस तिथि को सदन ने प्रवर समिति को विधेयक सौंपे जाने का प्रस्ताव स्वीकार किया था।

याचिका समिति: प्रत्येक सदन की एक याचिका समिति होती है। लोक सभा का अध्यक्ष या सभापति याचिका समिति के सदस्यों का नाम निर्देशन करते हैं। इस समिति का कार्यकाल एक वर्ष का होता है। लोक सभा में इसके 15 से अधिक सदस्य नहीं होते हैं। राज्य सभा से इसके 10 सदस्य होते हैं। इस समिति में किसी भी मंत्री को सदस्य नियुक्त नहीं किया जाता।

यदि कोई सदस्य मंत्री बन जाता है तो वह उस तिथि से समिति का सदस्य नहीं रह जाता। यह समिति प्रस्तुत की गई याचिकाओं का अध्ययन करती है एवं उससे संबंधित साक्ष्य तथा सूचनाएँ एकत्रित करती है।

विशेषाधिकार समिति: संसद सदस्यों को कुछ विशेषाधिकार एवं उन्मुक्तियाँ प्राप्त हैं। इन विशेषाधिकारों एवं उन्मुक्तियों से संबंधित सभी मामले विशेषाधिकार समिति को सौंपे जाते हैं। विशेषाधिकार समिति का गठन लोक सभा के आरंभ में अथवा समय-समय पर लोक सभा अध्यक्ष द्वारा किया जाता है। इसमें 15 सदस्य होते हैं। राज्य सभा की विशेषाधिकार समिति में 10 सदस्य होते हैं। विशेषाधिकार समिति उसे सौंपे गए प्रत्येक कार्य अथवा प्रश्न की जांच करती है तथा तथ्यों के आधार पर यह निश्चित करती है कि किसी विशेषाधिकार का हनन या उल्लंघन हुआ है या नहीं। अभी हाल ही में राज्यसभा के सदस्य राघव चड्ढा को विशेषाधिकार हनन के लिए विशेषाधिकार समिति द्वारा नोटिस जारी किया गया है। उनके विरुद्ध विशेषाधिकार हनन का मामला साबित हो जाने पर उनकी सदस्यता भी समाप्त की जा सकती है।

नियम समिति: नियम समिति के सदस्यों का नाम निर्देशन अध्यक्ष/सभापति करता है। लोक सभा में इसके 15 तथा राज्य सभा में 16 सदस्य होते हैं। अध्यक्ष/सभापति इस समिति का पदेन अध्यक्ष होता है। इस समिति का कार्य सभा की प्रक्रिया तथा उसके कार्य-संचालन के विषयों पर विचार करना और नियमों में आवश्यक संशोधन व वृद्धि करने की सिफारिश करना है।

संसद सदस्यों को प्राप्त विशेषाधिकार

संसद सदस्यों को कुछ विशेषाधिकार प्राप्त हैं। संविधान के अनुच्छेद 105 में संसद के दोनों सदनों तथा उनके सदस्यों के विशेषाधिकारों एवं उन्मुक्तियों का उल्लेख किया गया है।

(i) प्रत्येक सदस्य सदन के विचार-विमर्श में स्वतंत्रतापूर्वक भाग लेता है। सदन में उसके द्वारा कही गई बात पर उसे न्यायालय में दोषी नहीं ठहराया जा सकता है।

(ii) किसी भी सदस्य को संसद के किसी सदन के प्राधिकार द्वारा या उसके अधीन किसी रिपोर्ट, पत्र, मतों या कार्यवाही के प्रकाशन के विषय में किसी न्यायालय की कार्यवाही से उन्मुक्ति।

(iii) जब संसद का सत्र चल रहा हो, तब सत्र के दौरान तथा उसके 40 दिन पहले और 40 दिन बाद तक दीवानी मामलों में सदस्यों की गिरफ्तारी नहीं हो सकती।

(iv) जब संसद का सत्र चल रहा हो, तब सदन की अनुमति के बिना सदस्य को साक्ष्य देने के लिए समन जारी नहीं किया जा सकता।

(v) न्यायालयों को संसद की कार्यवाही की जांच करने का निषेध।

(vi) सदस्यों को और बाहरी व्यक्तियों को सदन के विशेषाधिकारों को भंग करने के लिए दंडित करने का अधिकार।

नोट: रेखाचित्र, आरेख— संसद के विशेषाधिकार (पेज न. 333 देखें)

संसद के सत्र

संसद के सत्र राष्ट्रपति द्वारा बुलाए जाते हैं, परन्तु दो सत्रों के बीच छह मास से अधिक का अंतर नहीं होना चाहिए।

सदन का स्थगन: स्थगन से अभिप्राय संसद के अधिवेशन में होने वाले उस संक्षिप्त अवकाश से है जो सदन के अध्यक्ष द्वारा घोषित किया जाता है। इस अवकाश की अवधि कुछ मिनट, घंटे अथवा दिन हो सकती है। इस अवकाश के फलस्वरूप सदन का अधिवेशन समाप्त नहीं होता। इससे केवल सदन की कार्यवाही आगे की तिथि व समय तक स्थगित हो जाती है। कई बार अध्यक्ष सदन की कार्यवाही को एक अनिश्चित समय तक स्थगित कर देता है तथा भविष्य की बैठक की तिथि अथवा समय निश्चित नहीं करता। ऐसी स्थिति को संसदीय भाषा में अनिश्चित काल स्थगन कहा जाता है।

सदन का सत्रावसान: संविधान द्वारा सदन का सत्रावसान करने का अधिकार राष्ट्रपति को प्रदान किया गया है। सदन के सत्रावसान के फलस्वरूप सदन का केवल सत्र समाप्त होता है, जीवन नहीं। इसका अर्थ केवल यह है कि किसी विशेष समय पर सदन कार्य करना छोड़ देता है।

सदन को भंग करना: सदन को भंग करने से सदन का जीवन (कार्यकाल) समाप्त हो जाता है और एक नए सदन का गठन आवश्यक हो जाता है। भारत में केवल लोक सभा को उसके कार्यकाल से पूर्व भंग किया जा सकता है। राज्य सभा, इसके विपरीत, एक स्थायी सदन है, और इसे भंग नहीं किया जा सकता।

सरकारी विधेयक एवं निजी विधेयक में अंतर

(i) सरकारी विधेयक सदन में किसी मंत्री द्वारा प्रस्तुत किया जाता है जबकि निजी विधेयक सदन के किसी सदस्य द्वारा प्रस्तुत किया जा सकता है।

(ii) सरकारी विधेयक में सरकार की नीतियों का उल्लेख होता है जबकि निजी विधेयक में सार्वजनिक महत्व के किसी विषय पर विपक्ष की राय अभिव्यक्त होती है।

(iii) सरकारी विधेयक के सदन में पारित होने की संभावना अधिक होती है क्योंकि इसे बहुमत का समर्थन प्राप्त होता है। इसके विपरीत निजी विधेयक के सदन में पारित होने की संभावना कम होती है क्योंकि इसे अल्पमत का समर्थन प्राप्त होता है।

(iv) सरकारी विधेयक का सदन में पारित न होना सरकार के प्रति अविश्वास माना जाता है। ऐसी स्थिति में सरकार को त्याग-पत्र देना पड़ सकता है। निजी विधेयक के सदन में पारित न होने की स्थिति में सरकार के स्थायीत्व पर कोई प्रभाव नहीं पड़ता।

(v) सरकारी विधेयक को सदन में पेश करने के सात दिन पूर्व इसकी सूचना सदन के अध्यक्ष/सभापति को दी जानी चाहिए। निजी

विधेयक को सदन में पेश करने से एक महीने पहले इसकी सूचना सदन के अध्यक्ष/सभापति को दी जानी आवश्यक है।

(vi) सरकारी विधेयक का प्रस्ताव सरकार के संबंधित मंत्रालय द्वारा तैयार किया जाता है। निजी विधेयक का प्रस्ताव सदन में उसे पेश करने वाले सदस्य द्वारा ही तैयार किया जाता है।

धन विधेयक एवं सामान्य विधेयक में अंतर

(i) धन विधेयक केवल लोक सभा में ही पेश किया जा सकता है, राज्य सभा में नहीं। सामान्य विधेयक लोक सभा एवं राज्य सभा दोनों में से किसी में भी पेश किया जा सकता है।

(ii) संसद में धन विधेयक केवल मंत्री द्वारा ही पेश किया जाता है। जबकि सामान्य विधेयक मंत्री या किसी अन्य सदस्य द्वारा पेश किया जा सकता है।

(iii) धन विधेयक को सदन में पेश करने के पहले राष्ट्रपति की अनुमति आवश्यक होती है। जबकि सामान्य विधेयक राष्ट्रपति की अनुमति के बिना ही सदन में पेश किया जा सकता है।

(iv) धन विधेयक को लेकर राज्य सभा के अधिकार काफी सीमित हैं। राज्य सभा धन विधेयक में न तो कोई संशोधन कर सकती है और न ही उसे अस्वीकार कर सकती है। राज्य सभा ऐसे विधेयक को सिर्फ 14 दिनों तक अपने पास लम्बित रख सकती है। साधारण विधेयक के संबंध में राज्य सभा को वही अधिकार प्राप्त है जो लोक सभा को। राज्य सभा ऐसे विधेयक में संशोधन प्रस्तावित कर सकती है या उसे अस्वीकार कर सकती है। सामान्य विधेयक को वह अपने पास 6 माह तक रोके रख सकती है।

(v) कोई विधेयक धन विधेयक है या नहीं इस पर अंतिम निर्णय लोक सभा अध्यक्ष का होता है। सामान्य विधेयक के बारे में लोक सभा अध्यक्ष को ऐसा कोई अधिकार प्राप्त नहीं है।

(vi) धन विधेयक को लेकर लोक सभा एवं राज्य सभा में कोई मतभेद हो तो लोक सभा का मत ही अभिभावी होता है। धन विधेयक को लेकर संसद के संयुक्त अधिवेशन का प्रावधान नहीं है। सामान्य विधेयक के विषय में लोक सभा एवं राज्य सभा में किसी भी प्रकार के मतभेद होने की स्थिति में संसद के संयुक्त अधिवेशन का प्रावधान है। यद्यपि लोक सभा की सदस्य संख्या अधिक होने के कारण उस विधेयक पर लोक सभा का मत ही अभिभावी होता है।

(vii) यदि कोई धन विधेयक लोक सभा में पारित नहीं होता तो उसे सरकार के विरुद्ध अविश्वास के रूप में देखा जाता है। ऐसी स्थिति में सरकार को त्याग-पत्र देना पड़ता है। सामान्य विधेयक के लोक सभा द्वारा अस्वीकार किए जाने पर सरकार के अस्तित्व पर कोई प्रभाव नहीं पड़ता।

(viii) संसद द्वारा पारित किए जाने के बाद जब कोई धन विधेयक राष्ट्रपति के समक्ष प्रस्तुत किया जाता है तो राष्ट्रपति या तो उस विधेयक को अपनी स्वीकृति प्रदान करेगा या उसे अस्वीकार कर देगा। धन विधेयक को संसद के पास पुनर्विचार के लिए नहीं लौटाया जा सकता। सामान्य विधेयक को राष्ट्रपति या तो अपनी अनुमति देगा या उसे अस्वीकार कर देगा। वह ऐसे विधेयक को संसद के पुनर्विचार के लिए वापस भी कर सकता है।

अध्यक्षीय बनाम संसदीय प्रणाली

अध्यक्षीय प्रणाली में शासन का प्रधान राष्ट्रपति होता है। सारी शक्ति उसी के हाथों में केंद्रित होती है। राष्ट्रपति जनता द्वारा निर्वाचित होता है एवं उसका कार्यकाल सुनिश्चित होता है। इस दौरान उसे सामान्यत: पद से हटाया नहीं जा सकता। कार्यपालिका की संसद के बहुमत पर निर्भरता भी नहीं होती है। इस कारण सरकार स्थायी होती है। लेकिन भारत के संदर्भ में इसका समर्थन नहीं किया जा सकता। इसके साथ कई समस्याएं पैदा हो सकती हैं। राष्ट्रपति प्रणाली में पूरी व्यवस्था एक व्यक्ति के व्यक्तित्व पर निर्भर करने लगती है। इस प्रकार की व्यवस्था का एक खतरा यह है कि

इससे संसद एवं कार्यपालिका के बीच टकराव बढ़ जाता है। अमेरिका में 1994-95 में ऐसी समस्या पैदा हो गई थी। एक ही व्यक्ति के हाथ में सारी सत्ता केंद्रित होने के कारण उसके निरंकुश होने की संभावना भी बढ़ जाती है। दक्षिणी अमेरिका के कई देशों में ऐसी समस्या देखने को मिलती है। सभी क्षेत्रों के विकास एवं परस्पर विरोधी हितों के समन्वय की दृष्टि से संसदीय प्रणाली में इसकी संभावना कम होती है। इसलिए भारत में सामान्यत: अध्यक्षीय प्रणाली का समर्थन नहीं किया जाता।

संसदीय प्रणाली

संसदीय प्रणाली में सत्ता संसद एवं संसद से बनने वाली कार्यपालिका के हाथों में निहित होती है। कार्यपालिका अपने कार्यों के लिए संसद के प्रति उत्तरदायी होती है। ऐसी प्रणाली में सरकार तभी तक अस्तित्व में बनी रह सकती है जब तक उसे संसद का विश्वास प्राप्त रहता है। इस प्रकार संसद कार्यपालिका पर प्रभावी नियंत्रण रखती है। संसद सरकार से प्रश्न पूछकर, सरकारी प्रस्ताव, विधेयकों पर मतदान कर एवं अविश्वास प्रस्ताव के माध्यम से उस पर नियंत्रण रखती है। उत्तरदायी सरकार का गठन संसदीय प्रणाली में ही संभव है। संसदीय चुनाव के माध्यम से विभिन्न जातियों, वर्गों, संप्रदायों, विचार एवं आस्थाओं तथा क्षेत्रों को प्रतिनिधित्व प्राप्त होता है। अत: बहुलतावादी समाज के लिए संसदीय प्रणाली अधिक उपयुक्त मानी जाती है। पर इस प्रणाली की अपनी कमियां भी हैं। कई दलों के चुनाव मैदान में होने के कारण कभी-कभी किसी एक दल को बहुमत प्राप्त नहीं हो पाता। ऐसे में सरकार का गठन कठिन हो जाता है। जब किसी दल को बहुमत नहीं मिलता तो सरकार बनाने के लिए जोड़-तोड़ शुरू हो जाती है। ऐसे जोड़-तोड़ सैद्धांतिक आधार पर नहीं होते बल्कि पद एवं लाभ को ध्यान में रखकर होते हैं। सरकार बनाने में समर्थन देने वाले दलों की निष्ठा सरकार के प्रति कम अपने दल के प्रति अधिक होती है। दलीय हित में वे कभी भी सरकार से समर्थन वापस ले लेते हैं। इससे सरकार की अस्थिरता बनी रहती है।

भारतीय संसदीय प्रणाली की समस्याएं

भारत में चुनाव की निष्पक्षता पर प्राय: प्रश्न उठाए जाते हैं। कई उम्मीदवार धनबल, बाहुबल एवं अन्य संकीर्ण भावनाओं का प्रयोग कर चुनाव जीतने में सफल हो जाते हैं। इससे राजनीति का अपराधीकरण, भ्रष्टाचार, काले धन एवं माफिया तत्वों का प्रभाव बढ़ा है। चुनावों में जो प्रतिनिधि जीत कर आते हैं उनकी प्रतिनिधित्व क्षमता पर भी सवाल उठाए जाते हैं। अधिकतर उम्मीदवार मतदाताओं के छोटे हिस्से का ही प्रतिनिधित्व करते हैं। हाल के वर्षों में त्रिशंकु संसद, सिद्धांत हीन गठबंधन एवं राजनीतिक अस्थिरता का दौर आरंभ हुआ है। संसद एवं विधान मंडल के बैठकों की संख्या घटी है। इसमें भी अधिकांश समय हंगामा, नारेबाजी एवं वाक आउट की भेंट चढ़ जाता है। महत्वपूर्ण मसलों पर भी बहुत कम चर्चा होती है। बजट एवं अन्य विधेयक भी आनन-फानन में पारित कर दिए जाते हैं। यह संसदीय प्रणाली की असफलता है। सांसद एवं विधायक विधायी काम-काज में कम रुचि लेते हैं। सरकार के ऊपर संसद का नियंत्रण एवं संसद के प्रति सरकार की जवाबदेही अपेक्षाकृत कम हो गई है। बड़े पैमाने पर दल-बदल की स्थिति ने भारतीय संसदीय प्रणाली को लगभग पंगु बना दिया है। अध्यक्ष के पक्षपातपूर्ण फैसलों पर भी प्रश्न चिह्न उठते रहे हैं।

संसदीय शब्दावली

शून्य कालः दोनों सदनों में प्रश्न काल के तत्काल बाद का समय शून्य काल कहलाता है। इस काल में उठाये गए प्रश्नों के संदर्भ में नियमों का कोई विशेष प्रावधान नहीं है।

प्रश्न कालः सदन की प्रत्येक बैठक के प्रथम घंटे की अवधि को प्रश्न काल कहा जाता है।

कार्य स्थगन प्रस्तावः सार्वजनिक महत्व के विषय से संबंधित किसी प्रश्न पर किसी सदस्य द्वारा सरकार का ध्यान आकृष्ट करने के लिए पूर्व नियोजित कार्य का स्थगन करने वाले प्रस्ताव को कार्य स्थगन प्रस्ताव

कहते हैं। इस प्रस्ताव के लिए अध्यक्ष या सभापति की स्वीकृति अनिवार्य होती है।

ध्यानाकर्षण प्रस्तावः किसी गंभीर सार्वजनिक मसले पर किसी सदस्य द्वारा सरकार का ध्यान आकृष्ट करने वाले प्रस्ताव को ध्यानाकर्षण प्रस्ताव कहते हैं।

विशेषाधिकार हनन प्रस्तावः किसी मंत्री द्वारा सही तथ्यों को प्रकट नहीं किए जाने अथवा गलत सूचना प्रदान करने की स्थिति में संसद सदस्य द्वारा इस प्रस्ताव को सदन में प्रस्तुत किया जाता है। इसके तहत यह उल्लेख किया जाता है कि मंत्री के कृत्य से सदस्यों के विशेषाधिकार का हनन हुआ है।

मूल प्रस्तावः एक पूर्ण एवं स्वतंत्र प्रस्ताव के रूप में सदन के अनुमोदन हेतु प्रस्तुत किए जाने वाले किसी प्रस्ताव को मूल प्रस्ताव कहते हैं।

काम रोको प्रस्तावः किसी सार्वजनिक महत्व के विषय पर चर्चा करने के उद्देश्य से संसद सदस्य द्वारा सदन की कार्यवाही रोकने का अनुरोध करने वाले प्रस्ताव को काम रोको प्रस्ताव कहते हैं।

स्थानापन्न प्रस्तावः किसी प्रस्ताव के स्थान पर विकल्प के रूप में प्रस्तुत किए गए अन्य प्रस्ताव को स्थानापन्न प्रस्ताव कहते हैं।

अनुषंगी प्रस्तावः इस प्रस्ताव को विभिन्न प्रकार के कार्यों की अगली कार्यवाही के लिए नियमित उपाय के रूप में पेश किया जाता है।

गिलोटीनः सभी अनुदानों पर विचार विमर्श निर्धारित समय में समाप्त हो जाना चाहिए। यदि अध्यक्ष (स्पीकर) यह महसूस करता है कि मांग तथा अनुदान सम्बन्धी सभी मामले निर्धारित समय में समाप्त नहीं हो पाएंगे तो आखिरी दिन वह सभी मामलों पर बहस समाप्त किए बिना मतदान करा सकता है। इस व्यवस्था को संसदीय भाषा में गिलोटीन कहा जाता है।

हंग पार्लियामेंटः ऐसी संसद, जिसमें किसी भी दल को स्पष्ट बहुमत प्राप्त न हो हंग अथवा त्रिशंकु संसद कहलाती है। हमारी नवीं लोक सभा इसी

प्रकार की हंग पार्लियामेंट थी। ऐसी स्थिति में दल-बदल को प्रोत्साहन मिलता है और स्थायी सरकार नहीं बन पाती।

तारांकित एवं अतारांकित प्रश्नः सदन में जिन प्रश्नों का उत्तर मौखिक रूप से दिया जाता है वे तारांकित प्रश्न कहलाते हैं। जिन प्रश्नों का उत्तर लिखित रूप में दिया जाता है वे अतारांकित प्रश्न कहलाते हैं। परम्परावश तारांकित प्रश्नों के सामने तारे की तरह चिह्न बना होता है, अतारांकित प्रश्नों के सामने ऐसा चिह्न नहीं होता है।

ह्विपः ह्विप एक प्रकार का आवश्यक निर्देश है जो दलीय अनुशासन के लिये प्रयुक्त होता है। 'ह्विप' जारी करने पर सम्बन्धित दल का सदस्य इसका उल्लंघन नहीं कर पाता है। यदि कोई सदस्य उल्लंघन करता है तो वह दल से निष्कासित किया जा सकता है।

पूरक प्रश्नः प्रश्नोत्तर काल में जिस समय कोई मंत्री उत्तर देता है, उसी के तुरन्त बाद सदस्य गण मुख्य प्रश्न से सम्बन्धित अन्य प्रश्न पूछ सकते हैं। इन्हें पूरक प्रश्न कहा जाता है।

अल्प-सूचना प्रश्नः संसद के किसी सदन का कोई सदस्य सार्वजनिक महत्व के तथा अविलम्बनीय मामले पर मौखिक उत्तर के लिए दस दिन से कम समय की सूचना दे सकता है। सामान्यतः प्रश्न पूछने के लिए सूचना की न्यूनतम अवधि दस दिन होती है।

आधे घण्टे की चर्चाः जब किसी सदन का कोई सदस्य ऐसा महसूस करता है कि तारांकित प्रश्न या अतारांकित प्रश्न या अल्पसूचना प्रश्न पर प्राप्त उत्तर में अपेक्षित जानकारी नहीं है या तथ्यों के स्पष्टीकरण की आवश्यकता है तब अध्यक्ष/सभापति सदन के सदस्यों को आधे घण्टे की चर्चा करने की अनुमति दे सकता है।

नियम 115: इस नियम के अन्तर्गत संसद के दोनों सदनों के सदस्यों को किसी मंत्री या सदस्य के वक्तव्य के तथ्य की त्रुटियों पर आपत्ति उठाने का अधिकार है।

नियम 193: इसके अन्तर्गत संसद के किसी सदन का सदस्य किसी सार्वजनिक महत्व के अविलम्बनीय विषय पर अल्पकालिक चर्चा की नोटिस दे सकता है। इसमें प्रस्ताव के माध्यम से चर्चा न होने के कारण चर्चा में मत विभाजन नहीं होता केवल सभी पक्षों के सदस्य सम्बद्ध विषय पर अपने विचार प्रकट करते हैं।

नियम 377: जो विषय किसी भी प्रस्ताव के अन्तर्गत नहीं उठाये जा सकते उन्हें इस नियम के अन्तर्गत उठाया जा सकता है। इस नियम के अन्तर्गत संसद के किसी सदन का सदस्य किसी भी प्रकार का प्रश्न उठा सकता है किन्तु एक नोटिस के अंतर्गत एक ही विषय को शामिल किया जा सकता है। इस नियम के अंतर्गत कोई सदस्य एक सप्ताह में एक ही विषय उठा सकता है।

अविश्वास प्रस्तावः यह प्रस्ताव लोक सभा की कार्यवाही के साथ जुड़ा हुआ है। इसे विपक्षी दल द्वारा सरकार के विरुद्ध लाया जाता है, जिस पर बहस के पश्चात् मत द्वारा तय होता है कि इसे विचारणीय कार्य सूची में सम्मिलित किया जाए अथवा नहीं। इसके पारित हो जाने पर सरकार को त्याग-पत्र देना पड़ता है।

निन्दा प्रस्तावः लोकतंत्र में उत्तरदायी शासन के लिये यह बहुत उपयोगी है। यह सरकार या किसी मंत्री के कार्यों या नीतियों की निन्दा करने हेतु उसके विरुद्ध दिया गया प्रस्ताव है। निन्दा प्रस्ताव पारित हो जाने पर सरकार को इस्तीफा देना पड़ता है।

संचित निधिः संविधान के अनुच्छेद 266 में संचित निधि का प्रावधान है। संचित निधि से धन संसद में प्रस्तुत अनुदान माँगों के द्वारा ही व्यय किया जाता है। राज्यों को करों एवं शुल्कों में से उनका अंश देने के बाद जो धन बचता है, इस निधि में डाल दिया जाता है। राष्ट्रपति, उप-राष्ट्रपति, नियंत्रक एवं महालेखा परीक्षक आदि के वेतन तथा भत्ते इसी निधि पर भारित होते हैं।

आकस्मिक निधिः संविधान के अनुच्छेद 267 के अनुसार भारत सरकार एक आकस्मिक निधि की स्थापना करेगी। इसमें जमा धनराशि का व्यय विधि द्वारा स्थापित प्रक्रिया के अनुसार किया जाता है। संसद की स्वीकृति के बिना इस मद से धन नहीं निकाला जा सकता। विशेष परिस्थितियों में राष्ट्रपति अग्रिम रूप से इस निधि से धन निकाल सकता है।

विनियोग विधेयकः विनियोग विधेयक में भारत की संचित निधि पर भारित व्यय की पूर्ति के लिए अपेक्षित धन तथा सरकार के खर्च हेतु अनुदान की माँग शामिल होती है। भारत की संचित निधि में से कोई धन विनियोग विधेयक के द्वारा ही निकाला जा सकता है।

लेखानुदानः विनियोग विधेयक के पारित होने के बाद ही भारत की संचित निधि से कोई रकम निकाली जा सकती है, किन्तु सरकार को इस विधेयक के पारित होने के पहले भी धन की आवश्यकता पड़ सकती है। अनुच्छेद-116(क) के अन्तर्गत लोक सभा लेखा-अनुदान पारित कर सरकार के लिए एक अग्रिम राशि मंजूर कर सकती है, जिसके बारे में बजट-विवरण देना सरकार के लिए आवश्यक नहीं है।

अनुपूरक अनुदानः यदि विनियोग विधेयक द्वारा किसी विशेष सेवा पर चालू वर्ष के लिए व्यय किए जाने के लिए प्राधिकृत कोई राशि अपर्याप्त पायी जाती है और किसी नयी सेवा पर खर्च की आवश्यकता उत्पन्न हो जाती है, तो राष्ट्रपति एक अनुपूरक अनुदान संसद के समक्ष पेश करवाता है। अनुपूरक अनुदान और विनियोग विधेयक दोनों के लिए एक ही प्रक्रिया विहित की गई है।

कटौती प्रस्तावः सत्तापक्ष द्वारा सदन की स्वीकृति के लिए प्रस्तुत अनुदान की माँगों में से किसी भी प्रकार की कटौती के लिए विपक्ष द्वारा रखे गए प्रस्ताव को 'कटौती प्रस्ताव' कहा जाता है। सरकार की नीतियों की अस्वीकृति को दर्शाने के लिए विपक्ष द्वारा प्रायः एक रुपया की कटौती का प्रस्ताव किया जाता है।

■■■

13

भारत में न्यायिक प्रणाली

उच्चतम न्यायालय

संविधान के अनुच्छेद 124 में उच्चतम न्यायालय के गठन के संबंध में प्रावधान है। इसके अनुसार उच्चतम न्यायालय में एक मुख्य और सात अन्य न्यायाधीश होंगे। वर्तमान में उच्चतम न्यायालय में एक मुख्य और 33 अन्य न्यायाधीश हैं।

नियुक्ति: उच्चतम न्यायालय के न्यायाधीश राष्ट्रपति द्वारा नियुक्त किए जाते हैं। ऐसी नियुक्ति उच्चतम न्यायालय के उन न्यायाधीशों के परामर्श से की जाएगी जिनका परामर्श राष्ट्रपति आवश्यक समझे। मुख्य न्यायाधीश से भिन्न किसी अन्य न्यायाधीश की नियुक्ति में भारत के मुख्य न्यायाधीश से परामर्श करना आवश्यक है। अब तक उच्चतम न्यायालय के वरिष्ठ न्यायाधीश को ही मुख्य न्यायाधीश के रूप में नियुक्त करने की परम्परा रही है। इस परम्परा को सिर्फ एक बार तोड़ा गया जब श्री अजीतनाथ राय को वरिष्ठता क्रम में नीचे होने के बावजूद 25 अप्रैल 1973 को भारत का मुख्य न्यायाधीश नियुक्त किया गया।

न्यायाधीशों की नियुक्ति संबंधी विवाद: संविधान के अनुसार न्यायाधीशों की नियुक्ति राष्ट्रपति द्वारा की जाती है। राष्ट्रपति ऐसी नियुक्ति से पहले मंत्रिपरिषद् से सलाह-मशविरा करता है। मुख्य न्यायाधीश के अतिरिक्त अन्य न्यायाधीशों की नियुक्ति करते समय वह मुख्य न्यायाधीश से परामर्श करता है। 1982 में एस. पी. गुप्ता वाद में उच्चतम न्यायालय ने यह व्यवस्था दी कि न्यायिक नियुक्ति के मामले में मुख्य न्यायाधीश से विचार करना अनिवार्य है। पर इसे मानना या न मानना राष्ट्रपति पर निर्भर है। इसका आशय यह है कि न्यायिक नियुक्ति के संबंध में अंतिम फैसला लेने का अधिकार राष्ट्रपति के पास है। पर 1993 में एडवोकेट्स ऑन रिकार्ड के मामले में उच्चतम न्यायालय ने अपने पूर्व के फैसले को उलट दिया एवं यह

निर्णय दिया कि उच्चतम एवं उच्च न्यायालय के न्यायाधीशों की नियुक्ति के संदर्भ में उच्चतम न्यायालय के मुख्य न्यायाधीश से विचार करना अनिवार्य होगा एवं राष्ट्रपति के लिए इसे मानना बाध्यकारी होगा। इस प्रकार न्यायालय के इस फैसले द्वारा न्यायिक नियुक्ति का अधिकार न्यायपालिका के पास आ गया। बाद में इसमें संशोधन कर एक कॉलेजियम व्यवस्था स्थापित की गई। इसमें भारत के मुख्य न्यायाधीश के साथ चार अन्य वरिष्ठ न्यायाधीशों को भी शामिल किया गया। इसी कॉलेजियम व्यवस्था की सिफारिश पर न्यायाधीशों की नियुक्ति की जाती है। अगर कॉलेजियम व्यवस्था में न्यायाधीशों के बीच आम राय नहीं बनती तो फैसला बहुमत के आधार पर लिया जाता है। न्यायाधीशों को अपनी राय लिखित रूप में देनी होती है। इसे सेल्फ अप्वाइंटमेंट प्रणाली कहा जाता है। दुनिया में न्यायिक नियुक्ति की यह अनोखी प्रणाली है क्योंकि किसी अन्य देश में न्यायाधीशों की नियुक्ति इस प्रकार नहीं होती। सामान्यत: न्यायाधीशों की नियुक्ति की दो प्रणाली प्रचलित है—एक कार्यपालिका द्वारा नियुक्ति एवं दूसरा, जनता द्वारा चयन।

कॉलेजियम प्रणाली का एक लाभ यह हुआ कि इससे न्यायाधीशों की नियुक्ति में कार्यपालिका के अनावश्यक हस्तक्षेप पर रोक लगी। पर दूसरी ओर इसका नुकसान भी हुआ। इससे न्यायपालिका का लोकतांत्रिक उत्तरदायित्व समाप्त हो गया। न्यायपालिका अब न तो जनता के प्रति उत्तरदायी रही न ही जनता के चुने हुए प्रतिनिधियों के प्रति। इससे न्यायपालिका में भाई-भतीजावाद का खतरा भी बढ़ गया। कॉलेजियम व्यवस्था के विरूद्ध स्वर न्यायपालिका के भीतर ही उठने लगे। कई माननीय न्यायाधीश एवं भूतपूर्व न्यायाधीश कॉलेजियम व्यवस्था को समाप्त करने की मांग करने लगे। राजनीतिक हलकों में भी एक राष्ट्रीय न्यायिक नियुक्ति आयोग के गठन की चर्चा होने लगी। अंतत: सरकार ने 99वां संविधान संशोधन अधिनियम 2014 पारित किया। इसके तहत एक राष्ट्रीय न्यायिक नियुक्ति आयोग के गठन का प्रस्ताव किया गया। 6 सदस्यीय इस आयोग का अध्यक्ष भारत का मुख्य न्यायाधीश होगा। इसके

अन्य सदस्य होंगे— उच्चतम न्यायालय के दो अन्य वरिष्ठ न्यायाधीश, केंद्रीय विधि मंत्री एवं दो अन्य विख्यात व्यक्ति, जिनकी नियुक्ति प्रधानमंत्री, मुख्य न्यायाधीश तथा नेता विपक्ष से मिलकर बनने वाली एक समिति की सिफारिश पर की जाएगी, इनमें एक सदस्य अनुसूचित जाति। श्रमजाति, पिछड़ा वर्ग एवं अल्पसंख्यक समूह से तथा दूसरा सदस्य महिला वर्ग से होगा। यह आयोग न्यायाधीशों की नियुक्ति, उनकी पदोन्नति एवं स्थानान्तरण के बारे में सिफारिश करेगा। राष्ट्रीय न्यायिक नियुक्ति आयोग के गठन को उच्चतम न्यायालय में चुनौती दी गई। इसकी सुनवाई उच्चतम न्यायालय के एक संविधान पीठ ने की। संविधान पीठ ने राष्ट्रीय न्यायिक नियुक्ति आयोग के गठन को असंवैधानिक घोषित कर दिया तथा एक बार फिर कॉलेजियम प्रणाली अस्तित्व में आ गई।

उच्चतम न्यायालय के न्यायाधीश के रूप में नियुक्ति हेतु पात्रता

(i) वह भारत का नागरिक हो;

(ii) पाँच वर्ष तक एक या अधिक उच्च न्यायालयों में न्यायाधीश रह चुका हो; या

(iii) एक या अधिक उच्च न्यायालयों में 10 वर्ष तक वकालत कर चुका हो; या

(iv) राष्ट्रपति की राय में एक प्रतिष्ठित विधिवेत्ता हो।

अधिवक्ता के रूप में अवधि की गणना करने में वह अवधि विचार में ली जाएगी जिस दौरान सम्बन्धित अधिवक्ता जनपद न्यायाधीश के रूप में कार्य कर चुका हो। किसी विधिवेत्ता को उच्चतम न्यायालय के न्यायाधीश के रूप में नियुक्त किया जा सकता है। भारत में अभी तक ऐसी नियुक्ति नहीं की गई है।

शपथ: संविधान की तृतीय अनुसूची में न्यायाधीशों के शपथ का प्रारूप दिया गया है। पदासीन होने से पूर्व न्यायाधीश के रूप में नियुक्त किए गए व्यक्ति को यह शपथ लेनी होगी। यह शपथ राष्ट्रपति के समक्ष या उसके द्वारा नियुक्त किसी व्यक्ति के समक्ष ली जाएगी।

न्यायाधीश द्वारा त्याग-पत्र या न्यायाधीश का हटाया जाना

(i) उच्चतम न्यायालय का न्यायाधीश अपने पद से त्याग-पत्र दे सकता है। यह राष्ट्रपति को सम्बोधित होगा।

(ii) न्यायाधीश को उसके पद से हटाया भी जा सकता है। यह राष्ट्रपति के आदेश से होगा।

(iii) केवल सिद्ध दुर्व्यवहार या अक्षमता के आधार पर ही अनुच्छेद 124(4) में प्रावधानित प्रक्रिया के अनुसार उसे पद से हटाया जा सकता है।

संसद विधि बनाकर इस सम्बन्ध में प्रक्रिया का विनियमन कर सकती है।

न्यायाधीशों की स्वतंत्रता

(i) उच्चतम न्यायालय के न्यायाधीशों की नियुक्ति को राजनीति के क्षेत्र से अलग करके यह अपेक्षा की गई है कि राष्ट्रपति इस विषय में भारत के मुख्य न्यायाधीश से परामर्श करेगा।

(ii) उच्चतम न्यायालय का न्यायाधीश राष्ट्रपति द्वारा संसद के दोनों सदनों द्वारा समर्थित समावेदन पर ही साबित कदाचार या असमर्थता के आधार पर हटाया जाएगा, अन्यथा नहीं।

(iii) न्यायाधीशों के वेतन, भत्ते, छुट्टी, पेंशन आदि संसद द्वारा विधि द्वारा अवधारित किए जाएंगे और उनमें न्यायाधीशों की पदावधि के दौरान कोई अलाभकारी परिवर्तन नहीं किया जाएगा। किंतु वित्तीय आपात की उद्घोषणा होने पर राष्ट्रपति इस प्रत्याभूति का अधिहरण करने में सक्षम होगा।

(iv) उच्चतम न्यायालय के प्रशासनिक व्यय, उसके न्यायाधीशों और अन्य कर्मचारियों के वेतन, भत्ते आदि संचित निधि पर भारित होंगे।

(v) उच्चतम न्यायालय या किसी उच्च न्यायालय के न्यायाधीश के आचरण के विषय में संसद में कोई चर्चा उस न्यायाधीश के हटाने के

समावेदन को राष्ट्रपति के समक्ष प्रस्तुत करने के प्रस्ताव पर ही होगी, अन्यथा नहीं-[अनुच्छेद 121]।

(vi) सेवा निवृत होने के पश्चात् उच्चतम न्यायालय का न्यायाधीश भारत के राज्य क्षेत्र के भीतर किसी न्यायालय या किसी अन्य प्राधिकारी के समक्ष कार्य नहीं करेगा।

वेतन, भत्ते एवं विशेषाधिकार

(i) भारत के मुख्य न्यायाधीश एवं अन्य न्यायाधीशों को संसदीय विधि द्वारा निर्धारित वेतन देय होता है।

(ii) प्रत्येक न्यायाधीश अन्य विशेषाधिकार, भत्ते, अवकाश तथा सेवा अवकाश प्राप्त करने का अधिकारी होगा। यह सब संसदीय विधि द्वारा नियत होगा।

(iii) न्यायाधीशों के वेतन, भत्ते एवं अन्य लाभ उसके कार्यकाल के दौरान अलाभकारी रूप से परिवर्तित नहीं किए जा सकते।

कार्यवाहक मुख्य न्यायाधीश: कार्यवाहक मुख्य न्यायाधीश की नियुक्ति राष्ट्रपति द्वारा निम्न परिस्थितियों में की जा सकती है— (i) मुख्य न्यायाधीश का पद रिक्त हो, (ii) मुख्य न्यायाधीश कर्त्तव्यों के पालन में असमर्थ हो (अनुपस्थिति या अन्य कारण से)। कार्यवाहक मुख्य न्यायाधीश उच्चतम न्यायालय का न्यायाधीश होगा। कार्यवाहक मुख्य न्यायाधीश, मुख्य न्यायाधीश के कर्त्तव्यों का पालन करेगा।

नोट: रेखाचित्र, आरेख— उच्चतम न्यायालय (पेज न. 334 देखें)

तदर्थ न्यायाधीश की नियुक्ति: यदि उच्चतम न्यायालय के सत्र के संचालन में न्यायाधीशों की अपेक्षित संख्या (Quorum) की कमी हो, तब मुख्य न्यायाधीश उच्च न्यायालय के किसी ऐसे न्यायाधीश जो उच्चतम न्यायालय में नियुक्ति हेतु पात्र हो, से उच्चतम न्यायालय की बैठकों में शामिल होने के लिए निवेदन कर सकेगा। तदर्थ न्यायाधीश की नियुक्ति के लिए राष्ट्रपति की पूर्व अनुमति आवश्यक होगी। सम्बन्धित उच्च न्यायालय के मुख्य न्यायाधीश से परामर्श के पश्चात् ही लिखित निवेदन

किया जा सकेगा। तदर्थ न्यायाधीश को उच्चतम न्यायालय की समस्त शक्तियाँ तथा विशेषाधिकार होंगे किन्तु वह उच्चतम न्यायालय का न्यायाधीश नहीं समझा जाएगा। तदर्थ न्यायाधीश के वेतन तथा भत्ते राष्ट्रपति के आदेश द्वारा अवधारित होंगे।

सेवानिवृत न्यायाधीश की उच्चतम न्यायालय की बैठकों में उपस्थिति : राष्ट्रपति की पूर्वानुमति से मुख्य न्यायाधीश निम्न में से किसी से उच्चतम न्यायालय के न्यायाधीश के रूप में बैठने तथा कार्य करने का निवेदन कर सकता है— (i) ऐसा व्यक्ति जो उच्चतम न्यायालय का न्यायाधीश रह चुका हो; (ii) ऐसा व्यक्ति जो संघीय न्यायालय का न्यायाधीश रहा चुका हो; (iii) ऐसा व्यक्ति जो उच्च न्यायालय का न्यायाधीश रह चुका हो। (उच्चतम न्यायालय के न्यायाधीश के रूप में सुपात्रता)। ऐसे न्यायाधीश को उच्चतम न्यायालय के न्यायाधीश के समस्त क्षेत्राधिकार, शक्तियाँ तथा विशेषाधिकार होंगे। इनके वेतन तथा भत्ते राष्ट्रपति के आदेश द्वारा निर्धारित होंगे।

उच्चतम न्यायालय की अधिकारिता

आरंभिक अधिकारिता: उच्चतम न्यायालय के क्षेत्राधिकार के अंतर्गत ऐसे मामले आते हैं, जिनकी सुनवाई करने का अधिकार किसी उच्च न्यायालय या अधीनस्थ न्यायालय को नहीं होता। इसके अंतर्गत निम्न मामले शामिल हैं—

- भारत संघ तथा एक या अधिक राज्यों के मध्य उत्पन्न विवाद।
- भारत संघ तथा कोई एक राज्य या अनेक राज्यों और एक या एक से अधिक राज्यों के बीच विवाद।
- दो या दो से अधिक राज्यों के बीच ऐसे विवाद जिसमें उनके वैधानिक अधिकारों का प्रश्न निहित हो।

इस प्रकार उच्चतम न्यायालय की आरंभिक अधिकारिता के अंतर्गत परिसंघीय विवाद ही आते हैं। पर कई ऐसे मामले हैं जो परिसंघीय तो हैं पर इस न्यायालय की अधिकारिता में नहीं आते, जैसे-

- संविधान के लागू होने के पहले के संधि, विवाद एवं प्रसंविदा
- अंतरराज्यीय जल विवाद
- वित्त आयोग को निर्दिष्ट विषय
- संघ और राज्यों के बीच ब्यौरों का समायोजन।

रिट अधिकारिता: मूल अधिकारों के प्रवर्तन के लिए उच्चतम न्यायालय को रिट जारी करने का अधिकार है। कोई भी व्यक्ति मूल अधिकारों के उल्लंघन होने पर उच्चतम न्यायालय की शरण ले सकता है। अधिकारों के संरक्षण के लिए न्यायालय निम्न रिट जारी कर सकता है–

बन्दी प्रत्यक्षीकरण याचिका: यह रिट उस व्यक्ति के विरूद्ध जारी की जाती है जिसने कथित रूप से किसी व्यक्ति को निरूद्ध किया हुआ है। इस याचिका द्वारा निरोधकर्ता को यह निर्देश दिया जाता है कि वह निरूद्ध व्यक्ति को न्यायालय के समक्ष पेश करे। प्रस्तुतीकरण का उद्देश्य यह पता लगाना होता है कि सम्बन्धित व्यक्ति को किस आधार पर परिरूद्ध किया गया है। यदि न्यायालय निरोध को विधित: औचित्यपूर्ण नहीं मानता तो उस व्यक्ति की रिहाई का आदेश जारी करेगा। यह याचिका विधि विरूद्ध निरोध के विरूद्ध त्वरित एवं प्रभावी उपचार प्रदान करती है। यह अवैध रूप से निरूद्ध किए गए व्यक्ति को त्वरित उपचार प्राप्त किए जाने का साधन है। इस याचिका का उद्देश्य निरोधकर्ता को दण्डित करना नहीं है बल्कि अवैध रूप से निरूद्ध किए गए व्यक्ति की स्वतंत्रता बहाल कराना है।

बन्दी प्रत्यक्षीकरण याचिका हेतु आवेदन निम्नलिखित व्यक्ति कर सकते हैं—(i) स्वयं निरूद्ध व्यक्ति; (ii) निरूद्धि में हित रखने वाला कोई व्यक्ति। [माता-पिता, पति या पत्नी, निकट सम्बन्धी, निजी मित्र या कोई संगठन] (iii) बन्दी प्रत्यक्षीकरण याचिका किसी विधिक व्यक्ति द्वारा भी प्रस्तुत की जा सकती है। राष्ट्रपति या राज्यपाल या ऐसे अन्य संवैधानिक प्राधिकारियों के विरूद्ध रिट क्षेत्राधिकारिता का प्रयोग नहीं किया जा सकता है।

सामान्यत: रिट राज्य या शासन के खिलाफ जारी की जाती है, व्यक्ति के विरूद्ध नहीं। किन्तु इसका एक अपवाद बन्दी प्रत्यक्षीकरण रिट है जिसको व्यक्ति तथा राज्य दोनों के खिलाफ जारी किया जा सकता है।

परमादेश: परमादेश से तात्पर्य समादेश से है। यह एक न्यायिक उपचार है। इसके द्वारा न्यायालय किसी लोक प्राधिकारी को संविधान या किसी अन्य विधि द्वारा आरोपित लोक कर्त्तव्य के पालन की अपेक्षा करता है।

परमादेश निम्नलिखित के विरूद्ध जारी किया जा सकता है (i) अधीनस्थ न्यायालय; (ii) शासन; (iii) निगम या लोक प्राधिकारी।

परमादेश जारी करने हेतु निम्नलिखित दशाओं की सन्तुष्टि आवश्यक है—(i) याची को कोई विधिक अधिकार होना चाहिए; (ii) विपक्षी प्राधिकारी पर कोई विधिक कर्त्तव्य आरोपित होना चाहिए। यह कर्त्तव्य वैवेकीय या वैकल्पिक नहीं होना चाहिए। ऐसा कर्त्तव्य आदेशात्मक होना चाहिए। (iii) विपक्षी पर आरोपित कर्त्तव्य वैधानिक होना चाहिए। (iv) यह कर्त्तव्य संविदीय नहीं होना चाहिए। (v) कर्त्तव्य लोक प्रकृति का होना चाहिए। (vi) याची ने विपक्षी से न्याय की मांग की हो तथा उसे इनकार कर दिया गया हो।

किसके विरुद्ध परमादेश जारी नहीं किया जा सकता है?

- भारत के राष्ट्रपति तथा राज्यों के राज्यपाल के विरूद्ध अनु. 361 में यथा प्रावधानित परिस्थितियों में किए गए कृत्यों के विरूद्ध परमादेश की मांग नहीं की जा सकती है।
- राज्य विधायिका के विरूद्ध इस बात के लिए परमादेश जारी नहीं किया जा सकता कि उसे उस विधेयक पर विचार करने से रोका जाए जो मूलाधिकारों के प्रतिकूल हो सकता है।
- ऐसे व्यक्ति के विरूद्ध भी परमादेश जारी नहीं किया जा सकता जो मात्र लिपिकीय या छोटा अधिकारी है।
- किसी निजी व्यक्ति के विरूद्ध भी परमादेश जारी नहीं किया जा सकता।

प्रतिषेध याचिका: प्रतिषेध याचिका एक न्यायिक रिट है। इसे न्यायिक या अर्द्ध-न्यायिक प्राधिकारी के विरूद्ध जारी किया जाता है। इस रिट का उद्देश्य न्यायिक या अर्द्ध-न्यायिक प्राधिकारी को उसके क्षेत्राधिकार के अतिक्रमण से रोकना या उसे उसके क्षेत्राधिकार की सीमा में आबद्ध करना है। प्रतिषेध याचिका केवल वहीं जारी किया जा सकता है जहाँ न्यायिक या अर्द्ध-न्यायिक प्राधिकारी को अधिकार ही न हो, या जहाँ वह अपने क्षेत्राधिकार की सीमा से बाहर जा रहा हो। यह याचिका केवल इस आधार पर जारी नहीं की जा सकती कि क्षेत्राधिकार के प्रयोग में अनियमितता हुई है या क्षेत्राधिकार का प्रयोग त्रुटिपूर्वक किया गया है।

प्रतिषेध याचिका वहीं जारी की जा सकती है जहाँ कार्यवाही लम्बित हो। यदि कार्यवाही समाप्त हो चुकी है तथा आदेश पारित किया जा चुका है, वहाँ प्रतिषेध याचिका जारी नहीं की जा सकती। ऐसी स्थिति में उत्प्रेषण याचिका जारी की जाएगी। यदि न्यायिक या अर्द्ध-न्यायिक प्राधिकारी के समक्ष संचालित कार्यवाही अंशत: क्षेत्राधिकार से युक्त एवं अंशत: क्षेत्राधिकार के बिना हो, वहाँ उतने क्षेत्राधिकार के विरूद्ध प्रतिषेध याचिका जारी की जा सकेगी, जितना क्षेत्राधिकार के बिना है।

उत्प्रेषण याचिका: इस रिट द्वारा अवर न्यायालय के न्यायाधीशों से मामले के अभिलेख उच्च न्यायालय द्वारा परीक्षा हेतु प्रेषित करने की अपेक्षा की जाती है। इस रिट का उद्देश्य न्यायिक तथा अर्द्ध-न्यायिक प्राधिकारियों को उनकी क्षेत्राधिकारिता की सीमा में आबद्ध करना है। यदि वे क्षेत्राधिकार से परे जाकर विनिश्चय देते हैं तो उसे उत्प्रेषण रिट द्वारा समाप्त किया जा सकता है।

उत्प्रेषण याचिका केवल निम्न शर्तों के पूर्ण होने पर ही जारी की जा सकती है—(i) न्यायिक या अर्द्ध-न्यायिक प्राधिकारियों द्वारा जनता के अधिकारों को प्रभावित करने वाले प्रश्नों को अवधारित करने के विधिक अधिकार का प्रयोग किया गया हो; (ii) ऐसे प्राधिकारी पर न्यायिक कार्य करने का कर्त्तव्य हो; (iii) ऐसे प्राधिकारी ने अपने प्राधिकार से परे जाकर कार्य किया हो।

प्रतिषेध तथा उत्प्रेषण में अन्तर: दोनों रिटें न्यायिक, अर्द्ध-न्यायिक या किसी ऐसे प्राधिकारी जिस पर न्यायिकत: कार्य करने का कर्त्तव्य हो, के विरूद्ध जारी की जा सकती हैं। ये याचिकाएं शुद्ध प्रशासकीय प्राधिकारी के विरूद्ध जारी नहीं की जा सकती हैं। दोनों याचिकाओं का उद्देश्य भी समान है। इनका उद्देश्य अधीनस्थ न्यायालय या न्यायाधिकरण को अपने क्षेत्राधिकार के अतिलंघन से रोकना है। उपरोक्त समानताओं के बावजूद दोनों रिटों में अन्तर है। दोनों कार्यवाहियों की भिन्न-भिन्न अवस्थाओं पर जारी की जा सकती हैं। प्रतिषेध कार्यवाही के लम्बित होने के दौरान जारी किया जा सकता है, उत्प्रेषण तब जारी किया जाता है जब कार्यवाही पूर्ण हो चुकी हो और अन्तिम आदेश पारित किया जा चुका हो। प्रतिषेध निवारणात्मक है, उत्प्रेषण उपचारात्मक है। कुछ मामलों में दोनों रिटों का जारी किया जाना आवश्यक हो सकता है। अत: यदि किसी लम्बित कार्यवाही में विवाद का कोई अंश अंतिम रूप से तय कर दिया गया है तथा उसका दूसरा अंश तय करने की प्रक्रिया जारी है तब वहाँ दोनों रिटों को साथ-साथ जारी किया जा सकेगा।

अधिकारपृच्छा: इसका शाब्दिक अर्थ है— आपका प्राधिकार क्या है? यह एक न्यायिक उपचार है। यह किसी सारवान तथा स्वतंत्र लोकपद को हथियाने वाले या उस पर काबिज व्यक्ति के खिलाफ एक प्रभावी उपचार है। इस रिट द्वारा सम्बन्धित व्यक्ति से यह कारण दर्शाने के लिए कहा जाता है कि किस प्राधिकार से वह पद को धारण किए हुए है। यदि ऐसा व्यक्ति अपना प्राधिकार स्पष्ट कर देता है तो उसे उसके पद पर बने रहने दिया जाता है। यदि वह समुचित कारण नहीं बता पाता तो उसे पद से हट जाने का निर्देश दिया जाता है। अधिकारपृच्छा हेतु आवेदन कोई भी निजी व्यक्ति ला सकता है। यहाँ तक कि यदि वह विषय में व्यक्तिगत रूप से हितबद्ध नहीं है या उसे कोई व्यक्तिगत पीड़ा नहीं है तो भी वह आवेदन कर सकेगा।

अपीलीय अधिकारिता : संवैधानिक मामलों में उच्चतम न्यायालय में अपील की जा सकती है—(i) यदि संविधान की व्याख्या से संबंधित विधि

के किसी महत्वपूर्ण प्रश्न पर अनेक उच्च न्यायालयों ने भिन्न-भिन्न निर्णय दिए हों। (ii) यदि किसी मामले में विधि का सारवान प्रश्न अंतर्निहित हो।

दीवानी मामले में उच्चतम न्यायालय में अपील की जा सकती है—(i) यदि मामले में विधि या सार्वजनिक महत्व का कोई सारभूत प्रश्न शामिल हो। (ii) यदि मामले का निर्णय उच्चतम न्यायालय द्वारा किया जाना आवश्यक हो।

आपराधिक मामले में उच्चतम न्यायालय में अपील की जा सकती है—(i) यदि उच्च न्यायालय ने अपील में किसी अभियुक्त की दोषमुक्ति के आदेश को परिवर्तित करके उसे मृत्यु दंडादेश दिया हो। (ii) यदि उच्च न्यायालय ने अपने क्षेत्राधिकार के अंतर्गत किसी अधीनस्थ न्यायालय में लंबित वाद को परीक्षण के लिए अपने पास अंतरित कर लिया हो और अभियुक्त को दोषसिद्ध करके मृत्यु दंड दिया हो। (iii) यदि उच्च न्यायालय प्रमाणित कर देता है कि मामला उच्चतम न्यायालय में अपील किए जाने योग्य है।

विशेष इजाजत से अपील: ऐसी अपील उच्चतम न्यायालय की विशेष इजाजत से होती है।

सलाहकारी अधिकारिता: संविधान के अनुच्छेद 143 के अनुसार उच्चतम न्यायालय को सलाहकारी अधिकारिता प्राप्त है। यदि राष्ट्रपति को यह प्रतीत हो कि कोई विधि का प्रश्न ऐसी प्रकृति का है या ऐसे सार्वजनिक महत्व का है जिस पर उच्चतम न्यायालय की राय अपेक्षित है तो वह उच्चतम न्यायालय से सलाह मांग सकता है। उच्चतम न्यायालय इन मामलों में जो सलाह देता है वह सरकार के लिए आबद्धकर नहीं है। पर यह न्यायालयों के लिए आबद्धकर माना जाता है। संविधान के प्रारंभ के पहले की गई संधियां और करारों से उत्पन्न विवाद, जो अनु. 131 के अंतर्गत आरंभिक अधिकारिता में नहीं आते, पर भी राष्ट्रपति सलाह मांग सकता है।

उच्चतम न्यायालय संविधान के संरक्षक के रूप में: अनुच्छेद 13 के अनुसार उच्चतम न्यायालय को विधायिका द्वारा बनाये गए कानून के न्यायिक

पहलुओं के संपरीक्षण का अधिकार प्राप्त है। संघ एवं राज्य की विधायिका द्वारा बनाए गए किसी कानून की उच्चतम न्यायालय इस आधार पर जांच करता है कि ऐसा कोई भी कानून संविधान के मूल ढांचे का उल्लंघन तो नहीं करता। ऐसा कोई भी कानून जो संविधान के मूल ढांचे के विरूद्ध हो, उच्चतम न्यायालय उसे असंवैधानिक घोषित कर सकता है। संविधान का अनु. 254 इस बात का प्रावधान करता है कि समवर्ती सूची या ऐसे किसी भी विषय जिस पर संघ एवं राज्य दोनों की विधियां प्रवर्तन में हों, और उनमें कोई परस्पर विरोध हो तो उच्चतम न्यायालय विरोध की सीमा तक राज्य की विधि को अमान्य घोषित कर सकता है।

अभिलेख न्यायालय के रूप में: उच्चतम न्यायालय एक अभिलेख न्यायालय के रूप में कार्य करता है। इस रूप में इसके सभी फैसले दृष्टांत के रूप में प्रकाशित एवं सुरक्षित रखे जाते हैं। अधीनस्थ न्यायालय कोई भी फैसला देते समय उन्हें दृष्टांत के रूप में अवलोकन करते हैं। ये फैसले अधीनस्थ न्यायालयों पर बाध्यकारी होते हैं। अभिलेख न्यायालय के रूप में उच्चतम न्यायालय को अपनी अवमानना करने वाले किसी व्यक्ति या संस्था को दंडित करने का अधिकार भी प्राप्त है। दंड के रूप में 6 मास का साधारण कारावास अथवा 2000 रुपए तक का जुर्माना अथवा दोनों दंड दिए जा सकते हैं।

न्यायिक पुनर्विलोकन की शक्ति: संविधान का अनुच्छेद 13 न्यायालयों को न्यायिक पुनर्विलोकन की शक्ति प्रदान करता है। यह शक्ति केवल उच्चतम न्यायालय (अनु. 32) तथा उच्च न्यायालयों (अनु. 226) को ही प्रदान की गई है। अपनी इस शक्ति के अधीन उच्चतम न्यायालय एवं उच्च न्यायालय विधान मण्डलों द्वारा पारित किसी भी अधिनियम को असंवैधानिक घोषित कर सकते हैं जो संविधान के भाग तीन में दिए गए किसी भी उपबन्ध से असंगत हो।

न्यायिक पुनर्विलोकन के सिद्धान्त को सर्वप्रथम अमेरिका के सुप्रीम कोर्ट ने प्रतिपादित किया था। अमेरिका के संविधान में न्यायिक पुनर्विलोकन से सम्बन्धित कोई स्पष्ट उपबन्ध नहीं था। किन्तु अमेरिका के सुप्रीम कोर्ट ने संविधान के निर्वचन द्वारा इस विस्तृत शक्ति को स्वयं धारण किया। यह महत्वपूर्ण सिद्धान्त मारबरी बनाम मेडिसन के प्रमुख मामले में

चीफ जस्टिस मार्शल द्वारा प्रतिपादित किया गया था। भारतीय संविधान में न्यायिक पुनर्विलोकन से सम्बन्धित स्पष्ट उपबन्ध संविधान में ही निहित है।

पश्चिम बंगाल राज्य बनाम पश्चिम बंगाल प्रोटेक्शन ऑफ डेमोक्रेटिक राइट्स समिति के मामले में उच्चतम न्यायालय ने यह अभिनिर्धारित किया कि न्यायिक पुनर्विलोकन संविधान का आधारभूत ढांचा है और इसे संसद द्वारा पारित किसी अधिनियम द्वारा समाप्त या कम नहीं किया जा सकता। संविधान द्वारा संसद पर या कार्यपालिका पर अधिरोपित कोई भी निर्बंधन न्यायिक पुनर्विलोकन पर नहीं लगाया जा सकता। इस प्रकार न्यायिक पुनर्विलोकन की इस शक्ति के अन्तर्गत देश का उच्चतम न्यायालय सभी संविधान-पूर्व एवं संविधानोत्तर विधियों को, यदि वे संविधान के भाग 3 के उपबन्धों का अतिक्रमण करती हैं, असंवैधानिक घोषित कर सकता है।

प्रकीर्ण अधिकारिता: (i) निम्न मामलों में उच्चतम न्यायालय को निर्देश देने का उपबंध है। (क) संविधान का अनुच्छेद 317 (ख) आयकर अधिनियम 1961 की धारा 257 (ग) सीमाशुल्क अधिनियम 1962 की धारा 130 (घ) केंद्रीय उत्पाद शुल्क और नमक अधिनियम 1944 की धारा 35 (ज)। (ii) राष्ट्रपति तथा उप-राष्ट्रपति निर्वाचन अधिनियम 1952 के अधीन निर्वाचन अर्जियां सीधे उच्चतम न्यायालय में फाइल की जा सकती हैं।

न्यायिक सक्रियता

न्यायपालिका द्वारा सामान्य न्याय के कार्य से आगे बढ़कर जनहित के मामलों में सरकार एवं विधान मंडल को विभिन्न आदेश जारी करने को प्राय: न्यायिक सक्रियता के रूप में देखा जाता है।

सार्वजनिक जीवन में स्वच्छता लाने एवं जनहित याचिकाओं के प्रयोग के कारण न्यायिक सक्रियता का प्राय: समर्थन किया जाता है। सरकारी तंत्र की अनियमितता एवं भ्रष्टाचार को रोकने में इसने कारगर भूमिका निभाई है। पर न्यायालय की अत्यधिक सक्रियता के कारण कई समस्याएं पैदा हो सकती हैं। इससे संवैधानिक संतुलन गड़बड़ा सकता है।

कार्यपालिका एवं विधान मंडल के काम-काज में न्यायपालिका का अनुचित हस्तेक्षप बढ़ सकता है। न्यायपालिका ऐसे विषय पर भी आदेश जारी कर सकती है, जिसके बारे में उसे पर्याप्त जानकारी न हो तथा जिन मामलों का क्रियान्वयन कार्यपालिका के लिए कठिन हो। इससे न्यायपालिका के राजनीतिकरण की भी समस्या पैदा हो सकती है। इसी कारण कहा जाता है कि न्यायिक सक्रियता एक दुधारी तलवार की तरह है। एक ओर न्यायिक सक्रियता जहां कार्यपालिका एवं विधायिका को उनके कर्त्तव्यों के प्रति सजग बनाती है वहीं न्यायपालिका की अधिक सक्रियता के कारण संवैधानिक संतुलन बिगड़ सकता है। लोकतंत्र में सरकार के सभी अंगों के बीच शक्ति का बंटवारा होता है। साथ ही उनके बीच शक्तियों का नाजुक संतुलन होता है। लोकतंत्र की सफलता इस संतुलन पर ही निर्भर है। अगर सरकार के सभी अंग अपने-अपने दायित्वों के प्रति सजग हों तो न्यायिक सक्रियता की आवश्यकता ही नहीं रहेगी।

उच्च न्यायालय

संविधान के अनु. 214 के अनुसार-प्रत्येक राज्य के लिए एक उच्च न्यायालय होगा। उच्च न्यायालय अभिलेख न्यायालय होगा। अपनी अवमानना हेतु दण्डित करने के साथ-साथ उसे अभिलेख न्यायालय की अन्य शक्तियाँ भी प्राप्त होंगी। (अनुच्छेद-215)

उच्च न्यायालय का गठन: प्रत्येक उच्च न्यायालय एक मुख्य न्यायाधीश तथा ऐसे अन्य न्यायाधीशों जितने राष्ट्रपति उचित समझे से गठित होगा। (अनुच्छेद-216) उच्च न्यायालय में न्यायाधीशों की संख्या नियत करते समय राष्ट्रपति अपने वस्तुपरक विवेक का प्रयोग करेगा।

उच्च न्यायालय के न्यायाधीश की नियुक्ति तथा पद की शर्तें: उच्च-न्यायालय का प्रत्येक न्यायाधीश भारत के राष्ट्रपति द्वारा नियुक्त किया जाएगा। मुख्य न्यायाधीश की नियुक्ति में राष्ट्रपति निम्न से परामर्श करेगा—(i) भारत का मुख्य न्यायाधीश (ii) संबंधित राज्य का राज्यपाल।

अन्य न्यायाधीशों की नियुक्ति में उच्च न्यायालय के मुख्य न्यायाधीश से परामर्श किया जाएगा। उच्च न्यायालय का मुख्य न्यायाधीश तथा अन्य न्यायाधीश 62 वर्ष की आयु तक अपने पद पर बने रहेंगे। 15वें संविधान संशोधन अधिनियम 1963 द्वारा उच्च न्यायालय के न्यायाधीशों की पद धारण करने की आयु 60 वर्ष से बढ़ाकर 62 वर्ष कर दी गई।

पद त्याग: उच्च न्यायालय का न्यायाधीश राष्ट्रपति को सम्बोधित करते हुए अपना त्याग-पत्र दे सकता है। उसे राष्ट्रपति द्वारा पद से हटाया भी जा सकता है।

अर्हता: (i) वह भारत का नागरिक हो, (ii) न्यूनतम 10 वर्ष तक न्यायिक पद धारण किया हो, (iii) न्यूनतम 10 वर्षों तक किसी एक या अधिक उच्च न्यायालयों में अधिवक्ता रहा हो। 44वें संविधान संशोधन अधिनियम 1978 द्वारा लब्ध प्रतिष्ठित न्यायविद् होने की योग्यता समाप्त कर दी गई है।

शपथ: उच्च न्यायालय का न्यायाधीश नियुक्त किया गया प्रत्येक व्यक्ति पदभार ग्रहण करने से पूर्व राज्य के राज्यपाल के समक्ष या राज्यपाल द्वारा नियुक्त व्यक्ति के समक्ष शपथ लेगा। शपथ का प्रारूप तृतीय अनुसूची में दिया गया है।

वकालत पर प्रतिबन्ध: स्थायी न्यायाधीश रह चुका व्यक्ति उच्चतम न्यायालय तथा अन्य उच्च न्यायालयों के अलावा भारत में स्थित किसी भी न्यायालय या प्राधिकारी के समक्ष अभिवचन (Plead) नहीं करेगा। इसका उद्देश्य न्यायपालिका की स्वतंत्रता तथा निष्पक्षता बनाए रखना है।

न्यायाधीशों के वेतन एवं भत्ते: उच्च न्यायालय के प्रत्येक न्यायाधीश को संसदीय विधि द्वारा अवधारित वेतन देय है। संसद द्वारा विधि निर्मित किए जाने से पूर्व उच्च न्यायालय के न्यायाधीशों को द्वितीय अनुसूची में निर्दिष्ट वेतन दिया जाता था। प्रत्येक न्यायाधीश संसदीय विधि द्वारा अवधारित अवकाश तथा सेवानिवृत्ति भत्ता प्राप्त करने का भी अधिकारी होगा। संसद द्वारा निर्धारित किए जाने से पूर्व द्वितीय अनुसूची द्वारा ये

सभी भत्ते निर्धारित होते थे। नियुक्ति के बाद न्यायाधीशों के वेतन, भत्ते, अवकाश एवं पेन्शन सम्बंधी अधिकारों में अलाभकारी परिवर्तन नहीं किया जाएगा।

न्यायाधीशों का स्थानान्तरण: राष्ट्रपति, भारत के मुख्य न्यायाधीश से परामर्श के बाद उच्च न्यायालय के किसी न्यायाधीश को किसी अन्य उच्च न्यायालय में स्थानान्तरित कर सकता है। जब कोई न्यायाधीश दूसरे उच्च न्यायालय में स्थानान्तरित किया जाता है तब उसे अपने वेतन के अतिरिक्त प्रतिकारात्मक भत्ता भी देय होगा। यह भत्ता संसदीय विधि द्वारा अवधारित किया जाएगा। संसदीय विधि न होने पर यह राष्ट्रपति के आदेश से तय होगा।

कार्यवाहक मुख्य न्यायाधीश की नियुक्ति: कार्यवाहक मुख्य न्यायाधीश की नियुक्ति राष्ट्रपति द्वारा की जाती है। सम्बन्धित उच्च न्यायालय के वरिष्ठतम न्यायाधीश को कार्यवाहक मुख्य न्यायाधीश नियुक्त किए जाने की परम्परा रही है। कार्यवाहक मुख्य न्यायाधीश की नियुक्ति निम्न परिस्थितियों में की जा सकती है:-

(i) मुख्य न्यायाधीश का पद रिक्त होना

(ii) मुख्य न्यायाधीश का अपने कर्त्तव्यों के पालन में असमर्थ होना (अनुपस्थिति के कारण या अन्यथा)

अतिरिक्त एवं कार्यवाहक न्यायाधीशों की नियुक्ति: अतिरिक्त न्यायाधीश के रूप में कितने न्यायाधीशों की नियुक्ति की जाएगी इसकी संख्या निर्धारित नहीं है। इनकी नियुक्ति निम्न आधार पर की जा सकती है—(i) लम्बित मामलों को निपटाने के लिए (ii) उच्च न्यायालय के काम-काज में अस्थायी वृद्धि से निपटने के लिए।

अनुच्छेद 224 के अन्तर्गत कार्यवाहक न्यायाधीश भी नियुक्त किए जा सकते हैं। इनकी नियुक्ति भी राष्ट्रपति द्वारा की जाती है। किसी स्थायी न्यायाधीश द्वारा अपने कर्त्तव्य पर लौट आने तक के लिए कार्यवाहक न्यायाधीश नियुक्त किया जा सकता है। निम्न कारणों से कार्यवाहक

न्यायाधीश की नियुक्ति आवश्यक हो सकती है—(i) स्थायी न्यायाधीश की अनुपस्थिति; (ii) स्थायी न्यायाधीश का अपने कर्त्तव्यों के पालन में असमर्थ होना; (iii) स्थायी न्यायाधीश का अस्थायी रूप से मुख्य न्यायाधीश नियुक्त कर दिया जाना। अतिरिक्त या कार्यवाहक न्यायाधीश 62 वर्ष से अनधिक की आयु सीमा के अधीन नियुक्त होते हैं।

सेवा-निवृत्त न्यायाधीश की नियुक्ति: उच्च न्यायालय का मुख्य न्यायाधीश राष्ट्रपति की पूर्व अनुमति से किसी उच्च न्यायालय के सेवा निवृत्त न्यायाधीश से उच्च न्यायालय के न्यायाधीश के रूप में कार्य करने का निवेदन कर सकता है। ऐसा न्यायाधीश क्षेत्राधिकार, शक्तियों तथा विशेषाधिकार के मामलों में उच्च न्यायालय के न्यायाधीश के समान होगा। उसे राष्ट्रपति के आदेश द्वारा अवधारित भत्ते देय होंगे। किन्तु वह अन्यथा उच्च न्यायालय का न्यायाधीश नहीं समझा जाएगा।

न्यायाधीशों की स्वाधीनता

- साबित कदाचार और असमर्थता के आधार पर संसद के प्रस्ताव द्वारा ही पद मुक्त किए जा सकते हैं।
- न्यायाधीशों के वेतन और भत्ते राज्य की संचित निधि पर भारित होते हैं।
- नियुक्ति के पश्चात् उनके भत्ते और वेतन में कोई अलाभकारी परिवर्तन नहीं किया जाएगा।
- सेवा निवृति के बाद उच्चतम और उच्च न्यायालय में ही अभिवचन या कार्य करने के पात्र होंगे।

उच्च न्यायालयों पर संघ का नियंत्रण

- न्यायाधीशों की नियुक्ति संघ के राष्ट्रपति द्वारा
- सेवाकाल के दौरान एक उच्च न्यायालय से दूसरे न्यायालय में स्थानांतरण
- न्यायाधीशों के पद से हटाए जाने की व्यवस्था

- आयु के बारे में निर्धारण राष्ट्रपति द्वारा
- उच्च न्यायालय के क्षेत्राधिकार में कटौती एवं विस्तार, दो या अधिक राज्यों के लिए एक ही न्यायालय स्थापित करना।

उच्चतम न्यायालय के न्यायाधीशों की तुलना में उच्च न्यायालय के न्यायाधीशों की स्वाधीनता

- उच्च न्यायालय के कार्य में विस्तार के कारण अपर न्यायाधीशों की नियुक्ति की जा सकती है। इस प्रकार नियुक्त कोई न्यायाधीश दो वर्ष तक पद धारण करता है, किंतु उक्त अवधि की समाप्ति के पहले उसे स्थायी किया जा सकता है। उच्चतम न्यायालय के लिए इसके समान कोई उपबंध नहीं है।
- उच्च न्यायालय के न्यायाधीश की आयु संबंधी विवाद का निपटारा राष्ट्रपति भारत के मुख्य न्यायमूर्ति से परामर्श के पश्चात् करेगा। उच्चतम न्यायालय के न्यायाधीशों की आयु के बारे में इसी प्रकार के प्रश्न का अवधारण ऐसी रीति से किया जाएगा जो संसद विधि द्वारा अवधारित करे।
- उच्च न्यायालय के न्यायाधीशों के स्थानांतरण का प्रावधान है पर ऐसा कोई भी प्रावधान उच्चतम न्यायालय के न्यायाधीशों के बारे में नहीं है।

उच्च न्यायालय का क्षेत्राधिकार

आरंभिक अधिकारिता: उच्च न्यायालय को राजस्व तथा राजस्व संग्रह के संबंध में तथा मूल अधिकारों के उल्लंघन के मामले में आरंभिक क्षेत्राधिकार प्राप्त है।

अपीलीय क्षेत्राधिकार: जिला न्यायाधीशों और अन्य अधीनस्थ न्यायाधीशों से ऊंचे मूल्यवाले वादों में तथ्य और विधि दोनों के प्रश्न पर अपील सीधे उच्च न्यायालय को होती है। जहां उच्च न्यायालय के अधीनस्थ कोई न्यायालय किसी निचले न्यायालय के विनिश्चय से अपील सुनकर उसका अवधारण करता है, वहां ऐसे निचले अपीली न्यायालय के विनिश्चय से

उच्च न्यायालय को अपील होती है। किंतु यह अपील केवल विधि और प्रक्रिया के प्रश्न पर होगी, तथ्यों के प्रश्न पर नहीं। इसके अतिरिक्त इलाहाबाद, मुम्बई, कलकता, मद्रास और पटना उच्च न्यायालय में लैटर्स पेटेंट के अधीन अपील का उपबंध है। सेशन न्यायाधीश या अपर न्यायाधीश के विनिश्चय से अपील होती है, जहां कारावास का दंडादेश सात वर्ष से अधिक है।

रिट अधिकारिता: उच्च न्यायालय अपनी स्थानीय क्षेत्राधिकारिता के भीतर रिट क्षेत्राधिकार का प्रयोग कर सकता है। इस क्षेत्राधिकार के प्रयोग में निम्नलिखित के विरूद्ध निर्देश जारी किया जा सकता है—(i) कोई भी व्यक्ति; (ii) कोई भी प्राधिकारी; (iii) उचित मामले में कोई सरकार।

अनु. 226 के अन्तर्गत रिट, निर्देश या आदेश निम्नलिखित हेतु जारी किए जा सकेंगे— (i) मूलाधिकारों का प्रवर्तन; (ii) अन्य कोई प्रयोजन। अनुच्छेद 226(2) उच्च न्यायालय की शक्ति का और विस्तार करता है। अत: उच्च न्यायालय उन क्षेत्रों के सम्बन्ध में भी क्षेत्राधिकार का प्रयोग कर सकता है जिनके भीतर पूर्णत: या अंशत: वाद कारण उत्पन्न हुआ हो। (बावजूद इसके कि सम्बन्धित व्यक्ति, प्राधिकारी या शासक ऐसे भू-क्षेत्र के भीतर स्थित न हो)।

अधीक्षण की शक्ति: प्रत्येक उच्च न्यायालय अपनी स्थानीय क्षेत्राधिकारिता के भीतर स्थित सभी न्यायालयों तथा न्यायाधिकरणों पर अधीक्षण रखेगा [227(1)] उच्च न्यायालय ऐसे न्यायालयों तथा न्यायाधिकरणों से—

(i) विवरणियाँ मंगा सकता है।

(ii) ऐसे न्यायालयों की कार्यवाहियों तथा प्रचालन के विनियमन हेतु नियम बना सकता है।

(iii) ऐसे न्यायालयों के अधिकारियों द्वारा रखे जाने योग्य लेखा-जोखा नियत कर सकता है।

उच्च न्यायालय ऐसे न्यायालयों में काम करने वाले अधिकारियों, एटार्नी, एडवोकेट तथा प्लीडर के लिए शुल्क नियत कर सकता है। अनु.

227 के अन्तर्गत उच्च न्यायालय को सशस्त्र बलों से सम्बन्धित विधि के अंतर्गत गठित न्यायालय या न्यायाधिकरण पर अधीक्षण की शक्ति नहीं है।

मामले का अन्तरण: उच्च न्यायालय अधीनस्थ न्यायालय के समक्ष लम्बित वाद को अपने पास मंगा सकता है। अनु. 228 के अन्तर्गत केवल उन्हीं मामलों का अंतरण किया जा सकता है जिनमें संविधान के निर्वचन के सारवान प्रश्न का अवधारण मामले के निस्तारण के लिए आवश्यक हो। अंतरित किए गए मामले को उच्च न्यायालय स्वयं निस्तारित कर सकता है। उच्च न्यायालय प्रश्न को अवधारित करते हुए मामले को वापस भी भेज सकता है।

उच्च न्यायालय के क्षेत्राधिकार का विस्तार: अनु. 230 के अन्तर्गत संसद विधि बनाकर उच्च न्यायालय के क्षेत्राधिकार का विस्तार किसी संघीय क्षेत्र पर कर सकती है। संसदीय विधि द्वारा ऐसा क्षेत्राधिकार अपवर्जित भी किया जा सकता है। जहाँ कोई उच्च न्यायालय किसी संघ क्षेत्र पर क्षेत्राधिकार का प्रयोग कर रहा हो, राज्य की विधायिका ऐसे क्षेत्राधिकार को न तो बढ़ा सकती है और न ही कम कर सकती है।

न्यायपालिका में भ्रष्टाचार

न्यायपालिका में विभिन्न स्तरों पर भ्रष्टाचार एवं अनियमितता के आरोप लगते रहे हैं। हाल के वर्षों में ऐसी अनियमितता बड़ी संख्या में उजागर हुई है। सबसे गंभीर स्थिति अधीनस्थ न्यायालयों की है। उच्च न्यायालय एवं कभी-कभी उच्चतम न्यायालय पर भी ऐसे आरोप लगे हैं। ये अनियमितताएं मुख्यत: दो प्रकार की हैं— वितीय अनियमितता एवं नियुक्ति संबंधी अनियमितता। गाजियाबाद न्यायालय घोटाले में उस न्यायालय के न्यायाधीश के साथ उच्च एवं उच्चतम न्यायालय के न्यायाधीशों के नाम भी सामने आए। पंजाब एवं हरियाणा उच्च न्यायालय के एक न्यायाधीश पर फैसला देने के लिए मोटी रकम लेने का मामला सामने आया। निचली अदालतों में जजों एवं एटार्नी की नियुक्ति का प्रश्न भी अधिक विवादास्पद एवं पक्षपातपूर्ण रहा है। कुछ वर्ष पूर्व पंजाब एवं हरियाणा उच्च न्यायालय में एटार्नी के पद पर नियुक्ति को लेकर मामला

सामने आया था। इनमें आधे से अधिक लोग या तो राजनेताओं के संबंधी थे या उसी न्यायालय में कार्यरत पूर्व एवं वर्तमान न्यायाधीशों के रिश्तेदार। हाल ही में दिल्ली अधीनस्थ न्यायालय में जजों की नियुक्ति में इसी प्रकार के पक्षपात के आरोप लगे हैं। फिलहाल यह मामला जांच के लिए उच्चतम न्यायालय के सामने विचाराधीन है।

न्यायिक भ्रष्टाचार एवं न्यायालयों में होने वाले पक्षपात के कारण न्यायपालिका की स्वतंत्रता खतरे में पड़ जाती है। न्यायिक प्रक्रिया निष्पक्ष नहीं होती तो लोगों का विश्वास भी उस पर से उठ जाता है। न्यायपालिका का प्रमुख आधार है—जनता का विश्वास। संविधान में न्यायपालिका को व्यापक स्वतंत्रता प्रदान की गई है। इसे कार्यपालिका एवं संसद के सीधे हस्तक्षेप से मुक्त रखा गया है। संसद में न्यायाधीशों को उनके पद से हटाने के अतिरिक्त किसी अन्य विषय पर कोई चर्चा नहीं हो सकती। न्यायाधीशों को उनके पद से हटाने की प्रक्रिया भी अत्यंत जटिल है। न्यायाधीश को संसद के दोनों सदनों में विशेष बहुमत से पारित प्रस्ताव के द्वारा ही हटाया जा सकता है।

एक दृष्टिकोण से यह अच्छी बात है—क्योंकि इससे न्यायालय की स्वतंत्रता में हस्तक्षेप नहीं हो पाता तथा न्यायालयों पर अनुचित दबाव नहीं डाला जा सकता। पर दूसरी ओर इसके कारण भ्रष्टाचार एवं अनियमितता के बावजूद न्यायाधीशों पर कार्रवाई करना लगभग असंभव हो जाता है। न्यायालयों की अनियमितता एवं भ्रष्टाचार को रोकने के लिए उच्चतम न्यायालय ने इन-हाऊस प्रक्रिया का विकास किया है। इसके तहत किसी न्यायाधीश पर लगने वाले भ्रष्टाचार के आरोप की जांच भारत के मुख्य न्यायाधीश द्वारा कराए जाने का प्रावधान है। आरोप सही पाए जाने पर संबंधित न्यायाधीश पर कार्रवाई भी हो सकती है। पर यह प्रकिया संतोषजनक नहीं है। इसमें पारदर्शिता का अभाव है। मुख्य न्यायाधीश को अन्य न्यायाधीशों के खिलाफ कार्रवाई का अधिकार भी नहीं है। सही अर्थों में देखें तो इन-हाऊस प्रकिया निष्क्रिय साबित हुई है। आज जरूरत इस बात की है कि न्यायालय के काम-काज को आर. टी. आई. के तहत लाया

जाए। न्यायाधीशों की जवाबदेही भी तय की जाए। इसके लिए न्यायिक जवाबदेही आयोग का गठन किया जा सकता है।

लोक अदालत

भारत में लोक अदालतों की स्थापना शीघ्र न्याय तथा अल्प व्यय न्याय के उद्देश्यों से की गई है। शीघ्र न्याय की अवधारणा पर आधारित इस व्यवस्था में सौहार्दता तथा समझौते को न्याय का उद्देश्य बनाया गया है। 6 अक्टूबर, 1985 को उच्चतम न्यायालय के तत्कालीन मुख्य न्यायाधीश पी. एन. भगवती की अध्यक्षता में प्रथम लोक अदालत का आयोजन किया गया था। न्यायिक सेवा प्राधिकार अधिनियम के अनुसार, केन्द्र या राज्य सरकार या जिला प्रशासन समय-समय पर और निर्धारित स्थानों पर लोक अदालत का आयोजन कर सकती है। लोक अदालतों के निर्णय को दीवानी अदालतों के निर्णय के समरूप माना जाता है। संबंधित वादी-प्रतिवादी लोक अदालत के निर्णय मानने के लिए बाध्य होते हैं। न्यायिक पदाधिकारी अथवा सरकार द्वारा निर्धारित योग्यता रखने वाले व्यक्ति लोक अदालत की अध्यक्षता करते हैं। भारत में लोक अदालत का गठन सर्वप्रथम महाराष्ट्र में किया गया था।

पारिवारिक न्यायालय

राज्य सरकार द्वारा पारिवारिक अदालतों का गठन पारिवारिक न्यायालय अधिनियम 1984 के अन्तर्गत किया जा सकता है। प्रायः इस प्रकार की अदालतों की स्थापना 10 लाख से अधिक जनसंख्या वाले नगरों में की जाती है। इस प्रकार की अदालतों का मुख्य उद्देश्य विवाह एवं अन्य पारिवारिक विवादों का त्वरित समाधान करना तथा यह प्रयास करना है कि मामला आपसी सहमति से हल हो जाये। सर्वप्रथम पारिवारिक न्यायालय की स्थापना जयपुर में की गई थी।

■■■

14

राज्य की कार्यपालिका

राज्यपाल

राज्य की कार्यपालिका शक्ति का प्रधान राज्यपाल होता है। राज्य की कार्यपालिका शक्ति उसी में निहित होती है। राज्य की सभी कार्यवाही राज्यपाल के नाम से ही की जाती है। सामान्यतया प्रत्येक राज्य के लिए एक राज्यपाल की व्यवस्था की गई है। किन्तु एक ही व्यक्ति को दो या अधिक राज्यों का राज्यपाल नियुक्त किया जा सकता है। राज्य का राज्यपाल निर्वाचित नहीं होता, वह राष्ट्रपति द्वारा नियुक्त किया जाता है और उसी के प्रसाद पर्यन्त पद धारण करता है। भारत का कोई भी नागरिक जो 35 वर्ष से अधिक आयु का हो इस पद के लिए पात्र होगा, किंतु उसे लाभ का कोई पद धारण नहीं करना चाहिए। राज्यपाल सामान्यतया पाँच वर्षों के लिए नियुक्त किया जाता है। पर इसके पहले भी उसे पदच्युत किया जा सकता है (अनु. 156)। वह अपना पद त्याग भी कर सकता है।

राज्यपाल की शक्तियाँ

राज्यपाल को राष्ट्रपति की भाँति कोई राजनयिक और सैन्य शक्ति प्राप्त नहीं है किंतु उसे राष्ट्रपति के समान ही कार्यपालिका, विधायी और न्यायिक शक्तियां प्राप्त हैं।

कार्यपालिका शक्ति: राज्य की कार्यपालिका शक्ति राज्यपाल में निहित होगी। वह इसका प्रयोग या तो प्रत्यक्षत: या अपने अधीनस्थ अधिकारियों के माध्यम से संविधान के अनुसार करेगा। अधीनस्थ अधिकारियों में मंत्रीगण शामिल हैं।

कार्यपालिका शक्ति को न तो कठोरत: परिभाषित किया गया है और न ही कार्यपालिका शक्तियों की अन्तिम सूची दी गई है। कार्यपालिका कृत्य में नीतियों का सूत्रीकरण तथा उनका निष्पादन शामिल है। राज्य के विधायी

तथा न्यायिक कृत्यों के अपवर्जन के पश्चात् अवशिष्ट शासकीय शक्तियाँ राज्य की कार्यपालिका शक्ति गठित करती हैं।

कार्यपालिकीय कृत्यों में निम्नलिखित शामिल हैं—

(i) विधियों का निष्पादन

(ii) शासकीय नीति का सूत्रीकरण तथा उसका निष्पादन

(iii) विधि तथा व्यवस्था का अनुरक्षण

(iv) सामाजिक तथा आर्थिक कल्याण सम्बन्धी कार्य

(v) राज्य के सामान्य प्रशासन का संचालन तथा अधीक्षण।

उसे नियुक्ति संबंधी व्यापक शक्तियां प्राप्त हैं। वह मंत्रिपरिषद् का गठन करता है। मंत्रिपरिषद् के मंत्री व्यक्तिगत रूप से राज्यपाल के प्रति उत्तरदायी होते हैं। वह महाधिवक्ता और राज्य लोक सेवा आयोग के सदस्यों को नियुक्त करता है। राज्यपाल को उच्च न्यायालय के न्यायाधीशों को नियुक्त करने की शक्ति नहीं है किंतु इस विषय में राष्ट्रपति उससे परामर्श करता है। वह राज्य की विधान सभा में एक से अनधिक आंग्ल-भारतीय समुदाय के सदस्य को नाम निर्दिष्ट करता है। वह विधान परिषद् के 1/6 सदस्यों को नाम निर्दिष्ट करता है जो साहित्य, विज्ञान, कला, सहकारी आंदोलन और सामाजिक सेवा के संबंध में विशेष ज्ञान और व्यावहारिक अनुभव रखते हैं। वह कुलाधिपति होने के कारण विश्वविद्यालय के कुलपतियों को भी नियुक्त करता है।

विधायी शक्ति: राज्यपाल राज्य विधान मंडल का एक अंग है। कोई भी विधेयक राज्यपाल की अनुमति से ही कानून बनता है। उसे राज्य विधान मंडल को संबोधित करने का एवं उसे संदेश भेजने का अधिकार प्राप्त है। उसे सत्र को आहूत करने, सत्रावसान करने और विघटन करने का अधिकार है। वह विधान मंडल के समक्ष वार्षिक विवरण भी रखवाता है। उसे धन विधेयक और अनुदान की मांगों की सिफारिश करने की शक्ति प्राप्त है। वह विधान मंडल द्वारा पारित विधेयक को राष्ट्रपति की अनुमति के लिए रोक सकता है। ऐसे विधेयक हैं—

(i) व्यक्तिगत संपत्ति के अनिवार्य अधिग्रहण से संबंधित विधेयक

(ii) उच्च न्यायालय के क्षेत्राधिकार में कमी से संबंधित कोई विधेयक

(iii) संसद द्वारा निर्मित कानून के अधीन आवश्यक घोषित वस्तुओं पर करारोपण से संबंधित विधेयक

(iv) समवर्ती सूची में शामिल विषयों से संबंधित विधेयक जिनसे संघ एवं राज्यों के बीच टकराव की संभावना हो।

(v) अन्य कोई विधेयक जिसके कारण केंद्रीय सरकार या अन्य राज्यों की सरकारों में विवाद होने की संभावना हो।

राज्यपाल को विधान मंडल के अधिनियम का प्रभाव रखनेवाले अध्यादेश जारी करने की शक्ति है—(अनु. 213)।

(i) पर यह शक्ति तभी होगी जब विधान मंडल या उसके दोनों सदन सत्र में न हों।

(ii) वह इस शक्ति का प्रयोग मंत्रिपरिषद् की सलाह पर करेगा।

(iii) अध्यादेश राज्य विधान मंडल के समक्ष पुन: समवेत होने पर रखा जाएगा और पुन: समवेत होने की तारीख से 6 सप्ताह के पर्यवसान के पश्चात् वह अपने आप समाप्त हो जाएगा।

(iv) राज्यपाल किसी भी समय किसी भी अध्यादेश को वापस लेने के लिए सक्षम है।

(v) अध्यादेश की शक्ति की परिधि का विस्तार राज्य विधान मंडल की विधायी शक्ति के बराबर होगा।

(vi) यदि समवर्ती सूची में शामिल विषय से संबंधित संघ की किसी विधि से राज्यपाल के अध्यादेश का विरोध हो तो इस विरोध के होते हुए भी वह अभिभावी होगा यदि अध्यादेश राष्ट्रपति के निर्देश के अनुसरण में बनाया गया हो।

लेकिन राज्यपाल ऐसे विषयों पर अध्यादेश नहीं ला सकता, जिन विषयों से संबंधित विधेयक को वह राष्ट्रपति की अनुमति के लिए रोके रख

सकता है। इन विषयों से संबंधित अध्यादेश के लिए राष्ट्रपति की पूर्व अनुमति आवश्यक है।

न्यायिक शक्ति: वह किसी दंड को क्षमा, उसका प्रविलंबन, विराम या परिहार कर सकेगा या किसी दंडादेश का निलंबन, परिहार या लघुकरण कर सकेगा। यह ऐसे व्यक्ति के संबंध में होगा जिसे ऐसी विधि के अधीन अपराध के लिए सिद्धदोष ठहराया गया हो— जिसके संबंध में राज्य की कार्यपालिका शक्ति का विस्तार है।

आपात शक्ति: यदि राज्यपाल को यह समाधान हो जाए कि राज्य में शासन संविधान के अनुसार नहीं चलाया जा रहा है तो वह राष्ट्रपति को प्रतिवेदन भेजकर राज्य में राष्ट्रपति शासन लागू करने की सिफारिश कर सकता है।

विवेकाधीन शक्तियाँ: (i) असम का राज्यपाल अपने विवेक के अनुसार वह रकम अवधारित करेगा जो असम राज्य खनिजों की अनुज्ञप्तियों से उद्भूत होने वाले स्वामित्व के रूप में जिला परिषद् को देय होगा। (ii) अनुच्छेद 239(2) के अनुसार यदि किसी राज्य के राज्यपाल को निकटवर्ती संघ-राज्य क्षेत्र का प्रशासक नियुक्त किया जाता है तो वह प्रशासक के रूप में अपने कृत्यों का प्रयोग अपनी मंत्रिपरिषद् से स्वतंत्र रूप में करेगा। (iii) अनुच्छेद 356 के अनुसार राज्य में संवैधानिक तंत्र की विफलता पर वह अपना प्रतिवेदन राष्ट्रपति को भेज सकेगा। (iv) राज्य में राष्ट्रपति शासन लागू हो जाने पर राज्यपाल राष्ट्रपति के अभिकर्ता के रूप में स्वयं शासन चलाएगा। (v) राज्य विधान मंडल द्वारा पारित कुछ विधेयकों को वह राष्ट्रपति की अनुमति के लिए रोक सकेगा। (vi) विधान मंडल में किसी भी दल को बहुमत न मिलने पर वह स्वविवेक से मुख्यमंत्री की नियुक्ति करेगा।

विशेष उतरदायित्व: विशेष उतरदायित्व के मामले में राज्यपाल मंत्रिपरिषद् से परामर्श करता है किंतु अंतिम विनिश्चय उसका अपना होता है। उसे न्यायालय में प्रश्नगत नहीं किया जा सकता।

(i) अनुच्छेद 371(2) के अधीन महाराष्ट्र और गुजरात के राज्यपाल को विदर्भ और सौराष्ट्र के विकास का विशेष दायित्व सौंपा गया है।

(ii) नागालैंड के राज्यपाल को विधि एवं व्यवस्था की बाबत इस प्रकार का उतरदायित्व तब तक है, जब तक कि उस राज्य में विद्रोही नागाओं के कारण आंतरिक अशांति बनी रहती है।

(iii) मणिपुर के राज्यपाल का उस राज्य के पहाड़ी क्षेत्रों के निर्वाचित सदस्यों से मिलकर बनने वाली राज्य की विधान सभा की समिति का उचित कार्यान्वयन सुनिश्चित करना उसका विशेष दायित्व होगा।

(iv) सिक्किम के राज्यपाल का यह विशेष दायित्व है कि वह शांति के लिए और सिक्किम की जनता के विभिन्न विभागों की सामाजिक और आर्थिक उन्नति सुनिश्चित करने के लिए कार्य करे।

ऐसे विशेष उतरदायित्वों के निर्वहन में राज्यपाल को समय-समय पर राष्ट्रपति द्वारा दिए गए निर्देशों के अनुसार काम करना पड़ता है।

यदि हम राज्यपाल के उपर्युक्त अधिकार पर दृष्टिपात करें तो ऐसा लगता है कि राज्यपाल एक बहुत शक्तिशाली अधिकारी है। किंतु वास्तविकता इससे सर्वथा भिन्न है। हमने संसदीय शासन प्रणाली को अपनाया है, जिसमें वास्तविक शक्तियाँ मंत्रिपरिषद् को प्राप्त होती हैं, न कि राज्यपाल को। किंतु असाधारण स्थितियों में राज्यपाल को अपने विवेक से काम करना पड़ सकता है।

राज्यपाल की शक्तियों को लेकर विवाद उठते रहे हैं। चूँकि वह राष्ट्रपति द्वारा नियुक्त किया जाता है तथा उसके प्रसाद पर्यन्त सत्तारूढ़ रहता है, अत: साधारणतया धारणा यह है कि उसे राष्ट्रपति की सलाह के अनुसार आचरण करना पड़ता है और वह उसकी उपेक्षा नहीं कर सकता। किंतु साथ ही उसे मंत्रिपरिषद् की सलाह के अनुसार भी कार्य करना पड़ता है। इस प्रकार उसे दो स्वामियों की सेवा करनी पड़ती है। यदि दोनों की सलाहों में परस्पर विरोध हो तो वह किसकी सलाह मानेगा? मोटे तौर पर

अधिकांश राज्यपालों ने राष्ट्रपति की सलाह के अनुसार काम किया। इस कारण राज्यपाल की भूमिका की आलोचना होती रही है। राज्यपाल की नियुक्ति के संबंध में यह सहमति बनी कि— (i) किसी व्यक्ति को उस राज्य का राज्यपाल नियुक्त नहीं किया जाए, जिसका वह निवासी हो। (ii) राज्यपाल की नियुक्ति से पूर्व संबंधित राज्य के मुख्यमंत्री से विचार-विमर्श किया जाए। हालांकि इस व्यवस्था के कई अपवाद सामने आए हैं और व्यवहार में इस प्रथा की अवहेलना हुई है।

राज्यपाल की नियुक्ति संबंधी विवाद एवं विभिन्न आयोग

राज्यपाल की नियुक्ति एवं भूमिका सदैव से चर्चा का विषय रही है। इस संबंध में सरकार द्वारा समय-समय पर विभिन्न आयोग और समितियां गठित की जाती रही हैं। प्रमुख आयोगों एवं समितियों की सिफारिशें इस प्रकार हैं—

प्रशासनिक सुधार आयोग (1966)

प्रशासनिक सुधार आयोग की प्रमुख सिफारिशें इस प्रकार हैं—

(i) उस व्यक्ति को राज्यपाल के पद पर नियुक्त किया जाना चाहिए जिसे सार्वजनिक जीवन एवं प्रशासन का अनुभव हो और जो अपने आप को दलीय पूर्वाग्रहों से मुक्त रख सकता हो।

(ii) राज्यपाल की नियुक्ति के संबंध में संबंधित राज्य के मुख्यमंत्री से परामर्श किया जाना चाहिए।

(iii) राज्यपाल द्वारा अपने 'स्वविवेक' के अधीन प्रयोग की जाने वाली शक्तियों का पर्याप्त स्पष्टीकरण किया जाना चाहिए।

(iv) यदि राज्यपाल को यह समाधान हो जाए कि मंत्रिमंडल को विधान सभा का समर्थन प्राप्त नहीं है तो उसे विधान सभा में बहुमत सिद्ध करने के लिए मुख्यमंत्री को कहना चाहिए। यदि मुख्यमंत्री इस संबंध में आनाकानी करता है या विधान सभा का सत्र बुलाने की सिफारिश नहीं करता, तब राज्यपाल को स्वयं विधान सभा का सत्र बुलाकर स्थिति को स्पष्ट करना चाहिए।

राजमन्नार समिति (1969)

इस समिति की प्रमुख सिफारिशें निम्न हैं—

(i) राज्यपाल की नियुक्ति संबंधित राज्य के मुख्यमंत्री से परामर्श करके ही की जानी चाहिए।

(ii) राज्यपाल के पद पर सेवा प्रदान कर चुके व्यक्ति को केन्द्र अथवा राज्य सरकार के अधीन पुन: सेवा में नहीं लेना चाहिए।

(iii) राज्यपाल को साबित कदाचार या अक्षमता के आधार पर केवल उच्चतम न्यायालय की जांच के बाद ही हटाया जाना चाहिए।

(iv) जब विधान सभा में किसी एक दल को स्पष्ट बहुमत प्राप्त न हो तो राज्यपाल को विधान सभा का अधिवेशन बुलाना चाहिए और अधिवेशन में बहुमत से चुने गए व्यक्ति को मुख्यमंत्री नियुक्त करना चाहिए।

सरकारिया आयोग (1983)

न्यायमूर्ति श्री आर.एस. सरकारिया की अध्यक्षता में गठित आयोग ने निम्नलिखित सिफारिशें की—

(i) राज्यपाल के रूप में नियुक्त किया जाने वाला व्यक्ति संबंधित राज्य के बाहर का होना चाहिए।

(ii) राज्यपाल की नियुक्ति में संबंधित राज्य के मुख्यमंत्री की सलाह को संवैधानिक रूप से अनिवार्य घोषित किया जाना चाहिए।

(iii) यदि राज्य सरकार विधान सभा में अपना बहुमत खो देती है तो राज्यपाल को तुरन्त राज्य में सबसे बड़े विरोधी दल के नेता को सरकार बनाने के लिए आमंत्रित करना चाहिए। यदि विरोधी पक्ष सरकार बनाने की स्थिति में न हो तो उसे राष्ट्रपति को राज्य में राष्ट्रपति शासन लागू करने की सिफारिश करनी चाहिए।

मंत्रिपरिषद्

भारतीय संविधान राज्य की कार्यपालिका शक्तियों को राज्यपाल में सन्निहित करता है किंतु राज्यपाल वास्तव में एक संवैधानिक प्रमुख होता है। उसकी शक्तियों के उपयोग में राज्य मंत्रिपरिषद् उसकी सहायता करती एवं उसे परामर्श देती है। मंत्रिपरिषद् का अध्यक्ष राज्य का मुख्यमंत्री होता है। मंत्रिपरिषद् में मुख्यमंत्री तथा अन्य मंत्री शामिल होते हैं। मुख्यमंत्री की नियुक्ति राज्यपाल द्वारा की जाती है परन्तु अन्य मंत्रियों की नियुक्ति राज्यपाल मुख्यमंत्री के परामर्श से करता है। मंत्रिपरिषद् सामूहिक उत्तरदायित्व के सिद्धांत पर कार्य करती है और किसी एक मंत्री के विरुद्ध अविश्वास प्रस्ताव पास होने पर समस्त मंत्रिपरिषद् को त्याग-पत्र देना पड़ता है। विधान मंडल मंत्रिपरिषद् पर, प्रश्न पूछ कर, पूरक प्रश्न पूछकर, कार्य स्थगन प्रस्ताव लाकर, ध्यान आकर्षण की सूचना देकर तथा विभिन्न संसदीय समितियों, जैसे लोक लेखा समिति, प्राक्कलन समिति, शासकीय आश्वासन समिति, लोक उद्यम समिति, विशेषाधिकार समिति, प्रदत्त-विधान समिति इत्यादि के द्वारा नियंत्रण रखता है।

मंत्रिपरिषद् निम्न कार्य करती है—

(i) यह सरकार की नीति निर्धारित करती है तथा उसे कार्यान्वित करने का प्रयास करती है।

(ii) यह राज्यपाल को सभी प्रमुख नियुक्तियां करने में सहायता देती है।

(iii) विधान सभा में अधिकतर महत्वपूर्ण विधेयक मंत्रिपरिषद् के सदस्यों द्वारा प्रस्तावित किए जाते हैं।

(iv) यह राज्य का बजट बनाती है तथा इसे विधान सभा के द्वारा पारित करवाने का प्रयास करती है।

मुख्यमंत्री

राज्यपाल को उसके कार्यों में सहायता देने के लिए एक मंत्रिपरिषद् के गठन का प्रावधान है, जिसका अध्यक्ष मुख्यमंत्री होता है। अनुच्छेद 164 के अनुसार, मुख्यमंत्री की नियुक्ति राज्यपाल द्वारा की जाती है। व्यवहारतः

राज्यपाल विधान सभा के बहुमत दल के नेता को मुख्यमंत्री नियुक्त करता है। राज्य में मुख्यमंत्री की स्थिति लगभग वैसी ही है जैसी केन्द्र में प्रधानमंत्री की। मुख्यमंत्री, राज्यपाल को ऐसे नाम सुझाता है जिन्हें वह मंत्रिपरिषद् में सम्मिलित करना चाहता है। मंत्रियों को विभागों का बंटवारा भी मुख्यमंत्री द्वारा किया जाता है। वह किसी भी मंत्री को मंत्रिपरिषद् से त्याग-पत्र देने के लिए कह सकता है अथवा मंत्रि-परिषद् का पुनर्गठन कर उन्हें मंत्रिमंडल से निकाल सकता है। वह विभिन्न मंत्रालयों के कार्य में ताल-मेल स्थापित करने का प्रयास करता है। इस प्रकार, यह स्पष्ट है कि अन्य मंत्रियों की तुलना में मुख्यमंत्री अत्यधिक शक्तिशाली है। किंतु मुख्यमंत्री सर्व शक्तिमान नहीं है। अपनी मंत्रिपरिषद् का गठन करते समय उसे कई बातों का ध्यान रखना पड़ता है, जैसे, समाज के विभिन्न वर्गों, विभिन्न भौगोलिक क्षेत्रों तथा दल के विभिन्न विचार समूहों का प्रतिनिधित्व।

क्या राज्यपाल मुख्यमंत्री को पदच्युत कर सकता है: हाँ, लेकिन तब जब किसी विधान सभा ने या तो अविश्वास प्रस्ताव पर मत देकर या निंदा प्रस्ताव पर मत देकर या किसी महत्वपूर्ण अध्युपाय को गिराकर या किसी अन्य प्रकार से प्रत्यक्ष मतदान द्वारा मंत्रिपरिषद् में विश्वास का न होना प्रकट किया हो और राज्यपाल यह समझता हो कि ऐसी परिस्थिति में विधान सभा का विघटन करना उचित नहीं होगा।

क्या एक दोषसिद्ध व्यक्ति को मुख्यमंत्री नियुक्त किया जा सकता है: वी.आर कपूर बनाम तमिलनाडु राज्य एवं अन्य के मामले में उच्चतम न्यायालय की पाँच सदस्यीय संविधान पीठ ने यह अभिनिर्धारित किया कि एक दोषसिद्ध व्यक्ति को जिसे 2 वर्ष से अधिक का कारावास का दण्ड दिया गया है मुख्यमंत्री नियुक्त नहीं किया जा सकता है। 2001 के तमिलनाडु विधान सभा चुनाव में श्रीमती जयललिता के नेतृत्व में अन्नाद्रमुक पार्टी भारी बहुमत से विजयी हुई। चुनाव के पूर्व उनके पूर्व-मुख्यमंत्रित्व काल के दौरान किए गए विभिन्न अपराधों के लिए उन्हें भ्रष्टाचार निवारक अधिनियम के अधीन दोषी ठहराया गया था और 2 वर्षों से अधिक के

कारावास से दण्डित किया गया था। इस कारण चुनाव आयोग के द्वारा लोक प्रतिनिधित्व अधिनियम के अन्तर्गत उन्हें चुनाव लड़ने से अयोग्य घोषित कर दिया गया था। इसके बावजूद उनके दल ने उन्हें दल का नेता चुन लिया और तमिलनाडु की राज्यपाल श्रीमती फातिमा बीबी ने उन्हें मुख्यमंत्री नियुक्त कर दिया। उनकी इस नियुक्ति की विधि मान्यता को कतिपय व्यक्तियों ने जनहित वाद के माध्यम से न्यायालय में चुनौती दिया। उच्चतम न्यायालय ने यह अभिनिर्धारित किया कि उनकी नियुक्ति अनु. 164(4) का उल्लंघन करती है, अत: असंवैधानिक और अवैध है।

मुख्यमंत्री के कार्य: मुख्यमंत्री, राज्यपाल तथा मंत्रिपरिषद् के बीच कड़ी के रूप में कार्य करता है तथा राज्यपाल को मंत्रिपरिषद् द्वारा लिए गए सभी निर्णयों से अवगत कराता है। मुख्यमंत्री विधान सभा की कार्यवाही में सक्रिय भूमिका निभाता है। सदन में नीति संबंधी सभी प्रमुख घोषणाएं उसी के द्वारा की जाती हैं तथा वह अपनी सरकार की नीतियों की रक्षा सदन में करता है। मुख्यमंत्री, मंत्रिपरिषद् का ही नहीं बल्कि राज्य विधान मंडल का भी नेता होता है। विधान मंडल में महत्वपूर्ण निर्णयों की घोषणा मुख्यमंत्री ही करता है। मुख्यमंत्री अध्यक्ष के साथ मिलकर विधान सभा का कार्यक्रम निश्चित करता है। विधान सभा को स्थगित और भंग किए जाने का निर्णय भी मुख्यमंत्री की सलाह पर विधान सभा अध्यक्ष करता है। इस प्रकार राज्य की शासन व्यवस्था में मुख्यमंत्री प्रमुख स्थान रखता है। परन्तु मुख्यमंत्री की वास्तविक स्थिति उसके अपने व्यक्तित्व तथा राज्य विधान सभा में उसके दल की स्थिति पर निर्भर करती है।

■■■

15

राज्य विधान मंडल

विधान सभा

विधान सभा विधान मंडल का निर्वाचित निकाय है। इसके सदस्य वयस्क मतदाता द्वारा प्रत्यक्ष रूप से चुने जाते हैं। इसके सदस्यों की अधिकतम संख्या 500 और निम्नतम संख्या 60 है। संविधान द्वारा विधान सभा में अनुसूचित जातियों तथा जनजातियों के लिए, उनकी जनसंख्या के अनुपात में, स्थान आरक्षित रखे गए हैं। राज्यपाल को यह शक्ति प्राप्त है कि यदि आंग्ल-भारतीय समुदाय का विधान सभा में पर्याप्त प्रतिनिधित्व न हो तो वह उस समुदाय के एक सदस्य को विधान सभा के लिए नाम निर्दिष्ट कर सकता है। विधान सभा में निर्वाचित होने के लिए किसी व्यक्ति का भारतीय नागरिक होना, कम-से-कम 25 वर्ष की आयु का होना तथा उन सब योग्यताओं से युक्त होना आवश्यक है, जिन्हें संसद विधि द्वारा निर्धारित करे। कोई व्यक्ति जो भारत सरकार, राज्य सरकार अथवा किसी स्थानीय स्वशासी संस्था के अंतर्गत लाभ के पद को धारण करता हो अथवा जो विकृत मस्तिष्क अथवा अनुन्मोचित दिवालिया हो, विधान सभा की सदस्यता के लिए अयोग्य होगा। विधान सभा की सामान्य अवधि 5 वर्ष की होती है। किंतु राज्यपाल उसे 5 वर्ष से पहले विघटित कर सकता है। आपात की अवधि में उसका निलंबन भी किया जा सकता है। सदन की बैठकों के लिए सदन के कुल सदस्यों के दसमांश सदस्यों की उपस्थिति गणपूर्ति हेतु आवश्यक है।

अध्यक्ष एवं उपाध्यक्ष : सदन अपने सदस्यों में से एक को अध्यक्ष एवं एक को उपाध्यक्ष चुनता है। अध्यक्ष इसकी बैठकों का संचालन करता है। विधान सभा की किसी बैठक में अध्यक्ष के अनुपस्थित रहने पर सदन की बैठकों की अध्यक्षता उपाध्यक्ष करता है।

विधान सभा अध्यक्ष के कार्य

अध्यक्ष का मुख्य कार्य सदन की कार्यवाही की अध्यक्षता करना है। जब अध्यक्ष को उसके पद से हटाने का प्रस्ताव विचाराधीन हो, उस समय वह सदन की बैठकों की अध्यक्षता नहीं करता। वह सदन का कार्यक्रम निर्धारित करता है तथा सदस्यों के भाषणों की सीमा निर्धारित करता है। वह सदन में व्यवस्था तथा अनुशासन बनाए रखता है तथा सदन में असंसदीय भाषा के प्रयोग को रोकता है। यदि कोई सदस्य उसकी बात नहीं मानता अथवा उसकी उपेक्षा करता है तो वह उसे सदन से बाहर चले जाने के लिए कह सकता है, उसकी सदस्यता को कुछ काल के लिए स्थगित कर सकता है अथवा सदन के मार्शल को उस सदस्य को सदन से बाहर करने का आदेश दे सकता है। जब सदन में व्यवस्था बनाए रखना संभव न हो तो वह सदन की कार्यवाही स्थगित कर सकता है। जब किसी प्रश्न पर सदन में मत विभाजन हो जाए तो वह मतों की गणना के आधार पर परिणाम घोषित करता है। साधारणतया वह सदन में मतदान नहीं करता किंतु यदि सदन के मत बराबरी में बँट जाएँ तो वह निर्णायक मत देता है। वह यह निर्णय भी करता है कि किसी कार्य-स्थगन प्रस्ताव को विचारार्थ स्वीकार किया जाए अथवा नहीं। किसी विधेयक को धन विधेयक माना जाए अथवा नहीं, इसका निर्णय भी अध्यक्ष ही करता है।

विधान परिषद्

विधान परिषद् विधान मंडल का उच्च सदन है। यह अंशत: निर्वाचित और अंशत: नाम निर्दिष्ट होता है। यह एक स्थायी सदन है और इसका विघटन नहीं होता। विधान परिषद् विधान मंडल का अनिवार्य अंग नहीं है। यही कारण है कि सभी राज्यों में विधान परिषद् का गठन नहीं किया गया है। बिहार, कर्नाटक, आंध्र प्रदेश, तेलंगाना, महाराष्ट्र और उत्तर प्रदेश में ही विधान परिषद् कार्यरत हैं। पर कोई भी राज्य विधान सभा में प्रस्ताव पारित कर विधान परिषद् का गठन कर सकता है, इसी प्रकार विधान सभा के प्रस्ताव द्वारा विधान परिषद् का उत्सादन भी किया जा सकता है। शर्त केवल यह है कि ऐसा करने वाला प्रस्ताव राज्य की विधान सभा द्वारा

अपने कुल सदस्यों के पूर्ण बहुमत तथा मतदान करने वाले सदस्यों के दो-तिहाई बहुमत से पारित किया गया हो। विधान सभा द्वारा पारित ऐसे प्रस्तावों के आलोक में संसद कानून बनाती है। अत: परिषद् का गठन अंतत: संसद के कानून द्वारा ही होता है।

विधान परिषद् का गठन और संरचना: विधान परिषद् की सदस्य संख्या विधान सभा के अनुसार कम या अधिक होती है। परिषद् की सदस्य संख्या विधान सभा की सदस्य संख्या के एक-तिहाई से अधिक नहीं होगी। पर इसमें कम- से-कम 40 सदस्य होंगे। विधान परिषद् के सदस्यों का निर्वाचन अप्रत्यक्ष रीति से आनुपातिक प्रतिनिधित्व प्रणाली के अनुसार एकल संक्रमणीय मत द्वारा होता है। परिषद् के 5/6 सदस्य अप्रत्यक्ष रूप से निर्वाचित होते हैं। शेष 1/6 सदस्यों को राज्यपाल नाम निर्दिष्ट करता है। सदस्यों के निर्वाचन में सीटों का आवंटन इस प्रकार होता है—

(i) 1/3 सदस्य स्थानीय निकायों द्वारा निर्वाचित

(ii) 1/12 सदस्य स्नातक मंडल द्वारा निर्वाचित

(iii) 1/12 सदस्य राज्य के माध्यमिक शिक्षकों द्वारा निर्वाचित

(iv) 1/3 सदस्यों का निर्वाचन राज्य की विधान सभा द्वारा।

नोट: रेखाचित्र, आरेख— विधान परिषद् (पेज न. 334 देखें)

परिषद् के सदस्य 6 वर्ष के लिए चुने जाते हैं। परिषद् का विघटन नहीं होता किंतु इसके 1/3 सदस्य प्रत्येक दो वर्ष की समाप्ति पर सेवा निवृत होते हैं। विधान परिषद् का सदस्य बनने के लिए किसी भी व्यक्ति को निम्न योग्यता प्राप्त होनी चाहिए— (i) वह भारत का नागरिक हो, (ii) कम-से-कम 30 वर्ष की आयु प्राप्त कर चुका हो तथा संसद द्वारा निर्धारित अन्य योग्यताओं से युक्त हो। (iii) उसे विकृत चित्त तथा अनुन्मोचित दिवालिया नहीं होना चाहिए और (iv) वह भारत सरकार अथवा राज्य सरकार के अधीन किसी लाभ के पद को धारण न करता हो। सदन की किसी भी बैठक के लिए कम-से-कम 10 या विधान परिषद् के कुल सदस्यों का दसमांश, इनमें जो भी अधिक हो, गण पूर्ति होगा।

विधान परिषद् अपने सदस्यों में से एक को सभापति एवं एक को उप-सभापति चुनती है। जब कभी सभापति अथवा उप-सभापति सदन का सदस्य नहीं रहता तो वह अपने पद से मुक्त हो जाता है। वह अपने पद से त्याग-पत्र दे सकता है अथवा परिषद् के सदस्यों के बहुमत से पारित प्रस्ताव द्वारा उसे अपदस्थ किया जा सकता है। किंतु ऐसे किसी प्रस्ताव को लाने के लिए 14 दिनों की पूर्व सूचना आवश्यक है। सभापति एवं उप-सभापति को विधान मंडल द्वारा निर्धारित वेतन एवं भत्ते प्राप्त होते हैं।

विधान मंडल की शक्तियाँ

विधि निर्माण: विधान मंडल का प्रमुख कार्य विधि का निर्माण करना है। इसे राज्य सूची से संबंधित विषयों पर विधि निर्माण का अनन्य अधिकार प्राप्त है। समवर्ती सूची से संबद्ध विषयों पर संसद की तरह राज्य विधान मंडल भी विधि निर्माण कर सकता है, किंतु यदि दोनों द्वारा निर्मित विधियों में परस्पर विरोध हो तो विरोध की सीमा तक संसदीय विधि मान्य होगी।

विधान मंडल में प्रस्तुत विधेयक दो प्रकार के होते हैं : साधारण विधेयक तथा धन विधेयक। धन-विधेयकों को पारित करने की प्रक्रिया साधारण विधेयकों की प्रक्रिया से भिन्न होती है। साधारण विधेयक विधान मंडल के किसी भी सदन में प्रस्तुत किए जा सकते हैं। कोई भी विधेयक दोनों सदनों में बारी-बारी से पारित किया जाता है। यदि किसी विधेयक पर दोनों सदनों में मतभेद हो तो उसका निपटारा निम्न विधि से किया जाता है: विधान परिषद्, विधान सभा द्वारा पारित विधेयक को या तो अपनी संस्तुतियों के साथ विधान सभा के पास वापस भेज देती है या तीन महीनों तक उस पर चुप्पी साध लेती है। यदि विधान सभा उस विधेयक को मूल रूप में अथवा संशोधनों के साथ पुन: पारित कर देती है तो विधान परिषद् उसे अस्वीकार नहीं कर सकती। यदि विधान परिषद् विधेयक को अस्वीकार करती है तो भी एक महीने के बाद यह मान लिया जाता है कि विधेयक दोनों सदनों द्वारा पारित हो गया है।

यदि विधेयक विधान मंडल के दोनों सदनों द्वारा (यदि उस राज्य में द्वि-सदनीय विधान मंडल हो) अथवा विधान सभा द्वारा (यदि उस राज्य में एक सदनीय विधान मंडल हो) पारित हो जाए तो उसे राज्यपाल के पास उसकी सहमति के लिए भेज दिया जाता है। राज्यपाल या तो उस विधेयक पर अपनी सहमति दे देता है या विधान मंडल के पास पुनर्विचार के लिए भेज देता है। यदि विधान मंडल पुनर्विचार के उपरांत उसे मूल रूप में अथवा संशोधित रूप में पुन: पारित कर राज्यपाल के पास भेज देता है तो राज्यपाल को उस पर अपनी सहमति देनी पड़ती है। तत्पश्चात् वह विधेयक अधिनियम बन जाता है। किंतु राज्यपाल के पास एक विकल्प और भी है। वह उस विधेयक को राष्ट्रपति के विचारार्थ रोक सकता है।

वित्तीय नियंत्रण: राज्य विधान मंडल राज्य सरकार की वित्तीय व्यवस्था को पूर्णतया नियंत्रित करता है। प्रत्येक वित्तीय वर्ष के प्रारम्भ में विधान मंडल के सम्मुख वार्षिक वित्तीय विवरण अथवा बजट प्रस्तुत किया जाता है, जिसमें शासन की आय और व्यय का विवरण रहता है। बजट वित्तमंत्री द्वारा रखा जाता है। बजट में उस खर्च को अलग से दिखाया जाता है जिसे राज्य की संचित निधि से वसूल किया जाता है। इस पर विचार विमर्श तो होता है किंतु इस पर सदन मतदान नहीं करता। दूसरे प्रकार का खर्च वह होता है जिसे राज्य की संचित निधि से किया जाता है। इस पर सदन न केवल विचार-विमर्श करता है वरन् इस पर मतदान भी करता है।

कोई धन विधेयक प्रारंभ में विधान परिषद् में प्रस्तुत नहीं किया जा सकता। जब विधान सभा किसी धन विधेयक को पारित कर देती है तब वह विधान परिषद् के पास भेज दिया जाता है। विधान परिषद् को उसे 14 दिनों के भीतर विधान सभा को लौटाना पड़ता है। विधान परिषद् उस विधेयक के संबंध में अपनी संस्तुतियाँ तो दे सकती है किंतु वह न तो उसे अस्वीकार कर सकती है और न उसमें संशोधन ही कर सकती है। विधान सभा द्वारा पारित किए जाने के 14 दिनों के बाद विधेयक को दोनों सदनों द्वारा पारित समझ लिया जाता है तथा राज्यपाल के पास उसकी सहमति के लिए भेज दिया जाता है। राज्यपाल को उस पर अपनी सहमति देनी पड़ती है।

कार्यपालिका पर नियंत्रण: मंत्रिपरिषद् सामूहिक रूप से विधान सभा के प्रति उत्तरदायी होती है। विधान सभा को मंत्रिपरिषद् के विरुद्ध अविश्वास प्रस्ताव पारित करने का अधिकार प्राप्त है। जब कभी ऐसा प्रस्ताव पारित हो जाता है तो समूची मंत्रिपरिषद् को त्याग-पत्र देना पड़ता है। विधान मंडल के दोनों सदन प्रश्न पूछकर, पूरक प्रश्न पूछकर, अत्यावश्यक लोक महत्व के विषय पर चर्चा करके, ध्यान आकर्षण प्रस्ताव प्रस्तुत करके, कार्य-स्थगन प्रस्ताव पेश करके तथा लोक लेखा समिति, प्राक्कलन समिति, लोक उद्यम समिति, शासकीय आश्वासन समिति, विशेषाधिकार समिति, प्रदत्त विधान समिति इत्यादि के माध्यम से कार्यपालिका को नियंत्रित करते हैं। इनके कारण कार्यपालिका सदैव सतर्क रहती है।

संविधान संशोधन: संघीय स्वरूप को प्रभावित करने वाला कोई संविधान संशोधन विधेयक यदि संसद के दोनों सदनों के द्वारा पारित हो जाता है तो आधे से अधिक राज्यों के विधान मंडलों द्वारा उसकी पुष्टि आवश्यक होती है।

चुनाव संबंधी शक्ति: विधान सभा को विधान परिषद् के सदस्यों, राष्ट्रपति, तथा अध्यक्ष एवं उपाध्यक्ष के निर्वाचन की शक्ति प्राप्त है। इसके साथ ही विधान सभा को विधान परिषद् के सृजन की व्यापक शक्ति प्राप्त है।

राज्य विधान मंडल की शक्तियों पर प्रतिबंध

(i) राज्य विधान मंडल राष्ट्रपति की पूर्व अनुमति के बिना राज्य सूची के कुछ विषयों पर विधि का निर्माण नहीं कर सकते। जैसे— अंतरराज्यिक वाणिज्य और व्यापार संबंधी विषय।

(ii) संघ की शक्तियों और उच्च न्यायालय की अधिकारिता को प्रभावित करने वाले विधेयक अगर राज्य विधान मंडल द्वारा पारित किए जाते हैं तो वे राष्ट्रपति की स्वीकृति से ही कानून बन पाएंगे।

(iii) आपातकाल के दौरान राज्य के विधान मंडल की शक्तियां निलंबित की जा सकती हैं।

(iv) समवर्ती सूची पर बनाए गए राज्य विधान मंडल के कानून संघ के कानून से टकराव की स्थिति में अमान्य होते हैं।

(v) राज्य सभा अपने प्रस्ताव द्वारा राज्य सूची के किसी विषय पर कानून बनाने के लिए संसद को अधिकृत कर सकती है।

राज्य सभा और विधान परिषद् की तुलना

(i) धन विधेयक के संबंध में विधान परिषद् को वही शक्तियां प्राप्त हैं जो राज्य सभा को हैं। वह धन विधेयक को केवल 14 दिन की अवधि तक अपने पास रोके रख सकती है।

(ii) सामान्य विधेयक विधान सभा द्वारा पारित होने के बाद विधान परिषद् को भेजा जाता है। विधान परिषद् या तो उस पर अपनी सहमति प्रकट करती है या उसमें संशोधन सहित उसे विधान सभा को वापस कर देती है। पर ऐसा तीन महीने के अंदर किया जाना आवश्यक है। इस प्रकार परिषद् एक विलंबकारी निकाय है। यदि वह किसी विधेयक से असहमत है तो वह विधेयक दुबारा विधान सभा को भेजा जाएगा। किंतु अंत में विधान सभा का मत ही अभिभावी होता है। दूसरी यात्रा में विधान परिषद् को एक माह से अधिक के लिए विधेयक को रोकने की शक्ति नहीं है। इन बातों में राज्य विधान मंडल की प्रक्रिया संघ की संसद से भिन्न है। इससे विधान परिषद् की स्थिति राज्य सभा से भी अधिक निर्बल हो जाती है।

(iii) संघ की संसद के दोनों सदनों के बीच असहमति होने पर उसका निपटारा संयुक्त बैठक के द्वारा किया जाता है, किंतु राज्य के विधान मंडल के दोनों सदनों के बीच मतभेद को निपटाने के लिए ऐसा कोई उपबंध नहीं है। राज्य विधान मंडल की दशा में विधान सभा की इच्छा ही अंतत: अभिभावी होती है।

■■■

16

प्रमुख पदाधिकारी, आयोग एवं अभिकरण

भारत का नियंत्रक एवं महालेखा परीक्षक

भारत के नियंत्रक-महालेखा परीक्षक की नियुक्ति राष्ट्रपति द्वारा की जाती है। उसका कार्यकाल 6 वर्षों का या 65 वर्ष की आयु प्राप्त करने तक होता है। उसे उसके पद से केवल उसी तरीके से और उन्हीं आधारों पर हटाया जा सकता है जिनसे उच्चतम न्यायालय के न्यायाधीश को हटाया जाता है। एक बार नियुक्त हो जाने के बाद उसके वेतन, अवकाश, पेंशन या सेवानिवृत्ति की आयु के संबंध में उसके हितों के विरुद्ध कोई परिवर्तन नहीं किया जा सकता। उसके कार्यालय का प्रशासनिक व्यय, कर्मचारियों के वेतन आदि भारत की संचित निधि पर भारित होते हैं। पद-निवृत्ति, अथवा पद-त्याग के बाद वह भारत सरकार अथवा किसी राज्य सरकार के अधीन किसी लाभ का पद ग्रहण नहीं कर सकता। अनुच्छेद 149 और 150 के अंतर्गत नियंत्रक-महालेखा परीक्षक की शक्तियों और कर्त्तव्यों का उल्लेख किया गया है।

नियंत्रक-महालेखा परीक्षक के मुख्य कर्त्तव्य निम्न हैं—

- सरकार की लेखा परीक्षा करना
- सरकारी खर्च से संबंधित वित्तीय नियमों और आदेशों का पालन करवाना और
- यह सुनिश्चित करना कि केवल सक्षम अधिकारी ही व्यय के लिए स्वीकृति प्रदान करें।

नियंत्रक-महालेखा परीक्षक का एक अत्यंत महत्वपूर्ण कार्य मितव्ययिता की दृष्टि से सरकारी लेखा खाताओं की जांच करना है तथा जहां फिजूलखर्ची अथवा अति व्यय नजर आए उस ओर लोक लेखा समिति

का ध्यान आकृष्ट करना है। नियंत्रक-महालेखा परीक्षक संघीय खातों से संबद्ध रिपोर्टों को राषृट्रपति के समक्ष प्रस्तुत करता है।

भारत का महान्यायवादी

महान्यायवादी भारत सरकार का प्रमुख विधि अधिकारी होता है। भारत का महान्यायवादी मंत्रिमंडल का सदस्य नहीं होता किन्तु उसे किसी भी सदन में या उसकी समिति की बैठक में बोलने का अधिकार प्राप्त है। परन्तु उसे मत देने का अधिकार नहीं है (अनुच्छेद 88)। महान्यायवादी को अपने कर्त्तव्यों के पालन में भारत के राज्य क्षेत्र में सभी न्यायालयों में सुनवाई का अधिकार प्राप्त है। महान्यायवादी की नियुक्ति राष्ट्रपति द्वारा की जाती है। वह राष्ट्रपति के प्रसाद पर्यन्त पद धारण करता है। उसकी वही अर्हताएं हैं जो उच्चतम न्यायालय के न्यायाधीश के रूप में नियुक्ति के लिए अपेक्षित होती हैं। वह ऐसा पारिश्रमिक प्राप्त करता है जो राष्ट्रपति अवधारित करे। किंतु वह न तो सरकार का पूर्णकालिक विधि परामर्शी है और न सरकारी सेवक। भारत का महान्यायवादी भारत सरकार का प्रमुख कानूनी सलाहकार है। वह उन सभी कानूनी मामलों पर जो उसे राष्ट्रपति द्वारा सौंपे गए हों, पर अपना परामर्श देता है। इसके अतिरिक्त वह ऐसे अन्य कानूनी उत्तरदायित्व भी निभाता है जो उसे राष्ट्रपति द्वारा समय-समय पर सौंपे जाते हैं। महान्यायवादी उच्चतम न्यायालय तथा विभिन्न उच्च न्यायालयों के सम्मुख सरकार के मामले प्रस्तुत करता है।

लोकपाल

भारतीय लोकपाल की अवधारणा स्वीडन के ओम्बुड्समैन पर आधारित है, जहाँ यह व्यवस्था 1809 से प्रभावी है। भारत में सर्वप्रथम इसकी स्थापना की मांग डॉ. लक्ष्मीमल सिंघवी के द्वारा 1956 में की गई थी। 1966 में प्रशासनिक सुधार आयोग ने भी इसकी सिफारिश की। 1968 में लोकपाल विधेयक पहली बार संसद में प्रस्तुत किया गया। ओडिशा लोकायुक्त अधिनियम 1970 बनाने वाला पहला राज्य बना जबकि महाराष्ट्र में सबसे पहले 1971 में लोकायुक्त की नियुक्ति की गई। लोकपाल की स्थापना का

मुख्य उद्देश्य लोक सेवकों तथा जनप्रतिनिधियों के कुप्रशासन तथा भ्रष्टाचार के विरुद्ध जनता की शिकायत सुनने तथा उस पर जाँच कर अपनी संस्तुति प्रस्तुत करना है।

राज्य का महाधिवक्ता

प्रत्येक राज्य में एक महाधिवक्ता होता है जिसकी स्थिति केन्द्र के महान्यायवादी के समान है। राज्य के महाधिवक्ता की नियुक्ति राज्यपाल द्वारा की जाती है और वह उसके प्रसाद पर्यन्त पद पर बना रहता है। प्रायः इस पद पर उसी व्यक्ति को नियुक्त किया जाता है जो उच्च न्यायालय में न्यायाधीश नियुक्त होने की योग्यता रखता हो। उसे राज्य के विधान मंडल के सदनों की कार्यवाहियों में भाग लेने और बोलने का अधिकार है किन्तु मतदान का अधिकार नहीं है। उसका यह कर्त्तव्य है कि वह उस राज्य की सरकार को विधि सम्बन्धी विषयों पर सलाह दे तथा ऐसे अन्य कर्त्तव्यों का पालन करे जो समय-समय पर राज्य उसे सौंपे तथा ऐसे कार्यों का निर्वहन करे जो संविधान अथवा किसी विधि द्वारा उसके अधीन किए गए हों।

वित्त आयोग

संविधान में एक वित्त आयोग की व्यवस्था की गई है। इसमें एक अध्यक्ष तथा 4 अन्य सदस्य होते हैं। इन सब की नियुक्ति राष्ट्रपति करता है। आयोग का अध्यक्ष ऐसा व्यक्ति होता है जिसे सार्वजनिक कार्यों का अनुभव हो। अन्य 4 सदस्य उन व्यक्तियों में से चुने जाते हैं जो उच्च न्यायालय के न्यायाधीश बनने की क्षमता रखते हों, सरकार की लेखाओं तथा वित्त की विशेष जानकारी रखते हों, जिन्हें वित्तीय विषयों और प्रशासन का विस्तृत अनुभव हो तथा जिन्हें अर्थशास्त्र का विशेष ज्ञान हो। आयोग का प्रत्येक सदस्य उस अवधि तक अपने पद पर बना रहता है जितनी अवधि उसके नियुक्ति पत्र में राष्ट्रपति द्वारा उल्लिखित हो। उसकी पुनर्नियुक्ति हो सकती है। आयोग के सदस्य पूर्णकाल तक अथवा आंशिक काल तक, जैसा भी राष्ट्रपति निश्चित करे कार्यरत रहते हैं। आयोग को यह अधिकार है कि वह

किसी भी व्यक्ति से किसी भी प्रश्न पर कोई भी सूचना, जिसे आयोग उपयोगी समझे, प्राप्त कर सके।

आयोग के कार्य: आयोग राष्ट्रपति को निम्न विषयों पर अपनी संस्तुतियाँ देता है— कर द्वारा प्राप्त आय का बँटवारा अथवा वितरण, भारत की संचित निधि में से राज्यों को दिए जाने वाले सहायता अनुदानों के सिद्धांतों का निर्धारण तथा राष्ट्रपति द्वारा स्वस्थ हितों के संदर्भ में माँगे गए किसी भी विषय पर विचार। वित्त आयोग द्वारा दी गई संस्तुतियों तथा उनके संबंध में किए गए कार्यों का लेखा-जोखा राष्ट्रपति संसद के दोनों सदनों के सम्मुख रखवाता है।

राष्ट्रीय महिला आयोग

महिलाओं के कानूनी अधिकार और अन्य अधिकारों की सुरक्षा के लिए 1990 में संसद ने महिलाओं के राष्ट्रीय आयोग की स्थापना करने के लिए एक कानून बनाया। राष्ट्रीय महिला आयोग की स्थापना 31 जनवरी, 1992 को की गई। इस आयोग के प्रमुख कार्य निम्न हैं—

(i) महिलाओं के प्रति अत्याचारों को रोकना

(ii) महिलाओं के हितों की रक्षा के उपाय सुझाना

(iii) महिलाओं को त्वरित न्याय दिलाने का प्रयास करना

(iv) उनके अधिकारों का संरक्षण करना।

अनुसूचित जाति एवं जनजाति आयोग

संविधान के अनुच्छेद 338 में राष्ट्रपति को अनुसूचित जाति एवं जनजाति आयोग के गठन का अधिकार दिया गया है। 1990 में सरकार ने संविधान में पैसठवां संशोधन कर अनुसूचित जाति एवं जनजाति आयोग का गठन किया। आयोग अनुसूचित जाति व जनजातियों के विकास की व्यवस्था करता है। संघ तथा राज्य सरकारें अनुसूचित जातियों तथा अनुसूचित जनजातियों को प्रभावित करने वाली सभी नीतिगत मामलों पर आयोग से परामर्श करती हैं। आयोग के अध्यक्ष, उपाध्यक्ष तथा सदस्यों की सेवा शर्ते

एवं पदावधि का निर्धारण भी राष्ट्रपति द्वारा किया जाता है। आयोग को अपनी प्रक्रिया तय करने का अधिकार संविधान द्वारा दिया गया है। अनुसूचित जातियों तथा जनजातियों के विकास के लिये आयोग प्रति वर्ष अथवा अन्य समयों पर राष्ट्रपति को प्रतिवेदन देता है। राष्ट्रपति आयोग के प्रतिवेदनों तथा उस पर की गई कार्यवाहियों को संसद के दोनों सदनों के समक्ष रखवाता है। 2003, में सरकार द्वारा संविधान में 89वां संशोधन विधेयक पारित किया गया। इसके अंतर्गत अनुसूचित जाति एवं अनुसूचित जनजाति के लिए अलग-अलग आयोगों के गठन का प्रावधान किया गया था। प्रत्येक आयोग में एक अध्यक्ष, एक उपाध्यक्ष तथा तीन अन्य सदस्य होने थे। इन दोनों आयोगों का गठन 2004 में किया गया।

राष्ट्रीय अल्पसंख्यक आयोग

1992 में सरकार ने एक अधिनियम द्वारा राष्ट्रीय अल्पसंख्यक आयोग का गठन किया। इस आयोग में एक अध्यक्ष, एक उपाध्यक्ष तथा पांच अन्य सदस्य होते हैं। आयोग का मुख्य कार्य संघ तथा राज्य सरकारों के अधीन अल्पसंख्यकों के विकास एवं प्रगति का मूल्यांकन करना है। साथ ही अल्पसंख्यकों के सामाजिक, आर्थिक तथा शैक्षणिक विकास से संबंधित विषय पर उत्पन्न समस्या से सरकार को अवगत कराना है।

पिछड़ा वर्ग आयोग

संविधान के अनुच्छेद 340 के अनुसार राष्ट्रपति सामाजिक और शैक्षिक दृष्टि से पिछड़े वर्गों की दशा के अन्वेषण और उसमें सुधार हेतु आयोग की नियुक्ति कर सकता है। इस प्रकार से गठित आयोग की रिपोर्ट को राष्ट्रपति संसद के दोनों सदनों के समक्ष रखवाएगा तथा इस रिपोर्ट पर की गई कार्यवाही की रिपोर्ट भी प्रस्तुत करवाएगा। देश में पहला पिछड़ा वर्ग आयोग 29 जनवरी, 1953 को काका कालेलकर की अध्यक्षता में तथा दूसरा आयोग 20 सितंबर, 1978 को बिंदेश्वरी प्रसाद मंडल की अध्यक्षता में गठित किया गया था। 1993 में इसे एक स्थायी वैधानिक आयोग बना

दिया गया। इसमें 5 सदस्य होते हैं जिनकी नियुक्ति तीन वर्ष के लिए की जाती है।

केंद्रीय सतर्कता आयोग

के. संथानम समिति की रिपोर्ट के आधार पर 1964 में केंद्रीय सतर्कता आयोग का गठन किया गया। इसके अध्यक्ष मुख्य सतर्कता आयुक्त एन. विट्ठल थे। उच्चतम न्यायालय के निर्देश के अंतर्गत 1997 में आयोग को संवैधानिक दर्जा प्रदान करते हुए इसके अधिकारों को और विस्तार दिया गया। राजनेताओं के भ्रष्टाचार के मामले इस आयोग की परिधि में नहीं आते तथापि झामुमो रिश्वत प्रकरण में उच्चतम न्यायालय द्वारा लोक सेवक शब्द की व्याख्या किए जाने के बाद सांसद, विधायक तथा मंत्री केंद्रीय सतर्कता आयोग के क्षेत्राधिकार में आ गए हैं। आयोग भ्रष्टाचार के आरोपी नौकरशाहों के नामों की सूची बेबसाइट पर जारी कर सार्वजनिक करता है।

केंद्रीय जाँच ब्यूरो

दिल्ली विशेष पुलिस स्थापना अधिनियम 1946 के अंतर्गत दिल्ली में विशेष पुलिस की स्थापना की गई थी। 1963 में इसी को केंद्रीय जांच ब्यूरो के रूप में राष्ट्रीय स्तर पर मान्यता प्रदान की गई। केंद्रीय जाँच ब्यूरो भ्रष्टाचार तथा आपराधिक मामलों का अनुसंधान कर चार्जशीट प्रस्तुत करता है। केंद्रीय सतर्कता आयोग द्वारा संदर्भित किए गए मामलों की छानबीन के बाद केंद्रीय जाँच ब्यूरो (सी.बी.आई.) विशेष अदालत में आरोपी के विरुद्ध मुकदमा संस्थित करता है।

■■■

17

भारत में सिविल सेवा

भारत में सिविल सेवा की स्थापना ब्रिटिश शासन के दौरान हुई। सिविल सेवा के अधिकारियों की नियुक्ति प्रतियोगिता परीक्षा के आधार पर होती थी। भारत में उन्हें शासन संबंधी विशिष्ट दायित्व सौंपे गए थे। वे बगैर किसी भय एवं बाधा के अपने कर्त्तव्यों का निर्वहन कर सकें, इसके लिए उन्हें कई वैधानिक रक्षोपाय प्रदान किए गए। सिविल सेवा के इन अधिकारियों ने ब्रिटिश साम्राज्य के स्थायीत्व में महत्वपूर्ण भूमिका निभाई। इसी कारण इन्हें ब्रिटिश साम्राज्य का इस्पाती चौखट कहा जाता था। सिविल सेवा के अधिकारी ब्रिटिश शासन के प्रति उत्तरदायी थे न कि भारतीय जनता के प्रति।

आजादी के बाद भारत में उत्तरदायी सरकार की स्थापना पर बल दिया गया। पर सिविल सेवकों की स्वतंत्रता एवं विशेषाधिकार ज्यों-की-त्यों बने रहे। स्वतंत्र भारत में इनकी भरती, पदावधि की सुरक्षा एवं अनुशासन संबंधी कार्यवाही आदि के मामले में कतिपय संवैधानिक गारंटियां जारी रहीं। इन सब के कारण उनमें शासक वर्ग की मनोवृत्ति हावी हो गई। वे अपने को जनता का सहयोगी नहीं बल्कि शासक समझने लगे। इस कारण जनता एवं शासन के बीच गहरा अलगाव परिलक्षित होने लगा। आज आवश्यकता इस बात की है कि सिविल सेवकों को कानून के साथ-साथ जनता के प्रति भी उत्तरदायी बनाया जाए। उनकी जिम्मेवारी सुनिश्चित की जाए। भारतीय लोकतंत्र में सिविल सेवा की सफलता इस बात में निहित है कि सिविल सेवक अपने को जनता का सहयोगी समझें न कि शासक।

संघ लोक-सेवा आयोग

भारत में 1919 के भारत-शासन अधिनियम द्वारा सर्वप्रथम एक लोक-सेवा आयोग की स्थापना की व्यवस्था की गई थी, यद्यपि यह आयोग 1926 में स्थापित किया गया। 1935 के भारत शासन अधिनियम में संघ लोक-सेवा

आयोग के साथ-साथ प्रांतीय लोक-सेवा आयोग की भी व्यवस्था की गई। यह प्रावधान किया गया कि संघ सरकार के लिए एक लोक-सेवा आयोग होगा और संघ के घटक राज्यों के लिए अलग लोक-सेवा आयोग होगा। संघ लोक-सेवा आयोग में वर्तमान में एक अध्यक्ष तथा दस सदस्य हैं। इसके सदस्यों का कार्यकाल पदभार ग्रहण करने की तिथि से 6 वर्ष अथवा 65 वर्ष की आयु प्राप्त करने तक, जो भी पहले हो, होता है। आयोग के आधे सदस्य ऐसे होने चाहिए जिन्हें केंद्र सरकार के अधीन 10 वर्ष तक कार्य करने का अनुभव प्राप्त हो। आमतौर पर आयोग के सदस्यों की नियुक्ति में राष्ट्रपति आयोग के अध्यक्ष से सलाह लेता है। आयोग के सदस्यों की नियुक्ति करते समय उनकी प्रशासनिक योग्यता के साथ-साथ उनके चरित्र, कर्त्तव्यनिष्ठा और ईमानदारी को भी ध्यान में रखा जाता है। अनुच्छेद 317 में आयोग के सदस्यों को अपदस्थ करने की प्रक्रिया का वर्णन किया गया है। राष्ट्रपति निम्न स्थितियों में संघ लोक-सेवा आयोग के अध्यक्ष या किसी सदस्य को कार्यकाल से पूर्व हटा सकता है—

(i) यदि अध्यक्ष या सदस्य दिवालिया हो गया हो,

(ii) यदि आयोग के सेवा काल में उन्होंने अन्य वेतनभोगी पद स्वीकार कर लिया हो,

(iii) यदि राष्ट्रपति के विचार में अध्यक्ष या सदस्य शारीरिक अथवा मानसिक दुर्बलता के कारण अपने पद का कार्यभार ग्रहण करने में असमर्थ हो।

उपर्युक्त कारणों के अतिरिक्त दुराचरण और कदाचार के अपराध में भी राष्ट्रपति उन्हें उच्चतम न्यायालय से जाँच कराकर पदच्युत कर सकता है। संघ लोक-सेवा आयोग के अध्यक्ष एवं सदस्यों के वेतन सहित अन्य सभी खर्चे भारत की संचित निधि से दिए जाते हैं।

आयोग के प्रमुख कार्य निम्न हैं—

(i) संघ सरकार की सेवाओं के लिए प्रतियोगी परीक्षाओं का आयोजन तथा उसके आधार पर सफल प्रत्याशियों की सूची सरकार के पास अनुशंसित करना।

(ii) यदि दो या अधिक राज्य आग्रह करें तो उन राज्यों हेतु किसी सेवा विशेष के लिए सम्मिलित भर्ती का प्रबंध करना एवं भर्ती के लिए राज्यों की सहायता करना।

(iii) संघ एवं राज्य सरकारों को कुछ निर्धारित विषयों पर परामर्श देना, यथा—

(क) लोक-सेवाओं में भर्ती के तरीकों के बारे में परामर्श देना।

(ख) नियुक्ति, पदोन्नति, स्थानान्तरण आदि के लिए प्रत्याशियों की उपयुक्तता के सम्बन्ध में सरकार को परामर्श देना।

(ग) अनुशासनात्मक मामलों पर सलाह देना।

संविधान में यह प्रावधान किया गया है कि आयोग प्रति वर्ष राष्ट्रपति के समक्ष अपने कार्य के सम्बन्ध में प्रतिवेदन प्रस्तुत करे। सरकार इस प्रतिवेदन को संसद में प्रस्तुत करती है जिसमें यह प्रावधान होता है कि सरकार ने किस प्रकार संघ लोक-सेवा आयोग की सिफारिशों को लागू किया है। अगर किसी खास सिफारिश को लागू नहीं किया जा सकता है तो उसकी वजह स्पष्ट की जाती है। आयोग द्वारा प्रस्तुत प्रतिवेदन पर संसद में बहस होती है। आयोग एक परामर्शदात्री निकाय है और इसकी सिफारिशों को सरकार द्वारा मानना आवश्यक नहीं है, फिर भी अधिकांश सिफारिशें सरकार द्वारा स्वीकार की जाती हैं।

राज्य लोक सेवा आयोग

संविधान में राज्यों के लिए अलग से लोक सेवा आयोगों की व्यवस्था की गई है। यदि दो या अधिक राज्यों के विधान मंडल एक ही लोक सेवा आयोग की स्थापना का प्रस्ताव पारित कर कहें तो संसद उन राज्यों के लिए एक संयुक्त लोक सेवा आयोग का गठन कर सकती है। राज्य लोक सेवा आयोग में एक अध्यक्ष और अन्य सदस्य होते हैं जिनकी नियुक्ति राज्यपाल करता है। संयुक्त लोक सेवा आयोग के अध्यक्ष और सदस्यों की नियुक्ति राष्ट्रपति द्वारा की जाती है। राज्य लोक सेवा आयोग के आधे सदस्य ऐसे होते हैं जिन्होंने सरकारी सेवा में कम-से-कम 10 वर्ष पूरे कर

लिए हों। आयोग का प्रत्येक सदस्य 6 वर्ष की अवधि तक अथवा 62 वर्ष की आयु तक अपने पद पर बना रहता है। आयोग का अध्यक्ष अथवा कोई सदस्य अपने कार्य-काल की समाप्ति के बाद किसी सरकारी पद पर काम नहीं कर सकता।

राज्य लोक सेवा आयोग का अध्यक्ष अपने पद से मुक्त होने के उपरांत संघीय लोक सेवा आयोग के अध्यक्ष अथवा अन्य सदस्य के रूप में अथवा किसी अन्य राज्य के लोक सेवा आयोग के अध्यक्ष के रूप में नियुक्त किया जा सकता है। वह भारत सरकार अथवा राज्य सरकार के अधीन कोई भी अन्य पद ग्रहण नहीं कर सकता। राज्य लोक सेवा आयोग का अध्यक्ष या कोई अन्य सदस्य राष्ट्रपति की आज्ञा से ही हटाया जा सकता है। इसके लिए यह जरूरी है कि उसके विरूद्ध दुराचार का आरोप हो तथा राष्ट्रपति उच्चतम न्यायालय से उस आरोप की जांच कराए। जब कोई व्यक्ति दिवालिया ठहराया जाय अथवा अन्य कोई वैतनिक पद स्वीकार कर ले अथवा शारीरिक या मानसिक कमजोरी के कारण अपने पद पर बने रहने के योग्य न हो, तो राष्ट्रपति उसे उसके पद से हटा सकता है। इसी प्रकार संयुक्त लोक सेवा आयोग का अध्यक्ष या अन्य कोई सदस्य केवल राष्ट्रपति की आज्ञा से ही हटाया जा सकता है।

संयुक्त लोक सेवा आयोग का कोई सदस्य राष्ट्रपति को संबोधित कर तथा राज्य लोक सेवा आयोग का कोई सदस्य राज्यपाल को संबोधित कर, अपने पद से त्याग-पत्र दे सकता है। राज्य लोक सेवा आयोग के सदस्यों की सेवा शर्तें कानून द्वारा सुरक्षित की गई हैं। उनके वेतन व भत्ते राज्य की संचित निधि से दिए जाते हैं।

राज्य लोक सेवा आयोग के कार्य

राज्य लोक सेवा आयोग निम्न कार्य संपन्न करता है:

(i) राज्य सेवाओं के लिए परीक्षाओं का आयोजन व संचालन करना।

(ii) राज्य कर्मचारियों की नियुक्ति, पदोन्नति तथा तबादलों के मामलों में राज्य सरकार को सलाह देना।

(iii) राज्य लोक सेवा आयोग का कर्त्तव्य है कि राज्यपाल द्वारा जिस किसी मामले में उसकी राय मांगी गई हो, उस पर वह सलाह दे।

(iv) राज्य लोक सेवा आयोग प्रति वर्ष अपने कार्यों की रिपोर्ट राज्यपाल को देता है। राज्यपाल उस रिपोर्ट को विधान मंडल के समक्ष प्रस्तुत करवाता है।

■■■

18

आपातकालीन उपबंध

भारत के संविधान का भाग-18 [अनुच्छेद 352-360] आपात उपबन्ध के बारे में है। भाग-18 के उपबन्ध जर्मनी के संविधान से प्रेरित हैं। ये उपबन्ध कार्यपालिकीय शक्ति का विस्तार करते हैं। इनका उद्देश्य राष्ट्रीय संकट के विरूद्ध राष्ट्रीय हितों का संरक्षण करना है। आपात की उद्घोषणा के सम्भावित दुरूपयोग के निवारण के लिए संविधान में पर्याप्त उपबन्ध किया गया है। आपात की उद्घोषणा से सामान्य संघीय व्यवस्था प्रभावित होती है। सम्पूर्ण व्यवस्था लगभग एकात्मक हो जाती है। भाग-18 के अनुसार निम्नलिखित तीन प्रकार की उद्घोषणाएं की जा सकती हैं—

(i) राष्ट्रीय आपात की उद्घोषणा (अनु. 352)

(ii) राष्ट्रपति शासन की उद्घोषणा (अनु. 356)

(iii) वित्तीय आपात की उद्घोषणा (अनु. 360)

नोट: रेखाचित्र, आरेख— आपात उपबंध (पेज न. 335 देखें)

राष्ट्रीय आपात की उद्घोषणा

अनु. 352 के अन्तर्गत राष्ट्रपति द्वारा की गई उद्घोषणा 'आपात की उद्घोषणा' कहलाती है। राष्ट्रपति का यह समाधान हो जाने पर कि— (i) युद्ध (ii) बाह्य आक्रमण (iii) आंतरिक विद्रोह, या उपरोक्त तीनों के 'संकट की आसन्नता' के कारण भारत या उसके किसी भाग की सुरक्षा खतरे में है तथा गम्भीर परिस्थितियां विद्यमान हैं, वह उद्घोषणा द्वारा तद्-विषयक घोषणा 'सम्पूर्ण भारत के लिए' या उद्घोषणा में 'निर्दिष्ट भाग' के सम्बन्ध में कर सकेगा। 44वें संविधान संशोधन अधिनियम, 1978 द्वारा 'आन्तरिक विद्रोह' के स्थान पर 'सशस्त्र विद्रोह' शब्द जोड़ दिया गया।

अनुच्छेद 352(1) के अन्तर्गत राष्ट्रपति का समाधान, राष्ट्रपति का व्यक्तिपरक समाधान है। यहाँ समाधान से तात्पर्य प्रधानमंत्री तथा उनकी

मंत्रिपरिषद् के समाधान से है। राष्ट्रपति का यह समाधान न्यायालय में चुनौती योग्य नहीं है। यहाँ तक कि "दुर्भावना" के आधार पर भी यह चुनौती योग्य नहीं होगा अर्थात् राष्ट्रपति के समाधान की न्यायिक समीक्षा नहीं की जा सकती। लेकिन न्यायालय ने कुछ वादों में यह मत व्यक्त किया कि राष्ट्रपति के समाधान की जाँच की जा सकती है। 42वें संविधान संशोधन अधिनियम, 1976 द्वारा अनु.352 में एक खण्ड जोड़कर यह स्पष्ट कर दिया गया कि राष्ट्रपति का समाधान न्यायिक पुनर्विलोकन से बाहर है, किन्तु 44वें संविधान संशोधन अधिनियम, 1978 पारित करके उक्त नये खण्ड को समाप्त कर दिया गया। इसके परिणामस्वरूप अब आपात उद्घोषणा की संवैधानिकता को न्यायालय में इस आधार पर चुनौती दी जा सकती है कि वह दुर्भावना से प्रेरित होकर की गई है।

मिनर्वा मिल बनाम भारत संघ वाद 1980 में न्यायमूर्ति भगवती ने यह कहा कि आपात की उद्घोषणा की वैधानिकता की न्यायिक समीक्षा प्रतिबन्धित नहीं है। पर न्यायालय की न्यायिक समीक्षा करने की शक्ति सीमित होगी। न्यायालय केवल यह देख सकेगा कि क्या संवैधानिक मर्यादाओं का पालन किया गया है या नहीं। यदि राष्ट्रपति का समाधान दुर्भावनापूर्ण, मिथ्या तथा पूरी तरह निरर्थक तथ्यों पर आधारित है तो यह कोई समाधान नहीं होगा और इसलिए चुनौती योग्य होगा। राष्ट्रपति आपात की उद्घोषणा तभी करेगा जब उसे मंत्रिमंडल के निर्णय की लिखित संसूचना दी गई हो। अनु. 352(1) के अन्तर्गत जारी की गई उद्घोषणा —

(i) संसद के दोनों सदनों के समक्ष रखी जाएगी।

(ii) यदि दोनों सदन एक माह के भीतर इसे अनुमोदित नहीं करते तो यह प्रवर्तन में नहीं रह जाएगी। यह अनुमोदन तब भी आवश्यक होगा जब देश के किसी एक भाग में आपात उपबन्ध लागू किया जा रहा हो। वहीं यदि आपात उपबन्ध को वापस लिया जा रहा हो तो उसके अनुमोदन की कोई आवश्यकता नहीं होगी।

(iii) संसदीय अनुमोदन विशेष बहुमत से होना चाहिए।

संसदीय अनुमोदन के पश्चात् उद्घोषणा 6 माह तक प्रवर्तन में बनी रहेगी, यदि इसके पहले प्रतिसंहृत (Revoke) न कर दी गई हो। [आपात उद्घोषणा दूसरे संकल्प पारित होने की तिथि से 6 माह तक प्रवर्तन में रहेगी]। 6 माह से अधिक अवधि तक जारी रखने के लिए प्रत्येक 6 माह पर संसद का अनुमोदन आवश्यक होगा। यदि लोक सभा विघटित हो या अपेक्षित अवधि के भीतर विघटित हो गई हो तो उद्घोषणा को राज्य सभा से नियत समय (1 माह) में अनुमोदित करा लेना चाहिए तथा लोक सभा के गठन की प्रतीक्षा करनी चाहिए। लोक सभा के गठन के पश्चात् तथा उसकी पहली बैठक की तिथि से 30 दिनों के भीतर अनुमोदन आवश्यक होगा। राष्ट्रपति को उस समय आपात उद्घोषणा को वापस लेना पड़ेगा यदि लोक सभा साधारण बहुमत से इसे समाप्त करने का संकल्प पारित कर देती है। अबतक भारत में तीन बार राष्ट्रीय आपात काल की घोषणा की गई है। पहली उद् घोषणा 1962 में भारत-चीन युद्ध के समय, दूसरी 1971 में भारत-पाकिस्तान युद्ध के समय तथा तीसरी 1975 में आंतरिक भभांति के कारण।

आपात उद्घोषणा का प्रभाव

(i) आपातकाल के दौरान संघ की कार्यपालिकीय शक्ति का विस्तार राज्य की कार्यपालिकीय शक्ति के प्रयोग के ढंग के संबंध में निर्देश देने तक विस्तृत हो जाता है। संघ उस राज्य को भी निर्देश दे सकेगा जहाँ आपात प्रवर्तन में नहीं है। लेकिन अनुच्छेद 353(क) का परन्तुक कहता है कि यहाँ केन्द्र निर्देश तभी देगा जबकि जिस कारण से अन्य स्थान पर आपात की उद्घोषणा की गई है उसके सूत्र वहाँ से जुड़े हों।

(ii) आपात उद्घोषणा के प्रवर्तन के दौरान संघीय संसद राज्य-सूची के विषय पर विधि बना सकती है।

(iii) अनु. 353(ख) के अन्तर्गत संसद उन विषयों पर विधि बनाकर, जो संघ सूची में शामिल नहीं हैं, संघ या उसके अधिकारियों को शक्ति प्रदान कर सकती है या उन पर कर्त्तव्य आरोपित कर सकती है।

(iv) यद्यपि संसद की विधायी शक्ति में वृद्धि हो जाती है किन्तु इसका अर्थ यह नहीं है कि राज्य की विधायी शक्तियाँ निलम्बित हो जाती हैं। राज्य, राज्य सूची के विषय पर कानून बना सकता है।

(v) आपात उद्घोषणा के प्रवर्तन के दौरान राष्ट्रपति लोक सभा के जीवन काल में प्रत्येक बार 1 वर्ष की वृद्धि कर सकता है। ऐसा संसद द्वारा विधि बनाकर किया जाता है। इस प्रकार बढ़ाई गई अवधि उद्घोषणा के प्रवृत्त न रहने के पश्चात् 6 माह से आगे तक की नहीं हो सकती।

(vi) जैसे ही युद्ध या बाह्य आक्रमण के आधार पर आपात की उद्घोषणा की जाती है वैसे ही अनु. 358 प्रवृत्त हो जाता है और अनु. 19 अपने आप निलम्बित हो जाता है। किन्तु अनु. 359 को लागू करने के लिए राष्ट्रपति का आदेश आवश्यक है जिसमें वे मूल अधिकार विनिर्दिष्ट हों जिनके विरूद्ध निलम्बन लागू होगा। किन्तु अनु. 20 और 21 का निलम्बन नहीं होगा।

राष्ट्रपति शासन की उद्घोषणा

यदि राष्ट्रपति को राज्यपाल की रिपोर्ट पर अथवा अन्य किसी स्रोत के आधार पर विश्वास हो जाए कि राज्य का शासन संविधान की धाराओं के अनुसार नहीं चलाया जा सकता तो वह इस आशय की आपातकालीन घोषणा कर सकता है। संसद की स्वीकृति के बिना यह घोषणा दो महीने तक लागू रह सकती है। संसद की अनुमति मिलने पर यह घोषणा 6 महीने तक लागू रह सकती है। इस प्रकार की घोषणा अधिकतम 3 वर्ष तक लागू रह सकती है यदि चुनाव आयोग यह प्रमाण-पत्र दे दे कि विधान सभा का चुनाव करवाना संभव नहीं है।

इस प्रकार की घोषणा के निम्न प्रभाव पड़ते हैं—

(i) राष्ट्रपति घोषणा कर सकता है कि राज्य के विधान मंडल की शक्तियां संसद के प्राधिकार द्वारा या उसके अधीन प्रयुक्त होंगी।

(ii) संसद उन वैधानिक शक्तियों को, जो उसे राज्य विधान मंडल के बदले में प्राप्त होती है, राष्ट्रपति को हस्तांतरित कर सकती है, जो उसे अन्य किसी अधिकारी को सौंप सकता है।

(iii) जब लोक सभा का अधिवेशन न चल रहा हो, तब राष्ट्रपति राज्य की संचित निधि में से संसद की आज्ञा मिलने तक आवश्यक व्यय को प्राधिकृत कर सकता है।

सन् 1951 में पंजाब में प्रथम बार इस घोषणा को लागू किया गया। अप्रैल 2015 तक इसका 119 बार प्रयोग किया गया। मोदी सरकार में 2023 तक 10 बार इसका प्रयोग नहीं किया गया। इसका सर्वाधिक उपयोग कांग्रेस शासन के अधीन किया गया।

वित्तीय आपात की उद्घोषणा

यदि राष्ट्रपति को विश्वास हो जाए कि भारत या उसके किसी राज्य क्षेत्र के किसी भाग का वित्तीय स्थायित्व संकट में है तो वह वित्तीय आपातकाल की घोषणा कर सकता है। इस प्रकार की घोषणा संसद की स्वीकृति के बिना केवल दो महीने तक लागू रहती है। लेकिन इस दौरान यदि लोक सभा का विघटन हो जाता है तो नवगठित लोक सभा द्वारा 30 दिनों के भीतर इसकी स्वीकृति आवश्यक है, यदि इस दौरान राज्य सभा ने इसे जारी रखने का प्रस्ताव पारित कर दिया हो। संसद की स्वीकृति के पश्चात् यह तब तक जारी रहेगी जब तक कि राष्ट्रपति दूसरी घोषणा से इसे समाप्त न कर दे। वित्तीय आपात की घोषणा के निम्न प्रभाव होते हैं—

केन्द्र द्वारा राज्य सरकारों को आदेश: जब इस प्रकार की उद्घोषणा लागू होती है, संघ की कार्यपालिका शक्ति राज्य को वित्तीय औचित्य संबंधी ऐसे सिद्धांतों का पालन करने का निर्देश देने तक, जैसा कि निर्देश में उल्लिखित हो, विस्तृत हो जाती है।

राज्य सरकार के कर्मचारियों के वेतन में कटौती: ऐसे किसी निर्देश के अंतर्गत (i) राज्यों के संबंध में सेवा करने वाले व्यक्तियों के सब या किन्हीं वर्गों के वेतन और भत्तों में कमी की अपेक्षा करने वाले उपबंध और (ii) धन

विधेयक अथवा अन्य विधेयकों के राज्य के विधान मंडल द्वारा उनके पारित किए जाने के पश्चात् राष्ट्रपति के विचार के लिए आरक्षित करने के लिए उपबंध भी हो सकेंगे।

संघ सरकार के कर्मचारियों के वेतन व भत्तों में कटौती: जब इस प्रकार की उद्घोषणा प्रवर्तन में होती है तो उच्च न्यायालयों और उच्चतम न्यायालय के न्यायाधीशों सहित, संघ के कार्यों के संबंध में सेवा करने वाले सब या किसी वर्ग के वेतन और भत्तों में कमी के निर्देश देने के लिए राष्ट्रपति सक्षम हो जाता है।

राष्ट्रीय आपातकाल एवं राष्ट्रपति शासन में अंतर

(i) राष्ट्रीय आपातकाल की घोषणा तब की जाती है जब युद्ध, बाह्य आक्रमण एवं सशस्त्र विद्रोह के कारण देश या उसके किसी भाग की सुरक्षा खतरे में पड़ गई हो। राज्यों में राष्ट्रपति शासन, शासन तंत्र की विफलता की स्थिति में लगाई जाती है। यानी तब जब राज्य में शासन संविधान के प्रावधानों के अनुसार न चल रहा हो।

(ii) राष्ट्रीय आपात के दौरान राज्य की कार्यपालिका एवं विधायिका निलंबित नहीं होती। वह पूर्ववत अपने दायित्वों का निर्वहन करती है। इस अवधि में संघ को प्रशासन एवं विधायन संबंधी समवर्ती अधिकार प्राप्त हो जाता है। राज्यों में राष्ट्रपति शासन के दौरान राज्य की कार्यपालिका निलंबित हो जाती है एवं विधायिका या तो निलंबित कर दी जाती है या उसका विघटन हो जाता है।

(iii) राष्ट्रीय आपात के दौरान संसद राज्य सूची के विषयों पर स्वयं कानून बना सकती है। वह इस अधिकार को अन्य प्राधिकरण को हस्तांतरित नहीं कर सकती। जबकि राज्यों में राष्ट्रपति शासन के दौरान राष्ट्रपति राज्य के बारे में कानून बनाने का अधिकार राज्य को या किसी अन्य प्राधिकरण को सौंप सकता है।

(iv) संविधान में राष्ट्रीय आपातकाल की अधिकतम अवधि निर्धारित नहीं की गई है। संसद की स्वीकृति से इसे अनिश्चित काल तक लागू

रखा जा सकता है। राज्यों में राष्ट्रपति शासन की अधिकतम अवधि तीन वर्ष से अधिक नहीं हो सकती।

(v) राष्ट्रीय आपात लागू करने संबंधी प्रत्येक प्रस्ताव का संसद के विशेष बहुमत से पारित होना आवश्यक है। राष्ट्रपति शासन लागू करने संबंधी प्रस्ताव को संसद द्वारा साधारण बहुमत से पारित किया जा सकता है।

(vi) राष्ट्रीय आपातकाल के दौरान नागरिकों के मूल अधिकार निलंबित हो जाते हैं। राज्यों में राष्ट्रपति शासन लागू किए जाने की स्थिति में नागरिकों के मूल अधिकार सुरक्षित रहते हैं।

लोक सभा राष्ट्रीय आपात को समाप्त करने संबंधी प्रस्ताव पारित कर सकती है। पर राज्यों में राष्ट्रपति शासन समाप्त करने संबंधी ऐसा कोई प्रावधान नहीं है। इसे राष्ट्रपति की उद्घोषणा द्वारा समाप्त किया जा सकता है।

■■■

19

संविधान संशोधन

भारतीय संविधान परिवर्तनशील है। अत: इसमें आवश्यकता पड़ने पर संशोधन किया जा सकता है। संविधान में संशोधन की व्यवस्था अनुच्छेद 368 में की गई है। संविधान में संशोधन का अधिकार भारतीय संसद को दिया गया है। स्पष्ट है कि संविधान में संशोधन का कोई भी प्रस्ताव राज्य के विधान मंडल में नहीं लाया जा सकता। संविधान में संशोधन की तीन प्रक्रियाओं का उल्लेख किया गया है—

साधारण बहुमत द्वारा संशोधन: संविधान में कुछ ऐसे अनुच्छेद हैं जिन्हें संसद साधारण बहुमत से संशोधित कर सकती है। जैसे—

- राज्यों के नाम एवं सीमाओं में परिवर्तन
- राज्यों में विधान परिषदों का गठन एवं उत्सादन
- राष्ट्रपति, राज्यपाल, उच्चतम न्यायालय एवं उच्च न्यायालय के न्यायाधीशों के वेतन में वृद्धि एवं कमी।

विशेष बहुमत द्वारा संशोधन: ऐसे संशोधन के लिए सदन की कुल सदस्य संख्या की आधी एवं मतदान करने वाले सदस्यों के दो-तिहाई के समर्थन की आवश्यकता होती है। जैसे–

- मौलिक अधिकार
- राज्य के नीति निदेशक तत्वों से संबंधित विषय।

विशेष बहुमत एवं राज्यों के अनुमोदन से संशोधन: इसके लिए संसद के विशेष बहुमत के साथ कम-से-कम आधे राज्यों के समर्थन की आवश्यकता होती है, जैसे–

- राष्ट्रपति के चुनाव प्रक्रिया एवं निर्वाचक मंडल से संबंधित
- संघ एवं राज्यों की कार्यपालिका शक्ति के विस्तार

- उच्चतम एवं उच्च न्यायालय के गठन एवं क्षेत्राधिकार
- सातवीं अनुसूची में वर्णित विषय
- संसद में राज्यों का प्रतिनिधित्व।

73वां संविधान संशोधन ऐसा ही संशोधन था, जिसे संसद के विशेष बहुमत के साथ 17 राज्यों के विधान मंडलों का समर्थन प्राप्त था। इसमें सातवीं अनुसूची का विषय शामिल था।

संशोधन प्रक्रिया के साधारण लक्षण

(i) हमारे संविधान में संघटक शक्ति संघ के विधान मंडल में निहित है। संविधान में संशोधन के लिए कोई पृथक निकाय नहीं है।

(ii) राज्य विधान मंडल संविधान में संशोधन के लिए कोई प्रस्ताव नहीं ला सकते। संविधान में संशोधन का कोई भी प्रस्ताव संघ की संसद में ही लाया जा सकता है।

(iii) संविधान संशोधन विधेयक संघीय संसद के किसी भी सदन में प्रस्तुत किए जा सकते हैं।

(iv) संविधान संशोधन के लिए संयुक्त अधिवेशन {108(1)} की व्यवस्था नहीं है। जबकि सामान्य विधेयक की स्थिति में इसकी व्यवस्था की गई है। इसलिए संविधान संशोधन के प्रस्ताव को संसद के दोनों सदनों द्वारा अलग-अलग पारित होना आवश्यक है।

(v) संविधान संशोधन के लिए किसी विधेयक को संसद में पुर: स्थापित करने के लिए राष्ट्रपति की पूर्व अनुमति आवश्यक नहीं है।

24वें संविधान संशोधन अधिनियम 1971 के अनुसार राष्ट्रपति संविधान संशोधन विधेयक को अनुमति देने के लिए बाध्य है।

मूल अधिकार एवं संविधान संशोधन

संसद को अनुच्छेद 368 के अनुसार संविधान में संशोधन का अधिकार प्राप्त है। अनुच्छेद 13(2) में कहा गया है कि कोई भी विधि जो संविधान के भाग-3 का उल्लंघन करती हो उसके उल्लंघन की सीमा तक शून्य होगी।

इस प्रकार संविधान संशोधन के द्वारा मूल अधिकारों का उल्लंघन नहीं किया जा सकता। गोलकनाथ मामले में न्यायालय ने इसी विचार को पुष्ट किया और संविधान संशोधन को 'विधि' माना। केशवानंद वाद में न्यायालय ने अपने फैसले को उलट दिया और यह माना कि संविधान संशोधन अनुच्छेद 13 के अंतर्गत विधि नहीं है। अत: संविधान संशोधन द्वारा मूल अधिकारों में भी परिवर्तन किया जा सकता है। लेकिन साथ ही यह भी माना कि संविधान संशोधन द्वारा संविधान के मूल ढांचे में परिवर्तन नहीं किया जा सकता।

संविधान संशोधन एवं संविधान का मूल ढांचा

संविधान में मूल ढांचे की परिभाषा नहीं दी गई है और न ही इसे सूत्रबद्ध किया गया है। न्यायालय ने विभिन्न वादों पर विचार करते हुए संविधान के मूलभूत ढांचे के प्रश्न को उठाया है। पर न्यायालय ने भी इसका स्पष्ट निर्धारण नहीं किया है। न्यायालय का स्पष्ट मानना है कि संविधान के आधारभूत ढांचे को विभिन्न मामलों में वस्तुपरक ढंग से विचार करते हुए ही निर्धारित किया जा सकता है।

संविधान के मूल ढांचे में निम्न विषय शामिल हैं—

- भारत की प्रभुता और अखंडता,
- पंथ निरपेक्षता,
- कल्याणकारी राज्य,
- परिसंघीय प्रणाली,
- संसदीय व्यवस्था,
- स्वतंत्र एवं निष्पक्ष चुनाव,
- न्यायिक पुनर्विलोकन,
- मूल अधिकार,
- विधि का शासन,
- संविधान की सर्वोच्चता आदि।

संविधान का 25वां संशोधन: इस संशोधन के द्वारा संविधान में अनुच्छेद 31(ग) अंत: स्थापित किया गया। इसके अंतर्गत बनायी गई कोई भी विधि न्यायिक पुनर्विलोकन से मुक्त कर दी गई। पर न्यायालय ने बहुमत से यह अभिनिर्धारित किया कि अनुच्छेद 368 के अंतर्गत संविधान संशोधन द्वारा न्यायिक पुनर्विलोकन को समाप्त नहीं किया जा सकता। न्यायालय ने यह माना कि न्यायिक पुनर्विलोकन संविधान के मूल ढांचे का अनिवार्य अंग है।

संविधान का 42वां संशोधन: 42वें संविधान संशोधन अधिनियम 1976 द्वारा संविधान के अनुच्छेद 368 में दो खंड (4) और (5) अंत: स्थापित किए गए। खंड (5) के अनुसार संसद की संविधायी शक्ति पर किसी प्रकार का निर्बंधन नहीं होगा। खंड (4) के अनुसार संविधान संशोधन अधिनियम की विधि मान्यता किसी न्यायालय में किसी आधार पर प्रश्नगत नहीं की जाएगी। पर न्यायालय ने मिनर्वा मिल वाद में अपने विनिश्चय द्वारा 42वें संशोधन द्वारा अनु. 368 में अंत: स्थापित खंड (4), एवं (5) को इस आधार पर अमान्य घोषित कर दिया कि न्यायिक पुनर्विलोकन संविधान का आधारिक लक्षण है और इसे संशोधनों द्वारा समाप्त नहीं किया जा सकता।

प्रमुख संविधान संशोधन

संविधान (पहला संशोधन) अधिनियम, 1951: इस संशोधन के द्वारा विभिन्न राज्यों द्वारा पारित भूमि सुधार और जमींदारी उन्मूलन अधिनियमों को मान्यता दी गई और संपत्ति के अधिकार के संबंध में न्यायालयों का अधिकार क्षेत्र सीमित कर दिया गया।

संविधान (दूसरा संशोधन) अधिनियम, 1952: इस संशोधन के द्वारा लोक सभा में प्रतिनिधित्व संबंधी अनुच्छेद 81(1)(ख) में संशोधन किया गया। संशोधन से पूर्व के अनुच्छेद के अनुसार "प्रत्येक साढ़े सात लाख जनसंख्या लिए कम-से-कम एक और प्रत्येक पांच लाख जनसंख्या के लिए अधिक से अधिक एक" प्रतिनिधि की व्यवस्था थी। इस संशोधन ने "प्रत्येक साढ़े सात लाख जनसंख्या के लिए कम-से-कम एक" शब्दों को लुप्त कर दिया।

संविधान (तीसरा संशोधन) अधिनियम, 1955: इस संशोधन के द्वारा केंद्र को खाद्य पदार्थ, पशुओं का चारा, कच्ची रुई और कच्चे पटसन के बारे में विधि-निर्माण का अधिकार दिया गया।

संविधान (चौथा संशोधन) अधिनियम, 1955: इस संशोधन के द्वारा नौवीं अनुसूची में सात और अधिनियम जोड़ दिए गए ताकि उनकी वैधता पर किसी न्यायालय में आपत्ति न उठाई जा सके।

संविधान (पांचवां संशोधन) अधिनियम, 1955: इस संशोधन के द्वारा यह प्रावधान किया गया कि किसी राज्य की सीमा, क्षेत्र या नाम में परिवर्तन करने वाले विधेयक को संबद्ध राज्य के विधान मंडल के पास भेजा जाएगा तथा उसे अपने विचार प्रकट करने के लिए निश्चित समय दिया जाएगा। विधेयक संसद के सम्मुख तभी पेश किया जा सकेगा जब दिए गए समय की अवधि समाप्त हो गई हो।

संविधान (छठा संशोधन) अधिनियम, 1956: इस संशोधन के द्वारा समाचार-पत्रों को छोड़कर और सब वस्तुओं पर अंतर्राज्य व्यापार और वाणिज्य में क्रय-विक्रय पर कर संघ विधानपालिका के अधिकार क्षेत्र में आ गया।

संविधान (सातवां संशोधन) अधिनियम, 1956: इस संशोधन के द्वारा राज्य के पुनर्गठन की योजना को क्रियान्वित किया गया। राज्यों का (क), (ख), (ग) वर्गीकरण समाप्त कर दिया गया तथा देश को एक स्तर के 14 राज्यों और 6 संघ-राज्य क्षेत्रों में विभाजित कर दिया गया। राज्यों का पुनर्गठन भाषायी आधार पर किया गया।

संविधान (आठवां संशोधन) अधिनियम, 1959: इस संशोधन के द्वारा अनुसूचित जातियों और आदिम जातियों के लिए लोक सभा और राज्य विधान सभाओं में स्थानों के विशेष आरक्षण तथा आंग्ल-भारतीयों के लिए मनोनयन द्वारा विशेष प्रतिनिधित्व की अवधि 10 वर्ष से बढ़ाकर 20 वर्ष कर दी गई।

संविधान (नौवां संशोधन) अधिनियम, 1960: इस संशोधन के द्वारा सीमा विवाद संबंधी 10 सितंबर, 1958; 23 अक्टूबर, 1959 और 11 जनवरी, 1960 को हुए भारत-पाकिस्तान समझौतों की शर्तों को कार्यान्वित करने और कुछ क्षेत्र पाकिस्तान को हस्तांतरित करने के लिए संविधान की प्रथम अनुसूची में संशोधन किया गया।

संविधान (10वां संशोधन) अधिनियम, 1961: इस संशोधन के द्वारा दादर और नगर हवेली को भारत का अंग बना दिया गया।

संविधान (11वां संशोधन) अधिनियम, 1961: इस संशोधन के द्वारा राष्ट्रपति और उप-राष्ट्रपति की निर्वाचन-प्रणाली में परिवर्तन किए गए। संशोधन के बाद राष्ट्रपति के चुनाव को इस आधार पर अवैध घोषित नहीं किया जा सकता कि निर्वाचक-गण का निर्वाचन पूर्ण नहीं हुआ था। उप-राष्ट्रपति के निर्वाचन के लिए संसद के दोनों सदनों की संयुक्त बैठक को भी संशोधन द्वारा गैर-जरूरी कर दिया गया। अब दोनों सदनों के सदस्य मतदान पत्रों के द्वारा मत दे सकते हैं।

संविधान (12वां संशोधन) अधिनियम, 1962: इस संशोधन के द्वारा गोवा, दमन और दीव को भारत का अंग घोषित किया गया तथा उन्हें भारत संघ का आठवां संघ-राज्य क्षेत्र बना दिया गया।

संविधान (13वां संशोधन) अधिनियम, 1962: इस संशोधन के द्वारा नागालैंड को भारत का एक नया राज्य घोषित किया गया।

संविधान (14वां संशोधन) अधिनियम, 1962: इस संशोधन के द्वारा पांडिचेरी, कारीकल, माहे और यनम को पांडिचेरी के नाम से विधिवत भारत का अंग और एक संघ-राज्य क्षेत्र घोषित किया गया एवं पांडिचेरी को संसद के दोनों सदनों में प्रतिनिधित्व देने की व्यवस्था की गई। संघ-राज्य क्षेत्रों से लोक सभा में सदस्यों की अधिकतम संख्या 20 से बढ़ाकर 25 कर दी गई।

संविधान (15वां संशोधन) अधिनियम, 1963: इस संशोधन के द्वारा उच्च न्यायालय के न्यायाधीशों की अवकाश ग्रहण की आयु 60 से बढ़ाकर 62

वर्ष कर दी गई। यदि उच्च न्यायालय के किसी न्यायाधीश की सही आयु संबंधी विवाद उठता है, तो उसका निर्णय राष्ट्रपति द्वारा किया जाएगा।

संविधान (16वां संशोधन) अधिनियम, 1963: इस संशोधन के द्वारा राज्य को यह अधिकार दिया गया कि वह राष्ट्र की प्रभुसत्ता और एकता के हित में भाषण, अभिव्यक्ति, सम्मेलन आदि की स्वतंत्रता के मूल अधिकारों पर विधि द्वारा युक्तियुक्त प्रतिबंध लगा सकता है। साथ ही किसी भी राज्य के भारतीय संघ से पृथक होने तथा संघ को भंग करने के प्रयास को अवैध घोषित कर दिया गया।

संविधान (17वां संशोधन) अधिनियम, 1964: इसके द्वारा भूमि सुधार संबंधी कुछ और विधियों की सांविधानिक वैधता के बारे में संदेह दूर करने हेतु अनुच्छेद 31 (क) में तथा नौवीं अनुसूची में संशोधन किए गए।

संविधान (18वां संशोधन) अधिनियम, 1966: इस संशोधन के द्वारा यह स्पष्ट किया गया कि अनुच्छेद 3(क) के द्वारा संसद को दी गई शक्ति के अंतर्गत किसी राज्य का अथवा संघ-राज्य क्षेत्र का एक भाग किसी दूसरे राज्य या राज्य क्षेत्र में मिलाकर एक नए राज्य या संघ-राज्य क्षेत्र का गठन किया जा सकता है।

संविधान (19वां संशोधन) अधिनियम, 1966: इस संशोधन के द्वारा निर्वाचन-न्यायाधिकरणों का अंत कर दिया गया तथा निर्वाचन संबंधी विवादों को सीधे उच्च न्यायालयों में ले जाए जाने की व्यवस्था की गई।

संविधान (20वां संशोधन) अधिनियम, 1966: इस संशोधन के द्वारा उत्तर प्रदेश तथा कुछ अन्य राज्यों में कुछ जिला न्यायाधीशों की नियुक्ति, स्थानांतरण तथा निर्णयों को वैधता प्रदान की गई।

संविधान (21वां संशोधन) अधिनियम, 1967: इस संशोधन के द्वारा संविधान की आठवीं अनुसूची में राष्ट्रीय भाषाओं में सिंधी को शामिल किया गया।

संविधान (22वां संशोधन) अधिनियम, 1969: इस संशोधन के द्वारा संसद को यह अधिकार दिया गया कि वह विधि द्वारा असम राज्य में कुछ

कबाइली क्षेत्रों को एक स्वायत्त उप-राज्य बना सकती है तथा उसके लिए अलग स्थानीय विधान मंडल अथवा मंत्रिपरिषद् या दोनों की व्यवस्था कर सकती है। असम विधान सभा के कबाइली क्षेत्रों के तथा कुछ अन्य सदस्यों की एक समिति का भी प्रावधान किया गया।

संविधान (23वां संशोधन) अधिनियम, 1969: इस संशोधन के द्वारा अनुसूचित जातियों तथा जनजातियों और आंग्ल-भारतीयों की सरकारी नौकरियों में आरक्षण और विधान सभाओं में उनके स्थानों के आरक्षण की अवधि को 26 जनवरी, 1970 से आगे दस वर्ष के लिए और बढ़ा दिया गया।

संविधान (24वां संशोधन) अधिनियम, 1971: इस संशोधन के द्वारा यह व्यवस्था की गई कि संसद अपनी संविधान संशोधनकारी शक्ति के अंतर्गत संशोधन के किसी भी उपबंध में, जिनमें भाग 3 के उपबंध भी शामिल हैं, संशोधन कर सकती है। साथ ही यह भी स्पष्ट किया गया कि जब संसद के दोनों सदनों द्वारा पारित किसी संविधान संशोधन विधेयक को राष्ट्रपति के सम्मुख रखा जाएगा, तब वह उस पर अपनी स्वीकृति देने से मना नहीं करेगा।

संविधान (25वां संशोधन) अधिनियम, 1971: इस संशोधन के द्वारा संविधान के 31वें अनुच्छेद में 'प्रतिकर' शब्द को हटाकर 'धनराशि' शब्द जोड़ दिया गया और यह स्पष्ट किया गया कि यह जरूरी नहीं होगा कि सरकार संबद्ध कानून में निर्देशित 'रकम' या धनराशि नकद ही दे अर्थात यह राशि बांडों या प्रतिभूतियों के रूप में भी दी जा सकती है।

साथ ही यह भी स्पष्ट किया गया कि अनुच्छेद 19 में सभी नागरिकों को दिया गया संपत्ति के अर्जन, धारण और व्ययन का अधिकार किसी ऐसे कानून पर लागू नहीं होगा जिसके द्वारा सार्वजनिक प्रयोजन के लिए संपत्ति ली जाए।

संविधान (26वां संशोधन) अधिनियम, 1971: इस संशोधन के द्वारा देशी नरेशों के प्रिवी पर्सों तथा विशेषाधिकारों को समाप्त करने का निर्णय लिया गया।

संविधान (27वां संशोधन) अधिनियम, 1972: इस संशोधन के द्वारा नव-निर्मित मिजोरम संघ राज्य-क्षेत्र के लिए एक विधान मंडल तथा मंत्रिमंडल की व्यवस्था की गई। संघ-राज्य क्षेत्र के प्रशासक को वहां के विधान मंडल के सत्र में न रहने की अवधि में अध्यादेश जारी करने की शक्ति दी गई।

संविधान (28वां संशोधन) अधिनियम, 1972: इस संशोधन के द्वारा अनुच्छेद 314 को संविधान से हटा दिया गया और एक नया अनुच्छेद 312(क) जोड़ दिया गया। इसके द्वारा सेक्रेट्री ऑफ स्टेट द्वारा नियुक्त अधिकारियों की सेवा शर्तों में परिवर्तन करने की शक्ति संसद को दी गई।

संविधान (29वां संशोधन) अधिनियम, 1972: इस संशोधन के द्वारा केरल भूमि सुधार (संशोधन) अधिनियम, 1971 को संविधान की नौवीं अनुसूची में शामिल किया गया।

संविधान (30वां संशोधन) अधिनियम, 1972: इस संशोधन द्वारा यह व्यवस्था की गई कि अगर उच्च न्यायालय यह प्रमाण-पत्र दे दे कि किसी मामले में विधि का सारवान प्रश्न अंतर्निहित है, तो उसकी अपील उच्चतम न्यायालय में की जा सकती है।

संविधान (31वां संशोधन) अधिनियम, 1973: इस संशोधन के द्वारा लोक सभा में राज्यों से प्रतिनिधियों की अधिकतम संख्या 500 से बढ़ाकर 525 तथा संघ-राज्य क्षेत्रों के प्रतिनिधियों की अधिकतम संख्या 25 से घटाकर 20 कर दी गई। साथ ही मेघालय राज्य की विधान सभा में अनुसूचित जनजातियों के लिए स्थानों के आरक्षण की आवश्यकता को समाप्त कर दिया गया।

संविधान (32वां संशोधन) अधिनियम, 1973: इस संशोधन के द्वारा यह व्यवस्था की गई कि राष्ट्रपति आंध्र प्रदेश के विभिन्न भागों की जनता के लिए, उनकी आवश्यकताओं के अनुसार 'लोक नियोजन' के विषय में और शिक्षा के विषय में भिन्न-भिन्न उपबंध कर सकेगा तथा आंध्र प्रदेश राज्य के लिए एक प्रशासनिक न्यायाधिकरण का गठन किए जाने का उपबंध कर सकेगा।

संविधान (33वां संशोधन) अधिनियम, 1974: इस संशोधन के द्वारा यह आवश्यक कर दिया गया कि केंद्रीय अथवा किसी राज्य के विधान मंडल के सदस्य का त्याग-पत्र तब तक प्रभावी न माना जाए जब तक संबंधित सदन के अध्यक्ष अथवा सभापति जांच करने के बाद यह समाधान न कर लें कि त्याग-पत्र स्वैच्छिक और वास्तविक है।

संविधान (34वां संशोधन) अधिनियम 1974: इस संशोधन के द्वारा भूमि की अधिकतम सीमा और भूमि सुधार से संबंधित 20 अतिरिक्त राज्य अधिनियमों को नौवीं अनुसूची में शामिल किया गया।

संविधान (35वां संशोधन) अधिनियम, 1974: इस संशोधन के द्वारा सिक्किम को भारत संघ के भीतर एक सह-युक्त राज्य का दर्जा प्रदान किया गया।

संविधान (36वां संशोधन) अधिनियम, 1975: इस संशोधन के द्वारा संविधान की प्रथम सूची में सिक्किम को एक पूर्ण राज्य के रूप में मान्यता दी गई, लोक सभा और राज्य सभा में सिक्किम के एक-एक प्रतिनिधि का प्रावधान किया गया।

संविधान (37वां संशोधन) अधिनियम, 1975: इस संशोधन के द्वारा अरुणाचल प्रदेश को भी गोवा, दमन और दीव, पांडिचेरी और मिजोरम के साथ उस सूची में शामिल किया गया जिसके अधीन स्थानीय विधान मंडलों, मंत्रिपरिषदों अथवा दोनों का सृजन किया जा सकता है।

संविधान (38वां संशोधन) अधिनियम, 1975: इस संशोधन द्वारा यह व्यवस्था की गई कि संसद के सत्रावसान के दौरान अध्यादेश जारी करने की शक्ति संबंधी राष्ट्रपति का समाधान अंतिम और निश्चायक होगा और उस पर किसी भी आधार पर किसी न्यायालय में आपत्ति नहीं की जाएगी। अनुच्छेद 359 में संशोधन के द्वारा यह स्पष्ट किया गया कि आपातकाल के प्रवर्तन में इस अनुच्छेद के अंतर्गत राष्ट्रपति द्वारा जारी किए गए आदेश के लागू रहते राज्य की विधि बनाने की या कोई कार्यपालिका कार्यवाही करने की शक्ति मूल अधिकारों से निर्बंधित नहीं होगी।

संविधान (39वां संशोधन) अधिनियम, 1975: इस संशोधन के द्वारा राष्ट्रपति और उप-राष्ट्रपति के निर्वाचन से संबंधित अनुच्छेद 71 की जगह एक नया अनुच्छेद शामिल किया गया जिसके अनुसार इस मामले के विनियमन के बारे में विधि बनाने की शक्ति संसद को दी गई। साथ ही यह व्यवस्था की गई कि प्रधानमंत्री और लोक सभा अध्यक्ष के संसद सदस्य के रूप में निर्वाचन को केवल संसद द्वारा बनाई गई विधि के अनुसार ही चुनौती दी जा सकेगी और उस विधि पर किसी न्यायालय में आपत्ति नहीं की जा सकेगी।

संविधान (40वां संशोधन) अधिनियम, 1976: इस संशोधन के द्वारा संविधान की नौवीं अनुसूची में 64 नई प्रविष्टियां जोड़ी गईं तथा अनुच्छेद 297 के स्थान पर एक नया अनुच्छेद शामिल किया गया जिसके अनुसार राज्य क्षेत्रीय सागर खंड अथवा महाद्वीपीय मग्नतट भूमि अथवा अनन्य आर्थिक क्षेत्र में समुद्र के नीचे के सभी खनिज और अन्य मूल्यवान चीजें संघ में निहित होंगी और संघ के प्रयोजनों के लिए ही रखी जाएंगी।

संविधान (41वां संशोधन) अधिनियम, 1976: इस संशोधन के द्वारा राज्य लोक सेवा आयोगों के अध्यक्ष और सदस्यों की सेवानिवृत्ति की आयु को 60 से बढ़ाकर 62 वर्ष कर दिया गया।

संविधान (42वां संशोधन) अधिनियम, 1976: इस संशोधन के द्वारा संविधान की उद्देशिका में गणराज्य के साथ 'समाजवादी' और 'पंथनिरपेक्ष' शब्द जोड़ दिए गए तथा राष्ट्र की एकता के साथ 'अखंडता' का भी समावेश कर दिया गया। इसके द्वारा निदेशक तत्वों को प्रभावी बनानेवाले कानूनों को संरक्षण प्रदान किया गया तथा कुछ नए निदेश जोड़े गए, जिनमें समान न्याय और आर्थिक रूप से पिछड़े वर्गों को नि:शुल्क कानूनी सेवा, उद्योगों के प्रबंध में कामगारों की भागीदारी तथा देश के पर्यावरण का संरक्षण और वन्य तथा अन्य जीवों की रक्षा करना सम्मिलित है।

राष्ट्र विरोधी गतिविधियों के निवारण के लिए संसद द्वारा कानून बनाने का उपबंध किया गया। यह भी व्यवस्था की गई कि ऐसे किसी कानून को इस आधार पर शून्य नहीं किया जा सकेगा कि वह अनुच्छेद 14,

19 या 31 का अतिक्रमण करता है। संविधान में एक नया भाग 4(क), अनुच्छेद 51(क) जोड़कर मूल अधिकारों के साथ-साथ पहली बार नागरिकों के मूल कर्त्तव्यों की भी एक सूची दी गई। अनुच्छेद 74 में स्पष्ट प्रावधान किया गया कि राष्ट्रपति मंत्रिपरिषद् की मंत्रणा के अनुसार ही कार्य करेगा। लोक सभा और राज्यों की विधान सभाओं का कार्यकाल 5 वर्ष से बढ़ाकर 6 वर्ष कर दिया गया। अनुच्छेद 352 में संशोधन कर राष्ट्रपति को देश के किसी भाग में आपातकाल की उद्‌घोषणा करने की शक्ति दी गई। साथ ही संसद द्वारा किए गए किसी संविधान संशोधन पर किसी न्यायालय में किसी आधार पर आक्षेप नहीं किया जाएगा।

संविधान (43वां संशोधन) अधिनियम, 1977: इस संशोधन के द्वारा राष्ट्र-विरोधी गतिविधियों से संबंधित विधि बनाने की संसद की शक्ति समाप्त कर दी गई।

संविधान (44वां संशोधन) अधिनियम, 1978: इस संशोधन के द्वारा मूल अधिकारों की श्रेणी से संपत्ति के अधिकार को निकाल दिया गया। राष्ट्रपति और उप-राष्ट्रपति के निर्वाचन संबंधी शंकाओं और विवादों की जांच करने संबंधी उच्चतम न्यायालय के अधिकार को फिर से बहाल कर दिया गया।

लोक सभा और राज्यों की विधान सभाओं की कार्यावधि फिर से 5 वर्ष कर दी गई। उच्च न्यायालयों की पुरानी शक्तियां बहाल कर दी गईं। अपने-अपने राज्य क्षेत्र में, सभी न्यायालयों और न्यायाधिकरणों का अधीक्षण करने की उच्च न्यायालयों की शक्ति भी बहाल कर दी गई। साथ ही यह भी व्यवस्था की गई कि राष्ट्रपति आपात की उद्‌घोषणा तब तक नहीं करेगा जब तक उसे मंत्रिमंडल का लिखित निर्णय नहीं मिल जाता। आपात की उद्‌घोषणा का संसद के दोनों सदनों द्वारा दो-तिहाई बहुमत से पारित किया जाना आवश्यक कर दिया गया। अनुच्छेद 359 में संशोधन करके यह स्पष्ट किया गया कि अनुच्छेद 20 और 21 के अधीन अधिकारों का प्रवर्तन निलंबित नहीं किया जा सकेगा।

संविधान (45वां संशोधन) अधिनियम, 1980: इस संशोधन के द्वारा लोक सभा तथा राज्यों की विधान सभाओं में अनुसूचित जातियों और

जनजातियों के लिए आरक्षण तथा आंग्ल-भारतीय समुदाय के नाम निर्देशन द्वारा प्रतिनिधित्व संबंधी उपबंधों को और आगे दस वर्ष के लिए बढ़ा दिया गया।

संविधान (46वां संशोधन) अधिनियम, 1982: इस संशोधन के द्वारा अनुच्छेद 269, 286 और 366 के उपबंधों में परिवर्तन कर यह सुनिश्चित करने का प्रयास किया गया कि करों की चोरी कम हो सके।

संविधान (47वां संशोधन) अधिनियम, 1984: इस संशोधन के द्वारा 14 भूमि सुधार संबंधी अधिनियमों को संविधान की नौवीं अनुसूची में शामिल किया गया।

संविधान (48वां संशोधन) अधिनियम, 1984: इस संशोधन के द्वारा संसद को यह शक्ति दी गई कि पंजाब के मामले में राष्ट्रपति की उद्घोषणा को अनुच्छेद 356(5) के अंतर्गत बजाय एक वर्ष के दो वर्ष तक जारी रख सके।

संविधान (49वां संशोधन) अधिनियम, 1984: इस संशोधन के द्वारा छठी अनुसूची में एक नया पैरा जोड़कर संसद और त्रिपुरा राज्य की विधान सभा के अधिनियमों को स्वशासी जिला और स्वशासी क्षेत्रों पर लागू करने का उपबंध किया गया।

संविधान (50वां संशोधन) अधिनियम, 1984: इस संशोधन के द्वारा यह स्पष्ट किया गया कि संसद को विधि द्वारा यह तय करने का अधिकार होगा कि संविधान के भाग 3 के द्वारा प्रदत्त मूल अधिकारों को सशस्त्र बलों आदि के संबंध में किस सीमा तक निर्बंधित या निराकृत किया जाए ताकि उनके कर्त्तव्यों का उचित रूप में पालन हो और उनमें अनुशासन बना रहे।

संविधान (51वां संशोधन) अधिनियम, 1984: इस संशोधन के द्वारा मेघालय, नागालैंड, अरुणाचल प्रदेश तथा मिजोरम की अनुसूचित जातियों के लिए लोक सभा में स्थानों का आरक्षण करने के लिए अनुच्छेद 330 को संशोधित किया गया। नागालैंड तथा मेघालय की विधान सभाओं में अनुसूचित जातियों के लिए स्थानों का आरक्षण करने के लिए अनुच्छेद 332 में भी संशोधन किया गया।

संविधान (52वां संशोधन) अधिनियम, 1985: इस संशोधन के द्वारा दल-बदल कानून लागू किया गया।

संविधान (53वां संशोधन) अधिनियम, 1985: इस संशोधन के द्वारा मिजोरम की विधान सभा में सदस्यों की संख्या कम-से-कम 40 निश्चित की गई।

संविधान (54वां संशोधन) अधिनियम, 1986: इस संशोधन के द्वारा भारत के मुख्य न्यायाधीश का वेतन 10,000 रुपए मासिक तथा अन्य न्यायाधीशों का 9,000 रुपए मासिक तय किया गया। उच्च न्यायालयों के मुख्य न्यायाधीशों का 9,000 रुपए तथा अन्य न्यायाधीशों का 8,000 रुपए मासिक वेतन तय किया गया।

संविधान (55वां संशोधन) अधिनियम, 1986: इस संशोधन के द्वारा अरुणाचल प्रदेश राज्य के संबंध में राज्यपाल को विधि और व्यवस्था के मामलों में विशेष दायित्व सौंपा गया। इसी अधिनियम में अरुणाचल प्रदेश की विधान सभा की सदस्य संख्या कम-से-कम 30 तय की गई।

संविधान (56वां संशोधन) अधिनियम, 1987: इस संशोधन के द्वारा गोवा के लिए यह विशेष उपबंध किया गया कि उसकी विधान सभा में कम-से-कम 30 सदस्य होंगे।

संविधान (57वां संशोधन) अधिनियम, 1987: इस संशोधन के द्वारा नागालैंड, मेघालय, मिजोरम और अरुणाचल प्रदेश की अनुसूचित जातियों के लिए लोक सभा में और नागालैंड तथा मेघालय की अनुसूचित जातियों के लिए वहाँ की विधान सभा में सीटें आरक्षित की गईं।

संविधान (58वां संशोधन) अधिनियम, 1987: इस संशोधन द्वारा संविधान का संशोधनों सहित हिंदी में एक प्राधिकृत पाठ प्रकाशित कराने के लिए राष्ट्रपति को अधिकृत किया गया।

संविधान (59वां संशोधन) अधिनियम, 1988: इस संशोधन द्वारा पंजाब में राष्ट्रपति शासन की अवधि एक वर्ष से अधिक समय के लिए बढ़ाने का प्रावधान किया गया। साथ ही यह व्यवस्था की गई कि भारत की अखंडता

को आंतरिक अशांति से खतरे की दशा में भी आपात की **उद्घोषणा** की जा सकेगी और अनुच्छेद 19 के उपबंधों को भी निलंबित किया जा सकेगा।

संविधान (60वां संशोधन) अधिनियम, 1988: इस संशोधन द्वारा वृत्तिकर की सीमा को 250 रुपए प्रति वर्ष से बढ़ाकर 2,500 रुपए प्रति वर्ष कर दिया गया।

संविधान (61वां संशोधन) अधिनियम, 1988: इस संशोधन के द्वारा मतदान की न्यूनतम आयु 21 वर्ष से घटाकर 18 वर्ष कर दी गई।

संविधान (62वां संशोधन) अधिनियम, 1989: इस संशोधन के द्वारा लोक सभा और राज्यों की विधान सभाओं में अनुसूचित जातियों और जनजातियों के लिए स्थानों के आरक्षण तथा आंग्ल-भारतीयों के नाम निर्देशन को दस और वर्षों के लिए बढ़ा दिया गया।

संविधान (63वां संशोधन) अधिनियम, 1989: इस संशोधन के द्वारा अनुच्छेद 359(क) का लोप कर दिया गया तथा अनुच्छेद 356(5) के उस परंतुक का भी लोप कर दिया गया जिसके अधीन पंजाब के मामले में राष्ट्रपति की उद्घोषणा को अलग रखने की व्यवस्था की गई थी।

संविधान (64वां संशोधन) अधिनियम, 1990: इस संशोधन द्वारा अनुच्छेद 356(4) में नया परंतुक जोड़कर यह व्यवस्था की गई कि 11 मई, 1987 को की गई राष्ट्रपति शासन की **उद्घोषणा** पंजाब में 6 माह के लिए और बढ़ा दी जाए और कुल 3 साल और 6 महीने तक लागू रहे।

संविधान (65वां संशोधन) अधिनियम, 1990: इस संशोधन के द्वारा अनुसूचित जातियों और जनजातियों के लिए विशेष अधिकारी के स्थान पर एक राष्ट्रीय आयोग गठित करने का उपबंध किया गया।

संविधान (66वां संशोधन) अधिनियम, 1990: इस संशोधन के द्वारा भूमि सुधारों से संबंधित 54 अतिरिक्त राज्य अधिनियमों को संविधान की नौवीं अनुसूची में जोड़ दिया गया।

संविधान (67वां संशोधन) अधिनियम, 1990: इस संशोधन के द्वारा पंजाब राज्य के संबंध में राष्ट्रपति द्वारा 11 मई, 1987 की उद्घोषणा को 6 माह के लिए और बढ़ा दिया गया।

संविधान (68वां संशोधन) अधिनियम, 1991: इस संशोधन द्वारा यह व्यवस्था की गई कि पंजाब में राष्ट्रपति द्वारा 11 मई, 1987 को की गई उद्घोषणा एक वर्ष और बढ़ाई जा सके और उसकी कुल अवधि पांच वर्ष तक हो सके।

संविधान (69वां संशोधन) अधिनियम, 1991: इस संशोधन के द्वारा देश की राजधानी दिल्ली को संघ-राज्य क्षेत्र की श्रेणी में ही रखते हुए इसके लिए एक विधान सभा और उसके प्रति उत्तरदायी मंत्रिपरिषद् की स्थापना के लिए उपबंध किए गए और इस संघ-राज्य क्षेत्र को विशेष हैसियत प्रदान की गई। साथ ही यह व्यवस्था की गई कि मुख्यमंत्री की नियुक्ति राष्ट्रपति करेगा और अन्य मंत्रियों की नियुक्ति राष्ट्रपति मुख्यमंत्री की सलाह पर करेगा।

संविधान (70वां संशोधन) अधिनियम, 1992: इस संशोधन के द्वारा दिल्ली राष्ट्रीय राजधानी राज्य-क्षेत्र और पांडिचेरी संघ राज्य-क्षेत्र को भारत के राष्ट्रपति के निर्वाचन हेतु निर्वाचक मंडल में शामिल किया गया।

संविधान (71वां संशोधन) अधिनियम, 1992: इस संशोधन के द्वारा संविधान की आठवीं अनुसूची में तीन और भाषाओं कोंकणी, मणिपुरी और नेपाली को शामिल किया गया।

संविधान (72वां संशोधन) अधिनियम, 1992: इस संशोधन द्वारा त्रिपुरा राज्य की विधान सभा में कुल जनसंख्या के अनुपात में अनुसूचित जातियों के लिए आरक्षण का प्रावधान किया गया।

संविधान (73वां संशोधन) अधिनियम, 1992: इस संशोधन द्वारा ग्राम, मध्यवर्ती स्तर और जिला स्तर पर पंचायतों की व्यवस्था की गई है। पंचायतों के अध्यक्ष के पद के लिए प्रत्यक्ष निर्वाचन, महिलाओं के लिए आरक्षण तथा अनुसूचित जातियों और जनजातियों के लिए उनकी

जनसंख्या के अनुपात में प्रत्येक स्तर पर पंचायतों की सदस्यता के लिए स्थानों और पंचायतों में अध्यक्ष पद के लिए आरक्षण तथा पंचायतों के लिए 5 वर्ष का निश्चित कार्यकाल तय किया गया।

संविधान (74वां संशोधन) अधिनियम, 1992: इस संशोधन द्वारा नगरपालिका से संबंधित नया भाग 9(क) संविधान में जोड़ा गया तथा नगर पंचायत, नगरपालिका परिषद् अथवा नगर निगम स्थापित किए जाने का उपबंध किया गया। इसके साथ ही इन निकायों में महिलाओं एवं अनुसूचित जातियों एवं जनजातियों के आरक्षण का प्रावधान किया गया।

संविधान (75वां संशोधन) अधिनियम, 1994: इस संशोधन द्वारा यह व्यवस्था की गई कि राज्य और राज्य क्षेत्रों के विधान मंडल मकान मालिकों और किराएदारों के अधिकार, हक और हित सहित किराया, इसके विनियमन और नियंत्रण तथा किराएदारी संबंधी विवादों के बारे में किसी विवाद, शिकायत अथवा अभियोग के अधिनिर्णयन अथवा विचारण हेतु किराया नियंत्रण न्यायाधिकरण गठित करने के लिए विधान बना सकेंगे।

संविधान (76वां संशोधन) अधिनियम, 1994: इस संशोधन के द्वारा संविधान की नौवीं अनुसूची में स्थानों के आरक्षण से संबंधित तमिलनाडु राज्य के कानून को शामिल किया गया।

संविधान (77वां संशोधन) अधिनियम, 1995: इस संशोधन द्वारा यह उपबंध किया गया कि राज्य के अधीन सेवाओं में पदोन्नति के लिए अनुसूचित जातियों और जनजातियों को आरक्षण दिया जा सकेगा।

संविधान (78वां संशोधन) अधिनियम, 1995: इस संशोधन के द्वारा संविधान की नौवीं अनुसूची में 27 अन्य अधिनियम जोड़ दिए गए ताकि उन्हें मूल अधिकारों का अतिक्रमण करने के आधार पर अमान्य न किया जा सके।

संविधान (79वां संशोधन) अधिनियम, 1999: इस संशोधन द्वारा अनुसूचित जातियों और जनजातियों के लोक सभा और राज्यों की विधान

सभाओं में प्रतिनिधित्व के लिए आरक्षण की अवधि सन् 2010 तक बढ़ा दी गई।

संविधान (80वां संशोधन) अधिनियम, 2000: इस संशोधन के द्वारा संघ सरकार द्वारा उदगृहीत और संग्रहीत शुल्कों और करों से प्राप्त राजस्व के संघ और राज्यों के बीच बंटवारे का संशोधित आधार तय किया गया।

संविधान (81वां संशोधन) अधिनियम, 2000: इस संशोधन के द्वारा यह प्रावधान किया गया कि यदि आरक्षित स्थानों में किसी वर्ष कुछ स्थान बगैर भरे रह जाते हैं तो ऐसी रिक्तियों को सरकार एक अलग श्रेणी में रखकर अगले वर्षों में भर सकती है और ऐसा करते समय इन्हें 50 प्रतिशत की आरक्षण सीमा में नहीं गिना जाएगा।

संविधान (82वां संशोधन) अधिनियम, 2000: इस संशोधन के द्वारा यह व्यवस्था की गई कि अनुसूचित जातियों और जनजातियों के लिए संघ और राज्यों की सेवाओं में आरक्षित स्थानों में किन्हीं रिक्तियों को पदोन्नति द्वारा भरते समय मूल्यांकन के मानक और न्यूनतम अंकों में कमी की जा सकती है।

संविधान (83वां संशोधन) अधिनियम, 2000: इस संशोधन के द्वारा यह प्रावधान किया गया कि अनुच्छेद 243(घ) के अंतर्गत होनेवाले आरक्षण अरुणाचल प्रदेश पर लागू नहीं होंगे।

संविधान (84वां संशोधन) अधिनियम, 2001: इस संशोधन के द्वारा विभिन्न निर्वाचनों और निर्वाचन क्षेत्रों के समायोजन के संबंध में प्रावधान किया गया। इस संशोधन द्वारा सन् 2000 के स्थान पर सन् 2026 कर दिया गया।

संविधान (85वां संशोधन) अधिनियम, 2001: इस संशोधन द्वारा यह प्रावधान किया गया कि अनुसूचित जातियों और जनजातियों के सदस्यों की सरकारी सेवाओं में प्रोन्नति करते समय यह ध्यान रखना होगा कि प्रोन्नत पदाधिकारियों को पारिणामिक वरिष्ठता भी मिले।

संविधान (86वां संशोधन) अधिनियम, 2002: इस संशोधन द्वारा 6 से 14 वर्ष की आयु के सभी बच्चों के लिए नि:शुल्क और अनिवार्य शिक्षा का प्रावधान किया गया।

संविधान (87वां संशोधन) अधिनियम, 2003: इस संशोधन द्वारा प्रत्येक राज्य में निर्वाचन क्षेत्रों के परिसीमन के लिए 1991 की जनगणना के स्थान पर 2001 की जनगणना को आधार बनाने का प्रावधान किया गया।

संविधान (88वां संशोधन) अधिनियम, 2003: इस संशोधन द्वारा केंद्र सरकार द्वारा सेवा कर की वसूली एवं उसका केंद्र तथा राज्यों के बीच वितरण को सुनिश्चित किया गया।

संविधान (89वां संशोधन) अधिनियम, 2003: इस संशोधन द्वारा अनुसूचित जनजातियों के लिए एक राष्ट्रीय आयोग के गठन का प्रावधान किया गया।

संविधान (90वां संशोधन) अधिनियम, 2003: इस संशोधन द्वारा असम राज्य की विधान सभा में बोडोलैंड टेरिटोरियल एरिया डिस्ट्रिक्ट को शामिल किया गया।

संविधान (91वां संशोधन) अधिनियम, 2003: इस संशोधन द्वारा दल-बदल कानून में संशोधन किए गए एवं मंत्रियों की अधिकतम संख्या निर्धारित की गई।

संविधान (92वां संशोधन) अधिनियम, 2003: इस संशोधन द्वारा संविधान की आठवीं अनुसूची में बोडो, डोगरी, मैथिली एवं संथाली भाषा को शामिल किया गया।

संविधान (93वां संशोधन) अधिनियम, 2005: इस संशोधन द्वारा निजी शिक्षण संस्थाओं (अल्पसंख्यक संस्थाओं को छोड़कर) में अनुसूचित जाति, जनजाति तथा सामाजिक एवं शैक्षिक दृष्टि से पिछड़े वर्गों के लिए आरक्षण का प्रावधान किया गया।

संविधान (94वां संशोधन) अधिनियम, 2006: इस संशोधन द्वारा बिहार राज्य के मंत्रिमंडल में आदिवासी मामलों के मंत्री का पद समाप्त कर दिया गया तथा छतीसगढ़ एवं झारखंड के लिए इसे अनिवार्य बना दिया गया।

संविधान (95वां संशोधन) अधिनियम, 2009: इस संशोधन द्वारा लोक सभा एवं राज्य विधान सभाओं में अनुसूचित जाति एवं जनजातियों के लिए सीटों के आरक्षण के प्रावधान को 10 वर्ष के लिए और बढ़ा दिया गया।

संविधान (96वां संशोधन) अधिनियम, 2011: इस संशोधन द्वारा ओडिशा की राजभाषा उड़िया के स्थान पर ओडिया शब्द शामिल किया गया।

संविधान (97वां संशोधन) अधिनियम, 2011: इस संशोधन द्वारा अनु. 19(1)ग में अथवा संघों के बाद अथवा सहकारी सोसाइटी शब्द जोड़ा गया। इसका उद्देश्य सहकारी सोसाइटियों का संवर्धन करना है।

संविधान (98वां संशोधन) अधिनियम, 2012: इस संशोधन द्वारा संविधान में एक नया अनु.371(J) अंत: स्थापित किया गया। इसका उद्देश्य कर्नाटक के राज्यपाल को वह शक्ति प्रदान करना था, जिसके द्वारा वह हैदराबाद-कर्नाटक क्षेत्र के विकास के लिए कदम उठा सके।

संविधान (99वां संशोधन) अधिनियम, 2014: इस संशोधन द्वारा राष्ट्रीय न्यायिक नियुक्ति आयोग के गठन का प्रावधान किया गया। आयोग का मुख्य कार्य उच्चतम एवं उच्च न्यायालय के न्यायाधीशों की नियुक्ति, पदोन्नति एवं उनके स्थानांतरण के बारे में राष्ट्रपति को सलाह देना है। राष्ट्रीय न्यायिक नियुक्ति आयोग के गठन संबंधी प्रावधान को उच्चतम न्यायालय में चुनौती दी गई। इस पर विचार करते हुए न्यायाधीशों की एक पीठ ने इसे बहुमत से असंवैधानिक घोषित कर दिया।

संविधान (100वां संशोधन) अधिनियम, 2015: इस संशोधन द्वारा भारत एवं बांग्लादेश के बीच सीमा के हस्तांतरण का प्रावधान किया गया।

संविधान (101वां संशोधन) अधिनियम 2018: इस संशोधन द्वारा वस्तु एवं सेवा कर (GST) लागू करने संबंधी प्रावधान शामिल किए गए।

संविधान (102वां संशोधन) अधिनियम 2018: इस संशोधन द्वारा राष्ट्रीय पिछड़ा वर्ग आयोग को संवैधानिक दर्जा प्रदान किया गया।

संविधान (103वां संशोधन) अधिनियम 2019: इस संशोधन द्वारा सामान्य वर्ग के आर्थिक रूप से पिछड़े लोगों के लिए शिक्षा एवं नौकरी में 10 प्रतिशत आरक्षण का प्रावधान किया गया।

संविधान (104वां संशोधन) अधिनियम 2020: इस संशोधन द्वारा लोकसभा एवं राज्य विधान सभाओं में अनुसूचित जाति एवं जनजाति के लिए सीटों का आरक्षण 10 वर्ष के लिए और बढ़ा दिया गया। जबकि लोकसभा में आंग्ल-भारतीय समुदाय के लिए सीटों का आरक्षण समाप्त कर दिया गया।

संविधान (105वां संशोधन) अधिनियम 2021: इस संशोधन द्वारा केंद्र एवं राज्य सरकार दोनों को सामाजिक और शैक्षिक रूप से पिछड़े वर्ग की सूची अधिसूचित करने का अधिकार दिया गया है। पहले केवल केंद्र सरकार को ही यह अधिकार प्राप्त था। वही केंद्र तथा राज्यों के लिए सामाजिक और शैक्षिक रूप से पिछड़े वर्गों की सूची अधिसूचित करती थी। राज्यों को यह अधिकार मिलने के बाद अब उन्हें अपने राज्य में सामाजिक और शैक्षिक रूप से पिछड़े वर्ग की पहचान करने तथा उसे अधिसूचित करने का अधिकार होगा। अलग-अलग राज्यों में सामाजिक एवं शैक्षिक स्तर अलग-अलग होने के कारण राज्यों को यह अधिकार दिया जाना आवश्यक था। इससे कई नए वर्गों को सरकारी योजनाओं एवं नौकरियों में लाभ मिलेगा।

संविधान संशोधन विधेयक एवं साधारण विधेयक में अंतर:

(i) संविधान संशोधन विधेयक लोक सभा एवं राज्य सभा किसी में भी पेश किया जा सकता है। साधारण विधेयक भी।

(ii) संविधान संशोधन विधेयक को पारित होने के लिए विशेष बहुमत अर्थात् 2/3 बहुमत की आवश्यकता होती है। साधारण विधेयक को सामान्य बहुमत से पारित किया जा सकता है।

(iii) साधारण विधेयक की स्थिति में अध्यक्ष के पास निर्णायक मत देने का अधिकार होता है। संविधान संशोधन विधेयक पर मतदान की स्थिति में अध्यक्ष निर्णायक मत नहीं दे सकता।

(iv) साधारण विधेयक की स्थिति में राष्ट्रपति के पास कई विकल्प होते हैं। वह विधेयक को अपनी स्वीकृति दे सकता है, स्वीकृति देने से मना कर सकता है या उसे पुन: विचार के लिए संसद को वापस लौटा सकता है। पर संविधान संशोधन विधेयक को स्वीकृति देने के लिए राष्ट्रपति बाध्य है।

(v) साधारण विधेयक के मामले में राज्य विधान सभाओं की कोई भूमिका नहीं होती। पर संविधान संशोधन के कई मामले ऐसे हैं जिनमें राज्य विधान मंडलों की स्वीकृति आवश्यक होती है। जैसे—राष्ट्रपति के निर्वाचन एवं सातवीं अनुसूची में संशोधन संबंधी प्रस्ताव।

संविधान संशोधन की आलोचना

भारत में इस विषय पर चिंता इस कारण व्यक्त की जाती है कि सरकारों ने अकसर संसद में अपनी भारी बहुमत का उपयोग बिना पर्याप्त विचार विमर्श के एक-तरफा व्यापक संशोधन के लिए किया है। इंदिरा गांधी के समय में संशोधन का मुख्य उद्देश्य सत्ता का केंद्रीकरण एवं कार्यपालिका को अधिक शक्ति प्रदान करना था। इस काल में न्यायपालिका की शक्ति को सीमित करने का भी प्रयास हुआ। कई ऐसे संशोधन भी किए गए जिससे संविधान का संघीय ढांचा कमजोर हुआ। संविधान द्वारा प्रदत मूलभूत अधिकारों को भी सीमित करने का प्रयास किया गया। इन सबके कारण संविधान के मूलभूत आदर्शों पर आघात होता है। हमें यह नहीं भूलना चाहिए कि संविधान संशोधन के लिए बहुमत का उपयोग अति दुरगामी परिवर्त्तनों के लिए किया जाना चाहिए, न कि तात्कालिक एवं व्यक्तिगत लाभ के लिए।

■■■

20

चुनाव एवं चुनाव प्रणाली

भारत में लोकतांत्रिक प्रणाली को अपनाया गया है। लोकतंत्र की सफलता इस बात पर निर्भर करती है कि चुनाव कितने निष्पक्ष एवं स्वतंत्र होते है। भारत में निष्पक्ष चुनाव का जिम्मा चुनाव आयोग को सौंपा गया है।

चुनाव आयोग

संविधान के अनु. 324 में एक चुनाव आयोग की व्यवस्था की गई है, इसका प्रधान मुख्य चुनाव आयुक्त होता है। चुनाव आयुक्त की नियुक्ति राष्ट्रपति द्वारा की जाती है। चुनाव के सारे कार्य मुख्य चुनाव आयुक्त की देख-रेख में होते हैं। मुख्य चुनाव आयुक्त का कार्यकाल 6 वर्ष या 65 वर्ष की आयु, जो भी पहले हो, तक होगा। अन्य चुनाव आयुक्तों का कार्यकाल भी 6 वर्ष या 65 वर्ष की आयु जो पहले हो तक होता है। मुख्य चुनाव आयुक्त तथा अन्य चुनाव आयुक्तों को उच्चतम न्यायालय के न्यायाधीशों के बराबर वेतन एवं भत्ते प्राप्त होते हैं। पहले चुनाव आयोग एक सदस्यीय था, परन्तु अक्टूबर 1993 में इसे तीन सदस्यीय बना दिया गया।

निर्वाचन आयुक्तों की नियुक्ति सरकार की सलाह पर राष्ट्रपति द्वारा की जाती है। इस कारण उनकी निष्पक्षता पर सवाल उठाए जाते रहे हैं। अत: आवश्यकता इस बात की है कि निर्वाचन आयुक्त की नियुक्ति के लिए एक समिति का गठन किया जाए, जिसमें सरकार के साथ-साथ विपक्ष के नेता को भी शामिल किया जाए। ऐसे व्यक्ति के निर्वाचन आयुक्त के रूप में चयन को प्राथमिकता दी जाए जिसकी निष्पक्षता संदेह से परे हो। साथ ही जिस पर सरकार एवं विपक्ष दोनों को भरोसा हो।

चुनाव आयोग में एक मुख्य निर्वाचन आयुक्त के अलावा दो अन्य आयुक्त भी नियुक्त किए जाते हैं। मुख्य आयुक्त को उसके पद से हटाने के लिए उसी प्रक्रिया का पालन किया जाता है, जिस प्रक्रिया द्वारा उच्चतम न्यायालय के न्यायाधीश को उसके पद से हटाया जाता है। इससे चुनाव आयुक्त के पद को संरक्षण मिलता है और वह बिना किसी भय एवं दबाव

के अपने कर्त्तव्यों का निर्वहन कर पाता है। अन्य आयुक्तों को उनके पद से हटाने के लिए मुख्य चुनाव आयुक्त की सलाह आवश्यक होती है। इस प्रकार मुख्य चुनाव आयुक्त की अन्य आयुक्तों पर प्रधानता कायम हो जाती है। मुख्य निर्वाचन आयुक्त एवं अन्य आयुक्तों को पद से हटाये जाने के संबंध में विभेद करने की कोई आवश्यकता नहीं है। आयोग के काम-काज में सभी सदस्य बराबर होते हैं एवं फैसले भी बहुमत के आधार पर लिए जाते हैं। ऐसी स्थिति में यह बेहतर होगा कि पद से हटाने की जो प्रक्रिया मुख्य चुनाव आयुक्त पर लागू होती है वही अन्य आयुक्तों पर भी लागू हो।

निर्वाचन आयोग की स्वतंत्रता के लिए संवैधानिक उपबंध

(i) मुख्य चुनाव आयुक्त महाभियोग जैसी प्रक्रिया से ही पद से हटाया जा सकता है।

(ii) नियुक्ति के पश्चात् मुख्य चुनाव आयुक्त एवं अन्य चुनाव आयुक्तों की सेवा-शर्त्तों में कोई अलाभकारी परिवर्तन नहीं किया जा सकता है।

(iii) मुख्य चुनाव आयुक्त एवं अन्य चुनाव आयुक्तों के वेतन भारत की संचित निधि पर भारित होते हैं।

निर्वाचन आयोग के कार्य

निर्वाचन आयोग का मुख्य कार्य देश में स्वतंत्र एवं निरपेक्ष चुनाव करना है। चुनाव आयोग की यह जिम्मेदारी है कि वह सभी राजनीतिक दलों का पंजीकरण करे और उन्हें चुनाव चिह्न आवंटित करे। राजनीतिक दलों को मान्यता प्रदान करने के लिए आयोग ने नियम निर्धारित कर रखे हैं। मान्यता के लिए राजनीतिक दलों को आयोग के समक्ष आवेदन करना पड़ता है।

कुछ विवादों एवं अपवादों के बावजूद निर्वाचन आयोग का कार्य सराहनीय रहा है। आयोग ने यह सुनिश्चित किया है कि चुनाव निष्पक्ष और स्वतंत्र हों। इसके लिए आयोग ने कई कदम भी उठाए हैं – विशेष तौर पर आदर्श आचार संहिता— जिसका अनुपालन राजनीति दल, उम्मीदवार एवं सरकारों को भी करना पड़ा है। इसके माध्यम से यह कोशिश की जाती है कि निर्वाचन स्वतंत्र हो एवं सरकारी तंत्र का दुरूपयोग न किया जाए। आयोग ने पर्यवेक्षक प्रणाली का भी व्यापक प्रयोग किया है। ये पर्यवेक्षक

पूरी चुनाव प्रक्रिया एवं सरकारी कर्मचारियों के आचरण पर नजर रखते हैं। साथ ही चुनाव में धन के दुरुपयोग की भी सूचना आयोग को भेजते हैं। आयोग चुनाव कार्यक्रम बनाते समय इस बात पर विशेष बल देता है कि पर्याप्त सुरक्षा बल उपलब्ध हों और चुनाव को हिंसा एवं भय से मुक्त रखा जाए। इसके लिए चुनाव कई चरणों में कराए जाते हैं— खासकर हिंसा प्रभावित क्षेत्रों में। पिछले कई चुनावों में आयोग की सख्ती के कारण मतदान केन्द्रों पर कब्जा कम हुआ है, चुनावी हिंसा में भी कमी आई है। जम्मू-कश्मीर जैसे आतंक प्रभावित राज्य में सफलता पूर्वक चुनाव संपन्न कराना आयोग की बड़ी सफलता है।

अत: कहा जा सकता है कि देश में स्वतंत्र एवं निष्पक्ष चुनाव करवाने में आयोग की प्रशंसनीय भूमिका रही है। वह सरकारों के दबाव के आगे भी नहीं झुका। भारत के निर्वाचन तंत्र एवं प्रक्रिया को अंतर्राष्ट्रीय स्तर पर भी सराहा गया। अफगानिस्तान एवं ईस्ट तिमोर में भी भारतीय चुनाव आयोग ने सफलतापूर्वक मतदान कराए।

चुनाव क्षेत्रों का परिसीमन

चुनाव क्षेत्रों के परिसीमन का तात्पर्य सदन में सीटों की संख्या तथा निर्वाचन क्षेत्र की सीमा के पुनर्निर्धारण से है। संविधान के अनु. 82 में चुनाव क्षेत्रों के परिसीमन की व्यवस्था की गई है। चुनाव क्षेत्रों के परिसीमन के लिए संविधान में एक परिसीमन आयोग के गठन का प्रावधान किया गया है। परिसीमन आयोग के अध्यक्ष की नियुक्ति राष्ट्रपति द्वारा की जाती है। इसके अलावा भारत के निर्वाचन आयोग का एक सदस्य तथा राज्य निर्वाचन आयोग का अध्यक्ष इसके सदस्य होते हैं। परिसीमन आयोग में सहयोगी सदस्य के रूप में राज्य विशेष के पांच सांसद एवं पांच विधायक (विधान सभा सदस्य) शामिल होते हैं। सहयोगी सदस्य केवल अपना विचार रख सकते हैं। वे आयोग के निर्णय में मतदान नहीं कर सकते। परिसीमन आयोग की अनुशंसा अंतिम एवं सरकार के लिए बाध्यकारी होती है। इसे न्यायालय में चुनौती नहीं दी जा सकती।

परिसीमन आयोग अनुसूचित जाति एवं जनजाति के लिए सीटों का पुनर्निर्धारण करता है। प्रारंभ में प्रत्येक जनगणना के पश्चात् चुनाव क्षेत्रों

का परिसीमन किया गया। पर दक्षिण के राज्यों के बढ़ते विरोध के कारण 2001 तक सीटों एवं निर्वाचन क्षेत्रों की सीमा में किसी भी प्रकार के परिवर्तन पर रोक लगा दी गई। इसका उद्देश्य था–जनसंख्या वृद्धि को हतोत्साहित करना। 2002 में चौथे परिसीमन आयोग का गठन किया गया। उच्चतम न्यायालय के पूर्व न्यायाधीश कुलदीप सिंह को इसका अध्यक्ष बनाया गया।

चौथे परिसीमन आयोग ने अनुसूचित जनजाति के लिए आरक्षित सीटों की संख्या बढ़ाकर 39 से 46 एवं अनुसूचित जाति के लिए आरक्षित सीटों की संख्या बढ़ाकर 79 से 85 कर दी। असम, अरुणाचल प्रदेश, मणिपुर, नागालैंड एवं झारखंड को परिसीमन से बाहर रखा गया।

राष्ट्रीय दल

किसी भी राजनीतिक दल को राष्ट्रीय दल के रूप में मान्यता के लिए—(i) उसे लोक सभा या विधान सभा में चार अथवा अधिक राज्यों में कुल वैध मतों का छह प्रतिशत हिस्सा मिलना चाहिए तथा किसी राज्य अथवा राज्यों से लोक सभा की चार सीट जीतना आवश्यक है। (ii) उसे लोक सभा की कुल निर्वाचित होने वाली सीटों (543) का दो प्रतिशत अर्थात् कम-से-कम 11 सीटें प्राप्त हों और ये सीटें तीन विभिन्न राज्यों से हों। (iii) उसे 4 राज्यों में राज्य स्तरीय दल के रूप में मान्यता प्राप्त हो। इस समय देश में छः राष्ट्रीय पार्टियाँ हैं—भाजपा, मार्क्सवादी कम्युनिस्ट पार्टी (माकपा), बहुजन समाज पार्टी (बसपा), नेशनल पीपल्स पार्टी, आम आदमी पार्टी।

राज्यस्तरीय दल

(i) किसी राज्य में किसी राजनीतिक दल का राज्य स्तरीय दल घोषित होने के लिए उसको राज्य विधान सभा अथवा लोक सभा के चुनाव में कुल वैध मतों का छह प्रतिशत मत प्राप्त करना आवश्यक है। साथ ही उसने विधान सभा में कम से कम दो सीट जीती हो।

(ii) राजनीतिक दल विधान सभा की कुल सीटों के तीन प्रतिशत पर विजयी रहा हो या तीन सीटें जीती हों।

भारतीय चुनाव प्रणाली में व्याप्त दोष

(i) भारत में होने वाले चुनाव में धन की भूमिका बढ़ती जा रही है। हालांकि 1997 में उम्मीदवारों के लिए चुनावों में खर्च की जाने वाली राशि निश्चित की गई थी। लोक सभा क्षेत्र में उम्मीदवार द्वारा अधिकतम 15 लाख रुपये तथा विधान सभा क्षेत्रों में अधिकतम 6 लाख रुपये तक खर्च किए जा सकते थे। 2022 में इसे बढ़ाकर लोकसभा के लिए 95 लाख तथा विधान सभा के लिए 40 लाख रुपए कर दिया गया। लेकिन व्यवहार में उम्मीदवारों द्वारा इस निश्चित सीमा का उल्लंघन किया जाता रहा है।

(ii) चुनाव के दौरान व्यापक हिंसा होती है। इसके कारण सार्वजनिक संपत्ति के नुकसान के साथ-साथ लोकतांत्रिक व्यवस्था को भी गहरा आघात पहुंचता है। मतदान केंद्रों पर कब्जा करने की घटना भी आम होने लगी है।

(iii) चुनाव के दौरान उम्मीदवारों द्वारा जाति व धर्म के नाम पर लोगों की भावनाओं को भड़काकर समर्थन प्राप्त करने की कोशिश की जाती है। यही नहीं विभिन्न दलों द्वारा उम्मीदवारों का चयन भी धर्म व जाति के आधार पर किया जाता है।

(iv) अशिक्षा के कारण मतदाता अपने मत का महत्व नहीं समझते जिसके कारण उन्हें धन व अन्य प्रकार के लालच देकर राजनीतिक दलों द्वारा अपने पक्ष में करने की चेष्टा की जाती है।

(v) पिछले कुछ चुनावों में ऐसी शिकायतें सामने आई हैं जिनमें राजनीतिक दलों द्वारा जाली वोट देने की बात कही गई।

(vi) निर्दलीय उम्मीदवारों की संख्या में वृद्धि चुनाव व्यवस्था सुचारू रूप से चलाने के मार्ग में बाधा उत्पन्न करती है। हर चुनाव में इन निर्दलीय उम्मीदवारों की संख्या में निरंतर वृद्धि हो रही है। धनी व अत्यधिक महत्वाकांक्षी लोग निर्दलीय उम्मीदवार के रूप में चुनाव लड़ते हैं। इनका उद्देश्य या तो मत विभाजन करना होता है या फिर वे चुनाव क्षेत्र से हटने के लिए धन प्राप्ति की आशा से उम्मीदवार

बन जाते हैं। ऐसे उम्मीदवारों की बढ़ती संख्या ने चुनाव प्रणाली को नकारात्मक रूप से प्रभावित किया है।

चुनाव पद्धति में प्राय: निम्नलिखित सुधारों की मांग की जाती है—

(i) चुनाव संबंधी नियमों का कठोरता से पालन किया जाए, जो व्यक्ति कानून का उल्लंघन करता है उसे सख्त सजा मिलनी चाहिए।

(ii) राजनीतिक दलों तथा संस्थाओं द्वारा चुनाव प्रचार पर किए व्यय का हिसाब रखने और उसे पेश करने की व्यवस्था की जानी चाहिए। सरकार को कानून बनाना चाहिए कि राजनीतिक दल लोगों से किस प्रकार धन लें और कोई व्यक्ति किसी दल को अधिक से अधिक कितना चन्दा दे। यह व्यवस्था भी करनी होगी कि राजनीतिक दल जिन सूत्रों से धन प्राप्त करते हैं उनको सार्वजनिक रूप से प्रकाशित करें।

(iii) उम्मीदवारों के लिए इस प्रकार के कठोर कानून बनाए जाएं जिससे वे चुनाव प्रचार में जाति या धर्म विशेष का इस्तेमाल न कर सकें तथा उसके उल्लंघन करने पर उन पर दंडात्मक कार्यवाही की जा सके।

(iv) प्राय: चुनाव रिश्वतखोरी, गुंडागर्दी, अनुचित प्रभाव के कारण निष्पक्ष नहीं हो पाते। निष्पक्ष चुनाव के लिए आवश्यक है कि भ्रष्टाचार को समाप्त किया जाए। इसके लिए सरकार और राजनीतिक दलों को कदम उठाने होंगे।

(v) निर्दलीय उम्मीदवारों की बढ़ती संख्या से चुनाव प्रणाली में अनेक दोष आ गए हैं। इसलिए जरूरत इस बात की है कि योग्य और सही व्यक्ति को ही चुनाव में भाग लेने की अनुमति दी जाए। सरकार ने 31 जुलाई, 1996 को एक कानून पारित कर यह सुनिश्चित किया कि लोक सभा का चुनाव लड़ने वाले निर्दलीय उम्मीदवार का नाम अपने क्षेत्र के दस प्रस्तावकों द्वारा पेश करना अनिवार्य है। जिस संसदीय निर्वाचन क्षेत्र में दस से कम विधान सभा क्षेत्र हों वहां पर हर क्षेत्र का कम से कम एक प्रस्तावक होना चाहिए।

(vi) चुनाव निष्पक्ष होना चाहिए। सत्तारूढ़ दल को चुनाव में हस्तक्षेप नहीं करना चाहिए और अपने दल के हित में सरकारी मशीनरी का प्रयोग भी नहीं करना चाहिए।

(vii) चुनाव की सफलता इस बात पर निर्भर करती है कि सभी मतदाताओं द्वारा अपने मत का प्रयोग किया जाए।

(viii) निष्पक्ष और स्वतंत्र चुनाव के लिए आवश्यक है कि निर्वाचन आयोग को अधिक स्वतंत्रता प्रदान की जाए।

(ix) चुनाव के बाद अनेक चुनाव याचिकाएं न्यायालय में प्रस्तुत की जाती हैं। चुनाव याचिकाएं चुनाव से भी ज्यादा खर्चीली और कष्टकर बन गई हैं। चुनाव संबंधी किसी भी विवाद के निपटारे की शक्ति आयोग को सौप देनी चाहिए। इससे उसका निपटारा शीघ्र हो सकेगा।

(x) निर्वाचन के पश्चात् अधिकतर उम्मीदवार जनता के हितों की अनदेखी करने लगते हैं और जनमत के विरूद्ध कार्य करने लगते हैं। इसलिए यह सुझाव दिया जाता है कि जनता को ऐसे प्रतिनिधियों को वापस बुलाने का अधिकार होना चाहिए।

चुनाव सुधार के लिए गठित विभिन्न समितियां एवं उनकी सिफारिशें

इंद्रजीत गुप्त समिति की सिफारिशें: सांसद इन्द्रजीत गुप्त की अध्यक्षता में एक संसदीय समिति का गठन जून, 1998 में किया गया था। समिति की रिपोर्ट में चुनाव में आयी विकृतियों का एक मात्र कारण धन-बल एवं बाहुबल को बताया गया। समिति ने इस बुराई को समाप्त करने के लिए एक सार्वजनिक कोष बनाए जाने की संस्तुति की। इस कोष में सरकार को प्रतिवर्ष 600 करोड़ रुपए की राशि का योगदान करना चाहिए तथा इतनी ही राशि का योगदान राज्यों से करवाया जाना चाहिए।

तारकुंडे समिति की सिफारिशें: मताधिकार की आयु 21 वर्ष से घटाकर 18 वर्ष की जाए। राजनीतिक दल अपने आय-व्यय का पूरा लेखा-जोखा रखें जिसकी जांच निर्वाचन आयोग द्वारा की जाए। उम्मीदवार के लिए चुनाव व्यय का लेखा-जोखा रखना अनिवार्य किया जाए तथा राजनीतिक दलों

द्वारा उम्मीदवार को चुनाव प्रचार हेतु दिए गए धन को उसके चुनाव व्यय में जोड़ा जाए। उद्योगों तथा अन्य संस्थाओं द्वारा राजनीतिक दलों को चंदा दिए जाने की प्रवृत्ति पर रोक लगाई जाए।

दिनेश गोस्वामी समिति की सिफारिशें: कब्जा किए गए मतदान केन्द्रों पर दुबारा मतदान कराया जाए। मतदान इलेक्ट्रॉनिक मशीनों द्वारा करवाया जाए। रिक्त हुए स्थान के लिए 6 माह के अन्दर चुनाव करवाना अनिवार्य किया जाए। मतदाताओं को परिचय पत्र उपलब्ध कराया जाए। सीटों के आरक्षण हेतु चक्रानुक्रम पद्धति अपनायी जाए। चुनाव से सम्बन्धित याचिकाओं का शीघ्र निस्तारण किया जाए।

के संथानम समिति की सिफारिशें: चुनाव में भाग लेने वाले के लिए न्यूनतम शैक्षिक अर्हता निर्धारित की जाए। निर्वाचन अधिकारियों को निर्वाचन आयोग के अधीन किया जाए तथा दोषी निर्वाचन अधिकारियों के विरुद्ध अनुशासनात्मक कार्यवाही का अधिकार निर्वाचन आयोग को दिया जाए। निर्वाचक नामावलियों को हमेशा अद्यतन रखने की व्यवस्था की जाए। समय-समय पर निर्वाचन क्षेत्रों का परिसीमन किया जाए।

टी.एन. शेषन की सिफारिशें: लोक सभा तथा राज्य विधान सभाओं के लिए नामांकन शुल्क क्रमशः 5000 रुपए तथा 2500 रुपए किया जाए। लोक सभा के उम्मीदवार के लिए 10 प्रस्तावकों तथा 10 समर्थकों तथा राज्य विधान सभा के उम्मीदवार के लिए 10 समर्थकों का होना अनिवार्य किया जाए। एक से अधिक स्थानों से चुनाव लड़ना प्रतिबन्धित किया जाए। चुनाव प्रचार की अवधि 14 दिन की जाए। मतदाताओं को पहचान पत्र जारी किया जाए। मतपेटी को छीनने अथवा अनाधिकार मतदान को संज्ञेय अपराध की श्रेणी में रखा जाए। राजनीतिक दलों के आय-व्यय का लेखा संपरीक्षण निर्वाचन आयोग द्वारा अधिकृत अभिकरण द्वारा करवाया जाए। आचार संहिता का पालन न करने वाले प्रत्याशियों को 5 वर्ष के लिए अयोग्य घोषित किया जाए।

एम. एस. गिल की सिफारिशें: चुनाव के समय निष्पक्ष प्रशासन के लिए राज्यों में किसी भी पार्टी से सम्बद्ध सरकार नहीं रहनी चाहिए। इस दौरान शासन व्यवस्था राज्यपाल के अधीन होनी चाहिए। अपराधियों के चुनाव

लड़ने पर कड़ाई से रोक लगनी चाहिए। सजायाफ्ता लोगों को छह वर्ष तक चुनाव लड़ने से वंचित किया जाए। चुनावों में इलेक्टॉनिक वोटिंग मशीन का प्रयोग किया जाए तथा मतदाता की पहचान सुनिश्चित की जाए। चुनावों में जाति तथा वर्ग भेद कम करने के लिए उसी उम्मीदवार को विजयी घोषित किया जाए जो 50 प्रतिशत से अधिक मत प्राप्त करे।

राज्य निर्वाचन निधायन

विश्व के कई विकसित देशों में चुनाव खर्च सरकार द्वारा उठाए जाते हैं। भारत में भी इसकी मांग उठती रहती है। सं. रा. अमेरिका में संघीय बजट में इसका प्रावधान प्रतिवर्ष किया जाता है। बजट में राष्ट्रपति चुनाव में प्रत्याशी को धन दिए जाने का प्रावधान होता है किन्तु सीनेट की सदस्यता हेतु कोई धन नहीं दिया जाता है। द्वितीय विश्व युद्ध के बाद जर्मनी में सरकार द्वारा चुनाव खर्च वहन करने की नीति अपनाई गई जो वर्तमान में सर्वाधिक विकसित स्वरूप में है। जर्मनी के राजनीतिक दलों को पिछले चुनावों में किए गए प्रदर्शन के आधार पर धन दिया जाता है। ऑस्ट्रेलिया में भी इस कार्य के लिए प्राप्त किए गए वोटों को आधार बनाया जाता है। ब्रिटेन में राजनीतिक दलों को वोटर संख्या के आधार पर चुनाव खर्च दिया जाता है।

■■■

21

भारत में राजनीतिक दल

आज विश्व के अधिकांश देशों में लोकतंत्रीय शासन है। लोकतंत्र की एक अनिवार्य शर्त राजनीतिक दलों का होना है। राजनीतिक दलों के बिना लोकतांत्रिक सरकार नहीं चल सकती। मैकाइवर के अनुसार "जिस राज्य में दल प्रणाली नहीं होती उसमें क्रांति ही सरकार को बदलने का एकमात्र तरीका होती है।"

राजनीतिक दलों की भूमिका एवं कार्य

प्रतिनिधि सरकार और प्रतिनिधि विधायिका में राजनीतिक दलों का होना आवश्यक है। राजनीतिक दल नागरिकों और सरकार तथा निर्वाचकों और प्रतिनिधि विधायिकाओं के बीच की कड़ी हैं। राजनीतिक व्यवस्था में ये दल विचारों, सुझावों और सामाजिक आवश्यकता और राष्ट्रीय लक्ष्यों के अभिगम के प्रचारक का कार्य करते हैं। वे अपने (राजनीतिक) कुछ आदर्श और विचारधारा निर्मित करते हैं तथा सुनिश्चित राजनीतिक मूल्यों का विकास करते हैं। उनसे नागरिकों को राजनीतिक शिक्षा प्रदान करने की आशा की जाती है। राजनीतिक दल नागरिकों को उनकी सामाजिक समस्याओं से अवगत कराते हैं तथा सामाजिक-आर्थिक विकास के लिए राजनीतिक भागीदारी और निर्वाचन के लिए प्रेरित करते हैं। राजनीतिक दल ही प्रतिनिधि विधायिका के संचालन के लिए नागरिकों के बीच से सक्रिय कार्यकर्ता नियुक्त करते हैं तथा उन्हें राजनीतिक व्यवस्था में प्रशिक्षित कर कुशल नेतृत्व के योग्य बनाते हैं। राजनीतिक दलों के बीच प्रशिक्षित व्यक्ति ही स्थानीय निकायों से लेकर राज्य विधान सभा, संसद और कार्यपालिका (सरकारी मंत्रालय) इत्यादि का संचालन करते हैं। संगठित दल निर्वाचन के द्वारा राजनीतिक सत्ता पर अधिकार जमाते हैं। राजनीतिक दल ही राजनीतिक सत्ता के वाहक हैं। जनता, दल और सत्ता लोकतांत्रिक व्यवस्था के तीन निर्णायक घटक हैं।

राजनीतिक दलों को अनेक महत्वपूर्ण कार्य करने पड़ते हैं। उनका एक प्रमुख कार्य है— राष्ट्रीय हित के समान उद्देश्यों पर अनेक खंडों में बंटे समाज (जातीय, धार्मिक, भाषायी और प्रादेशिक तथा क्षेत्रीय आधार पर विभाजित समाज) को एकजुट करना और जनता के प्रतिनिधि के रूप में राजनीतिक सत्ता प्राप्त करके सरकार बनाना। राजनीतिक दल नागरिकों की मांगें और उनके हितों को समन्वित भी करते हैं तथा सामान्य रूप से उनकी स्वीकृति के लिए प्रयास करते हैं।

विपक्ष की भूमिका

संसद में विपक्ष की उपस्थिति संसदीय लोकतंत्र का विशिष्ट गुण है। लोकतांत्रिक व्यवस्था में विपक्षी दल एक आवश्यक अंग है। एक व्यापक दार्शनिक संकल्पना के अनुसार अच्छी लोकतांत्रिक व्यवस्था वह है जिसमें वैयक्तिक, सामूहिक और सांस्थानिक असहमति प्रकट करने की छूट होती है। संसदीय लोकतंत्र में एक निर्वाचित सरकार की उतनी ही आवश्यकता होती है जितनी की एक निर्वाचित विपक्ष की।

एक अच्छा विपक्ष सरकार की अखंडता और ईमानदारी में कमी, देशद्रोह, नैतिक विचलन, असफलता, कमजोरी और गलतियों को प्रकाश में ला सकता है या उसे प्रकाश में लाना चाहिए। चूँकि सत्ता की प्रवृत्ति भ्रष्टाचार की ओर अभिमुख होती है। यदि सरकार पर्याप्त नियंत्रण के बिना लम्बी अवधि तक कार्य करती रही तो वह भ्रष्टाचार की खाई में गिरती जाएगी। विपक्षी दल सरकार के भ्रष्टाचार पर अंकुश लगाते हैं और उस पर निरंतर नियंत्रण रखते हैं। वे सत्ता दल के अतिक्रमण, भूले कार्याधिकार के दुरूपयोग की कार्यवाहियों की आलोचना करके सरकार के कार्यों को संतुलित और नियंत्रित करते हैं। वे किसी भी सरकार के लिए आवश्यक दोष निवारक की भांति कार्य करते हैं। एक मजबूत विपक्ष नीतियों, विधायी कार्यवाइयों, अहितकर विधेयकों और सरकार के अनुचित व्यय का अनुमोदन करने से इंकार करने के लिए समर्थ होता है। ए.एल. लॉवेल ने ठीक ही कहा है कि एक मान्यता प्राप्त विपक्ष के निरंतर दबाव से तानाशाही में अवरोध पैदा होता है। विपक्ष निरंकुशतंत्र के विरुद्ध

एक सुरक्षात्मक कवच है। यह केवल तानाशाह के विरुद्ध ही रक्षात्मक नियंत्रण नहीं है बल्कि मतांध बहुमत के विरूद्ध भी है। किंतु लोकतंत्र में विपक्ष का एकमात्र कार्य सत्ता दल का बहिष्कार करना हो जाता है। संसदीय व्यवस्था में यह विशेषतया संसद के अंतर्गत संसदीय लोकतांत्रिक माध्यमों के द्वारा किया जाना चाहिए।

उत्तरदायी और सकारात्मक दृष्टि रखने वाले विपक्ष सरकार पर सतर्कता के साथ कड़ी निगाह रखते हैं। उन्हें सरकार का विरोध तो करना चाहिए किंतु उसके कार्यों में बाधा नहीं डालनी चाहिए। वे निःसन्देह सरकार की आलोचना कर सकते हैं किंतु प्रशासनिक कार्यों को उन्हें ठप्प नहीं करना चाहिए। संसदीय व्यवस्था में विपक्ष के लिए उतनी ही सीमाएं हैं जितनी कि सरकारी क्रियाकलापों की। लोकतंत्र में विपक्ष और सरकार को परस्पर सहयोग के ढांचे में काम करना चाहिए। चूँकि लोकतंत्र वह प्रणाली है जिसमें सरकार विचार-विमर्श, विश्वास, उदारता और आम सहमति से कार्य करती है। सत्ता दल और विपक्षी दल दोनों को ही सांविधानिक विधियों के अतिक्रमण से बचने की जिम्मेदारी लेनी चाहिए। उन्हें व्यवस्था के स्थायित्व और व्यापक जनहित के लिए एक संतुलित दृष्टिकोण अपनाना चाहिए। लोकतंत्र की सफलता इस बात में नहीं कि सत्ताधारी दल को कितना जन समर्थन प्राप्त है बल्कि इस बात में है कि विपक्ष कितनी प्रभावी एवं सशक्त भूमिका में है। एक जिम्मेवार विपक्ष सत्ता पक्ष पर प्रभावी नियंत्रण रख सकता है।

दल-बदल विरोधी अधिनियम

दल-बदल भारतीय दलीय व्यवस्था का एक अशुभ लक्षण है। इस पर रोक लगाने के लिए 1985 में संविधान के 52वें संशोधन द्वारा दल-बदल विरोधी अधिनियम पारित किया गया। इस अधिनियम के द्वारा अनुच्छेद 101, 102, 190 और 191 में संशोधन किया गया तथा एक नई अनुसूची दसवीं अनुसूची जोड़ी गई। इस अधिनियम के महत्वपूर्ण प्रावधान निम्न हैं—

निम्न परिस्थितियों में संसद या राज्य विधान मंडल के किसी सदस्य की सदस्यता समाप्त हो जाएगी—

(i) यदि वह स्वेच्छा से अपनी सदस्यता से त्याग-पत्र दे देता है।

(ii) यदि वह अपने दल या उसके द्वारा अधिकृत व्यक्ति की अनुमति के बिना सदन में उसके किसी निर्देश के प्रतिकूल मतदान करता है या मतदान में अनुपस्थित रहता है।

(iii) यदि निर्दलीय के रूप में निर्वाचित कोई सदस्य किसी राजनीतिक दल में शामिल हो जाता है।

(iv) यदि कोई मनोनीत सदस्य शपथ लेने के छह माह बाद किसी राजनीतिक दल में शामिल हो जाता है।

किसी राजनीतिक दल के विघटन पर सदस्यता समाप्त नहीं होगी अर्थात् यदि मूल पार्टी के एक-तिहाई सांसद या विधायक पार्टी छोड़ देते हैं तो इससे उनकी सदस्यता पर कोई प्रभाव नहीं पड़ेगा। इसी प्रकार विलय की स्थिति में यदि पार्टी के कम-से-कम दो-तिहाई सदस्य विलय की पुष्टि कर देते हैं तो इसे दल-बदल नहीं माना जाएगा। दल-बदल से संबंधित किसी भी प्रश्न पर अंतिम निर्णय सदन के अध्यक्ष का होगा और किसी न्यायालय को उसमें हस्तक्षेप करने का अधिकार नहीं होगा। सदन में अध्यक्ष को इस विधेयक को कार्यान्वित करने के लिए नियम बनाने का अधिकार होगा।

91वां संशोधन अधिनियम (2003) और दल-बदल: इसके अंतर्गत केवल सम्पूर्ण दल के विलय को ही मान्यता दी गई। अन्य परिस्थितियों में दल-बदल को अवैध माना जाएगा। इसके तहत यह प्रावधान किया गया कि दल-बदल करने वाले सदस्य को मंत्री नहीं बनाया जाएगा। इसके अतिरिक्त मंत्रियों की संख्या निम्न सदन की संख्या के 15% से अधिक नहीं हो सकती।

क्षेत्रीय दल

अधिकांश क्षेत्रीय दल स्थायी, महत्वपूर्ण और प्रभावी राजनीतिक संगठन के रूप में उभरे हैं और उन्हें व्यापक निर्वाचन आधार प्राप्त हुआ है। भारत की संघीय लोकतांत्रिक राज्य व्यवस्था में क्षेत्रीय और स्थानीय दल सतत् प्रासंगिक रहे हैं तथा विशेष रूप से कुछ प्रभावशाली सामाजिक और आर्थिक हितों के लिए प्रतिबद्ध हैं। राजनीतिक व्यवस्था में इनमें से अधिकांश दलों के सांगठनिक ढांचे और उनकी भूमिका दोनों ही दबाव और हित समूहों के चरित्र और प्रवृत्ति के समान हैं। राष्ट्रीय दलों की तुलना में इनका प्रभाव बढ़ता-घटता रहता है। राज्य सरकारों के गठन में अनेक क्षेत्रीय दल राष्ट्रीय हितों के साथ मिलकर संविद भूमिका निभाते हैं। कई राज्यों में क्षेत्रीय दल स्थायी और प्रमुख राजनीतिक संगठन बन गए हैं।

क्षेत्रीय दलों के उभरने के कारण

(i) विकास की रणनीति की खामियां: आजादी के बाद भारत में विकास की जो रणनीति अपनाई गई उसमें कुछ क्षेत्र स्वाभाविक रूप से पीछे छूट गए। हालांकि इसके पीछे संसाधनों की कमी भी एक प्रमुख कारण था। परन्तु इससे राजनीतिक भविष्य तलाश रहे कुछ लोगों को अपनी राजनीति चमकाने का मौका मिल गया।

(ii) जातीय राजनीति: भारत में सार्वभौम मताधिकार के लागू किए जाने के फलस्वरूप जाति एवं जातीय समूहों का राजनीतिक महत्व अचानक बढ़ गया। परंपरागत सामाजिक ढांचे में जो जातियां हाशिये पर थीं अब उन्होंने राजनीतिक भागीदारी के माध्यम से अपनी हैसियत बढ़ानी चाही। इसलिए जातीय आधार वाली पार्टियां अस्तित्व में आ गईं। जो जातियां पहले पारंपरिक रूप से राष्ट्रीय पार्टियों को वोट देती थीं अब उनका झुकाव भी अपनी जाति वाली पार्टी की ओर बढ़ा।

(iii) कांग्रेसी नेतृत्व की कमियां: आरंभ में कांग्रेस एक व्यापक विचारधारा वाली पार्टी के रूप में काम करती थी, जिसमें उदारवादी भी होते थे और उग्रपंथी थी, राष्ट्रवादी भी होते थे और समाजवादी भी। पर धीरे-धीरे

कांग्रेसी नेतृत्व एक दायरे में सिमट गया। नेतृत्व से अलग विचार रखने वाले लोग एक तरह से हाशिये पर डाल दिए गए। आपसी सहमति की बजाय आला कमान का निर्देश सर्वोपरि हो गया। इसके कारण कांग्रेसी नेतृत्व से अलग विचार रखने वाले लोगों ने अपने राजनीतिक भविष्य की अनिश्चितता एवं उपेक्षा के कारण या तो दूसरी पार्टियों का दामन थाम लिया या किसी अलग पार्टी का गठन कर लिया। आज कई राज्यों में ऐसी क्षेत्रीय पार्टियां हैं जिनका शीर्ष नेतृत्व कभी कांग्रेस के साथ हुआ करता था।

(iv) भारतीय जनता पार्टी कांग्रेस का प्रभावी स्थानापन्न नहीं बन सकी: जिस तेजी के साथ कांग्रेस का अवसान हुआ उसी तेजी के साथ भाजपा ने अपने जनाधार का विस्तार नहीं किया। अपनी राजनीतिक मजबूरियों के कारण भाजपा सभी समुदायों को अपने साथ लाने में विफल रही। यही कारण है कि कांग्रेस का परंपरागत जनाधार अन्य पार्टियों की ओर खिसक गया।

(v) भारत की बहुदलीय प्रणाली: बहुदलीय प्रणाली के कारण वोट कई दलों में बंट जाते हैं। ऐसे में कोई दल अकेले दम पर बहुमत में नहीं आ सका। जिन पार्टियों ने कम वोट हासिल किए उन्हें क्षेत्रीय या राज्य स्तरीय पार्टी का दर्जा मिला।

क्षेत्रीय दलों के सकारात्मक पक्ष

(i) क्षेत्रीय दल क्षेत्रीय आकांक्षाओं का प्रतिनिधित्व करते हैं। क्षेत्रीय मुद्दों पर आधारित विकास की राजनीति इनका सबल पक्ष है।

(ii) क्षेत्रीय दल राजनीतिक विकेन्द्रीकरण की प्रक्रिया को त्वरित करने में सहायक होते हैं। इन दलों ने बेहतर शासन एवं बेहतर विकल्प प्रस्तुत किया है।

(iii) क्षेत्रीय दल क्षेत्रीय असंतोष की अभिव्यक्ति के जरिए सेफ्टी वॉल्व के रूप में काम करते हैं।

(iv) क्षेत्रीय दल राट्रीय दलों के लिए जनता तक पहुंचने में प्रभावी माध्यम बनकर सामने आए हैं।

क्षेत्रीय दलों के नकारात्मक पक्ष

(i) क्षेत्रीय दल स्थानीय मानसिकता से बाहर निकल कर अपनी राष्ट्रीय सोच विकसित करने में असफल रहे हैं। इसलिए राष्ट्रीय स्तर पर शासन के संदर्भ में इनकी क्षमता एवं गुणवता संदेहास्पद है।

(ii) अधिकांश क्षेत्रीय दल जाति आधारित राजनीति करते रहे हैं। इनकी प्राथमिकता अपने पक्ष में जातीय समीकरणों को मजबूत करने की रही है।

(iii) क्षेत्रीय दल क्षेत्रीय प्रमुखों द्वारा नियंत्रित होते हैं। इनके द्वारा विकास की कीमत पर परिवार और वंशवाद को बढ़ावा दिया जाता है।

लेकिन ये नकारात्मक तत्व क्षेत्रीय दलों तक सीमित नहीं हैं इसकी गिरफ्त में राष्ट्रीय दल भी आ गए हैं। इसलिए इन्हें प्रमुखता प्रदान कर इनकी सकारात्मक भूमिका की अनदेखी उचित नहीं है।

■■■

22

पंचायती राज

संविधान के अनुच्छेद 40 के तहत पंचायतों के गठन का दायित्व राज्यों को सौंपा गया है। 1957 में गठित बलवंत राय मेहता समिति की रिपोर्ट के आधार पर पंचायती राज के तहत त्रि-स्तरीय व्यवस्था को स्वीकृति प्रदान की गई। 2 अक्टूबर, 1959 को राजस्थान के नागौर में पंचायती राज व्यवस्था का प्रारंभ किया गया। सन् 1977 में पंचायती राज व्यवस्था के सुदृढ़ीकरण हेतु अशोक मेहता समिति का गठन किया गया। 1978 में प्रस्तुत अपनी रिपोर्ट में अशोक मेहता समिति ने पंचायती राज को द्विस्तरीय बनाने का सुझाव दिया। रिपोर्ट के अनुसार, निम्न स्तर पर मंडल पंचायत तथा जिला स्तर पर जिला परिषद् के गठन का सुझाव दिया गया। सन् 1986 में एल.एम. सिंघवी समिति का गठन कर पंचायती राज व्यवस्था की जांच करने का कार्य सौंपा गया। समिति ने ग्राम पंचायतों को पुनर्जीवित करने तथा पंचायती राज के नियमित चुनाव कराने पर बल दिया। साथ ही, पंचायती राज को संवैधानिक दर्जा देने का सुझाव भी दिया।

संविधान के 73वें तथा 74वें संशोधनों के द्वारा पंचायती राज संस्थाओं तथा नगरपालिकाओं को संवैधानिक दर्जा प्रदान किया गया। इन संशोधनों के द्वारा संविधान में भाग 9 तथा भाग 9(क) शामिल किए गए। भाग 9 पंचायतों से तथा भाग 9(क) नगरपालिकाओं से संबंधित है। भाग 9 के अंतर्गत अनुच्छेद 243 और अनु. 243(क)-243(ण) तक के अनुच्छेद हैं। भाग 9(क) के अंतर्गत अनु. 243(त) से अनु. 243(य-छ) तक के अनुच्छेद हैं।

73वां संविधान संशोधन

संविधान के 73वें संशोधन, 1992 के अनुसार, भारत में पंचायती राज व्यवस्था त्रि-स्तरीय है, यथा-ग्राम स्तर, प्रखंड स्तर तथा जिला स्तर। त्रि-स्तरीय पंचायती राज व्यवस्था 20 लाख से अधिक जनसंख्या वाले

राज्यों में लागू करने का प्रावधान है। 20 लाख से कम जनसंख्या वाले राज्यों को प्रखंड स्तर पर व्यवस्था नहीं करने की छूट प्रदान की गई है। पंचायत के लिए कुल स्थान के 1/3 भाग पर महिलाओं के लिए आरक्षण की व्यवस्था की गई है। अनुसूचित जातियों तथा जनजातियों के लिए आरक्षित स्थानों में से उनकी महिलाओं के लिए 1/3 स्थान आरक्षित किए गए हैं। पंचायतों के विघटन हो जाने की स्थिति में 6 माह की अवधि में मतदान कराने आवश्यक हैं। समय पूर्व (अर्थात 5 वर्ष की अवधि की समाप्ति के पहले) विघटित पंचायत जब पुनर्गठित की जाती है तो वह अवशिष्ट अवधि के लिए ही होगी। किन्तु बची हुई अवधि 6 मास से कम है तो निर्वाचन कराना आवश्यक नहीं होगा। विधान मंडल के लिए निर्वाचित होने की योग्यता रखने वाले व्यक्ति पंचायतों के लिए निर्वाचित हो सकते हैं, केवल एक अंतर है- राज्य विधान मंडल के लिए विहित आयु 25 वर्ष है जबकि पंचायत का सदस्य 21 वर्ष की आयु का व्यक्ति भी बन सकता है। यदि यह प्रश्न उपस्थित होता है कि कोई सदस्य निरर्हता से ग्रस्त हो गया है या नहीं तो यह प्रश्न ऐसे प्राधिकारी को विनिर्दिष्ट किया जायेगा जो राज्य विधान मंडल, विधि द्वारा उपबंधित करे।

नोट: रेखाचित्र, आरेख— पंचायती राज व्यवस्था (पेज न. 335 देखें)

राज्य कानून बनाकर पंचायती राज संस्थाओं को कर आरोपण तथा वसूली का अधिकार प्रदान कर सकता है। पंचायतों के लिए राज्य निर्वाचन आयोग के गठन का भी प्रावधान है। इस निर्वाचन आयोग में एक निर्वाचन आयुक्त होगा जिसकी नियुक्ति राज्यपाल करेगा। राज्य निर्वाचन आयुक्त को उन्हीं आधारों पर उसी प्रक्रिया से हटाया जा सकता है जिस प्रकार उच्च न्यायालय के न्यायाधीश को हटाया जा सकता है।

संविधान संशोधन अधिनियम 1992 की धारा चार द्वारा संविधान में 11वीं अनुसूची जोड़ी गई। 24 अप्रैल, 1993 से प्रभावी इस अनुसूची में निम्नलिखित 29 विषयों का समावेश है, जिन पर पंचायतों को पूर्ण अधिकार दिया गया है- (क) कृषि, जिसके अंतर्गत कृषि-विस्तार शामिल है, (ख) भूमि विकास, भूमि सुधार का कार्यान्वयन, चकबंदी और भूमि

संरक्षण, (ग) लघु सिंचाई, जल प्रबंध और जलविभाजक क्षेत्र का विकास, (घ) पशुपालन, डेरी उद्योग और कुक्कट-पालन, (ङ.) मत्स्य उद्योग, (च) सामाजिक वानिकी और फार्म वानिकी, (छ) लघु वन उपज, (ज) लघु उद्योग, जिसके अंतर्गत खाद्य प्रसंस्करण उद्योग भी शामिल हैं। (झ) खादी, ग्रामोद्योग और कुटीर उद्योग। (ञ) ग्रामीण आवासन। (ट) पेयजल, (ठ) ईंधन और चारा, (ड) सड़कें, पुलिया, पुल, फेरी, जलमार्ग और अन्य संचार साधन, (ढ) ग्रामीण विद्युतीकरण, जिसके अंतर्गत विद्युत का वितरण भी शामिल है, (ण) अपारंपरिक ऊर्जा स्रोत, (त) गरीबी उन्मूलन कार्यक्रम, (थ) शिक्षा, जिसके अंतर्गत प्राथमिक और माध्यमिक विद्यालय शामिल हैं, (द) तकनीकी प्रशिक्षण और व्यावसायिक शिक्षा, (ध) प्रौढ़ और अनौपचारिक शिक्षा, (न) पुस्तकालय, (प) सांस्कृतिक क्रियाकलाप, (फ) बाजार और मेले, (ब) स्वास्थ्य और स्वच्छता, जिसके अंतर्गत अस्पताल, प्राथमिक स्वास्थ्य केंद्र और औषधालय शामिल हैं, (भ) परिवार कल्याण, (म) महिला और बाल-विकास, (य) समाज कल्याण, जिसके अंतर्गत विकलांगों और मानसिक रूप से मंद व्यक्तियों का कल्याण शामिल है, (र) दुर्बल वर्गों का और विशिष्टतया, अनुसूचित जातियों और अनुसूचित जनजातियों का कल्याण, (ल) सार्वजनिक वितरण प्रणाली, (व) सामुदायिक आस्तियों का अनुरक्षण।

74वाँ संविधान संशोधन

सन् 1993 से प्रभावी 74वें संशोधन अधिनियम के तहत नगरपालिकाओं को संवैधानिक मान्यता प्रदान की गई है। यह अधिनियम 1 जून 1993 से लागू हुआ। नगरपालिकाओं को तीन भागों में विभक्त किया गया है, यथा— ग्रामीण क्षेत्र से नगरीय क्षेत्र में परिवर्तित होने वाले स्थानों के लिए नगर पंचायत, छोटे नगरों के लिए नगर परिषद् तथा बड़े नगरों के लिए नगर निगम। यदि कोई ऐसा नगर क्षेत्र है जहाँ कोई औद्योगिक स्थापन नगरपालिका सेवाएं प्रदान कर रहा है या इस प्रकार प्रदान किए जाने का प्रस्ताव है तो क्षेत्र का विस्तार और अन्य तथ्यों पर विचार करने के पश्चात् राज्यपाल उसे औद्योगिक नगर घोषित कर सकेगा। ऐसे क्षेत्र के लिए

नगरपालिका गठित करना आज्ञापक नहीं होगा। नगरपालिका के सदस्यों का निर्वाचन प्रत्यक्ष रूप से होता है। राज्य का विधान मंडल, विधि द्वारा, नगरपालिका में निम्नलिखित के प्रतिनिधित्व के लिए उपबंध कर सकेगा, अर्थात्-

(i) नगरपालिका प्रशासन में विशेष ज्ञान या अनुभव रखने वाले व्यक्ति

(ii) लोक सभा, राज्यों की विधान सभा, राज्य सभा और विधान परिषद् के सदस्य

(iii) वार्ड समितियों के अध्यक्ष

तीन लाख या उससे अधिक जनसंख्या वाली नगरपालिका के क्षेत्र में आने वाले दो या अधिक वार्डों के लिए वार्ड समितियों का गठन आवश्यक है। नगरपालिकाओं में भी अनुसूचित जातियों एवं जनजातियों के लिए आरक्षण की व्यवस्था है। साथ ही, महिलाओं के लिए 1/3 स्थानों के आरक्षण का भी प्रावधान है। नगरपालिकाओं का कार्यकाल 5 वर्षों का होता है। लेकिन इसका विघटन इस अवधि के पूर्व भी किया जा सकता है। विघटन की स्थिति में चुनाव 6 माह की अवधि में कराना अनिवार्य है। विघटन के पश्चात् गठित नगरपालिका शेष अवधि के लिए होगी। किन्तु यदि शेष अवधि 6 मास से कम है तो निर्वाचन कराना आवश्यक नहीं होगा।

पंचायती राज व्यवस्था की सीमाएं

(i) संवैधानिक दर्जा मिलने के बावजूद पंचायती राज संस्थाओं को पर्याप्त शक्तियां नहीं दी गई हैं। राज्य सरकारों ने उन्हें सीमित शक्तियों का ही हस्तांतरण किया है।

(ii) पंचायती राज संस्थाओं के पास पर्याप्त वित्तीय संसाधन नहीं हैं। उन्हें कर लगाने की शक्ति नगण्य है। संसाधनों के हस्तांतरण में राज्य वित्त आयोग की कोई उल्लेखनीय भूमिका नहीं रही है।

(iii) पंचायत की गतिविधियों पर प्रशासनिक अधिकारियों का नियंत्रण अब भी बना हुआ है। ये पंचायतों को सही ढंग से काम नहीं करने

देते। इस कारण ग्रामीण विकास की प्रक्रिया को तीव्र करने में बहुत कम सफलता मिली है। इस कारण राजनीतिक पुनर्संरचना की प्रक्रिया भी बहुत धीमी रही है।

(iv) गांवों में साक्षरता की अब भी कमी है। अधिकांश जनता अपने अधिकारों के प्रति सजग नहीं है। स्थानीय प्रशासन में उनकी भूमिका बढ़े, इसके लिए उन्हें जागरूक करना आवश्यक है।

पंचायती राज व्यवस्था की कमियों को दूर करने के उपाय

स्थानीय स्वशासन संस्थाओं का काम पहले की तरह अब सरल नहीं रह गया है। इन संस्थाओं का काम अधिक पेचीदा और जटिल है। इन संस्थाओं के सदस्य प्रशिक्षण के बिना अपने कर्त्तव्यों को ठीक ढंग से नहीं निभा सकते और न ही उचित फैसले कर सकते हैं। अज्ञानता के कारण वे अपने ही कर्मचारियों और सरकार के अफसरों की कठपुतली बन जाते हैं। यह स्वस्थ स्थानीय स्वशासन के लिए अनुकूल नहीं है। इसलिए यह जरूरी है कि अराजकीय और राजकीय कर्मचारियों को स्थानीय स्वशासन के संचालन का अधिक प्रशिक्षण दिया जाए। शिक्षा के द्वारा ही लोगों को अपने कर्त्तव्यों तथा अधिकारों का ज्ञान होता है तथा वे गांव-समाज के प्रति जिम्मेदारी से अवगत होते हैं। इसलिए ग्रामीण लोगों को राजनीतिक शिक्षा भी दी जानी चाहिए।

ग्राम सभा के अधिवेशन समयानुसार बुलाए जाने चाहिए। स्थानीय संस्थाओं के चुनाव भी नियमित रूप से होने चाहिए। पंचायतें अपना कार्य सुचारू ढंग से कर सकें और ग्रामीण विकास के लिए बनाई गई योजनाओं को कार्य रूप दे सकें इसके लिए जरूरी है कि पंचायती राज संस्थाओं को और अधिक वित्तीय सहायता प्रदान की जाए। पंचायती राज व्यवस्था ग्रामीण लोगों की वास्तविक स्वशासन की संस्था बन सके तथा ग्रामीणों की उसमें भागीदारी संभव हो सके इसके लिए यह जरूरी है कि इन संस्थाओं को राजनीतिक दलों के हस्तक्षेप से मुक्त रखा जाए।

पंचायती राज व्यवस्था का मूल्यांकन

73वें संविधान संशोधन द्वारा पंचायती राज व्यवस्था को संविधान का एक अंग बना दिया गया। इससे पंचायतों को संवैधानिक दर्जा मिला। इसके पहले पंचायतों का गठन राज्य विधान मंडल के कानून द्वारा होता था। इनका काम-काज भी संतोषजनक नहीं था। चुनाव भी नियमित तौर पर नहीं होते थे। राज्य सरकार द्वारा पंचायतों को मनमाने तौर पर भंग कर दिया जाता था। संवैधानिक दर्जा मिलने के बाद पंचायतों की संरचना स्पष्ट हो गई। निर्वाचन भी नियमित तौर पर होने लगे हैं। समाज के कमजोर वर्गों—खासकर महिलाओं, पिछड़ी जातियों, अनुसूचित जातियों एवं जनजातियों के लिए इसमें विशेष प्रावधान किए गए। इससे कमजोर वर्गों का सशक्तीकरण हुआ एवं सामाजिक परिवर्तन की प्रक्रिया को बढ़ावा मिला। 73वें संविधान संशोधन द्वारा ग्राम सभा को भी महत्ता प्रदान की गई। इसके माध्यम से ग्रामीण क्षेत्र में प्रत्यक्ष लोकतंत्र को बढ़ावा देने का प्रयास किया गया। ग्राम सभा में गांव के सभी वयस्क शामिल होते हैं। इससे पंचायत के काम-काज में जनता की सहभागिता बढ़ी है। जनता भी पंचायत के काम-काज में रुचि लेने लगी है।

■■■

23

भारतीय लोकतंत्र की चुनौतियां

भारत में जातिवाद, सांप्रदायिकता और धर्मान्धता की चुनौतियों के साथ-साथ पृथकतावाद और हिंसा का खतरा राष्ट्र के लिए सबसे बड़ी आंतरिक चुनौती है। यह हमारी लोकतांत्रिक धर्मनिरपेक्ष प्रणाली और उसके स्थायित्व को कमजोर बनाती है। यह हमारे राष्ट्रीय जीवन को संचालित करने और हमारी नई पहचान को अर्थ प्रदान करने वाले आधारभूत सिद्धांतों के विरुद्ध उग्र विरोध खड़ा करती है।

जातीय राजनीति

जयप्रकाश नारायण ने एक बार कहा था कि जाति भारत में अत्यधिक महत्वपूर्ण दल है। हेराल्ड गोल्ड के शब्दों में राजनीति का आधार होने के बजाय जाति उसको प्रभावित करनेवाला एक तत्व है।

जाति व्यवस्था भारतीय समाज का परंपरागत पक्ष है। स्वाधीनता प्राप्ति के पश्चात संविधान और राजनीतिक संस्थाओं के निर्माण से आधुनिक प्रभावों ने भारतीय समाज में धीरे-धीरे प्रवेश करना आरम्भ कर दिया। आधुनिक प्रभावों के फलस्वरूप वयस्क मताधिकार के आधार पर निर्वाचन आरंभ हुए और जातिगत संस्थाएं यकायक महत्वपूर्ण बन गई क्योंकि उनके पास भारी संख्या में मत थे और लोकतंत्र में सत्ता प्राप्ति हेतु इन मतों का मूल्य था। जिन्हें सत्ता की आकांक्षा थी उन्हें सामान्य जनता के पास पहुँचने के लिए सम्पर्क सूत्र की भी आवश्यकता थी। सामान्य जनता को अपने पक्ष में मिलाने के लिए यह भी आवश्यक था कि उनसे उस भाषा में बात की जाए जो उनकी समझ में आ सके। जाति व्यवस्था इस बात को प्रकट करती थी। इस पृष्ठभूमि में जाति की भूमिका राजनीति में अधिकाधिक महत्वपूर्ण होती गई। भारतीय राजनीति में जाति की भूमिका का अध्ययन निम्न शीर्षकों के अंतर्गत किया जा सकता है।

(i) **निर्णय प्रक्रिया में जाति की प्रभावी भूमिका—** भारत में जातियाँ संगठित होकर राजनीतिक और प्रशासनिक निर्णय की प्रक्रिया को प्रभावित करती हैं। यथा—संविधान में अनुसूचित जाति एवं जनजातियों के लिए आरक्षण के प्रावधान रखे गए हैं। जिनके कारण ये जातियाँ संगठित होकर सरकार पर दबाव डालती हैं कि इन सुविधाओं को और अधिक वर्षों के लिए बढ़ा दिया जाए। अन्य जातियाँ चाहती हैं कि आरक्षण समाप्त हो अथवा इसका आधार सामाजिक-आर्थिक स्थिति हो और उन्हें भी आरक्षण सूची में शामिल किया जाए।

(ii) **राजनीतिक दलों में जातिगत आधार पर निर्णय—** भारत में सभी राजनीतिक दल अपने प्रत्याशियों का चयन करते समय जातिगत आधार पर निर्णय लेते हैं। प्रत्येक दल किसी भी चुनाव क्षेत्र में प्रत्याशी चुनते समय जातिगत गणित का अवश्य विश्लेषण करते हैं। 1980 में कांग्रेस की विजय का कारण था कि श्रीमती गाँधी हरिजनों, ब्राह्मणों और मुसलमानों का जातीय समर्थन जुटाने में सफल रहीं। इसी प्रकार बिहार में लालू प्रसाद की सफलता का कारण यादव, राजपूत और मुसलमान का गठजोड़ है।

(iii) **जातिगत आधार पर मतदान—** भारत में चुनाव अभियान में जातिवाद को साधन के रूप में अपनाया जाता है। प्रत्याशी जिस निर्वाचन क्षेत्र में चुनाव लड़ रहा है उस क्षेत्र में जातिवाद की भावना को प्राय: उकसाया जाता है ताकि संबंधित प्रत्याशी की जाति के मतदाताओं का पूर्ण समर्थन प्राप्त किया जा सके। 1995 के चुनाव में बिहार में राजद के जीत का कारण मण्डल का जाति युद्ध था।

(iv) **राजनीतिक दलों के गठन में आज जाति की विशेष भूमिका** हो गई है। जाति विशेष के लोग अपने हितों के लिए राजनीतिक दलों का गठन करने लगे हैं जिसका आधार जाति ही होती है। प्रत्येक दल द्वारा प्रत्यक्ष या परोक्ष रूप से जाति का समर्थन किया जाता है।

(v) **मंत्रिमंडल के गठन में भी जाति की प्रभावी भूमिका** होती है। राज्य में जिस जाति का प्रभाव होता है उसी जाति का कोई नेता मुख्यमंत्री चुना जाता है। साथ ही मंत्रिमंडल में सभी जातियों को प्रतिनिधित्व दिया जाता है।

(vi) अनेक जातीय संगठन, जैसे—तमिलनाडु में नाडार जाति संघ, गुजरात में क्षत्रिय महासंघ, बिहार में कायस्थ सभा, आदि राजनीतिक मामलों में रुचि लेने लगे हैं और अपने-अपने संगठित बल के आधार पर राजनीतिक सौदेबाजी भी करने लगे हैं।

राज्य की राजनीति में जातियों की बढ़ती भूमिका

राजनीतिक दलों के निर्माण से लेकर सरकार के गठन तक में जाति की छाप राज्यों की राजनीति में स्पष्ट रूप से दिखाई पड़ती है। महाराष्ट्र की राजनीति में मराठा और ब्राह्मणों के बीच वर्चस्व का संघर्ष रहा है। इस संघर्ष में मराठा जाति ने ब्राह्मणों के शताब्दियों से चले आने वाले प्रभुत्व का अंत किया। आंध्र में यह टकराव कम्मा और रेड्डी जातियों के बीच देखने को मिलता है। कर्नाटक में यह विरोध लिंगायत तथा ओकालिंगा जातियों के बीच है। गुजरात में पाटीदार और क्षत्रिय जातियों के बीच प्रतिस्पर्द्धा पायी जाती है।

बिहार की स्थिति उपरोक्त राज्यों से भिन्न है। यहाँ उच्च जातियों— ब्राह्मण, क्षत्रिय, वैश्य और कायस्थ अब भी सामाजिक और राजनीतिक शक्तियों के धारक हैं। उनके बीच राजनीतिक प्रतिस्पर्धा भी पायी जाती है। 1970 के दशक में पिछड़ावाद आंदोलन एवं 1990 के दशक में मंडल आयोग की रिपोर्ट लागू होने के बाद बिहार में पिछड़ी जातियों की चेतना में एक नई जागृति आई। इससे अहीर, कुर्मी, कोइरी, पासवान आदि जातियों में शिक्षा, प्रशासन एवं राजनीति में भागीदारी को लेकर सक्रियता बढ़ी।

राजस्थान और मध्य प्रदेश की राजनीति पर भी उच्च जातियों का एकाधिकार है। यहाँ पिछड़ी जातियां उभरने का प्रयत्न कर रही हैं। इन

राज्यों में राजनीतिक प्रतिस्पर्धा उच्च्च जातियों के बीच ही है। पर कोई भी एक जाति अपने प्रभुत्व को स्थापित करने की स्थिति में नहीं है। हाल के वर्षों में पिछड़ावाद भी अधिक मुखर हुआ है।

जातिवाद का विशेष प्रभाव तमिलनाडु में देखने को मिलता है। यहाँ पर ब्राह्मणों और निम्न जातियों के मध्य गंभीर संघर्ष रहे हैं। यहाँ की राजनीति पर आरंभ से ही ब्राह्मणों का अधिकार रहा है जिसके विरूद्ध विभिन्न जातियों के आंदोलन हुए। द्रविड़ मुनेत्र कड़गम का उदय इसी संघर्ष के फलस्वरूप हुआ। इसी प्रकार 1916 में जस्टिस पार्टी नाम का दल अस्तित्च में आया, जिसका उद्देश्य गैर-ब्राह्मण जातियों के हितों को संरक्षित करना था। उत्तर प्रदेश की राजनीति में मुख्यत: जाटों एवं यादवों का वर्चस्व रहा है लेकिन पिछले कई चुनावों में इस समीकरण में काफी बदलाव आया है। यहाँ पर दलित जातियाँ भी एक महत्वपूर्ण राजनीतिक शक्ति के रूप में उभरी हैं। बहुजन समाज पार्टी इन जातियों की प्रमुख संरक्षक है।

जाति की भूमिका का मूल्यांकन

जातीय राजनीति ने भारत की राजनीतिक व्यवस्था पर कई नकारात्मक प्रभाव डाले हैं। भारत की राजनीतिक व्यवस्था पर जातिवाद के नकारात्मक प्रभाव निम्न हैं:

(i) यह हमारे संविधान के मूलभूत सिद्धांतों का उल्लंघन करता है। ये मूलभूत सिद्धांत ही राष्ट्रीय एकता और अखंडता को सुनिश्चित करने वाले न्याय, समानता और सर्वोपरि बंधुता के सिद्धांतों वाली एक नई लोकतांत्रिक राज्य व्यवस्था का विकास करते हैं।

(ii) इसने पूर्व-लोकतांत्रिक प्रदत्त पहचानों के प्रक्षेपण और संकीर्ण निष्ठाओं को बढ़ावा देकर लोकतांत्रिक चुनाव के माहौल को दूषित किया है। इससे राज्य व्यवस्था का आधुनिकीकरण कमजोर और बाधित हुआ है।

(iii) यह जाति संघ, दबाव समूह, और लॉबी का निर्माण करके राष्ट्र और राज्य की राजनीति में प्राचीनतम, रूढ़िवादी तथा अप्रासंगिक जातीय समीकरण को बनाए रखने का प्रयत्न करता है जो एक निरपेक्ष समाज के निर्माण में बहुत बड़ी बाधा है।

(iv) जातिवाद प्रभावी और प्रमुख जातियों के ढांचे और अपने सामंती गौरव के अवशेषों को बनाए रखने के लिए विशेषतया राज्य पंचायतों के मूलाधार पर प्रतिकूल असर डालता है जिससे जाति, धर्म या जन्म पर आधारित भेदभाव के बिना स्वतंत्र और समान नागरिकता की नई लोकतांत्रिक संस्कृति का विकास कुंठित होगा।

(v) जाति के आधार पर लड़ाकू दल/उग्रवादी दल का गठन करके यह तनाव, दहशत, शंका, भय और हिंसा का वातावरण पैदा करता है।

(vi) दलीय व्यवस्था और मंत्रिमंडल के निर्माण में सत्ता हथियाने के लिए आपसी कलह, मनमुटाव तथा संकीर्ण सौदेबाजी और छल-कपट को बढ़ाने में इसकी सहायक भूमिका होती है, जिससे प्राय: राजनीतिक अस्थिरता और अस्त-व्यस्तता बनी रहती है।

इस सच्चाई को अनदेखा नहीं किया जा सकता कि जातिवाद ने देश की राजनीति को काफी हद तक प्रभावित किया है। इसलिए यह जरूरी हो जाता है कि ऐसे ठोस कदम उठाए जाएं जिसके द्वारा जातिवाद के बढ़ते प्रभाव को रोका जा सके। इसके लिए सर्वप्रथम, उन क्षेत्रीय दलों पर प्रतिबंध लगा दिया जाए जिनका गठन ही जातीय आधार पर हुआ है। दूसरे, चुनावों के दौरान जातीय भावना को भड़काने वाले उम्मीदवारों को चुनाव के अयोग्य घोषित कर दिया जाए। तीसरे, सरकार द्वारा ऐसे ठोस कार्यक्रम एवं योजनाओं का निर्माण किया जाए जिससे निम्न जातियों को उच्च जातियों की भांति विकास के अवसर प्राप्त हो सकें। आज ऐसे ही ठोस कदमों की जरूरत है।

इसके विपरीत रजनी कोठारी ने जाति की सकारात्मक भूमिका का उल्लेख किया है। जाति को अपने दायरे में खींचकर राजनीति उसे अपने

काम में लाने का प्रयत्न करती है। दूसरी ओर राजनीति के द्वारा जाति या बिरादरी को देश की व्यवस्था में भाग लेने का मौका मिलता है। इस कारण उपेक्षित जातियों की राजनीति में भागीदारी बढ़ी। इससे जातियों का लोकतंत्रीकरण हुआ। लोकतंत्र में अधिक-से-अधिक जातियाँ सहभागी बनी।

क्षेत्रीयतावाद

क्षेत्रीयतावाद किसी क्षेत्र के लोगों की उस भावना को कहा जाता है जिसके द्वारा वे राष्ट्रहित की अपेक्षा क्षेत्रीय हित को अधिक महत्व देते हैं। प्रारंभ में यह समस्या क्षेत्रीय असंतुलित विकास के कारण उत्पन्न हुई। लेकिन आज राजनेताओं द्वारा क्षेत्रीय भावनाओं को हवा दी जाती है जिसके कारण नए राज्यों का सृजन, स्वायत्तता, या फिर भारतीय संघ से पृथक होने की मांग की जाती है।

क्षेत्रीयतावाद के कारण

भारतीय राजनीति में क्षेत्रीयतावाद के निम्नलिखित प्रमुख कारण हैं—

(i) **भौगोलिक :** भौगोलिक दृष्टि से भारत में कई राज्य आज भी बहुत बड़े हैं। इन बड़े राज्यों जैसे—उत्तर प्रदेश, बिहार, मध्य प्रदेश, राजस्थान में छोटे-छोटे महत्वपूर्ण क्षेत्र भौगोलिक दृष्टि से महत्वपूर्ण इकाई हैं। राजस्थान में मारवाड़ और मेवाड़ बन सकते हैं।

(ii) **सांस्कृतिक :** भारत सांस्कृतिक विविधता का देश है। यहां कई राज्यों में विभिन्न भाषा-भाषी एवं संस्कृति के लोग रहते हैं। उन्हें अपनी भाषा एवं संस्कृति पर गर्व है। इसी आधार पर द्रविड़ मुनेत्र कड़गम ने भारतीय संघ से अलग होने की बात कही थी।

(iii) **ऐतिहासिक :** राज्य पुनर्गठन के बाद कई पुरानी रियासतों को राज्यों में मिला दिया गया था। आज भी इन रियासतों के लोग यह महसूस करते हैं कि यदि उनकी रियासत का ही पृथक् राज्य होता तो वे अधिक लाभ की स्थिति में होते। इसी आधार पर मैसूर ने कर्नाटक से अलग होने की मांग रखी।

(iv) **आर्थिक :** भारत में आर्थिक विकास की गति एक समान नहीं रही है। भारत के कुछ क्षेत्रों में अधिक आर्थिक विकास हुआ और आर्थिक विकास की दृष्टि से कुछ क्षेत्र पिछड़ गए। इससे इन पिछड़े क्षेत्रों में असंतोष फैलने लगा और क्षेत्रीयतावाद की भावना फैलने लगी। यथा—राजस्थान में दक्षिणी-पूर्वी राजस्थान, महाराष्ट्र में विदर्भ क्षेत्र में तेज रफ्तार से विकास नहीं हो पाया और वे अपने लिए पृथक् राज्य की मांग करने लगे।

(v) **भाषा :** भारत विभिन्न भाषाओं का देश है। उत्तर तथा दक्षिण की भाषा एक-दूसरे से भिन्न रही है। भाषा को राजनीतिक हथियार के रूप में प्रयुक्त करने की प्रवृत्ति भी बढ़ी है। भाषा के प्रश्न को लेकर उत्तर तथा दक्षिण के राज्यों में हिंसात्मक आंदोलन हुए और राष्ट्रीय एकता संकट में पड़ गई।

(vi) **जाति :** जाति के आधार पर भी क्षेत्रीयता की प्रवृत्ति बढ़ी है। जिन क्षेत्रों में किसी एक जाति की प्रधानता रही वहां क्षेत्रीयतावाद की प्रवृत्ति दिखलाई पड़ती है। हरियाणा और महाराष्ट्र में क्षेत्रीयता की प्रवृत्ति फैलाने में जाति प्रभावक तत्व रहा है।

(vii) **राजनीतिक कारण :** राजनीतिक कारणों से भी प्रादेशिकता की मांग बढ़ी है। राजनीतिज्ञ यह सोचते हैं कि यदि पृथक राज्य बन जाएंगे तो उनकी राजनीतिक महत्वाकांक्षा की पूर्ति आसानी से हो सकेगी। डी. एम. के., अकाली दल, झारखण्ड मुक्ति मोर्चा, शिवसेना आदि ने राजनीतिक कारणों से पृथक राज्य की मांग को बढ़ावा दिया।

(viii) **भूमिपुत्र की धारणा :** भूमिपुत्र की धारणा का आशय है किसी राज्य अथवा क्षेत्र के निवासियों द्वारा उस क्षेत्र में बसने और रोजगार प्राप्त करने आदि के संबंध में विशेष संरक्षण की मांग। इस मांग के साथ यह बात जुड़ी हुई है कि जब तक उस राज्य या क्षेत्र के सभी मूल निवासियों को रोजगार प्राप्त न हो जाए तब तक राज्य या क्षेत्र में बाहरी लोगों को रोजगार की सुविधा नहीं दी जानी चाहिए। दरअसल यह समस्या रोजगार एवं व्यवसाय की सीमित

संभावनाओं के कारण उत्पन्न हुई। इस प्रकार की धारणा का उदय इस सदी के छठे दशक में हुआ बाद में यह समस्या उग्र होती गई।

भारतीय राजनीति में व्याप्त क्षेत्रीयतावाद का अध्ययन निम्न शीर्षकों के अंतर्गत किया जा सकता है।

भारतीय संघ से पृथक होने की मांग: भारत में क्षेत्रीय भावना का सबसे विकृत रूप इस मांग में देखने को मिला जिसके अंतर्गत भारतीय संघ से अलग होने की मांग उठायी गई। हालांकि भारतीय संविधान किसी भी राज्य को भारत से अलग होने का अधिकार प्रदान नहीं करता। लेकिन क्षुद्र क्षेत्रीय राजनीति के चलते समय-समय पर विभिन्न राज्यों द्वारा ऐसी मांगों का समर्थन किया गया।

भारतीय संघ से अलग होने की आवाज सर्वप्रथम तमिलनाडु राज्य द्वारा उठायी गई। यहाँ पर क्षेत्रवाद के आंदोलन को प्रबल बनाने में तमिलनाडु के द्रविड़ मुनेत्र कड़गम दल की प्रमुख भूमिका रही है। पंजाब में मास्टर तारा सिंह ने पंजाब को एक अलग सिक्ख राज्य बनाने की मांग रखी। 1950 से लेकर 1966 तक अकाली दल ने पंजाबी सूबा बनाने के लिए कई आंदोलन चलाए। नवम्बर 1966 को पंजाब का पुनर्गठन करके पंजाब और हरियाणा दो राज्यों की स्थापना की गई। लेकिन इससे सिक्ख समुदाय संतुष्ट नहीं हुआ और सिक्खों के लिए सिक्ख राज्य की माँग उठाने लगा। 1971 में डॉ. जगजीत सिंह ने खालिस्तान की मांग को दोहराया। असम की नागा पहाड़ी क्षेत्रों में रह रही नागा जाति द्वारा भी भारतीय संघ से अलग होने का आन्दोलन चलाया गया। इसके लिए उन्होंने नागा राष्ट्रीय परिषद् (Naga National Council) का गठन किया जिसका नेतृत्व फीजो ने किया। अलगाववादियों द्वारा समय-समय पर स्वतंत्र कश्मीर की मांग की जाती रही है, पर इसकी वास्तविकता किसी से छिपी नहीं है। पाकिस्तानी समर्थन के कारण यहाँ पर हिंसा व अराजकता की स्थिति उत्पन्न की जाती रही है ताकि भारतीय सरकार कश्मीर को स्वतंत्र करने के लिए बाध्य हो जाए।

पृथक राज्यों की मांग: भारत में क्षेत्रवाद का एक अन्य रूप पृथक राज्य की मांग के रूप में भी देखा जा सकता है। विभिन्न क्षेत्रों द्वारा समय-समय पर पृथक राज्य की मांग उठायी गई। इसके लिए विभिन्न आंदोलनों का भी सहारा लिया गया। इस समस्या के समाधान के लिए संघीय सरकार ने 1953 में एक राज्य पुनर्गठन आयोग नियुक्त किया। इसकी सिफारिश पर 1956 में राज्य पुनर्गठन विधेयक पारित किया गया और राज्यों को भाषायी आधार पर पुनर्गठित किया गया। फिर भी अलग राज्य की मांग नहीं रूकी। बम्बई राज्य के लोगों ने पहले अलग राज्य की मांग की और महाराष्ट्र और गुजरात राज्य अस्तित्व में आए। ऐसी ही मांग के कारण हिमाचल प्रदेश को 1971 में पूर्ण राज्य का दर्जा दिया गया तथा जनवरी 1972 में त्रिपुरा एवं मणिपुर को भी पूर्ण राज्य बना दिया गया। 1987 में मिजोरम, अरूणाचल प्रदेश और गोवा को भी पूर्ण राज्य का दर्जा दिया गया। दिल्ली के लोग भी पूर्ण राज्य की मांग करते रहे हैं। दिसंबर 1991 में दिल्ली के लिए 70 सदस्यीय विधान सभा तथा 7 सदस्यीय मंत्रिपरिषद् के गठन से संबंधित विधेयक संसद ने पारित किया। परंतु केंद्र शासित क्षेत्र के रूप में दिल्ली का दर्जा बना हुआ है।

1985 में पश्चिम बंगाल के दार्जिलिंग पर्वतीय क्षेत्र के निवासियों ने सुभाष घीसिंग के नेतृत्व में गोरखालैंड राज्य बनाए जाने की मांग की। गोरखा नेशनल लिबरेशन फ्रंट ने गोरखा राज्य के लिए व्यापक आंदोलन चलाया। अंत में अगस्त 1988 में एक समझौता हुआ, जिसके अंतर्गत दार्जिलिंग पर्वतीय गोरखा परिषद् की मांग को स्वीकार कर लिया गया। 1987 में असम में बसे बोडो कबीले के लोगों ने बोडोलैंड की मांग को लेकर 'ऑल बोडो-स्टूडैंट्स यूनियन' के नेतृत्व में आन्दोलन शुरू किया। ऑल बोड़ो स्टूडैंट्स यूनियन ब्रह्मपुत्र नदी के उत्तरी किनारे पर बसे बोडो कबीले के लोगों के लिए अलग राज्य की मांग कर रही है ताकि वे अपनी संस्कृति एवं भाषा की रक्षा कर सकें और अपना सामाजिक, आर्थिक एवं राजनीतिक विकास कर सकें।

अंतर्राज्यीय विवाद: क्षेत्रीयतावाद का एक महत्वपूर्ण पक्ष विभिन्न राज्यों के आपसी झगड़े हैं। राज्यों के बीच सीमा विवाद एवं नदी जल विवाद को लेकर राज्यों में उग्र मतभेद एवं तनाव बढ़े हैं। मध्य प्रदेश, गुजरात और राजस्थान के बीच नर्मदा नदी के जल बंटवारे को लेकर उत्पन्न विवाद, राजस्थान और पंजाब के बीच भाखड़ा नांगल बांध से उत्पन्न बिजली के बंटवारे को लेकर विवाद, तमिलनाडु व कर्नाटक के बीच कावेरी जल के बंटवारे का विवाद, महाराष्ट्र तथा कर्नाटक एवं पंजाब तथा हरियाणा के बीच सीमा विवाद अंतर्राज्यीय झगड़ों के मुख्य उदाहरण हैं।

क्षेत्रीयतावाद को रोकने के उपाय : क्षेत्रवाद उस समय तक कोई जटिल समस्या उत्पन्न नहीं करता, जब तक एक सीमा के अंदर रहता है परंतु जब यह भावना उग्र रूप धारण कर लेती है तब यह राष्ट्रीय एकता के लिए बड़ा खतरा साबित होती है। इसलिए इस पर रोक लगाना आवश्यक है। इस संबंध में निम्न उपाय किए जा सकते हैं—

(i) केंद्रीय सरकार की नीति इस प्रकार की होनी चाहिए कि सभी उप-सांस्कृतिक क्षेत्रों का संतुलित विकास हो सके। इससे विभिन्न क्षेत्रों के बीच आर्थिक तनाव कम होगा।

(ii) सभी क्षेत्र के लोगों को समान आर्थिक सुविधाएं प्रदान की जाएं जिससे अनावश्यक प्रतिस्पर्द्धा व ईर्ष्या की भावना न पनप सके।

(iii) छोटे-छोटे राज्यों का गठन कर उत्तरदायी शासन की स्थापना की जाए। प्रशासन और जनता में निकट सम्पर्क स्थापित किए जाएं।

(iv) प्रचार के विभिन्न साधनों के माध्यम से विभिन्न क्षेत्रों के सांस्कृतिक लक्षणों के विषय में लोगों के ज्ञान को बढ़ाया जाए जिससे एक क्षेत्र के लोगों में दूसरे क्षेत्र के लोगों के प्रति अधिक सहनशीलता पैदा हो।

(v) केंद्रीय मंत्रिमंडल के गठन में सभी क्षेत्र के नेताओं को प्रतिनिधित्व दिया जाए जिससे क्षेत्रीय पक्षपात की नीतियों का खंडन हो सके और केंद्रीय सरकार के इरादों पर किसी को भी संदेह न रहे।

(vi) भारतीय संघ के राज्यों की संकीर्ण मानसिकता को दूर करने के लिए केन्द्र-राज्य संबंधों को इस प्रकार बढ़ावा दिया जाना चाहिए कि उससे असंतोष पैदा न हो, वे मजबूत केंद्र की आवश्यकता को समझें और केंद्र को भी उनके सहयोग की अनिवार्यता की अनुभूति हो।

सांप्रदायिकता एवं सांप्रदायिक राजनीति

सांप्रदायिकता एक राजनीति अभिमुख विचारधारा है जो केवल धार्मिक समुदाय को स्वीकार करती है लेकिन उसके लिए राजनीतिक निष्ठा के अंतिम छोर या लक्ष्य के रूप में राष्ट्र और राष्ट्र-राज्य की कोई मान्यता नहीं होती। इस प्रकार सांप्रदायिकता एक राजनीतिक रणनीति है जो बहु-मानवजातीय, बहु-धार्मिक और बहु-भाषीय समुदायों की एकता की एक प्रक्रिया के रूप में राष्ट्रवाद की अवधारणा का विरोध करती है। यह सामाजिक-सांस्कृतिक सह-अस्तित्व के प्रतिमान या मानक के रूप में स्थापित धर्म-निरपेक्षता के स्वरूप का विरोध करती है। सांप्रदायिकता सभी धर्मों और दार्शनिकों की शिक्षा के मूल में विद्यमान मानवतावाद तथा दया के भाव के विरुद्ध है। साम्प्रदायिकता राजनीतिक व्यवस्था तथा दलों के निर्माण के तर्क संगत नागरिक आधार के विरुद्ध होती है। यह एक राष्ट्र और राज्य व्यवस्था के अंतर्गत बहु-संख्यक और अल्पसंख्यक, खंड और विभाजन को केवल धार्मिक समुदायों के आधार पर समझती है न कि राजनीतिक, वैचारिक, दलीय और वर्गीय महत्व के आधार पर जो कि आधुनिक राजनीतिक व्यवस्था का प्रमाणक है। धार्मिक समुदाय का उग्र तथा वैमनस्यपूर्ण ऐसा राजनीतिकरण जो अन्य समुदायों और राष्ट्र के विरुद्ध हो, यही सांप्रदायिकता का मुख्य आधार है। यही साम्प्रदायिकता राजनीति का अपराधीकरण तथा राज्य नीति के अमानवीय आधार का कारण बनती है।

भारत एक विशाल देश है और यहाँ कई धर्म के माननेवाले लोग रहते हैं। इनमें अल्पसंख्यक भी हैं और बहुसंख्यक भी। ऐसे में लोगों की धार्मिक भावनाओं को भड़काकर साम्प्रदायिकता को बढ़ावा देने का पुख्ता आधार मिल जाता है। यह माना जाता है कि भारत में साम्प्रदायिकता अंग्रेजों की देन है। अंग्रेजों ने फूट डालो और राज करो की नीति के तहत साम्प्रदायिक

भेदभाव को बढ़ावा दिया। इसके साथ ही एक समुदाय के मन में दूसरे समुदाय के प्रति भय और संदेह का वातावरण पैदा किया। इन सब की परिणति साम्प्रदायिक हितों की माँग और साम्प्रदायिक दंगों के रूप में हुई और अंतत: इन्हीं कारणों से देश का विभाजन हुआ।

अंग्रेजी शासनकाल में साम्प्रदायिक भावनाओं को राजनीतिक रूप मिलने का एक कारण यहाँ निर्वाचित संस्थाओं की स्थापना थी। अंग्रेज लोग प्रतिनिधित्व का अर्थ अलग-अलग समूहों, वर्गों, हितों, क्षेत्रों, संस्थाओं और सम्पद्रायों का प्रतिनिधित्व समझते थे। उन्होंने भारत की अनेक जातियों और सम्प्रदायों की समस्या को इनके स्वाभाविक अस्तित्व बोध और एक-दूसरे की आपसी वैमनस्यता की समस्या समझा और उसका उपाय अलग-अलग धार्मिक समूहों को पृथक्-पृथक् प्रतिनिधित्व देने में समझा।

आजादी के बाद भारत में राष्ट्रीय सरकार की स्थापना हुई। फिर भी साम्प्रदायिकता राष्ट्रीय एकता के सामने बड़ी समस्या बनी हुई है। इसके कौन से कारण हैं—प्रभा खेतान इसका निम्न कारण मानती हैं।

(i) भारत में साम्प्रदायिकता के मूल में सत्ता का द्वंद्व है। यह द्वंद्व दोनों सम्प्रदायों हिन्दू और मुसलमानों के अभिजात वर्ग की राजनीतिक महत्वाकांक्षा का परिणाम है। अपना राजनीतिक आधार मजबूत करने के लिए साम्प्रदायिकता सरल और आसान तरीका है।

साम्प्रदायिकता के अन्य कारण भी बताए जाते हैं। जैसे—

(ii) मुसलमानों में पृथक्करण की भावना।

(iii) मुसलमानों का आर्थिक दृष्टि से पिछड़ा होना।

(iv) पाकिस्तानी प्रचार।

(v) संकुचित हिन्दू राष्ट्रवाद।

(vi) **सरकार की नीति**—शाहबानो प्रकरण फलत: विश्व हिन्दू परिषद ने कहना शुरू किया कि वह राम जन्मभूमि के मामले में लखनऊ उच्च-न्यायालय का फैसला मानने को बाध्य नहीं है।

धर्म और राजनीति की अंत: क्रिया:

(i) **धार्मिक आधार पर राजनीतिक दल बने**—अकाली दल, मुस्लिम लीग, विश्व हिन्दू परिषद। धर्म को राजनीति में प्रधानता देते हैं। धर्म के आधार पर प्रत्याशियों का चयन। संप्रदाय के नाम पर वोट माँगना।

(ii) **धर्म और निर्वाचन**—धार्मिक प्रधानों द्वारा चुनाव प्रचार, शाही इमाम का प्रकरण। शंकराचार्य के नाम पर भी वोट माँगे गए।

(iii) **राजनीति में धार्मिक दबाव गुट का निर्माण**—अमारते शरिया, जमायते इस्लामी, जमीयत उल-उलमाए हिन्द। उर्दू को सांविधानिक संरक्षण की माँग। मुस्लिम पर्सनल लॉ में कोई तब्दीली न की जाए।

(iv) **धर्म के आधार पर पृथक राज्यों की मांग**—संत फतैह सिंह के अनुयायियों के द्वारा सिक्ख होमलैंड की माँग, नागालैंड के ईसाइयों की पृथक राज्य की माँग।

(v) **मंत्रिमंडल के निर्माण में प्रतिनिधित्व।**

(vi) **राज्यों की राजनीति में धर्म की प्रभावी भूमिका**—पंजाब में और केरल में।

सांप्रदायिकता के परिणाम

साम्प्रदायिकता की इस सोच ने देश का बड़ा अहित किया है। इसी साम्प्रदायिकता के कारण देश का विभाजन हुआ। स्वतंत्रता प्राप्ति के पश्चात् भी यह आग ठंडी नहीं हुई और यदा-कदा हिंदू-मुस्लिम दंगे आज भी हो रहे हैं। आज भारत में सांप्रदायिकता ने अपने विविध रूपों में एक बहुत खतरनाक स्वरूप अर्जित कर लिया है जो हमारे लिए बड़ी चुनौती है। यह एक बहु-कंटक चुनौती है जो कि भारत की बहु-धार्मिक बंधुता को नष्ट कर देना चाहती है। सांप्रदायिकता भारत की राष्ट्रवादी पहचान का अपमान है जो विकासमान निरपेक्ष संस्कृति में एक अनर्थकारी गतिरोध है।

यह हमारी राजनीतिक स्थायित्व/स्थिरता का विनाश है। सांप्रदायिकता की भावना से अंधे होकर एक-दूसरे की हत्या करके, हम वास्तव में अपनी, भारतीय राष्ट्र की, अपने ही परिवार की, अपनी मानवतावादी तथा गौरवशाली सांस्कृतिक परंपराओं की ही हत्या कर रहे हैं। इसलिए हमारी धर्म निरपेक्ष लोकतांत्रिक व्यवस्था के लिए सांप्रदायिकता सबसे बड़ी शत्रु है।

सांप्रदायिकता को दूर करने के उपाय :

सांप्रदायिकता की रोकथाम के कुछ संभावित उपाय इस प्रकार हैं:

(i) ऐसे राजनीतिक दलों की मान्यता समाप्त करना जो अपनी नीतियों तथा व्यवहार से सांप्रदायिकता को बढ़ावा देते हैं।

(ii) ऐसे पुलिस-कर्मियों को दण्ड देना जिन्हें उनके कार्य की उपेक्षा करने अर्थात सांप्रदायिक हिंसा को प्रकट, अप्रकट रूप से बढ़ावा देने का दोषी पाया गया हो।

(iii) किसी मुहल्ले अथवा जिले के ऐसे अधिकारी को दण्ड देना जिसे संबंधित क्षेत्र में साम्प्रदायिक हिंसा का तत्सम्बन्धी आशंका पर नियंत्रण न कर पाने का दोषी पाया गया हो।

(iv) विद्यालयों आदि के लिए पाठ्य पुस्तकों, व अन्य अध्ययन सामग्री के लेखन में सांप्रदायिकता अभिमुख तत्वों का उन्मूलन करना।

(v) दूरदर्शन, आकाशवाणी व अन्य संचार माध्यमों को यह निर्देश देना कि वे सांप्रदायिक विद्वेष फैलाने वाले समाचारों तथा विचारों को प्रसारित न करें।

(vi) धर्म, आस्था और विश्वास को जीवन का एक निजी एवं व्यक्तिगत पक्ष माना जाए। इसे न तो राज्य और न ही राजनीतिक समर्थन से जोड़ा जाए।

(vii) धर्म प्रभावी समूहों एवं दलों की अपनी भूमिका हो सकती है। पर उन्हें नागरिक केंद्रित राज्य व्यवस्था से अलग रखा जाना चाहिए।

(viii) विभिन्न धार्मिक समूहों वाले राष्ट्र में जन प्रतिनिधियों द्वारा समान नागरिक संहिता का निर्माण किया जाना चाहिए।

(ix) लोगों में वैज्ञानिक एवं तार्किक मनोवृत्ति का विकास करना, ताकि वे अविवेकपूर्ण एवं धार्मिक हठधर्मिता को अस्वीकार कर एक विवेक सम्मत समाज की स्थापना के लिए प्रेरित हों।

(x) जाति, धर्म और लिंग के आधार पर किसी प्रकार का भेदभाव किए बिना स्त्री और पुरुष को समान प्रतिष्ठा एवं अवसर की समानता उपलब्ध कराना। शाहबानो मामले में सरकार ने दुर्भावनापूर्ण ढंग से उच्चतम न्यायालय के फैसले को बदल दिया था।

(xi) सर्व धर्म समभाव को बढ़ावा देना।

सही अर्थों में इन मूल्यों को लागू कर ही भारत में एक धर्म-निरपेक्ष राज्य की स्थापना की जा सकती है।

आज जरूरत इस बात की है कि हम अपने झगड़ों को आपसी बातचीत से सुलझाएं और राष्ट्रीय एकीकरण के मार्ग में बाधक सामुदायिकता की भावना का त्याग करें अन्यथा वह दिन दूर नहीं जब भारत में प्रत्येक धर्म या मजहब का व्यक्ति अपने लिए सुरक्षित एवं स्वतंत्र स्थान की मांग करेगा जो देश के विखंडन का कारण बनेगा।

भ्रष्टाचार

सामान्य अर्थ में भ्रष्टाचार नैतिक मूल्यों एवं आदर्शों से विचलन या उसे न मानना है। हर समाज, धर्म, राष्ट्र एवं अर्थव्यवस्था के संचालन के लिए कुछ मूल्य और सिद्धांत निर्धारित होते हैं। जब हम अपने व्यक्तिगत लाभ के लिए इन मूल्यों को नकारने लगते हैं, तब यह आचरण भ्रष्टाचार कहलाता है। इस आधार पर भ्रष्टाचार के कई रूप हो सकते हैं— जैसे-सामाजिक, प्रशासनिक तथा धार्मिक पर इनमें हमारी चर्चा का विषय राजनीतिक एवं प्रशासनिक भ्रष्टाचार है। विद्वानों ने इसकी परिभाषा इस प्रकार की है— ऐसा व्यवहार, जो एक सार्वजनिक भूमिका के औपचारिक कर्तव्यों से निजी आर्थिक लाभ या स्तरीय लाभ के कारण विचलित हो

जाता है या कुछ प्रकार के निजी प्रभावों से प्रभावित होकर नियमों का उल्लंघन करता है, भ्रष्टाचार कहलाता है।

प्रो. योगेन्द्र सिंह ने भारतीय संदर्भ में भ्रष्टाचार के समाज शास्त्र से संबंधित कुछ महत्वपूर्ण बिंदुओं का उल्लेख किया है। आजादी के बाद राज्य में नौकरशाही, प्रशासन, व्यापार और प्रबंधन के क्षेत्र में प्रत्यक्ष रोजगार, पूंजीगत लागत प्रक्रिया आदि के माध्यम से ऐसे वर्गों का विकास हुआ जिनमें भ्रष्टाचार और घूसखोरी की संभावना अधिक थी। राजनीतिक दलों के विघटन एवं नए दलों के उद्‌भव ने भी सार्वजनिक जीवन में भ्रष्टाचार को बढ़ावा दिया। सत्ता का बार-बार परिवर्तन एवं कुछ नेताओं की व्यक्तिगत महत्वाकांक्षाओं ने राजनीति में भ्रष्टाचार को बढ़ावा दिया।

भ्रष्टाचार के लिए हमारी सार्वजनिक संस्थाएं तथा सिस्टम जिम्मेदार हैं। हमारे देश की अधिकांश संस्थाएं ब्रिटिश-कालीन हैं। अंग्रेजों ने इन संस्थाओं का विकास भारत की लूट को संस्थागत संरक्षण देने के लिए किया था। आजादी के बाद हमने इन संस्थाओं को ज्यों का त्यों रहने दिया। उनके मूलभूत चरित्र में कोई परिवर्तन नहीं किया गया। न तो कानून के प्रति उनकी जिम्मेदारी तय की गई और न ही राष्ट्र और जनता के प्रति। ऐसे में कानून के प्रति उनका व्यवहार उच्छृंखल होता गया। किसी हद तक कानूनी संरक्षण ने भी उनके इस व्यवहार को बढ़ावा दिया। इन संस्थाओं और उनके संचालकों पर नियंत्रण के लिए हमने किसी कारगर निगरानी तंत्र का विकास नहीं किया।

अर्थव्यवस्था पर सरकारी तंत्र के नियंत्रण, गोपनीयता कानून, राजनेताओं एवं वरिष्ठ अधिकारियों को मिलने वाला संरक्षण तथा न्यायिक प्रक्रिया की जटिलता तथा न्याय मिलने में देरी आदि के कारण एक ऐसे तंत्र का विकास हुआ जिसने अपने निजी एवं पारिवारिक लाभ के लिए भ्रष्टाचार को बढ़ावा दिया। यह दुर्भाग्यपूर्ण है कि नेहरू के प्रधानमंत्रित्व काल में ही जीप घोटाला सामने आया। पर उसकी जिस तरह से लीपापोती की गई तथा घोटाले में शामिल लोगों को बचाने के लिए प्रशासनिक तंत्र का दुरुपयोग किया गया उसने आगे भी भ्रष्टाचार के दरवाजे खोल दिए।

हमारी सामाजिक व्यवस्था भी इसके लिए कहीं-न-कहीं उत्तरदायी रही है। समाज का मध्यम वर्ग, जिसने आजादी की लड़ाई में बढ़-चढ़कर भाग लिया था, स्वतंत्रता के बाद अपने जीवन के तुच्छ स्वार्थों एवं इच्छाओं की पूर्ति में लग गया। ऐसा नहीं है कि वह भ्रष्टाचार की इन गतिविधियों से अवगत नहीं था, पर उसने इस भ्रष्टाचार को व्यवस्थागत सच्चाई मान लिया। समाज और जनता ने इसके खिलाफ कोई आवाज नहीं उठाई। लोकतांत्रिक संस्थाओं की स्थापना के साथ ही जनता अपने दायित्वों से विमुख होती गई।

भ्रष्टाचार का स्वरूप : समाज में भ्रष्टाचार अनेक रूपों में व्याप्त है—

- रिश्वत
- भाई-भतीजावाद
- दुर्विनियोग
- संरक्षण
- पक्षपात
- सार्वजनिक धन का दुरुपयोग
- राजनीतिक अपराधों का संरक्षण
- अवैध गतिविधियों का संरक्षण

भ्रष्टाचार का दुष्प्रभाव

1. आर्थिक विकास में बाधा
2. समाज में हिंसा एवं अराजकता
3. नैतिकता का ह्रास
4. अकुशलता में वृद्धि
5. जातिवाद, भाषावाद एवं संप्रदायवाद का जन्म
6. सामाजिक असमानता में वृद्धि
7. सामाजिक विकास में बाधा
8. राष्ट्र निर्माण की प्रक्रिया कमजोर

भ्रष्टाचार के कारण

1. **स्व-हित वाले राजनैतिक वर्ग का अभ्युदय :** ऐसे राजनैतिक अभिजात वर्ग का अभ्युदय हुआ है, जो राष्ट्रहित के कार्यक्रमों और नीतियों की अपेक्षा अपने हित में विश्वास करते है। इस वर्ग ने नौकरशाहों को भी अपने पदचिन्हों पर चलने के लिए प्रोत्साहित किया। अधिकांश नौकरशाह समाज हित के विकासवादी कार्यक्रमों की अपेक्षा अपने पारिश्रमिक तथा अन्य लाभों के प्रति अधिक चिन्तित रहते है। इस तरह से राजनीतिज्ञों और नौकरशाहों ने अपने पद और शक्ति का दुरुपयोग अवैध लाभों के लिए प्रारंम्भ किया।

2. **सरकार की आर्थिक नीतियाँ :** उन क्षेत्रों में जहां क्रय नीति या मूल्य सरकार के नियंत्रण में है, जैसे— चीनी, उर्वरक, तेल, सैन्य अस्त्र–शस्त्र, बिजली के उपकरण आदि के खरीद फरोख्त में दलाली और घोटाले का सुअवसर संबंधित मंत्री और अफसरों को मिलता है। कुछ व्यक्तियों जैसे मंत्री और सचिवों द्वारा एकतरफा निर्णय भ्रष्टाचार को न्यौता देता है।

3. **आवश्यक वस्तुओं में कमी :** जब आवश्यक वस्तुओं की कमी होती है तो व्यापारी उन वस्तुओं की पूर्ति सुनिश्चित करने के लिए यह उनका अनुचित संग्रह कर लेते हैं। इससे मूल्यों में वृद्धि होती थी। जिससे अर्थव्यवस्था का विकास प्रभावित होता है।

4. **अप्रभावी प्रशासनिक संगठन :** भ्रष्टाचार प्रशासनिक कमी से भी पनपता है। नियंत्रण, सतर्कता की कमी, प्रशासनिक कर्मचारियों को अत्यधिक शक्ति देना, गैर जिम्मेदारी, त्रुटिपूर्ण सूचना व्यवस्था आदि अधिकारियों को भ्रष्ट होने का अवसर प्रदान करते हैं ।

5. भ्रष्टाचार का सबसे महत्वपूर्ण कारण **उपभोक्तावादी संस्कृति** है। सामान्य तौर पर, लोगों को विलासिता की प्रवृत्ति बढ़ती जा रही है और जिसके परिणामस्वरूप वे खुद को उन सभी बेईमान गतिविधियों

में शामिल कर लेते हैं जिसके परिणामस्वरूप मौद्रिक या भौतिक लाभ होता है।

6. **शैक्षिक प्रणाली में नैतिक और आध्यात्मिक मूल्यों को अत्यधिक महत्व नहीं दिया जाता है**, जो समाज की गिरावट के लिए अत्यधिक जिम्मेदार है।
7. कर्मचारियों को दिया जाने वाला **वेतन बहुत कम है** और इसके परिणामस्वरूप वे अवैध तरीकों से पैसा कमाने के लिए मजबूर हैं।
8. **अपराधियों पर लगाए गए दंड अपर्याप्त हैं**। कानून में कमियाँ। कानून के पालन में सुस्ती। महंगी न्याय व्यवस्था। न्यायिक उदासीनता।
9. **भारत के लोग जागृत और प्रबुद्ध नहीं हैं**। वे समाज में व्याप्त असामाजिक तत्वों के खिलाफ आवाज उठाने से डरते हैं।

भ्रष्टाचार को नियंत्रित करने के उपाय

बढ़ते भ्रष्टाचार को नियंत्रित करने के लिए कुछ विशिष्ट उपाय हैं:

1. **सूचना का अधिकार अधिनियम** (RTI) सरकार के बारे में सभी आवश्यक जानकारी देता है, जैसे कि सरकार हमारे कर भुगतान के साथ क्या कर रही है। इस अधिनियम के तहत, किसी को भी किसी भी समस्या पर सरकार से पूछने का अधिकार है। प्रत्येक सरकारी विभाग में एक लोक सूचना अधिकारी (पीआईओ) नियुक्त किया जाता है, जो नागरिकों द्वारा वांछित जानकारी एकत्र करने और उन्हें मामूली शुल्क के भुगतान पर संबंधित जानकारी प्रदान करने के लिए जिम्मेदार है। यदि पीआईओ आवेदन को स्वीकार करने से इनकार करता है या यदि आवेदक को समय पर आवश्यक जानकारी प्राप्त नहीं होती है, तो आवेदक संबंधित सूचना आयोग को शिकायत कर सकता है।
2. भ्रष्टाचार पर एक और शक्तिशाली नियंत्रण **केंद्रीय सतर्कता आयोग** (CVC) है। यह सरकार द्वारा सतर्कता के क्षेत्रों में केंद्र सरकार की एजेंसियों को सलाह देने और मार्गदर्शन करने के लिए स्थापित किया गया है। सीवीसी को रिश्वत देने और भ्रष्टाचार करने के परिणामों के

बारे में लोगों में अधिक जागरूकता पैदा करने की जिम्मेदारी भी निभानी चाहिए।

3. शीघ्र न्याय के लिए **विशेष न्यायालयों की स्थापना** एक बहुत बड़ा सकारात्मक पहलू हो सकता है। किसी मामले के पंजीकरण और फैसले की डिलीवरी के बीच लंबी समयावधि नहीं होनी चाहिए।
4. **मजबूत और कड़े कानूनों** को लागू करने की आवश्यकता है, जो दोषी को बचने के लिए कोई जगह नहीं देता है।
5. कई मामलों में, कर्मचारी भ्रष्ट साधनों का चयन मजबूरी से करते हैं, न कि चुनाव से। कुछ लोगों की राय है कि मजदूरी का भुगतान उनके परिवारों को खिलाने के लिए अपर्याप्त है। यदि उन्हें **बेहतर भुगतान** किया जाता है, तो उन्हें रिश्वत लेने के लिए मजबूर नहीं किया जाएगा।
6. एक चीज जो सुनिश्चित करने की जरूरत है, वह है, अपराधियों के खिलाफ, उनके राजनीतिक प्रभावों या धन की शक्ति के बावजूद मजबूत, निवारक और समय पर कानूनी कार्रवाई करने के लिए विभिन्न नियमों का उचित और निष्पक्ष उपयोग।
7. खतरे को रोकने के लिए दृढ़ और मजबूत नेतृत्व की आवश्यकता होती है और एक ऐसा वातावरण तैयार करना होता है जहां *अच्छे, देशभक्त, बुद्धिजीवी, ईमानदारी* के साथ देश की सेवा के लिए आगे आएं।
8. उदारीकरण की नीति को सावधानीपूर्वक लागू करने की आवश्यकता है।
9. चुनाव खर्च पर सख्ती से नियंत्रण लगाया जाए।
10. आम-जनता का सहयोग भी अपेक्षित है।

भारत में आतंकवाद

देश में बढ़ती आतंकी घटनाएं राष्ट्र की आंतरिक सुरक्षा के लिए एक बड़ा खतरा हैं। आतंकवादियों का मुख्य उद्देश्य लोगों में डर एवं भय का माहौल पैदा करना होता है। इसके लिए वे हिंसक गतिविधियों का सहारा लेते हैं। आतंकवाद आज एक संगठित अपराध का रूप ले चुका है। आतंकवादी

अपनी आर्थिक जरूरतों के लिए गैर-कानूनी वित्तीय अंतरण, शस्त्र व्यापार तथा मादक पदार्थों की तस्करी, नागरिकों का अपहरण जैसे कृत्यों को अंजाम देते हैं। ISIS, अल कायदा तालिबान, अल बदर जैसे आतंकी संगठन पूरी दुनिया के लिए खतरा बन चुके हैं।

कभी-कभी कई राष्ट्र अपने राजनीतिक उद्देश्यों के लिए आतंकी गतिविधियों को बढ़ावा देते हैं। इससे राष्ट्र पोषित आतंकवाद को बढ़ावा मिलता है। एक समय अमेरिका, पाकिस्तान तथा वहाँ की ISI ने अफगानिस्तान में तालिबान को बढ़ावा दिया। बाद में यही संगठन इन दोनों देशों के लिए खतरा बन गया। भारत पिछले 70 सालों से पाकिस्तान प्रायोजित आतंकवाद से लड़ रहा है। ऐसे में आतंकवाद से लड़ने के लिए सिर्फ राष्ट्रीय प्रयास पर्याप्त नहीं हैं। इसके लिए विभिन्न देशों को मिलकर आतंकवाद के खिलाफ संघर्ष छेड़ना होगा। आतंकवाद के खिलाफ ज़ीरो टोलरेंस की नीति अपनाकर ही इसे समाप्त किया जा सकता है। आतंकवाद को संरक्षण देने वाले संगठनों एवं राष्ट्रों पर आर्थिक प्रतिबंध लगाकर उन्हें अलग-थलग किया जा सकता है। आतंकी संगठनों के आर्थिक लेन-देन पर प्रतिबंध, उनके संचार नेटवर्क को ध्वस्त कर तथा राष्ट्रों के बीच इंटेलिजेंस सूचनाओं का आदान-प्रदान कर आतंकवाद की चुनौती से निपटा जा सकता है।

दुर्भाग्यजनक रूप से आतंकी अपने कृत्यों के लिए धार्मिक समर्थन जुटाने का भी प्रयास करते हैं। ऐसा करने में वे काफी हद तक सफल भी रहे हैं। इस्लाम का एक रूढ़िवादी तबका पूरी दुनिया में आतंकी गतिविधियों का समर्थन करता है। इस्लाम के नाम पर युवाओं को भटकाकर उन्हें आतंकवादी संगठनों में शामिल किया जा रहा है। एक बड़ी समस्या यह है कि इस्लाम का उदारवादी तबका आतंक की ऐसी गतिविधियों का डट कर विरोध नहीं कर पा रहा है। आज आतंक का एक नया चेहरा इस्लामी आतंकवाद के रूप में सामने आया है। इससे आतंकवादी एक धर्म विशेष को बदनाम कर रहे हैं।

आज भारत आतंकी घटनाओं की दोहरी समस्या का सामना कर रहा है। देश के भीतर नक्सलवादी, उल्फा, सिमी, पीएफआई, नागा आतंकी आदि हिंसक घटनाओं को अंजाम देकर देश में अव्यवस्था एवं भय का वातावरण पैदा करना चाहते हैं। वहीं दूसरी ओर पाकिस्तान द्वारा प्रशिक्षित आतंकवादियों को भारत में भेजकर विभिन्न घटनाओं को अंजाम दिया जा रहा है। यह कुछ वर्ष पहले की ही बात है कि देश के किसी-न-किसी शहर में बम विस्फोट की घटनाएं होती रहती थीं। पर वर्तमान सरकार ने बड़ी दृढ़ता से आतंकी घटनाओं पर नियंत्रण स्थापित किया है।

भारत में आतंकवाद का कारण

भारत में आतंकवाद के मुख्य कारण निम्न हैं—

धर्म : भारत विभिन्न धर्मों की भूमि है। विभिन्न धर्मों के लोग बड़े पैमाने पर देश में शांति और सद्भाव के साथ रहते हैं, वहीं कई ऐसे धार्मिक चरमपंथी संगठन भी हैं जो उनके बीच दरार पैदा करना चाहते हैं। ये समूह अपने धर्म की शिक्षाओं के बारे में झूठा दावा करते हैं और यह साबित करने का प्रयास करते हैं कि उनका धर्म दूसरों के धर्म से श्रेष्ठ है। अतीत में इन समूहों द्वारा किए गए कई हिंसक आंदोलनों ने देश की शांति और सद्भाव को भंग भी किया है।

एथनो-राष्ट्रवाद : चरमपंथी समूहों द्वारा इस प्रकार के आतंकवाद को सदैव उकसाया जाता है। जब एक राज्य की आबादी का प्रमुख हिस्सा खुद को अलग करने तथा अपना अलग राज्य/देश बनाने की इच्छा व्यक्त करता है तो वह आतंकवाद को बढ़ावा देता है। पंजाब में खालिस्तान आंदोलन इस प्रकार के आतंकवाद के उदाहरणों में से एक है। इस तरह के आतंकवाद के कारण कश्मीर जैसा भारतीय राज्य भी इससे पीड़ित है। कुछ कश्मीरी इस्लामी समूह कश्मीर को पाकिस्तान का हिस्सा बनाना चाहते हैं। उसी तरह नागालैंड, त्रिपुरा, असम और तमिलनाडु भी इस प्रकार के आतंकवाद से पीड़ित हैं।

राजनीतिक व्यवस्था के प्रति असंतोष : सरकार तथा देश की राजनीतिक व्यवस्था से असंतुष्ट लोग आतंकवादी समूह का गठन करते हैं। भारत में वामपंथी उग्रवादियों को नक्सलवाद के नाम से जाना जाता है। अतीत में नक्सलवादियों ने देश की राजनीतिक व्यवस्था से निराश होकर कई आतंकवादी हमले भी किए हैं। उन्होंने सशस्त्र विद्रोह के साथ सरकार को उखाड़ फेंकने का लक्ष्य बनाया है, जिससे वे स्वंय की सत्ता का निर्माण कर सकें।

सामाजिक-आर्थिक असमानता : भारत अपने सामाजिक-आर्थिक असमानता के लिए जाना जाता है। जहां अमीर और अमीर होते जा रहे हैं वहीं गरीब और गरीब। यह अमीर और गरीब वर्ग के बीच असमानता की भावना पैदा करता है। जिसके कारण ये ऊपरी वर्ग के लोगों को नष्ट करने के लिए आतंकवादी संगठनों में शामिल हो जाते हैं। वे ज्यादातर सत्ताधारी लोगों तथा उच्चवर्गीय इलाकों को लक्ष्य बना कर आतंकवादी हमले करते हैं।

भारत में आतंकवाद का प्रभाव

आतंकवाद ने देश पर व्यापक प्रभाव डाला है। इसे निम्न रूप में देखा जा सकता है—

1. डर का माहौल : आतंकी संगठन डर का माहौल पैदा करने के लिए कई गतिविधियों को बढावा देते हैं। जैसे—अपहरण, बम विस्फोट आदि।

2. पर्यटन उद्योग पर प्रभाव : लोग आतंकवाद से ग्रस्त स्थानों पर जाने से डरते हैं। जम्मू-कश्मीर एवं उत्तर-पूर्वी राज्यों में पर्यटन उद्योग को काफी नुकसान हुआ है।

3. विदेशी निवेश में कमी : विदेशी निवेशक ऐसे देशों में निवेश से पहले कई बार सोचते हैं, क्योंकि ऐसे जगहों पर जोखिम काफी अधिक होता हैं और वे सुरक्षित विकल्पों की तलाश में होते हैं। इससे देशी कारोबारियों को भी आर्थिक नुकसान उठाना पड़ता है।

4. अर्थव्यवस्था पर संकट : जानमाल एवं संपति का नुकसान, विदेशी व्यापार में कमी।

5. प्रतिभा पलायन : लोग अपने देश को छोड़कर सुरक्षित एवं आर्थिक रूप से मजबूत राष्ट्रों की ओर पलायन कर जाते हैं।

6. राजनीतिक एवं सामाजिक अव्यवस्था: आतंकी और हिंसक घटनाओं के कारण सामाजिक एवं राजनीतिक गतिविधियों में लोगों की भागीदारी कम हो जाती है। इसका लाभ असामाजिक तत्व उठाते हैं तथा सामाजिक और राजनीतिक संस्थाओं पर उनका नियंत्रण स्थापित हो जाता है। ऐसे में वे अपने निजी लाभ के लिए इन संस्थाओं का संचालन करने लगते हैं।

वैश्विक आतंकवाद

आतंकवाद सिर्फ भारत देश तक ही सीमित नहीं है बल्कि यह पूरे विश्व की समस्या बन चुकी है। विभिन्न देशों तथा भारत में आतंकवादी समूहों के गठन के कारण भिन्न-भिन्न हो सकते हैं। पर इन कारणों में मुख्य रूप से सामाजिक-आर्थिक असमानता, भेदभाव/अलगाव, सत्तारूढ़ दल, धार्मिक उग्रवाद और जातीय राष्ट्रवाद के कामकाज से असंतोष शामिल हैं।

इस दुनिया में लगभग हर देश, ऊपर बताये गये एक या अन्य समस्याओं से पीड़ित हैं और इसके कारण इन देशों के भीतर विभिन्न आतंकवादी संगठनों का गठन हुआ है। विभिन्न देशों के बीच प्रतिद्वंद्विता अंतरराष्ट्रीय आतंकवाद को जन्म देती है।

पाकिस्तान, सीरिया, भारत, रूस, मिस्र, इराक, लीबिया, नाइजीरिया, इज़राइल, फिलीपींस, कोलंबिया, सोमालिया, थाईलैंड, तुर्की, यमन और नेपाल जैसे देश पिछले दो दशकों में कई आतंकवादी हमलों से प्रभावित हुए हैं तथा वे घरेलू और अंतरराष्ट्रीय हमलों से पीड़ित हैं। संयुक्त राज्य अमेरिका में हुई 9/11 की घटना विश्व में सबसे जघन्य और प्रमुख आतंकवादी हमलों में से एक रही है।

भारत में महत्वपूर्ण आतंकवादी हमला

- 1991 पंजाब हत्याकांड

- 1993 बॉम्बे बम धमाके
- 2000 लाल किला आतंकवादी हमला
- 2001 भारतीय संसद पर हमला
- 2002 अक्षरधाम मंदिर पर हमला
- 2005 दिल्ली बम विस्फोट
- 2007 समझौता एक्सप्रेस बमबारी
- 2008 बैंगलोर सीरियल विस्फोट
- 2013 श्रीनगर हमला
- 2015 पठानकोट हमला
- 2016 उरी हमला
- 2017 अमरनाथ यात्रा हमला

भारत में आतंकवाद से लड़ने के लिए कुछ प्रमुख एजेंसियाँ

भारत में कई पुलिस, खुफिया और सैन्य संगठनों ने देश में आतंकवाद से लड़ने के लिए विशेष एजेंसियां बनाई हैं।

एंटी टेररिस्ट स्क्वाड (एटीएस) : महाराष्ट्र, गुजरात, केरल, उत्तर प्रदेश, बिहार और राजस्थान में आतंकवाद विरोधी दल (एटीएस) संचालित हैं। यह एक विशेष पुलिस बल है, जिसने भारत में कई आतंकवादी हमलों को रोकने के लिए विभिन्न प्रकार की रणनीतियां अपनाई हैं।

रिसर्च एंड एनालिसिस विंग (रॉ) : वर्ष 1968 में स्थापित, रॉ भारत की विदेशी खुफिया एजेंसी है। यह आतंकवादी साजिशों को नाकाम करने में अपना योगदान देती है तथा काउंटर प्रसार को बढ़ावा देती है और भारत के परमाणु कार्यक्रम की रखवाली करती है।

राष्ट्रीय जांच एजेंसी (एनआईए) : यह एजेंसी देश में आतंकवाद से लड़ने के लिए भारत सरकार द्वारा स्थापित की गई है। 2008 में इसकी शुरुआत मुंबई आतंकवादी हमलों के बाद हुई। इस एजेंसी को राज्यों से किसी विशेष

अनुमति के बिना, किसी भी भारतीय राज्य में होने वाले आतंकवादी गतिविधियों के खिलाफ कार्रवाई करने का अधिकार प्राप्त है।

आतंकवाद निरोधक कानून

1. **आतंकवाद निवारण अधिनियम (POTA) 2002:** इस अधिनियम के तहत आतंकवाद से निपटने के लिए सख्त प्रावधान किए गए थे। इसमें आतंकियों की संपत्ति जब्त करने एवं उनके संचार तंत्र को ध्वस्त करने के लिए पुलिस को विशेष अधिकार दिए गए थे। इसमें विशेष न्यायालयों के गठन का भी प्रावधान था। पर कई राज्य सरकारों द्वारा इसके दुरुपयोग के कारण इसे 2004 में निरसित कर दिया गया।
2. **आतंकवादी एवं विघटनकारी कार्यकलाप (निवारण) अधिनियम (TADA), 1985:** इस अधिनियम में आतंकी गतिविधियों में शामिल लोगों के लिए सजा के सख्त प्रावधान किए गए थे। इस अधिनियम में 1987 में संशोधन कर इसे और भी युक्तियुक्त बनाया गया।
3. **राष्ट्रीय सुरक्षा अधिनियम, 1980:** इस अधिनियम में संघ एवं राज्य सरकारों को देश की सुरक्षा के लिए खतरा उत्पन्न करने वालों को दंडित करने का अधिकार दिया गया था।
4. **गैर-कानूनी कार्यकलाप (निवारण) अधिनियम, 1967:** इस अधिनियम में आतंकी गतिविधियों में शामिल लोगों के लिए सख्त दंड का प्रावधान किया गया था, साथ ही उनकी संपत्ति जब्त करने का भी प्रावधान था। इस अधिनियम में पुलिस तथा जांच एजेंसियों को विशेष अधिकार दिए गए थे।

आतंकवाद को रोकने के उपाय

1. राजनीतिक व्यवस्था में सबकी भागीदारी सुनिश्चित करना।
2. सामाजिक-आर्थिक विषमता में कमी लाना।
3. संतुलित क्षेत्रीय विकास को बढ़ावा देना।
4. राष्ट्र निर्माण की मूलभूत संरचनाओं को बढ़ावा देना।

5. तार्किक एवं वैज्ञानिक दृष्टिकोण का विकास ताकि लोग बहकावे में न आएं।
6. आतंकवाद का किसी भी रूप में समर्थन को अपराध की श्रेणी में लाया जाए तथा ऐसे लोगों एवं संगठनों को सख्त सजा दी जाए।
7. आतंकी गतिविधियों का समर्थन करने वाली राजनीतिक पार्टियों को प्रतिबंधित किया जाए।
8. आतंकवाद के विरुद्ध सख्त कानून बनाया जाए तथा उसे सख्ती से लागू किया जाए।
9. आतंकवाद के प्रति जीरो टोलरेंस की नीति अपनाई जाए।
10. आतंकवाद के विरुद्ध संघर्ष करने वाली संस्थाओं, एजेंसियों, पुलिस एवं सैन्य दलों को विशेष अधिकार दिए जाएं।
11. आतंकवाद के विरुद्ध लड़ाई में सामाजिक भागीदारी सुनिश्चित की जाए।
12. अंतर्राष्ट्रीय सहयोग को बढ़ावा दिया जाए तथा आतंक का समर्थन करने वाले राष्ट्रों पर कठोर कार्रवाई की जाए।

निष्कर्ष

आतंकवाद ने भारत को प्रतिकूल रूप से प्रभावित किया है। आतंकवादी हमलों की वजह से हजारों निर्दोषों की जान गई है। आतंकवाद विरोधी एजेंसियों और उनकी उच्च रणनीतियों के गठन के बावजूद आतंकवादी समूह अपनी गतिविधियों को पूरा करने में सफल रहे हैं।

आतंकवादी हमलों के लिए भारत सरकार की प्रतिक्रिया कभी भी उतनी कठोर नहीं रही है जितनी होनी चाहिए। आतंकवादी गतिविधियों के लिए उचित रणनीतिक प्रतिक्रिया का अभाव, आतंकवादी संगठनों को निडरता से ऐसी गतिविधियों को करने के लिए प्रोत्साहित करता है।

नक्सलवाद

जमींदारी शोषण के प्रतिरोध और भूमि पर अधिकार को लेकर शुरू हुए नक्सली आंदोलन ने आज अधिक हिंसक और विनाशकारी रूप धारण कर लिया है। नक्सली आंदोलन से जुड़े लोग संगठित आतंकी गतिविधियों में शामिल हो गए हैं। ये सत्ता संस्थान, पुलिस, सामान्य प्रशासन से जुड़े अधिकारियों एवं आम जनता को भी अपना निशाना बना रहे हैं। नक्सलवाद की प्रेरणा मार्क्स का वह दर्शन है, जिसमें वह शोषक एवं शोषितों के बीच अंत: संघर्ष को रेखांकित करता है तथा इससे मुक्ति के लिए शोषितों एवं किसानों तथा मजदूरों की सत्ता स्थापित करने की बात करता है। रूस, चीन, उत्तरी कोरिया, रोमानिया, पूर्वी जर्मनी आदि राष्ट्रों में मार्क्सवादी शासन की स्थापना से भी भारत में नक्सली आंदोलन को बढ़ावा मिला। पंडित नेहरू के समाजवादी रुझान तथा कम्युनिस्ट पार्टियों की स्थापना से इन्हें किसी हद तक राजनीतिक संरक्षण भी मिला।

भारत में नक्सलवाद का उदय 1960 के दशक में हुआ। इसकी शुरुआत पश्चिम बंगाल के एक छोटे से गाँव नक्सलवाड़ी से हुई। इस गांव के नाम पर ही इस आंदोलन का नाम नक्सलवाद पड़ा। चारू मजूमदार और कानू सान्याल जैसे कम्युनिस्ट नेताओं ने भूमि पर अधिकार को लेकर एक हिंसक आंदोलन आरंभ किया। इस प्रकार नक्सलवाद आरंभ से ही एक विचारधारात्मक आंदोलन के साथ एक हिंसक आंदोलन भी था। जातीय संघर्ष तथा आतंकी गतिविधियों में इसकी संलिप्तता इसका ठोस प्रमाण है। संगठित आतंक और हिंसक गतिविधियों के कारण ही यह राष्ट्रीय सुरक्षा के लिए एक बड़ी चुनौती बन गया है।

कुछ विद्वान इसे सामाजिक-आर्थिक विषमता से उत्पन्न समस्या बताकर इसकी गंभीरता और चुनौतियों को कम करने का प्रयास करते हैं। पर आज यह राष्ट्रीय सुरक्षा और सामाजिक हितो के संरक्षण में बड़ी बाधा

बन चुका हैं। विकास कार्यों में संलग्न ठेकेदारों से लेवी वसूल करना, पुलिस एवं अर्द्धसैनिक बलों पर हमला तथा उनके हथियार लूटना, जातीय हिंसा, राजनीतिक विरोधियों की हत्या, हथियारों एवं मादक पदार्थों की तस्करी, समानांतर न्याय व्यवस्था कायम करने का प्रयास एवं विदेशी आतंकी संगठनों से हथियार और तकनीकी हासिल करना सरकार के लिए एक बड़ी चुनौती है।

गृह मंत्रालय की रिपोर्ट के अनुसार वर्तमान में यह समस्या 14 राज्यों को अपने चपेट में ले चुकी है। छतीसगढ़, झारखंड एवं उड़ीसा में नक्सलवाद भीषण रूप धारण कर चुका है। इसके अतिरिक्ति आंध्र-प्रदेश, मध्य प्रदेश, बिहार, उत्तर-प्रदेश इत्यादि भी काफी प्रभावित हैं। आंध्र प्रदेश में पीपुल्स वॉर ग्रुप जबकि झारखंड, बिहार, छत्तीसगढ़ में माओवादी कम्युनिस्ट सेंटर (M.C.C.) काफी सक्रिय है। 2004 में इन्होंने गठबंधन कर अपना संयुक्त मोर्चा बना लिया है।

नक्सलवाद के कारण :

(i) ज्यादातर क्षेत्रों में भूमि-सुधार का असफल रहना।

(ii) आदिवासियों का शोषण।

(iii) नई आर्थिक नीतियों (जैसे S.E.Z.) के चलते भूमिहीन वर्ग के विस्थापन की समस्या।

(iv) पुलिस द्वारा मानवाधिकार हनन।

(v) नक्सल प्रभावित क्षेत्रों में सामाजिक एवं आर्थिक आधारभूत संरचना का विकसित न होना।

(vi) नक्सली क्षेत्रों में गरीबी एवं बेरोजगारी की समस्या।

(vii) विदेश से (जैसे— नेपाल के माओवादी एवं I.S.I., L.T.T.E. इत्यादि) संपर्क का स्थापित होना एवं सहायता प्राप्त होना।

समाधान

यह समस्या हालांकि मूलत: एक विकास की समस्या है, परंतु वर्तमान में यह कानून व्यवस्था की समस्या का भी रूप ले चुकी है। अत: इसे कानून व्यवस्था एवं विकास, दोनों के स्तर पर हल करने की आवश्यकता है।

कानून व्यवस्था के स्तर पर :

(i) नक्सल प्रभावित क्षेत्रों में पुलिस बलों की संख्या में वृद्धि।

(ii) विशेष रूप से नक्सली गतिविधियों को ध्यान में रखते हुए पुलिस बल का प्रशिक्षण एवं आधुनिकीकरण जैसे— आंध्र प्रदेश का ग्रे हाउंड्स पुलिस बल।

(iii) पुलिस सुधार के माध्यम से पुलिस के मनोबल को ऊंचा रखना।

(iv) केन्द्र, राज्य एवं अंतरराष्ट्रीय समन्वय।

विकास के स्तर पर

(i) भूमि-सुधार लागू किये जाएं।

(ii) आदिवासियों का वन उत्पादों पर अधिकार अधिनियम को प्रभावी रूप से लागू किया जाए।

(iii) सूक्ष्म वित एवं स्वयं सहायता समूहों के माध्यम से उत्पादक गतिविधियों का प्रसार।

(iv) आधारभूत संरचना का विकास।

(v) रोजगार 'सृजन एवं गरीबी निवारण योजनाओं' को प्रभावी रूप से लागू करना। जैसे— NREGA

(vi) पंचायती राज्य को प्रोत्साहन।

भारत में नक्सलवाद की बड़ी घटनाएं

- 2007— छत्तीसगढ़ के बस्तर में 300 से ज्यादा विद्रोहियों ने 55 पुलिसकर्मियों को मौत के घाट उतार दिया था।
- 2008— ओडिसा के नयागढ़ में नक्सलवादियों ने 14 पुलिसकर्मियों और एक नागरिक की हत्या कर दी।
- 2009— महाराष्ट्र के गढ़चिरोली में हुए एक बड़े नक्सली हमले में 15 सीआरपीएफ जवानों की मौत हो गयी।
- 2010— नक्सलवादियों ने कोलकाता-मुंबई ट्रेन में 150 यात्रियों की हत्या कर दी।
- 2010— पश्चिम बंगाल के सिल्दा कैंप में घुसकर नक्सलियों ने 24 अर्द्धसैनिक बलों को मार गिराया।
- 2011— छत्तीसगढ़ के दंतेवाड़ा में हुए एक बड़े नक्सलवादी हमले में कुल 76 जवानों की हत्या कर दी गई जिसमें सीआरपीएफ के जवान समेत पुलिसकर्मी भी शामिल थे।
- 2012— झारखंड के गढ़वा जिले के पास बरिगंवा जंगल में 13 पुलिसकर्मियों को मार गिराया।
- 2013— छत्तीसगढ़ के सुकमा जिले में नक्सलियों ने कांग्रेस के नेता समेत 27 व्यक्तियों को मार गिराया।

नक्सलियों के विरुद्ध चलाए गए प्रमुख अभियान

स्टीपेलचेस अभियान : यह अभियान वर्ष 1971 में चलाया गया। इस अभियान में भारतीय सेना तथा राज्य पुलिस ने भाग लिया था। अभियान के दौरान लगभग 20,000 नक्सली मारे गए थे।

ग्रीनहंट अभियान : यह अभियान वर्ष 2009 में चलाया गया। नक्सल विरोधी अभियान को यह नाम मीडिया द्वारा दिया गया था। इस अभियान में पैरामिलेट्री बल तथा राज्य पुलिस ने भाग लिया। यह अभियान छत्तीसगढ़, झारखंड, आंध्र प्रदेश तथा महाराष्ट्र में चलाया गया।

प्रहार : 3 जून, 2017 को छत्तीसगढ़ राज्य के सुकमा जिले में सुरक्षा बलों द्वारा अब तक के सबसे बड़े नक्सल विरोधी अभियान 'प्रहार' को प्रारंभ किया गया। सुरक्षा बलों द्वारा नक्सलियों के चिंतागुफा में छिपे होने की सूचना मिलने के पश्चात इस अभियान को चलाया गया था। इस अभियान में केंद्रीय रिजर्व पुलिस बल के कोबरा कमांडो, छत्तीसगढ़ पुलिस, डिस्ट्रिक्ट रिजर्व गार्ड तथा इंडियन एयरफोर्स के एंटी नक्सल टास्क फोर्स ने भाग लिया। यह अभियान चिंतागुफा पुलिस स्टेशन के क्षेत्र के अंदर स्थित चिंतागुफा जंगल में चलाया गया, जिसे नक्सलियों का गढ़ माना जाता है। इस अभियान में 3 जवान शहीद हो गए तथा कई अन्य घायल हुए। अभियान के दौरान 15 से 20 नक्सली मारे गए। खराब मौसम के कारण 25 जून, 2017 को इस अभियान को समाप्त कर दिया गया।

■■■

24

भारत की विदेश नीति

स्वतंत्रता के पूर्व भारत की कोई स्पष्ट विदेश नीति नहीं थी, क्योंकि भारत ब्रिटिश सत्ता के अधीन था। किंतु विश्व मामलों में भारत की एक सुदीर्घ परंपरा रही है। इसका न केवल पड़ोसी देशों के साथ अपितु दूर-स्थित देशों के साथ भी सांस्कृतिक एवं व्यापारिक आदान-प्रदान होता रहा है। भारत की विदेश नीति की रूपरेखा स्पष्ट करते हुए पंडित नेहरू ने 1946 में कहा था कि वैदेशिक संबंधों के क्षेत्र में भारत एक स्वतंत्र नीति का अनुसरण करेगा, और गुटों की खींचतान से दूर रहते हुए संसार के समस्त पराधीन देशों को आत्म निर्णय का अधिकार प्रदान करने तथा जातीय भेदभाव की नीति का दृढ़तापूर्वक उन्मूलन कराने का प्रयत्न करेगा। नेहरू का उपरोक्त कथन आज भी भारतीय विदेश नीति का आधार स्तंभ है और भारत दुनिया के शांतिप्रिय राष्ट्रों के साथ मिलकर अंतर्राष्ट्रीय सहयोग एवं सदभावना के लिए प्रयत्नशील है।

भारतीय विदेश नीति का उदय विश्वव्यापी स्तर पर हो रहे राष्ट्रीय स्वतंत्रता आंदोलनों के युग में हुआ था। द्वितीय विश्व युद्ध के बाद परस्पर निर्भरता वाले विश्व के दौर में इस विदेश नीति ने एक विशेष रूप ग्रहण किया। भारतीय विदेश नीति के मूलभूत लक्ष्य निम्न हैं:

(i) राष्ट्रीय एकता और सामाजिक-आर्थिक विकास को सुनिश्चित करने के लिए राष्ट्रीय आर्थिक विकास और राष्ट्रीय राजनीतिक स्थायित्व प्राप्त करना।

(ii) राष्ट्रीय सुरक्षा को बढ़ावा देना ताकि आक्रमण को रोका जा सके अथवा राष्ट्र की स्वतंत्रता तथा प्रादेशिक अखंडता पर आक्रमण की धमकी को रोकना।

(iii) आर्थिक स्वतंत्रता की सुरक्षा तथा उसे बढ़ावा देने के लिए आत्मनिर्भर तथा आत्म उत्पादित औद्योगीकरण।

(iv) परस्पर लाभ के लिए दक्षिण एशियायी क्षेत्र में मैत्री, सदभाव और सहयोग को बढ़ावा देना।

(v) पड़ोसी देशों के बीच बिना विघ्न बाधा के मित्रतापूर्ण संबंध के विकास को सुनिश्चित करने के लिए दक्षिण एशियायी क्षेत्रों के आंतरिक मामले में बड़ी शक्तियों के हस्तक्षेप को रोकना।

(vi) हिन्द महासागर को शांति क्षेत्र बनाने के प्रयास की संभावना को बढ़ाना और भारत के निकटस्थ समुद्री क्षेत्रों को महाशक्तियों के नौसैनिक टकराव की स्थिति से बचाने के प्रयास करना।

(vii) मुक्ति आंदोलनों, लोकतांत्रिक संघर्षों, राष्ट्रीय स्वतंत्रता तथा आत्मनिर्धारण के अधिकार के संघर्षों का समर्थन करना।

(viii) साम्राज्यवाद और उपनिवेशवाद, नस्लवाद, जातीय पृथकतावाद, अधिकारवादी निरंकुशता और सैन्यवाद का विरोध।

(ix) शस्त्रों की होड़, विशेष रूप से नाभिकीय शस्त्रों की होड़ का विरोध करना तथा व्यापक और पूर्ण निरस्त्रीकरण की प्रक्रिया का समर्थन करना।

(x) विश्व स्तर पर विकास के कार्य का समर्थन करना और एक ऐसी नई अंतर्राष्ट्रीय व्यवस्था का निर्माण करना जो न्याय, समानता तथा मानवतावाद पर आधारित विश्व व्यवस्था की रचना कर सके।

(xi) अन्तर्राष्ट्रीय शांति और सुरक्षा और आपसी मतभेदों के शांतिपूर्ण समाधान का समर्थन करना तथा एक अहिंसक और नाभिकीय शस्त्र विहीन विश्व की रचना करना।

(xii) एक लोकतांत्रिक विश्व निर्माण की आवश्यक दशा के रूप में मानव अधिकारों के विचार और उसके क्रियान्वयन का समर्थन करना।

(xiii) प्रत्येक राष्ट्र के इस अधिकार को मान्यता देना कि वे राजनीतिक और आर्थिक रूप से स्वतंत्र हैं तथा उन्हें अपनी सामाजिक तथा राजनीतिक व्यवस्था चुनने का अधिकार है।

(xiv) आतंक के बदले आतंक (आतंक संतुलन या शक्ति के बदले शक्ति) के प्रचलित सिद्धांत के स्थान पर शांतिपूर्ण सह-अस्तित्व तथा पंचशील के आदर्श को बढ़ावा देना।

(xv) विश्वव्यापी तनाव दूर करके परस्पर समझौते को बढ़ावा देना तथा संघर्ष की नीति एवं सैन्य गुटबाजी का विरोध करना तथा भय, घृणा, लालच और असमानता से पूर्णतया मुक्त विश्व बनाने के लिए गुट निरपेक्ष आंदोलन को मजबूत बनाना तथा संयुक्त राष्ट्र का समर्थन करना।

भारत की विदेश नीति की स्पष्ट झलक पंचशील समझौते में देखने को मिलती है। यह विदेश नीति संबंधी पांच आचरणों पर बल देता है–

(i) एक-दूसरे की प्रादेशिक अखंडता और सर्वोच्च सत्ता के लिए पारस्परिक सम्मान की भावना

(ii) अनाक्रमण की भावना

(iii) एक-दूसरे के आंतरिक मामले में हस्तक्षेप न करना

(iv) समानता एवं पारस्परिक लाभ

(v) शांतिपूर्ण सह-अस्तित्व की भावना का विकास।

पंचशील समझौते के अनुसार भारत ने अंग्रेजों से विरासत में प्राप्त उन विशेषाधिकारों का परित्याग कर दिया, जो अबतक उसे तिब्बत में प्राप्त थे।

गुट निरपेक्षता की नीति

द्वितीय विश्वयुद्ध के बाद विश्व की राजनीति स्पष्टत: दो गुटों में बंट गई। एक गुट का नेतृत्व पूंजीवादी प्रभाव वाला राष्ट्र अमेरिका कर रहा था तो दूसरे गुट का नेतृत्व साम्यवादी विचारवाला राष्ट्र सोवियत संघ। दोनों गुटों के बीच अपने प्रभाव क्षेत्र के विस्तार को लेकर तनाव इतना बढ़ गया कि युद्ध जैसी स्थिति पैदा हो गई। टकराव की इस पृष्ठभूमि में ही गुट निरपेक्ष आंदोलन का जन्म हुआ। गुट निरपेक्षता इन दोनों प्रभावी गुटों से अलग एक तटस्थ नीति थी, जो एशिया और अफ्रीका के नव-स्वाधीन राष्ट्रों में लोकतंत्र की स्थापना, परस्पर सहयोग एवं विश्व शांति के प्रति प्रतिबद्ध था। गुट निरपेक्षता का मुख्य उद्देश्य राष्ट्रों के बीच तनाव को कम कर विश्व शांति की स्थापना करना था।

गुट निरपेक्ष आंदोलन की पृष्ठभूमि 1955 के वान्डुंग सम्मेलन से ही बनने लगी थी। भारत के प्रधानमंत्री नेहरू, मिस्र के अब्दुल नासिर एवं यूगोस्लाविया के मार्शल टीटो के प्रयासों से 1961 में इस आंदोलन की नींव पड़ी। इसका पहला सम्मेलन सितंबर, 1961 में बेलग्रेड में हुआ। इस सम्मेलन में 25 अफ्रीकी एवं एशियायी देशों तथा एक यूरोपीय देश ने भाग लिया। इस सम्मेलन में 27 सूत्रीय घोषणा-पत्र को स्वीकार किया गया। सम्मेलन में विश्व के सभी भागों में हर प्रकार की उपनिवेशवादी, साम्राज्यवादी, नव-उपनिवेशवादी तथा नस्लवादी प्रवृत्तियों की कड़ी निन्दा की गई। इसमें अल्जीरिया, अंगोला, कांगो, ट्यूनिशिया आदि देशों में चल रहे स्वतंत्रता संघर्षों का पुरजोर समर्थन किया गया। सम्मेलन में विकासशील देशों के बीच व्यापार को बढ़ावा देने के लिए उचित प्रयासों पर बल दिया गया। सम्मेलन द्वारा संपूर्ण निरस्त्रीकरण की अपील भी की गई। इन राष्ट्रों ने सभी विकसित एवं विकासशील देशों के सामाजिक, आर्थिक और सांस्कृतिक विकास का आह्वान किया।

इसका मुख्य उद्देश्य गुट निरपेक्षता के क्षेत्र का विस्तार तथा इसके माध्यम से अंतर्राष्ट्रीय तनाव को कम करना था। बेलग्रेड सम्मेलन में इसके प्रतिनिधियों ने यह प्रस्ताव पारित किया कि सदस्य देश शांतिपूर्ण सह-अस्तित्व पर बल दें, समस्त राष्ट्र पूर्ण स्वतंत्रता के साथ अपनी सरकार का गठन करें, एक-दूसरे की अखंडता एवं सार्वभौमिकता का सम्मान करें तथा रंगभेद की नीति की आलोचना करें। इसने परमाणु हथियारों से मुक्त विश्व व्यवस्था का भी समर्थन किया। गुट निरपेक्ष आंदोलन ने उपनिवेशवाद को समाप्त करने एवं तीसरी दुनिया के नव-स्वतंत्र राष्ट्रों में लोकतंत्र, मानव अधिकारों की सुरक्षा एवं चुनी हुई सरकार की स्थापना पर बल दिया। इस प्रकार द्वितीय विश्वयुद्ध के बाद अंतर्राष्ट्रीय राजनीति के स्वरूप में परिवर्तन लाने में गुट निरपेक्ष आंदोलन की विशेष भूमिका रही। इसने नवोदित राष्ट्रों की स्वाधीनता की रक्षा तथा युद्ध की संभावनाओं को रोकने में अपनी प्रभावी भूमिका का परिचय दिया।

कुछ लोग मानते हैं कि गुट-निरपेक्षता विश्व मामलों में तटस्थता या अलगाव की नीति है, पर ऐसा मानना उचित प्रतीत नहीं होता। सच तो यह है कि गुट-निरपेक्षता गुटीय भावना से ऊपर उठकर अंतर्राष्ट्रीय संबंधों को बढ़ावा देने वाली नीति है। यह विदेश नीति का अधिक सक्रिय एवं प्रभावी दृष्टिकोण है। यह विश्व स्तर पर किसी भी तरह के सैनिक गुट के निर्माण एवं टकराव के विरुद्ध है।

भारत की गुट निरपेक्ष नीति की कई विद्वानों ने आलोचना की है। उनका मानना है कि भारत ने सक्रिय रूप से तटस्थता की नीति का पालन नहीं किया। आरंभिक वर्षों (1947-50) में भारत का झुकाव पश्चिमी गुट की तरफ था। पश्चिमी शिक्षा प्रणाली का प्रभाव, ब्रिटिश बाजार की अर्थव्यवस्था को कायम रखने का निर्णय, देश की सेनाओं पर ब्रिटिश निरीक्षण तथा तकनीकी एवं आर्थिक सहायता की जरूरतों इत्यादि ने भारत की पश्चिमी देशों पर निर्भरता को बढ़ा दिया था। लेकिन 1953 के बाद भारत का झुकाव सोवियत संघ की ओर बढ़ने लगा। 1954 की पाकिस्तान-अमेरिका संधि के अंतर्गत अमेरिका द्वारा पाकिस्तान को बड़े पैमाने पर हथियार उपलब्ध कराने तथा गोवा के प्रश्न पर पुर्तगाल के समर्थन के कारण भारत-अमेरिका संबंधों में कटुता पैदा हो गई। सोवियत संघ द्वारा अब भारत की हर नीतिगत एवं विवादपूर्ण मामले में समर्थन किया जाने लगा। भारत के प्रधानमंत्री ने रूस की सद्भावना यात्रा भी की। पर यहाँ ध्यातव्य है कि गुट निरपेक्षता सैन्य गुटों के निर्माण एवं तनाव के विरुद्ध था न कि राजनीतिक-आर्थिक संबंधों के खिलाफ। यही कारण है कि सैन्य मुद्दों पर तटस्थ रहते हुए भी भारत ने सोवियत संघ एवं अमेरिका के साथ आर्थिक एवं राजनीतिक संबंध कायम रखे।

कुछ आलोचकों का यह भी मानना है कि भारत की गुट निरपेक्ष नीति राष्ट्रीय हितों की रक्षा नहीं कर सकी। अंतर्राष्ट्रीय संघर्ष का विरोध करने वाले भारत को पाकिस्तान और चीन के साथ युद्ध करना पड़ा। लेकिन इसे गुट निरपेक्ष नीति की विफलता के रूप में नहीं देखा जा सकता।

चीन के साथ भारत का युद्ध चीन की अविश्वसनीयता का परिणाम था। जहाँ तक पाकिस्तान के साथ भारत के युद्ध का प्रश्न है, यह पाकिस्तान की ईर्ष्या एवं उसकी महत्वाकांक्षा का परिणाम था। चीन के साथ युद्ध में व्यापक अंतर्राष्ट्रीय समर्थन एवं पाकिस्तान के साथ युद्ध में भारत की विजय यह सिद्ध करता है कि राष्ट्रीय हितों की रक्षा एवं अंतर्राष्ट्रीय सहयोग के विषय पर गुट-निरपेक्षता की नीति सफल रही थी। भारत की गुट निरपेक्ष नीति की सफलता इस बात में है कि इस नीति के अनुपालन के द्वारा ही भारत को तृतीय विश्व के नेतृत्वकर्त्ता का प्रभावपूर्ण दर्जा हासिल हुआ, जो आर्थिक एवं सैन्य रूप से कमजोर एक नव-स्वतंत्र राष्ट्र के लिए अत्यंत महत्वपूर्ण बात थी।

■■■

25

परिशिष्ट

नया संसद भवन

- नए संसद भवन का उद्घाटन प्रधान मंत्री नरेंद्र मोदी ने 28 मई, 2023 को किया।
- नए संसद भवन का निर्माण सेंट्रल विस्टा प्रोजेक्ट के तहत किया गया है।
- सेंट्रल विस्टा प्रोजेक्ट के तहत राष्ट्रपति भवन, संसद भवन, नॉर्थ ब्लॉक, साउथ ब्लॉक तथा उप-राष्ट्रपति का आवास आता है।
- संसद भवन के निर्माण पर कुल 862 करोड़ रुपए खर्च हुए।
- इसके निर्माण में कुल 21 महीने का समय लगा जबकि पुराने संसद भवन के निर्माण में 6 साल लगे थे।
- नए संसद भवन में लोक सभा तथा राज्य सभा कक्ष हैं, पर सेंट्रल हॉल का निर्माण नहीं किया गया है।
- नया संसद भवन त्रिभुजाकार है, जबकि पुराना संसद भवन गोलाकार था।
- नई लोक सभा में 888 सदस्यों के बैठने की व्यवस्था है, जबकि पुरानी लोक सभा में 552 सदस्यों के बैठने की व्यवस्था थी।
- नई राज्य सभा में 384 सदस्यों के बैठने की जगह है, जबकि पुरानी राज्य सभा में 250 सदस्यों के बैठने की जगह थी।
- लोक सभा को राष्ट्रीय पक्षी मयूर के थीम पर डिजाइन किया गया है।
- राज्य सभा की डिजाइन का थीम राष्ट्रीय फूल कमल है।

- नए संसद भवन में सभी सांसदों के लिए अलग दफ्तर की व्यवस्था है तथा उसे डिजिटल सुविधाओं से लैस कर पूरी तरह आधुनिक रूप दिया गया है।
- नए संसद भवन में कामकाज को पूरी तरह पेपरलेस बनाया गया है।
- इस प्रोजेक्ट का निर्माण 64,500 वर्ग मीटर क्षेत्र में किया गया है।
- नए संसद भवन का निर्माण टाटा प्रोजेक्टस लिमिटेड द्वारा किया गया है।
- इस प्रोजेक्ट की डिजाइन गुजरात की आर्किटेक्ट फर्म एच. सी. पी. (HCP) डिजाइन्स ने तैयार की है। इस फर्म ने ही गांधीनगर में सेंट्रल विस्टा और राज्य सचिवालय, मुंबई पोर्ट कॉम्लेक्स तथा आई. आई. एम. अहमदाबाद के नए कैंपस को डिजाइन किया है।
- लोक सभा अध्यक्ष के आसन के पास सेंगोल स्थापित किया गया है। इसे तमिलनाडु के अधीनम मठ की ओर से प्रधानमंत्री मोदी को सौंपा गया था।
- सेंगोल का सामान्य अर्थ राज्य नीति का पालन है। चोल शासकों के काल में इसे सत्ता हस्तांतरण के प्रतीक चिह्न के रूप में उनके उत्तराधिकारियों को सौंपा जाता था।
- सेंगोल के शीर्ष पर नंदी स्थित है। नंदी को धैर्य एवं न्याय का प्रतीक माना जाता है।
- सेंगोल को राजदंड भी कहा जाता है। सेंगोल तमिल भाषा का शब्द है। इसका अर्थ है संपदा से संपन्न एवं ऐतिहासिक।
- चोल परंपरा में सेंगोल धारण करने वाले शासक से हमेशा न्याय की अपेक्षा की जाती थी। इसका अर्थ यह था कि शासन व्यवस्था शासक के न्यायपूर्ण आचरण पर ही निर्भर है।

- संसद विधि निर्माण की सर्वोच्च संस्था है। इसे लोकतंत्र का मंदिर कहा जाता है। संसद से यह अपेक्षा की जाती है कि वह जनता के हित के लिए बिना किसी भेदभाव के न्यायपूर्ण नीतियों का निर्माण करे। ऐसे में लोकसभा में सेंगोल स्थापित करने का प्रतीकात्मक महत्व है। इसके साथ ही दक्षिण भारतीय शासन की परंपरा को लोकतंत्र के मंदिर में स्थापित कर उत्तर से दक्षिण तक समग्र भारत की परिकल्पना को भी साकार किया गया है।
- संसद भवन में सेंगोल की स्थापना सांसदों को भारत की प्राचीन शासकीय एवं सांस्कृतिक परंपराओं की याद दिलाएगी तथा उनसे न्यायपूर्ण आचरण की अपेक्षा रखेगी।
- देश के पहले प्रधानमंत्री पंडित जवाहर लाल नेहरू ने 14 अगस्त, 1947 को तमिल पुजारियों से सेंगोल ग्रहण किया था। तब इसे माउंट बेटन द्वारा सत्ता हस्तांतरण के प्रतीक के रूप में नेहरू को सौंपा गया था।
- 1947 में सत्ता हस्तांतरण के लिए सेंगोल के हस्तांतरण का सुझाव सी. राजगोपालाचारी ने दिया था।
- अत: संसद में सेंगोल की स्थापना ब्रिटिश शासन से मुक्ति और भारत की स्वतंत्रता का भी प्रतीक है।
- संसद के निर्माण का कार्य दिसंबर, 2020 में आरंभ हुआ था। इसके निर्माण में ढाई साल का समय लगा।
- नए संसद भवन में एक विशाल संविधान हॉल बनाया गया है। इसमें भारत की प्राचीन संस्कृति एवं लोकतांत्रिक परंपराओं को प्रदर्शित किया गया है।
- भारतीय कला को प्रदर्शित करने के लिए स्थापत्य दीर्घा, शिल्प दीर्घा तथा संगीत दीर्घा का निर्माण किया गया है। स्थापत्य दीर्घा में

बृहदेश्वर मंदिर, तंजौर का मंदिर तथा ओरोविल-पुडुचेरी की झलक, संगीत दीर्घा में स्वामी हरिदास एवं त्यागराज के चित्र, वाद्य यंत्र एवं शास्त्रीय नृत्य तथा शिल्प दीर्घा में पत्थर, धातु, लकड़ी एवं कपड़ों की शिल्पकारी की झलक देखने को मिलती है।

- नए संसद भवन में सुरक्षा के पुख्ता बंदोबस्त किए गए हैं। इसके लिए थर्मल इमेजिंग सिस्टम तथा फेस रिकॉग्निशन सिस्टम कैमरे लगाए गए हैं। इससे संदिग्ध गतिविधियों को रोका जा सकेगा।
- नए संसद भवन फूल प्रूफ साइबर सिस्टम से लैस किया गया है। इसे स्टेट ऑफ आर्ट साइबर सिक्योरिटी को नाम दिया गया है। कोई भी हैकर यहां के उपकरणों में किसी प्रकार का सेंध नहीं लगा सकता है।
- संसद भवन के उद्‌घाटन के अवसर पर 75 रुपए का सिक्का तथा एक स्मारक डाक टिकट जारी किया गया। यह आजादी के 75 साल पूरा होने के उपलक्ष्य में जारी किया गया।
- संसद भवन का आकार त्रिकोणीय है तथा इसमें चार मंजिल हैं।
- संसद भवन में बिछाई गई कालीनों का निर्माण उत्तर प्रदेश के भदोही तथा मिर्जापुर के बुनकरों ने किया है।
- राज्य सभा में उपयोग किए गए रंग कोकम लाल रंग से प्रेरित हैं, जबकि लोक सभा में हरे रंग का प्रयोग किया गया है। यह भारतीय मोर के पंखों से प्रेरित है।
- संसद भवन के निर्माण के लिए बलुआ पत्थर धौलपुर से तथा ग्रेनाइट पत्थर जैसलमेर के लाखा गांव से मंगाए गए थे।
- फर्नीचर के लिए लकड़ी नागपुर से लायी गयी तथा इससे फर्नीचर का निर्माण मुम्बई में हुआ।

- संसद भवन के शीर्ष पर राष्ट्रीय प्रतीक अशोक स्तंभ के सिंहों को स्थापित किया गया है। यह 6.5 मीटर ऊँचा है।
- संसद भवन के प्रवेश द्वार पर अशोक चक्र तथा सत्यमेव जयते उत्कीर्ण है।
- संसद भवन के अंदर एक फौकॉल्ट पेंडुलम लगा हुआ है। संसद के अक्षांश पर एक चक्कर लगाने में इसे 49 घंटे, 59 मिनट 18 सेकेंड का समय लगता है।
- संसद भवन के निर्माण में हरित तकनीक का प्रयोग किया गया है। इससे ऊर्जा की खपत में 30 प्रतिशत तक की कमी आएगी।
- संसद भवन के निर्माण में उसकी मजबूती का खास ख्याल रखा गया है। इसे अगले 150 वर्षों तक कार्य करने की क्षमता को ध्यान में रखकर बनाया गया है।
- नए संसद भवन में जल संचयन और जल पुनर्चक्रण प्रणालियों को शामिल किया गया है।
- दिल्ली भूकंप प्रभावित क्षेत्र रहा है। अत: संसद भवन की डिजाइन इस प्रकार तैयार की गई है कि यह भूकंप के झटकों को आसानी से झेल सके।
- नए संसद भवन में केंद्रीय कक्ष का निर्माण नहीं किया गया है। संसद की संयुक्त बैठक की स्थिति में इसे लोक सभा कक्ष में आयोजित किया जाएगा। लोक सभा में बैठने की संख्या बढ़ाकर 1272 तक की जा सकती है।

पुरानी संसद : एक नजर

- पुराने संसद भवन के वास्तुकार सर एडविन लुटियंस तथा हर्बर्ट बेकर थे। इसकी डिजाइन कौंसिल हाउस के रूप में की गई थी।
- इसकी आधारशिला 1921 में रखी गई थी तथा यह 1927 में बनकर तैयार हुआ। इस प्रकार इसके निर्माण में कुल 6 साल लगे थे।
- इस भवन में ब्रिटिश सरकार की विधान परिषद काम करती थी। आजादी के बाद इसे संसद भवन में बदल दिया गया।
- इसके निर्माण में कुल 83 लाख रुपए खर्च हुए थे।
- पुरानी संसद का कुल क्षेत्रफल 24,281 वर्ग मीटर था। इसके प्रथम तल पर 144 स्तंभ बने हुए हैं।
- इसमें प्रवेश के लिए 12 द्वार बने हैं।
- पुराने संसद भवन का उपयोग संसदीय आयोजनों के लिए किया जाएगा।
- पुराने संसद भवन का मुख्य आकर्षण सेंट्रल हॉल था। इसका ढाँचा वृत्ताकार है तथा इसके ऊपर भव्य गुंबद का निर्माण किया गया था।
- गुंबद का व्यास 98 फीट तथा इसकी ऊँचाई 118 फीट है।
- सेंट्रल हॉल के तीन ओर लोक सभा, राज्य सभा तथा संसद का ग्रंथालय स्थित हैं।
- संसद भवन की लाइब्रेरी का निर्माण 2002 में किया गया था। इसकी डिजाइन राम रावल ने तैयार की थी।
- पुराने संसद भवन का एक महत्वपूर्ण हिस्सा पार्लियामेंट एनेक्सी है। इसकी आधारशिला 1970 में तत्कालीन राष्ट्रपति वी. वी. गिरि द्वारा रखी गई थी। इसका उद्घाटन 1975 में तत्कालीन प्रधानमंत्री इंदिरा गांधी ने किया था।

- पुराने संसद भवन के निर्माण का ठेका सिंध के प्रसिद्ध ठेकेदार लक्ष्मणदास को मिला था। राष्ट्रपति भवन के कुछ हिस्सों का निर्माण ठेकेदार शोभा सिंह ने करवाया था। वे लेखक खुशवंत सिंह के पिता थे। कनाट प्लेस का निर्माण उन्होंने ही करवाया था।
- संसद भवन का निर्माण लाल बलुआ-पत्थर से किया गया था। ये पत्थर राजस्थान के धौलपुर तथा उत्तर प्रदेश के आगरा से मंगवाए गए थे। इस भवन की मुख्य विशेषता है— पत्थरों पर की गई जालीदार नक्काशी। इसका निर्माण जयपुर, जोधपुर तथा भीलवाड़ा के मजदूरों ने किया था।
- पुराने संसद भवन का उद्घाटन तत्कालीन वायसराय लॉर्ड इरविन ने किया था।

अंतरिम मंत्रिमंडल

नाम	विभाग
1. जवाहर लाल नेहरू	कार्यकारी परिषद् के उपाध्यक्ष, विदेशी मामले तथा राष्ट्रमंडलीय सम्बन्ध
2. बल्लभ भाई पटेल	गृह, सूचना एवं प्रसारण
3. बलदेव सिंह	रक्षा
4. डा. जॉन मथाई	उद्योग एवं आपूर्ति
5. सी. राजगोपालाचारी	शिक्षा एवं कला
6. सी.एच.भाभा	खान एवं बन्दरगाह, ऊर्जा
7. डॉ. राजेन्द्र प्रसाद	खाद्य एवं कृषि
8. आसफ अली	रेल एवं परिवहन
9. जगजीवन राम	श्रम
10. लियाकत अली खाँ	वित्त
11. अब्दुल रब नश्तर	संचार
12. जोगेन्द्र नाथ मंडल	विधि
13. गजनफर अली खाँ	स्वास्थ्य
14. आई.आई. चुन्दरीगर	वाणिज्य

संविधान सभा के सदस्यों की राज्यवार संख्या (31 दिसंबर 1947)			
राज्य	संख्या	राज्य	संख्या
संयुक्त प्रांत	55	मद्रास	49
बिहार	36	बम्बई	21
प. बंगाल	19	सेंट्रल प्रोविन्स एवं बरार	17
पूर्वी पंजाब	12	उड़ीसा	09
असम	08	दिल्ली	01
अजमेर-मारवाड़	01	कुर्ग	01
देशी रियासतें	70	**कुल संख्या**	299

संविधान निर्मात्री सभा में चुनी गई महिला सदस्याएँ		
महिला सदस्य	प्रदेश	पार्टी
श्रीमती सुचेता कृपलानी	उत्तर प्रदेश	कांग्रेस
श्रीमती विजया लक्ष्मी पण्डित	उत्तर प्रदेश	कांग्रेस
श्रीमती पूर्णिमा बनर्जी	उत्तर प्रदेश	कांग्रेस
श्रीमती कमला चौधरी	उत्तर प्रदेश	कांग्रेस
राजकुमारी अमृत कौर	मध्य प्रांत	कांग्रेस
श्रीमती सरोजिनी नायडू	बिहार	कांग्रेस
श्रीमती लीला राय	बंगाल	कांग्रेस
श्रीमती अम्मू स्वामिनाथन	मद्रास	कांग्रेस
श्रीमती दक्षायनी वेलायुधन	मद्रास	कांग्रेस
श्रीमती दुर्गा पई	मद्रास	कांग्रेस
श्रीमती हंसा मेहता	बम्बई	कांग्रेस
श्रीमती मालती चौधरी	उड़ीसा	कांग्रेस
ऐनी मैस्करीन	-	-
बेगम एजाज रसूल	उत्तर प्रदेश	मुस्लिम लीग
रेणुका राय	प. बंगाल	-

संविधान सभा की महत्वपूर्ण समितियाँ एवं उनके अध्यक्ष	
समितियाँ	**अध्यक्ष**
प्रक्रिया विनियम समिति	राजेन्द्र प्रसाद
कार्य संचालन समिति	राजेन्द्र प्रसाद
वित्त एवं कर्मचारी समिति	राजेन्द्र प्रसाद
व्यापार अनुदेश समिति	के.एम. मुंशी
राष्ट्रीय ध्वज पर तदर्थ समिति	राजेन्द्र प्रसाद
संविधान सभा कार्य प्रणाली समिति	जी.वी. मावलंकर
प्रान्तीय समिति	जवाहर लाल नेहरू
मूल अधिकारों की परामर्शदायी समिति तथा अल्पसंख्यक, जनजातीय एवं वियुक्त क्षेत्र समिति	वल्लभ भाई पटेल
अल्पसंख्यक उप-समिति	एच.सी. मुखर्जी
मूल अधिकार उप-समिति	जे.बी. कृपलानी
उत्तर-पूर्वी सीमान्त, जनजातीय क्षेत्र एवं असम संबंधी उप-समिति	गोपीनाथ बारदोलोई
संघ शक्ति समिति	जवाहर लाल नेहरू
संघीय संविधान समिति	जवाहर लाल नेहरू
प्रारूप समिति	बी.आर. अम्बेडकर
प्रत्यय समिति	कृष्णा स्वामी अय्यर
आवास समिति	पट्टाभि सीतारमैया

संविधान सभा की प्रारूप समिति	
सभापति	डा. बी. आर. अम्बेडकर
सदस्य	1. एन. गोपालास्वामी आयंगर
	2. अलादी कृष्णास्वामी अय्यर
	3. के.एम. मुन्शी
	4. मुहम्मद साद्दुल्ला
	5. वी. एल. मित्तल (अस्वस्थ होने के कारण त्याग-पत्र दे दिया और उनके स्थान पर एन. माधव राव को नियुक्त किया गया।)
	6. डी.पी. खेतान (उनकी मृत्यु 1948 में हो गई और उनके स्थान पर टी.टी. कृष्णामचारी को सदस्य बनाया गया।)

संविधान के भाग	
विषय	**अनुच्छेद**
संघ और उसका राज्य क्षेत्र	अनुच्छेद 1-4
नागरिकता	अनुच्छेद 5-11
मूल अधिकार	अनुच्छेद 12-35
राज्य के नीति निदेशक तत्व	अनुच्छेद 36-51
मूल कर्त्तव्य	अनुच्छेद 51(क)
संघ	अनुच्छेद 52-151
राज्य	अनुच्छेद 152-237
केंद्रशासित प्रदेशों का प्रशासन	अनुच्छेद 239-242
पंचायतें	अनुच्छेद 243 (क-ण तक)
नगरपालिकाएं	243 (त से य-छ तक)
अनुसूचित जाति और जनजातीय क्षेत्र	अनुच्छेद 244-244 (क)
केंद्र एवं राज्यों के बीच संबंध	अनुच्छेद 245-263
वित्त, संविदाएं, संपत्ति और वाद	अनुच्छेद 264-300 (क)
भारत के राज्य क्षेत्र के भीतर व्यापार, वाणिज्य एवं समागम	अनुच्छेद 301-307
संघ तथा राज्यों के अधीन सेवाएं	अनुच्छेद 308-323
निर्वाचन	अनुच्छेद 324-329 (क)
कुछ वर्गों के संबंध में विशेष उपबंध	अनुच्छेद 330-342
राजभाषा	अनुच्छेद 343-351
आपात उपबंध	अनुच्छेद 352-360
प्रकीर्ण	अनुच्छेद 361-367
संविधान संशोधन	अनुच्छेद 368
अस्थायी, संक्रमणकालीन और विशेष उपबंध	अनुच्छेद 369-392
संक्षिप्त नाम, प्रारंभ, हिंदी में प्राधिकृत पाठ एवं निरसन	अनुच्छेद 393-395

उप-प्रधानमंत्री तथा उनका कार्यकाल		
क्र.	**नाम**	**कार्यकाल**
1.	सरदार वल्लभभाई पटेल	1947-1950
2.	मोरारजी देसाई	1967-1969
3.	चरण सिंह एवं जगजीवन राम	1979-1979
4.	वाई. बी. चव्हाण	1979-1980
5.	चौधरी देवीलाल	1989-1990
6.	चौधरी देवीलाल	1990-1991
7.	एल. के. आडवाणी	2002-2004

लोक सभा में सीटों का आवंटन			
राज्य	**सीटों की संख्या**	**राज्य**	**सीटों की संख्या**
असम	14	लद्दाख	1
अरुणाचल प्रदेश	2	महाराष्ट्र	48
आंध्र प्रदेश	25	मेघालय	2
उत्तर प्रदेश	80	मणिपुर	2
उत्तराखंड	5	मिजोरम	1
ओडिशा	21	पश्चिम बंगाल	42
कर्नाटक	28	नागालैंड	1
केरल	20	राजस्थान	25
गुजरात	26	हरियाणा	10
छत्तीसगढ़	11	हिमाचल प्रदेश	4
जम्मू-कश्मीर	5	सिक्किम	1
गोवा	2	त्रिपुरा	2
तमिलनाडु	39	झारखंड	14
पंजाब	13	अंडमान-निकोबार	1
बिहार	40	चंडीगढ़	1
मध्य प्रदेश	29	दिल्ली	7
दादर-नगर हवेली एवं दमन-दीव	2	तेलंगाना	17
लक्षद्वीप	1	पुडुचेरी	1

राज्यों एवं संघीय क्षेत्रों में राज्य सभा सदस्यों की संख्या			
राज्य	सदस्य संख्या	राज्य	सदस्य संख्या
उत्तर प्रदेश	31	छत्तीसगढ़	5
महाराष्ट्र	19	हरियाणा	5
तमिलनाडु	18	जम्मू-कश्मीर	4
बिहार	16	हिमाचल प्रदेश	3
पश्चिम बंगाल	16	उत्तराखंड	3
कर्नाटक	12	दिल्ली	3
आन्ध्र प्रदेश	11	नागालैंड	1
मध्य प्रदेश	11	मिजोरम	1
गुजरात	11	मेघालय	1
ओडिशा	10	मणिपुर	1
राजस्थान	10	त्रिपुरा	1
केरल	9	सिक्किम	1
पंजाब	7	अरुणाचल प्रदेश	1
असम	7	गोवा	1
तेलंगाना	7	पुडुचेरी	1
झारखंड	6		

उच्च न्यायालयः अधिकारिता तथा स्थान

	नाम	स्थापना वर्ष	राज्य क्षेत्रीय अधिकारिता	मूल स्थान	खंडपीठ
1.	कलकत्ता	1862 ई.	प. बंगाल, अण्डमान और निकोबार द्वीप समूह	कोलकाता	पोर्ट ब्लेयर
2.	बम्बई	1862 ई.	महाराष्ट्र, गोवा, दादर एवं नगर हवेली, दमन एवं दीव	मुम्बई	नागपुर, पणजी, औरंगाबाद
3.	मद्रास	1862 ई.	तमिलनाडु, पुडुचेरी	चेन्नई	-
4.	इलाहाबाद	1866 ई.	उत्तर प्रदेश	इलाहाबाद	लखनऊ
5.	कर्नाटक	1884 ई.	कर्नाटक	बंगलोर	-
6.	पटना	1916 ई.	बिहार	पटना	-
7.	जम्मू-कश्मीर	1928 ई.	जम्मू-कश्मीर, लद्दाख	श्रीनगर	जम्मू
8.	उड़ीसा	1948 ई.	ओडिशा	कटक	-
9.	गुवाहाटी	1948 ई.	असम, नागालैंड मिजोरम एवं अरुणाचल प्रदेश	गुवाहाटी	कोहिमा, आइजोल, ईटानगर
10.	राजस्थान	1949 ई.	राजस्थान	जोधपुर	जयपुर
11.	आन्ध्र प्रदेश	2019 ई.	आन्ध्र प्रदेश	अमरावती	
12.	मध्य प्रदेश	1956 ई.	मध्य प्रदेश	जबलपुर	ग्वालियर, इन्दौर
13.	केरल	1958 ई.	केरल, लक्षद्वीप	एर्नाकुलम	-
14.	गुजरात	1960 ई.	गुजरात	अहमदाबाद	-
15.	दिल्ली	1966 ई.	दिल्ली	दिल्ली	
16.	हिमाचल प्रदेश	1971 ई.	हिमाचल प्रदेश	शिमला	-
17.	पंजाब व हरियाणा	1966 ई.	पंजाब, हरियाणा, चंडीगढ़	चंडीगढ़	-
18.	सिक्किम	1975 ई.	सिक्किम	गंगटोक	-
19.	छत्तीसगढ़	2000 ई.	छत्तीसगढ़	बिलासपुर	-
20.	उत्तराखण्ड	2000 ई.	उत्तराखण्ड	नैनीताल	-
21.	झारखंड	2000 ई.	झारखंड	राँची	-
22.	मणिपुर	2013 ई.	मणिपुर	इम्फाल	-
23.	मेघालय	2013 ई.	मेघालय	शिलांग	-
24.	त्रिपुरा	2013 ई.	त्रिपुरा	अगरतला	-
25	तेलंगाना	2019 ई.	तेलंगाना	हैदराबाद	-

विधान सभा और विधान परिषद् की सदस्य संख्या					
राज्य	**विधान सभा**	**विधान परिषद्**	**राज्य**	**विधान सभा**	**विधान परिषद्**
अरुणाचल प्रदेश	60	-	असम	126	-
आन्ध्र प्रदेश	175	58	ओडिशा	147	-
उत्तर प्रदेश	403	100	उत्तराखण्ड	70	-
कर्नाटक	224	75	केरल	140	-
गुजरात	182	-	गोवा	40	-
छत्तीसगढ़	90	-			
झारखंड	81	-	तमिलनाडु	234	-
नागालैंड	60	-	पंजाब	117	-
पश्चिम बंगाल	294	-	बिहार	243	75
मणिपुर	60	-	मध्य प्रदेश	230	-
महाराष्ट्र	288	78	मिजोरम	40	-
मेघालय	60	-	राजस्थान	200	-
सिक्किम	32	-	हरियाणा	90	-
हिमाचल प्रदेश	68	-	त्रिपुरा	60	-
तेलंगाना	119	40			
संघीय प्रदेश					
दिल्ली	70	-	पुडुचेरी	30	-
जम्मू-कश्मीर	93				

लोक सभा चुनाव एवं चुनाव खर्च			
लोक सभा	**चुनाव खर्च (करोड़)**	**लोक सभा**	**चुनाव खर्च (करोड़)**
पहली	10.45	दूसरी	05.90
तीसरी	07.81	चौथी	10.95
पांचवीं	14.43	छठी	29.81
सातवीं	37.07	आठवीं	78.28
नौवीं	110.00	दसवीं	302.79
ग्यारहवीं	508.68	बारहवीं	664.50
तेरहवीं	880.50	चौदहवीं	1300.00
पंद्रहवीं	-	सोलहवीं	-

क्षेत्रफल की दृष्टि से 5 सबसे बड़े संसदीय क्षेत्र

संसदीय क्षेत्र	क्षेत्रफल (वर्ग किमी.)	राज्य
1. लद्दाख	173266	जम्मू-कश्मीर
2. वाड़मेर	71601	राजस्थान
3. कच्छ	41644	गुजरात
4. अरूणाचल (प.)	40572	अरूणाचल प्रदेश
5. अरूणाचल (पूर्व)	39749	अरूणाचल प्रदेश

क्षेत्रफल की दृष्टि से 5 सबसे छोटे संसदीय क्षेत्र

संसदीय क्षेत्र	क्षेत्रफल (वर्ग किमी.)	राज्य
1. चांदनी चौक	10.59	दिल्ली
2. कोलकाता (उ.प.)	13.23	प. बंगाल
3. मुम्बई (द.)	13.73	महाराष्ट्र
4. मुम्बई (द.म.)	18.31	महाराष्ट्र
5. दिल्ली सदर	28.09	दिल्ली

विभिन्न राज्यों में पंचायती राज संस्थाओं की स्थिति		
राज्य	स्तर	संस्थाएं
केरल	एक स्तरीय	ग्राम पंचायत
जम्मू-कश्मीर	एक स्तरीय	ग्राम पंचायत
त्रिपुरा	एक स्तरीय	ग्राम पंचायत
मणिपुर	एक स्तरीय	ग्राम पंचायत
सिक्किम	एक स्तरीय	ग्राम पंचायत
असम	दो स्तरीय	(i) ग्राम पंचायत (ii) पंचायत समिति
मध्य प्रदेश	दो स्तरीय	(i) ग्राम पंचायत (ii) पंचायत समिति
कर्नाटक	दो स्तरीय	(i) ग्राम पंचायत (ii) पंचायत समिति
ओडिशा	दो स्तरीय	(i) ग्राम पंचायत (ii) पंचायत समिति
हरियाणा	दो स्तरीय	(i) ग्राम पंचायत (ii) पंचायत समिति
उत्तर प्रदेश	त्रिस्तरीय	(i) ग्राम पंचायत (ii) पंचायत समिति (iii) जिला परिषद्
बिहार	त्रिस्तरीय	(i) ग्राम पंचायत (ii) पंचायत समिति (iii) जिला परिषद्
राजस्थान	त्रिस्तरीय	(i) ग्राम पंचायत (ii) पंचायत समिति (iii) जिला परिषद्

महाराष्ट्र	त्रिस्तरीय	(i) ग्राम पंचायत (ii) पंचायत समिति (iii) जिला परिषद्
आंध्र प्रदेश	त्रिस्तरीय	(i) ग्राम पंचायत (ii) पंचायत समिति (iii) जिला परिषद्
हिमाचल प्रदेश	त्रिस्तरीय	(i) ग्राम पंचायत (ii) पंचायत समिति (iii) जिला परिषद्
पंजाब	त्रिस्तरीय	(i) ग्राम पंचायत (ii) पंचायत समिति (iii) जिला परिषद्
तमिलनाडु	त्रिस्तरीय	(i) ग्राम पंचायत (ii) पंचायत समिति (iii) जिला परिषद्
गुजरात	त्रिस्तरीय	(i) ग्राम पंचायत (ii) पंचायत समिति (iii) जिला परिषद्
पश्चिम बंगाल	चार स्तरीय	(i) ग्राम पंचायत (ii) अंचल पंचायत (iii) आंचलिक परिषद् (iv) जिला परिषद्
मेघालय	एक स्तरीय	जनजातीय परिषद्
नागालैण्ड	एक स्तरीय	जनजातीय परिषद्
मिजोरम	एक स्तरीय	जनजातीय परिषद्

भारत के राष्ट्रपति		
क्र.	राष्ट्रपति	कार्यकाल
1.	डॉ. राजेन्द्र प्रसाद	26.01.1950-13.05.1962
2.	डॉ. एस. राधाकृष्णन	13.05.1962-13.05.1967
3.	डॉ. जाकिर हुसैन	13.05.1967-03.05.1969
4.	वी. वी. गिरि	24.08.1969-24.08.1974
5.	फखरुद्दीन अली अहमद	24.08.1974-11.02.1977
6.	नीलम संजीव रेड्डी	25.07.1977-25.07.1982
7.	ज्ञानी जैल सिंह	25.07.1982-25.07.1987
8.	आर. वेंकटरमण	25.07.1987-25.07.1992
9.	डॉ. शंकरदयाल शर्मा	25.07.1992-25.07.1997
10.	के. आर. नारायणन	25.07.1997-25.07.2002
11.	डॉ. ए. पी. जे. अब्दुल कलाम	25.07.2002-25.07.2007
12.	प्रतिभा पाटिल	25.07.2007-25.07.2012
13.	प्रणव मुखर्जी	25.07.2012-25.07.2017
14.	रामनाथ कोविंद	25.07.2017-25.07.2020-22
15.	द्रौपदी मूर्मू	25.07.2022-अब तक

भारत के उप-राष्ट्रपति		
क्र.सं.	**उप-राष्ट्रपति**	**कार्यकाल**
1.	डॉ. एस. राधाकृष्णन	1952-1962
2.	डॉ. जाकिर हुसैन	1962-1967
3.	वी. वी. गिरि	1967-1969
4.	गोपाल स्वरूप पाठक	1969-1974
5.	बी. डी. जत्ती	1974-1979
6.	न्यायमूर्ति मो. हिदायतुल्ला	1979-1984
7.	आर. वेंकटरमण	1984-1987
8.	डॉ. शंकरदयाल शर्मा	1987-1992
9.	के. आर. नारायणन	1992-1997
10.	कृष्णकांत	1997-2002
11.	भैरो सिंह शेखावत	2002-2007
12.	हामिद अंसारी	2007-2017
13.	एम. वेंकैया नायडू	2017-2022
14.	जगदीप धनखड़	2022- अब तक

भारत के प्रधानमंत्री		
क्र.	प्रधानमंत्री	कार्यकाल
1.	जवाहरलाल नेहरू	15.08.1947-27.05.1964
2.	लालबहादुर शास्त्री	09.06.1964-11.01.1966
3.	इंदिरा गांधी	24.01.1966-24.03.1977
4.	मोरारजी देसाई	24.03.1977-28.07.1979
5.	चौधरी चरण सिंह	28.07.1979-14.01.1980
6.	इंदिरा गांधी	14.01.1980-31.10.1984
7.	राजीव गांधी	31.10.1984-02.12.1989
8.	विश्वनाथ प्रताप सिंह	02.12.1989-10.11.1990
9.	चन्द्रशेखर	10.11.1990-21.06.1991
10.	पी.वी. नरसिम्हाराव	21.06.1991-16.05.1996
11.	अटल बिहारी वाजपेयी	16.05.1996-01.06.1996
12.	एच. डी. देवगौड़ा	01.06.1996-21.04.1997
13.	आई. के. गुजराल	21.04.1997-19.03.1998
14.	अटल बिहारी वाजपेयी	19.03.1998-22.05.2004
15.	डॉ. मनमोहन सिंह	22.05.2004-26.05.2014
16.	नरेन्द्र मोदी	26.05.2014 से अब तक

लोक सभा के अध्यक्ष	
लोक सभा	**अध्यक्ष**
पहली	गणेश वासुदेव मावलंकर, एम. अनंतशयनम आयंगर
दूसरी	एम. अनंतशयनम आयंगर
तीसरी	हुकुम सिंह
चौथी	नीलम संजीव रेड्डी, गुरदयाल सिंह ढिल्लो
पाँचवीं	गुरदयाल सिंह ढिल्लो, बलिराम भगत
छठी	नीलम संजीव रेड्डी, के. एस. हेगड़े
सातवीं	बलराम जाखड़
आठवीं	बलराम जाखड़
नौवीं	रवि राय
दसवीं	शिवराज वी. पाटिल
ग्यारहवीं	पी. ए. संगमा
बारहवीं	जी. एम. सी. बालयोगी
तेरहवीं	जी. एम. सी. बालयोगी, मनोहर गजानंद जोशी
चौदहवीं	सोमनाथ चटर्जी
पन्द्रहवीं	मीरा कुमार
सोलहवीं	सुमित्रा महाजन
सत्रहवीं	ओम बिड़ला
अठारहवीं	ओम बिड़ला

लोक सभा उपाध्यक्ष	
नाम	**कार्यकाल**
एम. ए. एस. आयंगर	1952-56
सरदार हुकुम सिंह	1956-62
एस. वी. कृष्णमूर्ति राव	1962-67
आर. के. खांडिलकर	1967-69
जी. जी. स्वेल	1970-77
जी. मुरहरी	1977-79
जी लक्ष्मणन	1980-84
एम थम्बी दुराई	1985-89
शिवराज पाटिल	1990-91
एस. मल्किार्जुनैया	1991-96
सूरज भान	1996-97
पी. एम. सईद	1998-2004
चरणजीत सिंह अटवाल	2004-09
करिया मुंडा	2009-14
एम. थम्बी दुराई	2014-19
पद रिक्त	2019-अब तक

लोक सभा में नेता प्रतिपक्ष		
नाम	**पार्टी**	**कार्यावधि**
1. राम सुभग सिंह	भारतीय राष्ट्रीय कांग्रेस	1969-70
2. पी. एम. स्टीफन	-	1978-79
3. वाई. वी. चव्हाण	कांग्रेस	1977-80
4. जग जीवन राम	जनता पार्टी	1979
5. राजीव गांधी	कांग्रेस	1989-90
6. लालकृष्ण आडवाणी	भाजपा	1990-93
7. अटल बिहारी वाजपेयी	भाजपा	1993-96
8. पी. वी. नरसिम्हा राव	कांग्रेस	1996
9. अटल बिहारी वाजपेयी	भाजपा	1997
10. शरद पवार	कांग्रेस	1998-99
11. सोनिया गांधी	कांग्रेस	1999-2004
12. लालकृष्ण आडवाणी	भाजपा	2004-09
13. सुषमा स्वराज	भाजपा	2009-14
14. राहुल गांधी	कांग्रेस	2024-

भारत में महिला राज्यपाल		
नाम	**अवधि**	**राज्य**
1. सरोजिनी नायडू	1947-49	उत्तर प्रदेश
2. पदमजा नायडू	1956-67	प. बंगाल
3. विजयालक्ष्मी पंडित	1962-64	महाराष्ट्र
4. शारदा मुखर्जी	1977-78	आंध्र प्रदेश
	1978-83	गुजरात
5. ज्योति वेंकटचलम	1977-82	केरल
6. के. एम. जोशी	1985-90	आंध्र प्रदेश
7. राम दुलारी सिन्हा	1988-90	केरल
8. सरला ग्रेवाल	1989-90	मध्य प्रदेश
9. चंद्रावती	फरवरी 1990- दिसंबर 1990	पुडुचेरी
10. राजेंद्र कुमारी वाजपेयी	1995-98	पुडुचेरी
11. शीला कौल	1995-96	हिमाचल प्रदेश
12. फातिमा बीबी	1997-2001	तमिलनाडु
13. रमा देवी	1997-99	हिमाचल प्रदेश
	1999-2002	कर्नाटक
14. रजनी राय	1998-2002	पुडुचेरी
15. प्रतिभा पाटिल	2004-07	राजस्थान
16. प्रभा राव	2008-10	हिमाचल प्रदेश
	2010-10	राजस्थान
17. कमला बेनिवाल	2009-14	गुजरात
18. मार्ग्रेट अल्वा	2009-2012	उत्तराखंड
	2012-2014	राजस्थान
19. उर्मिला सिंह	2010-2015	हिमाचल प्रदेश
20. शीला दीक्षित	2014-2014	केरल
21. मृदुला सिन्हा	2014-2019	गोवा
22. द्रौपदी मुर्मू	2015-2021	झारखंड

23. आनंदी बेन पटेल	2017-2019	मध्य प्रदेश
-	2019-अब तक	उत्तर प्रदेश
24. बेबी रानी मौर्य	2018-2021	उत्तराखंड
25. अनुसूइया उइके	2019-2023	छत्तीसगढ़
	2023-अब तक	मणिपुर
26. नजमा हेपतुल्ला	2016-2021	मणिपुर
27. किरण बेदी	2016-2021	पुडुचेरी
28. तमिलिसाई सुदर राजन	2019-2024	तेलंगाना

भारत की महिला मुख्यमंत्री		
नाम	**अवधि**	**राज्य**
1. सुचेता कृपलानी	1963-67	उत्तर प्रदेश
2. नंदिनी सत्पथी	1972-74 1974-76	ओडिशा
3. शशिकला काकोदकर	1973-79	गोवा
4. सईदा अनवर तैमूर	1980-81	असम
5. जानकी रामचंद्रन	1988	तमिलनाडु
6. जे. जयललिता	1991-96 2001, 2002-06 2011-2014	तमिलनाडु
7. मायावती	1995 1997 2002-03 2007-12	उत्तर प्रदेश
8. राजिंदर कौर भट्टल	1996-97	पंजाब
9. राबड़ी देवी	1997-99 2000-05	बिहार
10. सुषमा स्वराज	1998-	दिल्ली
11. शीला दीक्षित	1998-2013	दिल्ली
12. उमा भारती	2003-04	मध्य प्रदेश
13. वसुंधरा राजे सिंधिया	2003-08 2013-2018	राजस्थान
14. ममता बनर्जी	2011-अब तब	प. बंगाल
15. आनंदी बेन पटेल	2014-2016	गुजरात
16. महबूबा मुफ्ती	2016-2018	जम्मू-कश्मीर

भारत के नियंत्रक एवं महालेखा परीक्षक	
नाम	अवधि
1. वी. नरहरि राव	1948-54
2. ए. के. चंदा	1954-60
3. ए. के. राय	1960-66
4. एस. रंगनाथन	1966-72
5. ए. बख्शी	1972-78
6. ज्ञान प्रकाश	1978-84
7. टी. एन. चतुर्वेदी	1984-90
8. सी. जी. सोमैया	1990-96
9. वी. के. शुंगलू	1996-2002
10. वी. एन. कौल	2002-08
11. विनोद राय	2008-13
12. शशिकांत शर्मा	2013-2017
13. राजीव महर्षि	2017- 2020
14. गिरीश चंद्र मुर्मू	2020-अब तक

भारत के महान्यायवादी	
नाम	**अवधि**
1. एम. सी. सितलवाड़	1950-63
2. सी. के. दफ्तरी	1963-68
3. निरेन डे	1968-77
4. एस. वी. गुप्ते	1977-79
5. एल. एन. सिन्हा	1979-83
6. के परासरन	1983-89
7. सोली सोराबजी	1989-90
8. जी. रामास्वामी	1990-92
9. मिलन कुमार बनर्जी	1992-96
10. अशोक देसाई	1996-98
11. सोली सोराबजी	1998-2004
12. मिलन कुमार बनर्जी	2004-09
13. गुलाम ई. वाहनवती	2009-14
14. मुकुल रहतोगी	2014-2017
15. के. के. वेणुगोपाल	2017- 2022
16. आर. वेंकट रमणी	2022-अब तक

राज्यों में लोकायुक्त			
राज्य	स्थापना वर्ष	राज्य	स्थापना वर्ष
महाराष्ट्र	1971	राजस्थान	1973
बिहार	1974	उत्तर प्रदेश	1975
मध्य प्रदेश	1981	आंध्र प्रदेश	1983
हिमाचल प्रदेश	1983	ओडिशा	1983
कर्नाटक	1985	गुजरात	1986
पंजाब	1995	दिल्ली	1997
केरल	1999	छतीसगढ़	2002
हरियाणा	2003		

वित्त आयोग के अध्यक्ष		
पहला वित्त आयोग	—	के. एस. नियोगी
दूसरा वित्त आयोग	—	के. संतानम
तीसरा वित्त आयोग	—	ए. के. चन्दा
चौथा वित्त आयोग	—	डॉ. राजमन्नार
पांचवां वित्त आयोग	—	महावीर त्यागी
छठा वित्त आयोग	—	ब्रह्मानंद रेड्डी
सातवां वित्त आयोग	—	न्या. शेलात
आठवां वित्त आयोग	—	वाई. वी. चव्हाण
नवां वित्त आयोग	—	एन. के. पी. साल्वे
दसवां वित्त आयोग	—	के. सी. पंत
ग्यारहवां वित्त आयोग	—	प्रो. ए. एम. खुसरो
बारहवां वित्त आयोग	—	सी. रंगराजन
तेरहवां वित्त आयोग	—	विजय केलकर
चौदहवां वित्त आयोग	—	वाई. वी. रेड्डी
पंद्रहवां वित्त आयोग	—	एन. के. सिंह
सोलहवां वित्त आयोग	—	अरविंद पनगढ़िया

भारत के मुख्य चुनाव आयुक्त	
नाम	**अवधि**
1. सुकुमार सेन	1950-58
2. के. वी. के. सुंदरम	1958-67
3. एस. पी. सेन वर्मा	1967-72
4. डॉ. नागेन्द्र सिंह	1972-73
5. टी. स्वामीनाथन	1973-77
6. एस. एल. शकधर	1977-82
7. आर. के. त्रिवेदी	1982-85
8. आर. वी. एस. पेरिशास्त्री	1986-90
9. वी. एस. रमा देवी	नवंबर 1990 – दिसंबर 1990
10. टी. एन. शेषन	1990-96
11. एम. एस. गिल	1996-2001
12. जे. एम. लिंगदोह	2001-04
13. टी. एस. कृष्णमूर्ति	2004-05
14. बी. बी. टंडन	2005-06
15. एन. गोपाल स्वामी	2006-09
16. नवीन चावला	2009-10
17. एस. वाई. कुरैशी	2010-12
18. वी. एस. संपत	2012-15
19. एच. एस. ब्रह्मा	जनवरी 2015 – अप्रैल 2015
20. नसीम जैदी	2015-2017
21. अचल कुमार ज्योति	2017-2018
22. ओम प्रकाश रावत	जनवरी 2018 –नवंबर 2018
23. सुनील अरोड़ा	2018-2021
24. सुशील चंद्रा	2021-2022
25. राजीव कुमार	2022-अब तक

मान्यता प्राप्त राष्ट्रीय एवं राज्य-स्तरीय दल		
चुनाव वर्ष	राष्ट्रीय दल	राज्य-स्तरीय दल
पहला (1952)	14	39
दूसरा (1957)	04	11
तीसरा (1962)	06	11
चौथा (1967)	07	14
पांचवां (1971)	08	17
छठा (1977)	05	15
सातवां (1980)	06	19
आठवां (1984)	07	19
नौवां (1989)	08	20
दसवां (1991)	09	28
ग्यारहवां (1996)	08	30
बारहवां (1998)	07	30
तेरहवां (1999)	07	40
चौदहवां (2004)	06	36
पंद्रहवां (2009)	07	40
सोलहवां (2014)	06	49

लोक सभा एवं उसका कार्यकाल			
लोक सभा	**कार्यकाल**	**लोक सभा**	**कार्यकाल**
पहली	1952-57	दूसरी	1957-62
तीसरी	1962-67	चौथी	1967-70
पांचवीं	1971-77	छठी	1977-79
सातवीं	1980-84	आठवीं	1985-89
नौवीं	1989-91	दसवीं	1991-96
ग्यारहवीं	1996-97	बारहवीं	1998-99
तेरहवीं	1999-2004	चौदहवीं	2004-2009
पंद्रहवीं	2009-2014	सोलहवीं	2014-2019
सत्रहवीं	2019-अबतक	अठारहवीं	2024-अब तक

लोक सभा चुनाव परिणाम एवं वोट प्रतिशत			
लोक सभा चुनाव	**सीट**	**वोट प्रतिशत**	**बड़ी पार्टी**
पहला	489	45.7	कांग्रेस (364) कम्युनिस्ट (16)
दूसरा	494	45.7	कांग्रेस (371) कम्युनिस्ट (27)
तीसरा	494	55.4	कांग्रेस (361) कम्युनिस्ट (29)
चौथा	520	61.3	कांग्रेस (283) स्वतंत्र पार्टी (44)
पांचवां	518	55.2	कांग्रेस (352) सीपीएम (25)
छठा	542	60.4	जनता पार्टी (298) कांग्रेस (154)

लोक सभा चुनाव	सीट	वोट प्रतिशत	बड़ी पार्टी
सातवां	542	56.9	कांग्रेस (353)
			जनता पार्टी सेक्युलर (41)
आठवां	542	64.1	कांग्रेस (415)
			टीडीपी (28)
नौवां	543	62.0	कांग्रेस (197)
			जनता दल (141)
दसवां	543	61.0	कांग्रेस (232)
			भाजपा (19)
ग्यारहवां	543	57.9	भाजपा (161)
			कांग्रेस (140)
बारहवां	543	61.9	भाजपा (182)
			कांग्रेस (141)
तेरहवां	543	59.9	भाजपा (182)
			कांग्रेस (114)
चौदहवां	543	57.8	कांग्रेस (145)
			भाजपा (138)
पंद्रहवां	543	58.4	कांग्रेस (206)
			भाजपा (116)
सोलहवां	543	66.4	भाजपा (282)
			कांग्रेस (45)
सत्रहवां	543	67.4	भाजपा (303)
			कांग्रेस (52)
अठारहवां	543	65.79	भाजपा (240)
			कांग्रेस (99)

लोक सभा चुनाव में महिला प्रत्याशी		
लोक सभा	**चुनाव लड़ीं**	**चुनाव जीतीं**
पहली	-	22
दूसरी	45	27
तीसरी	70	34
चौथी	67	31
पांचवीं	86	22
छठी	70	19
सातवीं	142	28
आठवीं	164	44
नौवीं	198	27
दसवीं	325	39
ग्यारहवीं	599	40
बारहवीं	274	43
तेरहवीं	284	49
चौदहवीं	355	45
पंद्रहवीं	556	59
सोलहवीं	636	61
सत्रहवीं	716	78
अठारहवीं	797	74

□□□

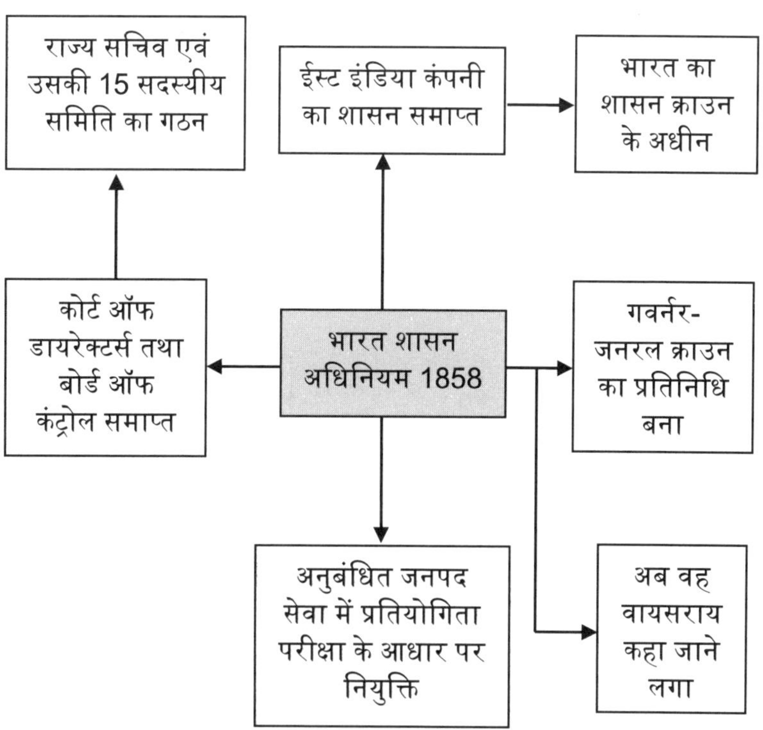
भारत शासन अधिनियम, 1858
राज्य सचिव एवं उसकी 15 सदस्यीय समिति का गठन
ईस्ट इंडिया कंपनी का शासन समाप्त
भारत का शासन क्राउन के अधीन
कोर्ट ऑफ डायरेक्टर्स तथा बोर्ड ऑफ कंट्रोल समाप्त
भारत शासन अधिनियम 1858
गवर्नर-जनरल क्राउन का प्रतिनिधि बना
अनुबंधित जनपद सेवा में प्रतियोगिता परीक्षा के आधार पर नियुक्ति
अब वह वायसराय कहा जाने लगा

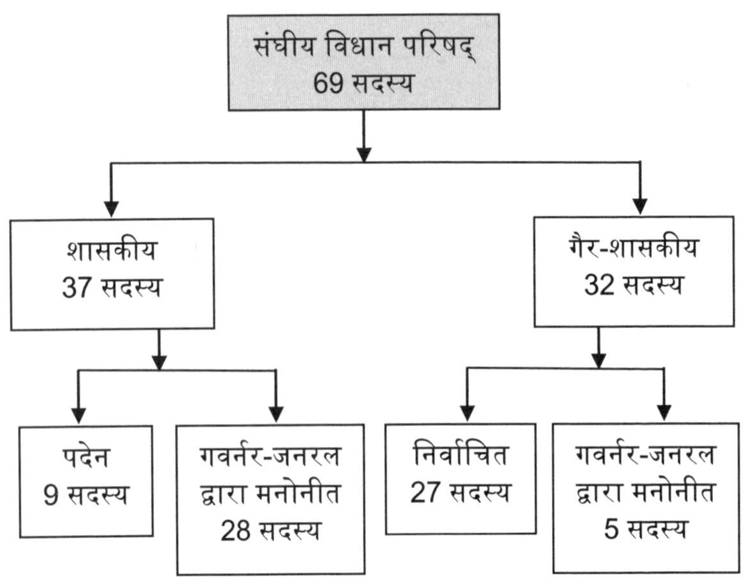
भारतीय परिषद् अधिनियम, 1909
संघीय विधान परिषद्
69 सदस्य
शासकीय
37 सदस्य
गैर-शासकीय
32 सदस्य
पदेन
9 सदस्य
गवर्नर-जनरल
द्वारा मनोनीत
28 सदस्य
निर्वाचित
27 सदस्य
गवर्नर-जनरल
द्वारा मनोनीत
5 सदस्य

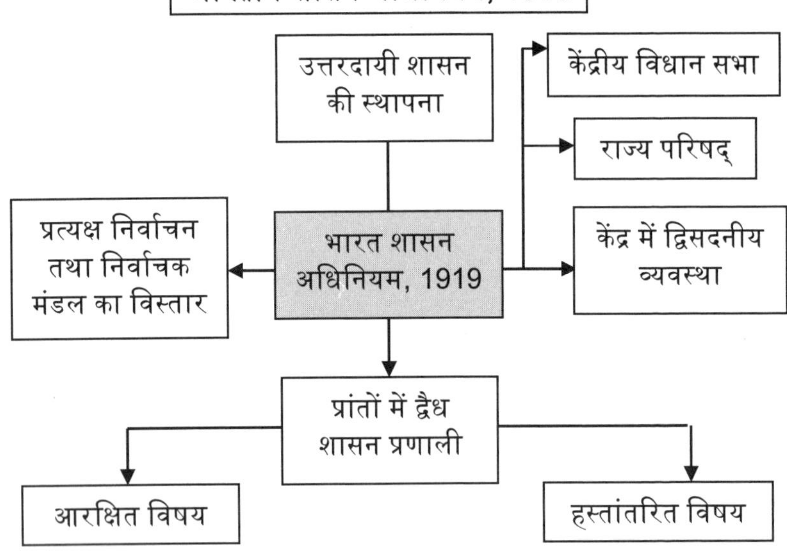
भारतीय शासन अधिनियम, 1919
उत्तरदायी शासन
की स्थापना
केंद्रीय विधान सभा
राज्य परिषद्
प्रत्यक्ष निर्वाचन
तथा निर्वाचक
मंडल का विस्तार
भारत शासन
अधिनियम, 1919
केंद्र में द्विसदनीय
व्यवस्था
प्रांतों में द्वैध
शासन प्रणाली
आरक्षित विषय
हस्तांतरित विषय

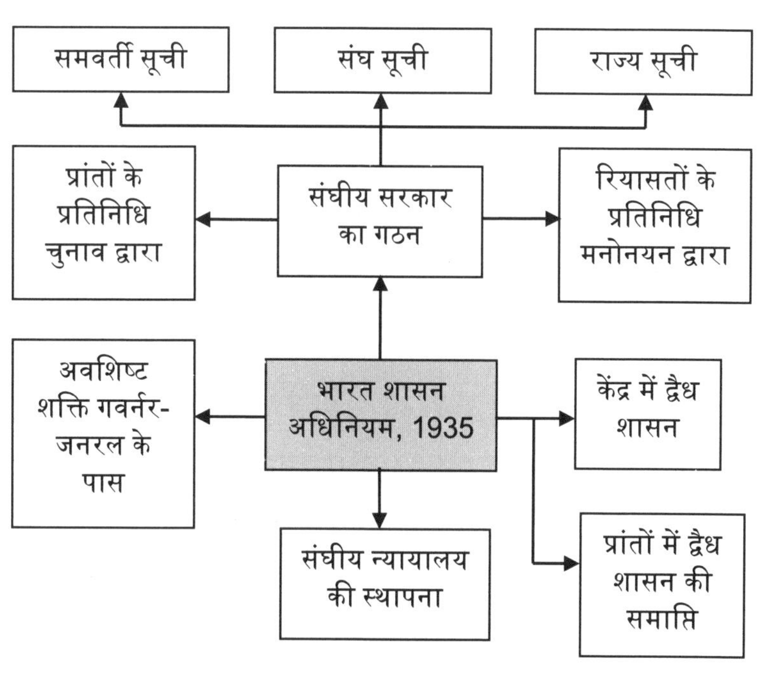
भारतीय शासन अधिनियम, 1935
समवर्ती सूची
संघ सूची
राज्य सूची
प्रांतों के प्रतिनिधि चुनाव द्वारा
संघीय सरकार का गठन
रियासतों के प्रतिनिधि मनोनयन द्वारा
अवशिष्ट शक्ति गवर्नर-जनरल के पास
भारत शासन अधिनियम, 1935
केंद्र में द्वैध शासन
संघीय न्यायालय की स्थापना
प्रांतों में द्वैध शासन की समाप्ति

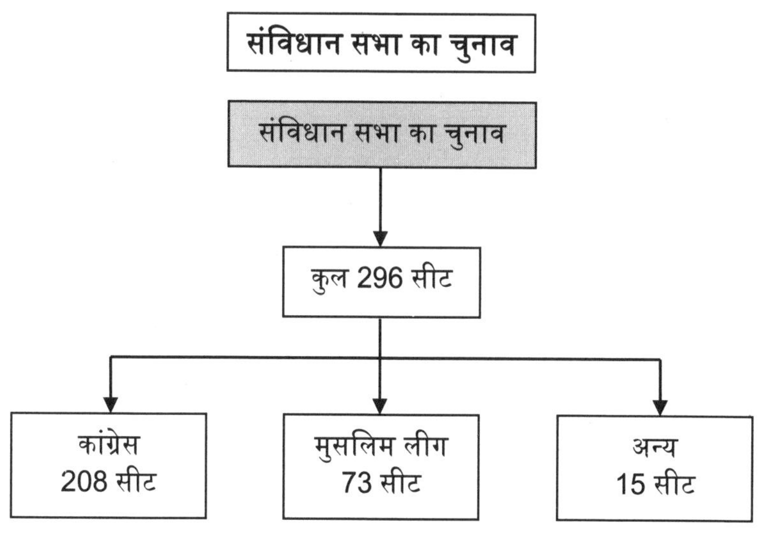
संविधान सभा का चुनाव
संविधान सभा का चुनाव
कुल 296 सीट
कांग्रेस 208 सीट
मुसलिम लीग 73 सीट
अन्य 15 सीट

मूल अधिकार

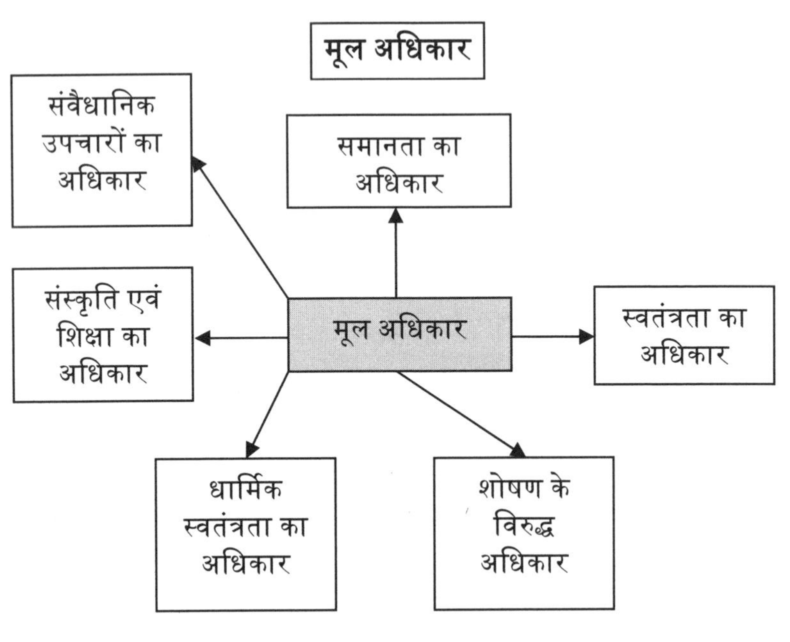

राष्ट्रपति का निर्वाचक मंडल

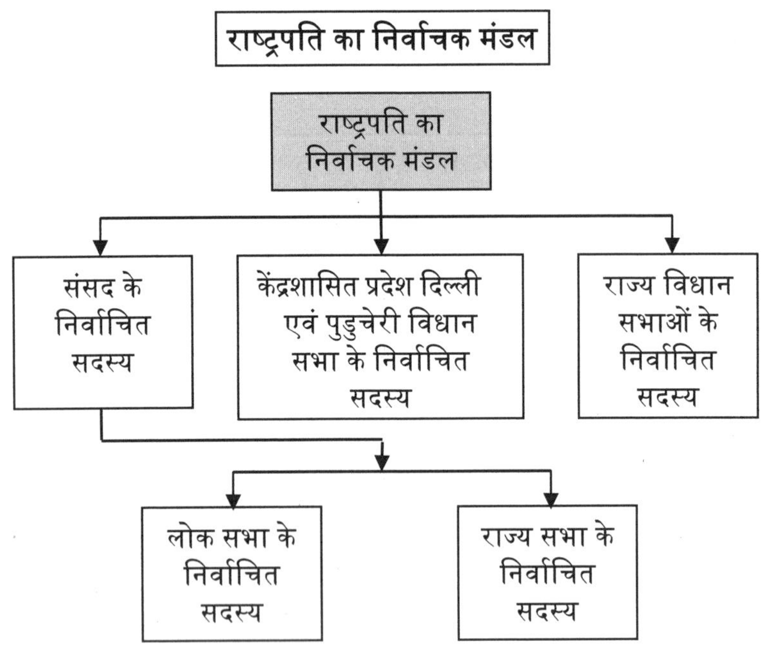

मंत्रिपरिषद्

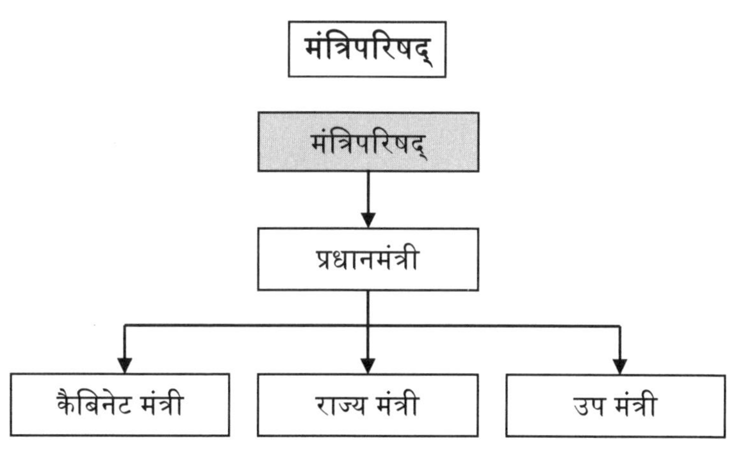

मंत्रिपरिषद्
प्रधानमंत्री
कैबिनेट मंत्री
राज्य मंत्री
उप मंत्री

संसद

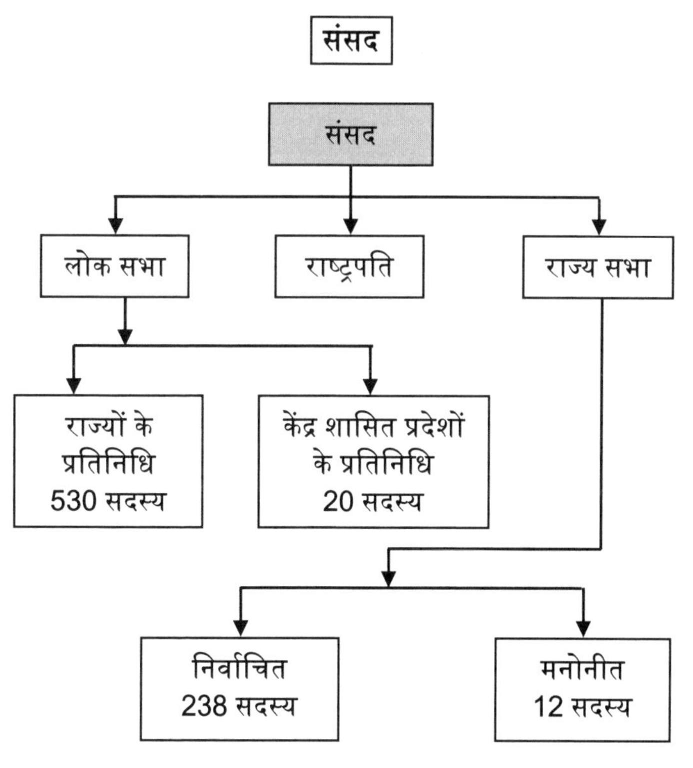

संसद
लोक सभा
राष्ट्रपति
राज्य सभा
राज्यों के प्रतिनिधि 530 सदस्य
केंद्र शासित प्रदेशों के प्रतिनिधि 20 सदस्य
निर्वाचित 238 सदस्य
मनोनीत 12 सदस्य

संसद के कार्य

संसद के कार्य
विधि निर्माण
अन्य कार्य
संविधान संशोधन
वित्तीय नियंत्रण
कार्यपालिका पर नियंत्रण

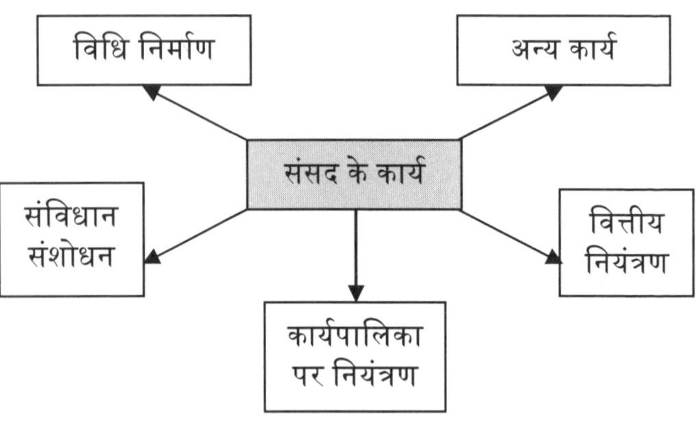

संसदीय समितियाँ

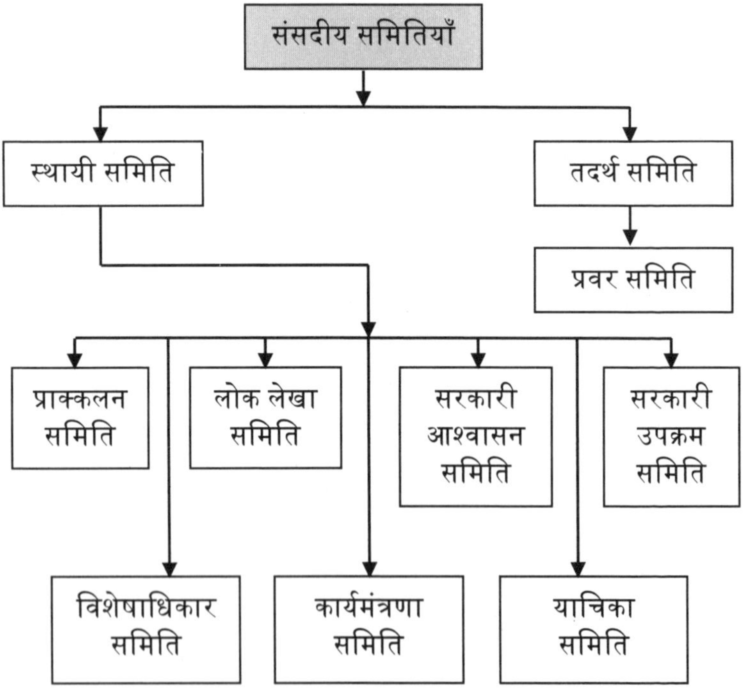

संसदीय समितियाँ
स्थायी समिति
तदर्थ समिति
प्रवर समिति
प्राक्कलन समिति
लोक लेखा समिति
सरकारी आश्वासन समिति
सरकारी उपक्रम समिति
विशेषाधिकार समिति
कार्यमंत्रणा समिति
याचिका समिति

संसद के विशेषाधिकार

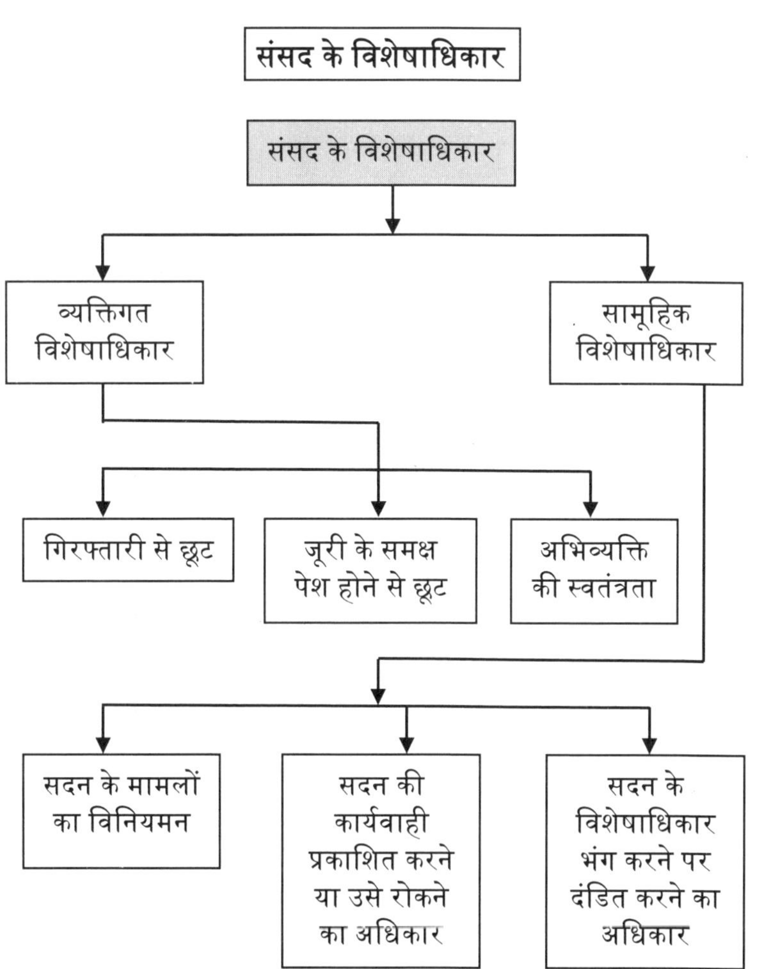

संसद के विशेषाधिकार
व्यक्तिगत विशेषाधिकार
सामूहिक विशेषाधिकार
गिरफ्तारी से छूट
जूरी के समक्ष पेश होने से छूट
अभिव्यक्ति की स्वतंत्रता
सदन के मामलों का विनियमन
सदन की कार्यवाही प्रकाशित करने या उसे रोकने का अधिकार
सदन के विशेषाधिकार भंग करने पर दंडित करने का अधिकार

उच्चतम न्यायालय

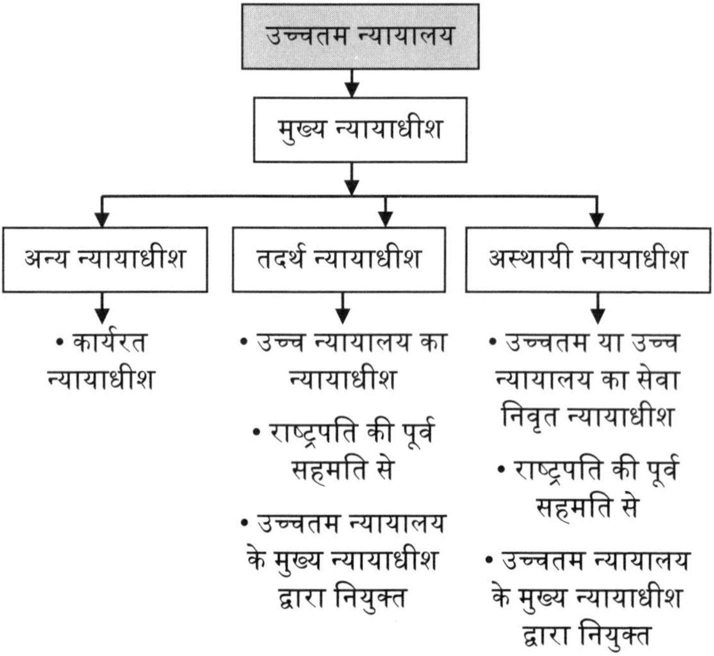

उच्चतम न्यायालय
मुख्य न्यायाधीश
अन्य न्यायाधीश
तदर्थ न्यायाधीश
अस्थायी न्यायाधीश
• कार्यरत न्यायाधीश
• उच्च न्यायालय का न्यायाधीश
• राष्ट्रपति की पूर्व सहमति से
• उच्चतम न्यायालय के मुख्य न्यायाधीश द्वारा नियुक्त
• उच्चतम या उच्च न्यायालय का सेवा निवृत न्यायाधीश
• राष्ट्रपति की पूर्व सहमति से
• उच्चतम न्यायालय के मुख्य न्यायाधीश द्वारा नियुक्त

विधान परिषद्

विधान परिषद्
निर्वाचित सदस्य 5/6 सदस्य
मनोनीत सदस्य 1/6 सदस्य
स्थानीय निकायों द्वारा 1/3 सदस्य
विधान सभा द्वारा 1/3 सदस्य
स्नातकों द्वारा 1/12 सदस्य
माध्यमिक स्तर के शिक्षकों द्वारा 1/12 सदस्य

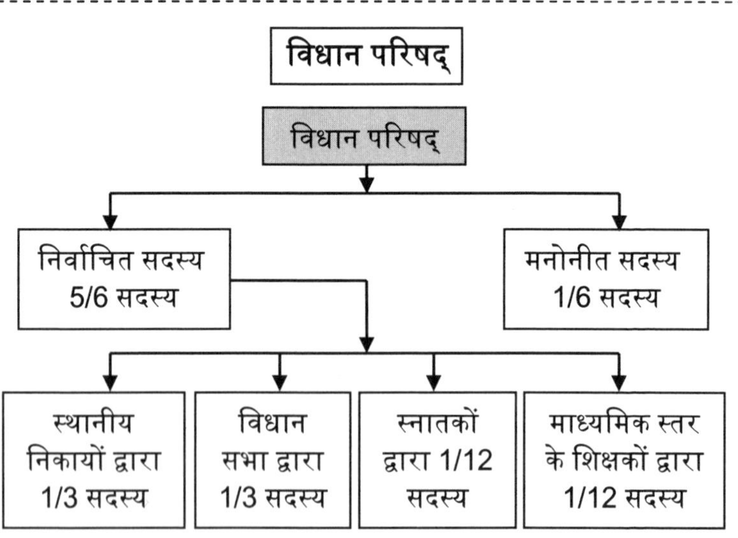

आपात उपबंध

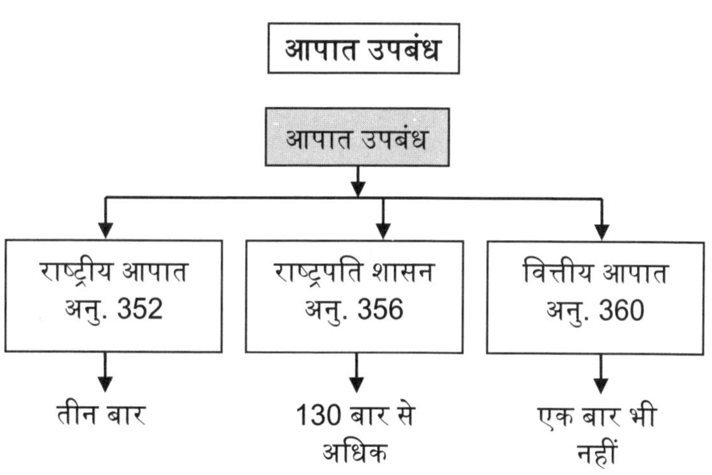

पंचायती राज व्यवस्था

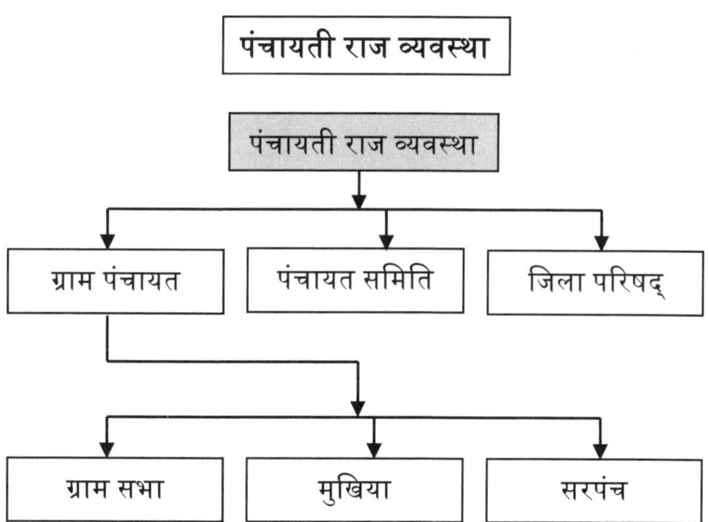

■■■

संदर्भ ग्रंथ

1. NCERT - कक्षा 8-12वीं
2. सुभाष काश्यप - हमारा संविधान
3. डी. डी. बसु - भारत का संविधान : एक परिचय
4. बी. के. शर्मा - भारत का संविधान
5. डॉ. जे. एन. पाण्डेय - भारत का संविधान
6. वी. एन. शुक्ला - भारत का संविधान
7. आर. के. अरोरा एवं रजनी गोयल - भारतीय लोक प्रशासन
8. ग्रेनविल ऑस्टीन - द इंडियन कंस्टीटियुशन
9. रजनी कोठारी - कास्ट इन इंडियन पॉलिटिक्स
10. पाउल एपेलबी - पब्लिक एडमिनिस्ट्रेशन ऑफ इंडिया
11. Bare Act - भारत का संविधान
12. मोरिस जोन्स - द गवर्नमेंट एंड पॉलिटिक्स इन इंडिया
13. के. सी. व्हीलर - फेडरल गवर्नमेंट
14. रशीदुद्दीन खान - नेशनल इंटीग्रेशन एंड कम्यूनल हार्मोनी
15. मधु लिमये - कन्टेम्परिरी इंडियन पॉलिटिक्स
16. किशन पटनायक - विकल्पहीन नहीं है दुनिया